开创者

赵九章
学术轨迹研究

张志会 著

团结出版社

图书在版编目（ＣＩＰ）数据

　　开创者：赵九章学术轨迹研究 / 张志会著. -- 北京：团结出版社，2021.10
　　ISBN 978-7-5126-8688-5

　　Ⅰ．①开… Ⅱ．①张… Ⅲ．①赵九章（1907-1968）－人物研究 Ⅳ．①K826.14

　　中国版本图书馆 CIP 数据核字(2021)第 047696 号

出　版：团结出版社
　　　　（北京市东城区东皇城根南街 84 号　邮编：100006）
电　话：(010) 65228880　65244790
网　址：http://www.tjpress.com
E-mail：zb65244790@vip.163.com
经　销：全国新华书店
印　装：三河市东方印刷有限公司

开　本：160mm×230mm　　　16 开
印　张：30.25
字　数：390 千字
版　次：2021 年 10 月　第 1 版
印　次：2021 年 10 月　第 1 次印刷

书　号：978-7-5126-8688-5
定　价：68.00 元

导　言

　　本书是一部结合杰出科学家的科研生涯，对科学家个体学术轨迹中"基础研究和国家需求的关系"这一重要命题进行深入探究的学术专著，也是第一部对赵九章先生的学术轨迹进行贯通式深入还原的研究性成果。

　　赵九章是我国重要的战略科学家、地球物理学家。他曾任中国科学院地球物理研究所、应用地球物理研究所所长，中国科学院卫星设计院（"651"设计院）院长，并担任过中国气象学会和中国地球物理学会的理事长。他对大气科学、地球物理学和空间科学的发展作出了重要贡献。他倡导我国地球物理科学的发展要数学化、物理化、工程化（简称"三化"方针），先后创立了地球物理科学的多个研究领域，培养了一大批优秀科学家，对我国地球物理科学的发展产生了深远影响。

　　令人遗憾的是，他在"十年动乱"中过早去世。目前社会上对他的认识还有待深入，现有印象常局限于他的"两弹一星"元勋光环和他作为"中国人造卫星事业的倡导者和奠基人之一"的特殊角色，社会上和学术界关于他的材料主要是他的家人、学生和同事们零散的回忆。遗憾的是，之前学术界尚缺乏关于赵九章本人的学术轨迹的系统研究；而对基础研究与国家需求之间的关系这一重要议题，从科学家个案的角度切入亦是有价值的尝试。

　　在 20 世纪 50—70 年代的社会大环境下，很多怀揣"科学救国"梦想出国留学的科学家，在回国后参加社会主义建设事业特别是"两弹一星"任务时，转型担任了工程师与科技管理者的角色。与此类似，赵九章在留学归国后经历了从科学家到工程师与科技管理者，再回归科学家的身份转变。在他担任中国科学院地球物理所所长的近二十年间，他带领该所承担了人造卫星研制、地震台站建设等多项与国家需求紧密相关的重要任务。

作为一项原创性研究成果，本成果依据档案资料，并汲取海内外学界的研究成果，融合了人物研究与机构史、学科史等视角，聚焦于地球物理学家赵九章的学术轨迹，探究以下基础性问题：一是学科和任务之间的关系，即科学研究与国家需求之间的关系究竟怎样。换言之，那些怀揣"科学救国"信念、从事理论性研究的科学家们能否、如何平衡自由探索与国家任务之间的关系。二是在复杂的社会政治经济条件下，在多重身份的转换间，科学家的社会认同与自我认同之间的张力。三是赵九章在新中国的地球物理学领域有杰出贡献，已有研究中关于这方面的工作尚待深入挖掘。中国地球物理学的建立和发展，是新中国科技发展的一件大事。随着科学技术的高速发展，地球物理学越发显示出重要的作用。以其奠基人之一赵九章的学术轨迹为线索梳理这一学科的发展脉络，具有重要的学术价值。

本书共分为六篇，分别是少年求学经历、擘划地球物理学蓝图、响应国家需求开辟新领域、人造卫星研制与空间科学、国际交流与学术传承和科学精神永存。除了赵九章先生一生中多次学术方向的转移，即从物理学到地球物理学，再到人造卫星研制和空间物理学的开创。为了拓宽研究视野，亦将研究触角延伸到赵九章在人才培养与国际学术交流相关的宏观视野。为了体现学术传承与创新，本书还考察了赵九章逝世后中国地球物理学与空间科学事业的新发展，以考察赵九章先生对后世科学发展乃至相关领域国家战略任务的影响。

回首赵九章等科技先贤在极端恶劣条件下开展卓越研究的实际历程，有助于挖掘、展示中国科研人员的爱国情操和创新精神，对于我们开展科技教育，以及培养高水平科研人员，都有重要的启发与借鉴意义。

目　录

第一篇　少年求学经历

尽管本书是以赵九章的学术轨迹为核心，但倘若不回忆赵九章从小学至大学乃至在德国期间辗转曲折的求学经历，就无法理解他的学术旨趣，乃至整个人生中的若干次学术转向。

第一章　壮志少年

　　出生于中医世家的赵九章，在高小毕业后到姨夫戴季陶开办的证券物品交易所。后来辗转到河南留学欧美预备学校（即河南大学附中）和浙江工专读书。他因参加爱国学生运动而入狱，后来在姑妈的奔走下，经姨夫戴季陶保释出来。正是这一特殊经历为他未来的学术生涯和人生走向埋下了伏笔。

一、中医世家

　　赵九章祖籍浙江吴兴（今湖州市吴兴区）。湖州，北濒太湖，西依天目山。湖州具有得天独厚的山川之利，开发甚早。相传五帝之颛顼、尧帝、舜帝都在此留有遗迹。大禹在太湖流域治水。湖州西南杼山、夏驾山是夏后杼南巡之所。春秋时越国范蠡曾在湖州地区传授养鱼经验，著《养鱼经》。干将莫邪在莫干山为吴王铸雌雄剑。湖州酿造业久负盛名，烧窑制瓷业在春秋战国时期就有一定规模。六朝时，德清窑成为我国东南四大窑系之一。隋唐时期，湖州文化昌盛，颜真卿在湖州任刺史，编《韵海镜源》，引领"吴中诗派"，留下著名碑、碣、帖等二十余件，陆羽隐居湖州著《茶经》。宋代，大教育家胡瑗在湖州创以"明体达用"为精髓的"湖学"，深刻地影响了中国古代教育理念的发展轨迹；湖州凭借发达的农业，稻米贡输京师数百年，时有"苏湖熟天下足"之称。元时，湖笔成为"文房四宝"之首，有"湖颖之技甲天下"之誉。明清之际，湖州出现了中国早期资本主义萌芽，丝织业达到顶峰，清末出现了富可敌国的"四象八牛"丝商群体……赵氏祖先由甘肃向东迁徙，先迁移至安徽休宁，后又转到浙江湖州，之后一直在此地繁衍生息。

赵九章出身于有名的中医世家。[①]曾祖父赵炳麟系清朝道光年间孝廉，一度官至同知、知府，去世后被追封为光禄寺卿。曾祖父有三个儿子，赵九章的祖父赵景彬排行老二，生于清咸丰元年（1851年）。曾祖父去世时，赵景彬还是幼童，曾祖母独自将几个孩子抚养成人。赵景彬勤奋好学，熟读四书五经和经世之学。他痛惜家父因被庸医贻误了病情而不幸离世，又考虑到母亲中年多病，学医不仅可治好母亲的疾病，还可为天下苍生医治病患，于是赵景彬树立了"不为良相，愿为良医"的抱负，拜师学医，专攻医术。他虽然勤勉好学，却在科举考试中屡试不中，幸而后来得到沈仲复赏识。沈仲复先后担任过顺天府尹、广西、安徽巡抚，后任两江总督。在赵景彬学有所成之后，沈仲复请赵景彬到他的幕府上供事授业。

开封这座北宋的繁华都城，虽历经战乱，几度兴衰，到20世纪初仍颇显七朝古都风范，保持着浓郁的历史文化传统。赵家宅院在开封也位居官宦和书香门第之列。时至今日，位于开封的赵家老宅依然矗立，

---

① 赵九章的生平主要参考以下三个文献：（1）吴阶平等主编，《赵九章》编写组. 赵九章. 贵州人民出版社，2005.（2）崔茹华、杨晓汝. 赵九章年谱. 见中国科学院院史文物资料征集委员会办公室. 院史资料与研究，2000（6）：1—40.（3）赵九章档案. 中国科学院国家空间科学中心，中科院档案馆. 但关于赵九章生平的关键时间节点，在三者之间多有互相矛盾，但凡不一致之处，本书均以赵九章先生的档案为准。

诉说着历史的沧桑。

1899 年，祖父赵景彬被派往河南担任官职，随即把家眷迁到开封，此后赵氏景彬一支就在开封安定下来。赵景彬先在河南荥阳任职，光绪二十八年（1902 年）调任河南南阳县，光绪三十一年（1905 年）调任河南滑县。宣统元年（1909 年）调任安阳县，宣统二年（1910 年）又调任河南淅川，十几年间一直在河南做官。

赵景彬勤政爱民，接物谦和，为官清廉，在百姓中口碑很好。当时，西洋传教士依仗帝国主义的扶持，无法无天，包庇恶霸，经常欺压民众。南阳有一个恶吏，依仗传教士的势力作恶一方。经实地调查和民众揭发，他根据人证和物证，判定该恶吏入狱服刑。传教士到官府大堂大肆取闹，要求赵景彬立马放人。赵景彬当即痛斥这一恶吏的恶行，有理有据地驳回了传教士的无礼要求。洋教士只得哑然，悻悻而去。后来他依照大清律例，将这一恶吏仗毙，老百姓人心大快。辛亥革命后，时局大变，他不愿再谋仕途，转而到上海以行医，成为与陈莲舫、张聿青并称的上海三大名医。

赵景彬有四子二女，其中祖母李氏育四子一女，继祖母李氏育有一女。赵九章的父亲赵燮彦字伯勤，号碧田，生于湖州，是赵景彬长子和戴传贤僚婿。

赵燮彦自幼继承家训，刻苦励学，学业精进，无奈仕途之路不尽顺意，十九岁时科举未第，转而去上海青浦，拜名医陈莲舫为师，跟随其学医五年，成为老师医术最高的学生。医术学成之后，他回到故乡湖州行医。因医术高明，且医者仁心，得到乡邻称颂。1899 年赵景彬赴河南做官，他即随行前去分劳。后来又听从其父之命到京城求学，并在国史馆供职，兼顾行医，先后任大理寺主事和太医院大夫。清帝退位后，奉父命罢官，重回开封。一两年后，他在京城的旧友函电敦促他返京，他随即担任了北洋政府司法部主事等职务。1915 年，赵景彬在上海肺病严重，他星夜赶回家中伺候。后来祖父因肺疾逝于上海，享年65岁。将祖父的灵柩运回老家湖州安葬后，他又遵从继母意愿迁回湖州，以行医为生。三年之后，父亲因不适应湖州潮湿的气候患上腿疾，又携带眷返回开封行医，很多人慕名前来求医。[①]

赵九章的母亲钮丽珍也是湖州人。母亲的祖父钮保福是清朝道光年间的状元，父亲钮承聪曾是湖州一带的名士。在湖州，赵、钮两家数代均是大户人家，世代多有联姻。母亲勤劳贤惠，悉心尽力地相夫教子。赵燮彦从不注重积累财务。到了晚年，他体弱多病，家境日益贫困。

1907年10月15日，赵九章在河南开封呱呱坠地，父母育有两子

一女，他位列第三。大哥赵元章（又名赵亚新）1898年出生，一姐赵盛华1901年生。加上另有三位叔叔，各房共有10位叔伯兄。他的生日恰逢农历九月初九，于是家人们亲切地称呼他的乳名为重阳。[②]

赵九章天生脑袋比一般人大些，自幼聪慧，生活简朴，长穿布衣布鞋，性格内向，不苟言笑。1914年1月起，7岁的他由私塾先生启蒙，熟读《百家姓》《千字文》和四书五经，但又不读死书，

1909年，母亲钮丽珍与赵九章

① 赵九章的家世部分参考了《赵九章》编写组. 赵九章. 贵阳：贵州人民出版社，2005：5-6.

② 吴阶平等主编，《赵九章》编写组. 赵九章. 贵阳：贵州人民出版社，2005：7.

善于融会贯通。1915 年 9 月至 1918 年 6 月间，他在吴兴浸信会小学读书[1]。1918 年 9 月起，11 岁的他进入开封北仓小学高小部念书，把"天行健，君子以自强不息"作为自己的人生格言，给自己号"自强"，勉励自己发奋读书，立志成为国家的栋梁之材。

少年赵九章

二、证券所学徒

辛亥革命后，赵家家道中落。1921 年 6 月，14 岁的赵九章高小毕业。由于父亲赋闲在家，家中没有了经济来源，无力供他继续读书。赵九章母亲的亲三妹钮有恒是戴季陶的原配夫人，因此，赵九章是戴季陶的嫡亲姨外甥。

戴季陶肖像

姑姑钮有恒是早期的同盟会会员，胆识出众。姨夫戴季陶（1891—1949）是中华民国和中国国民党元老之一，也是一位中国近代思想家、理论家和民国时期重要的政治人物。他早年留学日本，加入同盟会，留日期间与蒋介石相识。他曾任孙中山秘书 12 年，在黄埔军校成立后担任第一任政治部主任。"五四"期间他思想激进，也是中国马克思主义最早的研究者之一。在孙中山去世后，他明确反对孙中山的"联俄、联共、扶助农工"三大政策，是国民党右派的"理论家"，也是蒋介石的文

---

[1] 赵九章干部履历表（1964年）. 中国科学院档案.

戴季陶和国民党元老们（1943年）

[前排：吴稚晖（左一）、于右任（右一）、宋霭龄（右二）、宋庆龄（右三）；二排：孙科（右一）、戴季陶（二排右三）、孔祥熙（二排中）、何应钦（二排左三）、宋子文（后排中）等]

胆和幕后参谋，有蒋介石的"国师"之称，[①]曾先后担任黄埔军校政治部主任、国立中山大学校长、国民党中央宣传部部长、考试院院长等职。按理说，有这样一个身居国民政府高位的姨夫，赵九章本可以在仕途上顺风顺水，步步高升。

1920年前后，戴季陶、张静江、蒋介石等人合伙在上海开办证券物品交易所。[②]1921年9月，父母把他送到那里当练习生，并由姨夫一家代为照料。他白天时辛苦工作，没法抽出空闲时间学习。无奈，他只能在晚上忍着劳累偷偷看书。有一天老板娘发现了他熬夜看书的事，认为他看书耗费灯油，破口大骂，禁止他以后晚上学习。

① 杨柳主编. 羊城后视镜2. 广州：花城出版社，2017：55.

② 邢建榕. 非常银行家　民国金融往事. 东方出版中心，2014：22.

赵九章为了保住工作只好忍气吞声。后来，他终于想出了一个既可以看书又不被老板娘发现的妙法。他偷偷削了竹片，弄成一个上尖下圆的灯罩骨架，再糊上厚而不易透光的纸，做成灯罩。又在灯罩一侧开了个很小的孔。每天晚上等老板娘睡着，他就靠着小孔里透出来的微弱灯光看书。老板娘看到他每天早早上阁楼熄灯睡觉，心生奇怪，在一天夜里悄悄爬上阁楼，发现了他的秘密。老板娘大发脾气，把灯罩撕碎，拿走了小油灯。然而，他并没有气馁。夜里没法读书了，他就把书上的定义、公式、定理剪下来藏在口袋里，一有空就掏出来学习。功夫不负有心人，半年之后，他坚持自学完成了初中物理课程。[1]九个月的学徒生活，他体味到了世事艰辛，磨炼了人生意志。

戴季陶与蒋介石等人从股票市场获取巨款后整日挥霍，好景不长，交易所逐渐面临危机，1922年春彻底垮台，还欠下巨额外债。之后，赵九章回到家乡开封。

三、辗转求学

1922年9月，赵九章以第一名的成绩进入河南留学欧美预备学校（即河南大学附中）。这所学校是河南学生出国留学的唯一渠道，与北京清华学堂（清华大学前身）、上海南洋公学（上海交通大学前身）并称为留学欧美的摇篮。学校对数理化和外语非常重视，有外国教师在校任教。这所学校在1923年升格为河南中州大学，赵九章在1923年下半年转入中州大学预科学习。天资聪颖的他，不仅学习勤奋刻苦，还写得一手令同学钦佩的好字。

在学校，他打下了扎实的英语和数理化功底。1919年爆发的"五四

---

[1] 李慕南. 科学家成才故事. 沈阳：辽海出版社，2010：152–153.

运动"对他的个人成长产生了深厚的影响，开始接触到新文化、新思想，开阔了眼界。他非常喜欢阅读《创造》《少年中国》《向导》《中国青年》等新文化书刊。这些经历大大扩展了他的视野，激发了他反对军阀统治和追求民主自由的热情。忧国忧民的他在内心树立了科学救国的信念，还放弃了学习文学的初衷，改学科学。

　　1924年，孙中山北上联合冯玉祥国民军，与军阀段祺瑞、张作霖展开斗争。17岁的他经教师王志刚介绍参加了国民党（左派），到乡间进行爱国宣传，反对河南"西山会议派"[①]活动。1925年3月12日，孙中山病逝于北京，随后上海即发生了令人震惊的"五卅"惨案，全国学生运动风起云涌。6月，他在开封积极投入到反对军阀孙传芳的学生运动中，和同学们一起试办洋车夫工会，组织工人学习，还到农

赵九章在杭州求学时期

村深入宣传。他们的这些行动触犯了开封军阀的统治当局。此时他的父亲已赋闲在家，家里没有经济来源，无力再继续供他上学。父亲写信给自己在杭州的妹妹赵静涵，想让他去杭州上学并由她照料。

　　1925年8月，他不得不离开家乡开封，独自远赴浙江杭州，投奔姑妈继续学业。1925年9月，他考入位于杭州的浙江公立

---

　　① 1925年11月23日，国民党中央委员会中的右派林森、居正、邹鲁、叶楚伦等10余人，在北京西山碧云寺召开了所谓的"国民党一届四中全会"，通过了"反苏、反共、反对国共合作"等议案，会议宣布取消共产党员的国民党党籍，分别开除共产党人谭平山、李大钊、毛泽东等人的中央执行委员会委员和候补中央执行委员职务，并取消他们的党籍。这批人被称为"西山会议派"。

工业专科学校预科 ① 电机工程科（简称浙江工专，今浙江大学电气工程学院前身）上学。他的姑父万秋田是杭州富裕的大户，家里开设了茶叶铺、绸庄、当铺以及药铺等。赵九章在姑妈家借住一间客房，姑妈悉心照料他的生活，姑妈的儿子万定国跟他关系很好。姨妈钮有恒也经常在经济上资助他。后来，万家破产，全家搬回浙江湖州。

　　赵九章学习成绩非常优异，数理科目尤为突出，尤其数学在班级最佳。一道题他能用好几种方法解答。他喜欢说笑，在同学中人缘较好。因身材较矮，大家叫他"赵大头"。课余时间，还偶尔跟同学们去杭州周边的云栖寺等地郊游。他积极参加学校进步活动，在1924年参加过国民党左派。后来他看到"西山会议派"控制了国民党浙江省党部，有一段时间又功课繁重，就没有去省党部登记。

赵九章与浙江工专的同学一起游云栖寺

① 1927年，浙江公立工业专门学校和浙江公立农业专门学校在"求是书院"校址合并，成立国立第三中山大学。1928年4月1日使用"浙江大学"作为校名，同年称"国立浙江大学"，有工、农、文理三个学院。现浙江大学电气工程学院由原浙江大学电机工程学系（科）发展而来，始建于1920年，时称电机工程科。

　　1926年10月，浙江工专的学生为了反军阀和反封建，拥护浙江省独立，响应和欢迎北伐军，掀起了驱逐校长的学潮。赵九章和宋坎福（后改为宋侃夫）、戴家祁等都参加了这一活动。戴家祁虽然是戴季陶的侄子，却是一个坚定的共产党员。他不仅反对国民党反动派，还反对叔父戴季陶。1926年底，孙传芳打回浙江，不得已学生运动解散，被驱逐的校长得以解放，将参与学潮最激烈的42个学生开除学籍，赵九章也在名单内。

　　1926年冬，母亲积劳成疾，患上绝症，长期卧床不起。父亲既要在当地行医治病，又要抽时间治家和照顾母亲，身心疲惫不堪，于1927年1月21日在开封老宅去世，没有留下任何田产土地。仅仅20天后，他的母亲也病逝了。当时赵九章正在杭州求学，听到消息后，他心急如焚地赶回开封奔丧。[①] 天有不测风云，他一下成了生活无所依靠的孤儿了，只能和姐姐赵盛华、哥哥赵元章相依为命，内心相当悲痛。

1927年赵九章（中）与兄赵元章（左）、姐赵盛华（右）在一起

---

　　①《赵九章》编写组. 赵九章. 贵阳：贵州人民出版社，2005：5-6.

1927 年 4 月 12 日，蒋介石叛变革命，在南京密令"已光复的各省，一致实行清党"，大肆残杀共产党人。浙江也笼罩着白色恐怖，赵九章亲眼看见一些舍身革命的人遭到屠杀，也看到一些反动教师一跃成为官宦，很是愤恨。为寻找出路，他重新投身学生运动。北伐时期，共产党在杭州发展迅速，有了党组织及其外围组织。1926—1927 年间，在浙江工专有共产党的组织，直接受浙江省委石天柱的领导，为了隐蔽起见，用"CP"或"CY"代表。

因赵九章在学校成绩特别突出，又同情劳苦大众，有强烈的爱国民主思想，戴家祁作为浙江工专的地下党，思想先进，经常与表哥赵九章参加学生会的运动。加之赵九章有国民党上层亲戚戴季陶作掩护，地下党遂接近赵九章，让他参加地下党的活动。1927 年底，经浙江省共青团委书记胡公达介绍，赵九章对共产主义理念产生了兴趣，加入了中国共产主义青年团（CY）[①]，以饱满的热情投入到爱国学生运动中。

四、参加学生运动被捕

1928 年春，赵九章的好友王馨吾说要给赵九章介绍一个女孩——吴岫霞。吴岫霞 1911 年 3 月 15 日出生于浙江衢县县城 20 里外的珊塘村。父亲吴席丰是当地一位开明的乡绅，家中共有四男二女，吴岫霞是家中最小的女儿。她自幼接受新思想，不裹小脚，不梳头髻，认为女子应与男子同样享有受教育的权利，努力摆脱封建教条的枷锁。她还爱憎分明，有强烈的同情心和正义感，痛斥旧社会的腐败黑暗，对贫苦不幸的人们有着浓浓的同情心。十四五岁时，吴岫霞争取到了只身去杭州求学的机会。

---

① 当时共产党的地下组织，CP代表共产党，CY代表共青团。

吴岫霞和赵九章还没有见面时，赵九章正在杭州积极参加反对军阀的学生运动。1927年国共合作破裂，蒋介石在浙江地区的势力开始大肆搜捕共产党员和革命工人、学生。1928年3月，因中国共产党在浙江的省委组织被叛徒出卖，组织遭到破坏，浙江工专丙寅同学会的成员都被列为"清党"的对象。国民党当局早就讨厌这些读过两天书的学生对政府指手画脚，抓起学生来绝不心慈手软。

年仅21岁的赵九章在杭州被国民党当局当作共产党的嫌疑犯抓捕，关押在浙江陆军监狱。和他一同被捕的还有他的表弟戴家祁，以及任浙江工专的地下党苏中常及负责人宋侃夫等。在狱中，赵九章的身心备受折磨和摧残，浑身病痛，精神状态也受到影响。值得安慰的是，有位自称是他表妹的年轻女子经常来狱中探望他，她就是吴岫霞。

这位出身于浙江乡绅家庭的女子，美丽而有主见，对进步青年心里非常敬慕，她知道赵九章是由于参加学生运动被抓捕的，不畏反动派的淫威，以赵九章表妹的名义，勇敢地去杭州陆军监狱探监。当看守叫道：赵九章，你表妹来看你来了！赵九章很吃惊，见到她后一下子很紧张，心里生怕这位善良娇弱的姑娘受到牵连。吴岫霞看到赵九章身穿条纹狱服、神形憔悴，顿时心疼不已。此后，她便经常来探监。她的到来给身陷图圄的赵九章很大的物质帮助和精神慰藉，从此开始了二人的患难之恋。

赵九章的姑妈赵静涵知道他和戴家祁被捕后非常着急，常在探监时对监狱上下打点。那时有一条不成文的规定，即凡是被认定是共产党身份的犯人一律枪毙！这让姑妈立马心惊胆战，赶紧去找戴季陶，要他出面救人。她向戴季陶夫妇讲述了赵九章在监狱中被关押的情况，告诉他们如果不及时救赵九章出狱的话，这个年轻后生有可能被判死罪。当时戴季陶已任国民党高官，在风头正紧时出面写信不方便，就指示下面的人通过关系传话给浙江当局，请求关照放人，但浙江当局并不买账，却也没有马上判刑。姑妈再次去南京找了戴季陶一趟，于是他写了一封给浙江特种刑庭的亲笔信。1928 年 8 月 23 日的《时报》刊登一则消息，标题是《戴传贤保释赵九章》："中央执行委员戴传贤向浙江特种刑庭，请保释共产党嫌疑犯赵九章，负责管理，已由钱西樵庭长核准云。查赵九章虽名列逆册，察系青年盲从，受毒未深，据请交由具呈人负责管理，自可照准，候函知反省元查照办理可也。"信尾署名"公民戴传贤"，以表明他不是以当官的身份，而是以一个公民的身份来请求浙江当政者。姑妈心急如焚地拿着这封信赶回杭州，拿着夫家分家时得到的一些资产，打点了当时浙江特种刑庭的庭长和监狱长等人。之后赵九章被转到反省院。在反省院那段时间里，他遭受酷刑，身心受到很大摧残，在一两个月内健康状况迅速恶化，经常一阵阵发烧，并长期处于昏沉状态，嘴里说着胡话。同在反省院的宋侃夫还曾被派去照顾他几天。后来赵静涵以自家的一个药铺、一个当铺作为担保，这才以保外就医的名义，亲自将赵九章从反省院保释出来。反省院中的年轻学生们并非每个人都如此幸运，赵九章被放出来后，不少反省院内的学生被国民党处决了。

赵九章在 1928 年 8 月下旬[①]出狱后，回到湖州祖母家，这时他的身体已经非常虚弱，病得厉害。姑父万秋田的侄子万友竹在湖州一家福音医院当护士，把赵九章接到这家医院精心照顾。姑妈闻讯后去医院看他，他的状态相当不好，有时还会说一些不知所云的话。经过几个月的治疗，他的病情大有好转，出院后又在姑妈家住了一段时间。由于姑妈家生意失败，已经破产，不能再继续供赵九章读书。待他病愈后，姑妈给戴季陶夫妇写信，提到他虽然离开了杭州，但湖州终究

---

① 中国人民解放军第五零五研究所核心领导小组. 关于赵九章问题审查结论报告. 1971年9月21日. 中国科学院档案.

在浙江省内，希望戴季陶夫妇能把他送到比较安全的南京读书，并资助他的学习和生活。同年9月，赵九章被姨夫戴季陶接到南京。因担心他再去参加什么革命运动，对他严加管束，不得随意活动。戴季陶很赏识赵九章的才能，要他练习书法，并为其提供在伪南京考试院院长办公处任机要秘书的职位，每月60元薪水，处理函电、文字抄写以及文件保管等工作，在国民党要人中结识了不少熟人。如此下去，他本可凭借有权有势的亲戚走上光明的仕途。不过，他内心坚持要读书和从事学术研究，认定只有科学才能使中国发达富强，并因此和戴季陶闹翻。[①] 后来，他为了梦想，最终选择北上。

第二章　气象学研教

　　赵九章考取国立清华大学物理系后，与王竹溪、傅承义等成为同学，由此遇到了叶企孙、吴有训、萨本栋等这些改变他一生命运的大师们。经恩师叶企孙推荐，他考取第二届留美公费生高空气象专业。之后，他抵达中央研究院气象研究所，在气象学家竺可桢的指导下实习。在柏林大学完成学业后，他毅然决然地回到祖国，在西南联合大学简称（西南联大）教书育人。

---

① 傅承义. 怀念赵九章同学. 选自中国科学院国家空间科学中心《赵九章先生纪念文集》编委会. 赵九章先生纪念文集. 北京：科学出版社，2021：13.

一、名校物理系转向气象学

1925 年 9 月，正在中州大学预科学习的赵九章考入位于杭州的浙江公立工业专科学校预科电机工程科（今浙江大学电气工程学院前身）上学。天资聪慧的他经过一番自学后，于 1929 年 8 月考入了国立清华大学，9 月正式入学，成为该校第五级物理系的学生，在当年录取的 174 名男生中名列第四。去清华大学报到前，他利用假期和吴岫霞一起去湖州度假，住在姑妈家。姑妈的儿子万定国与这位霞姐感情非常亲近。要去清华报到时，他先与吴岫霞一起坐小火轮到上海，送她到上海爱国女校上学，之后他继续北上。不久后，吴岫霞至北京追随赵九章，在北师大女附中念书。当时赵九章是个穷学生，吴岫霞常从经济上给予接济。

清华大学创建于 20 世纪初，一贯秉承学术自由和民主办学的传统，培养出大批杰出学子。1931 年 11 月，梅贻琦担任清华大学校长。"所谓大学者，非有大楼之谓也，有大师之谓也"是梅校长的治校名言。梅在位期间，开创了清华大学学术自由和民主办学的黄金时期，延请大批名师来校任教，一批批精神焕发的少年在这里成长起来。

赵九章的大学时代，也正好是清华大学的关键发展期。他同一级同学中诞生了赵九章、王竹溪、傅承义、柯召、许宝騄、杨遵仪、程裕淇和徐仁共 8 位中科院学部委员（1994 年改称院士），其中赵九章、王竹溪、傅承义三名均为物理系学生。此外，还有钱锺书、万家宝（曹禺）、乔冠华、张民觉、沈同、裴丽生、吴祖缃……这些科技文化界名士在新中国历史上群星璀璨。赵九章还是王大珩的学长，赵九章上大学三年级时，王大珩刚就读大学一年级。王大珩后来成了中国著名的应用光学专家和光学工程的重要学术奠基人。

赵九章平时除了上课、做实验，就是在图书馆如饥似渴地读书。

1933年赵九章（中）与同班同学傅承义（右）、王竹溪（左）在清华园

清华大学有一流的图书馆，馆藏极为丰富。在大学里，他收获了丰富的知识，拓展了学术视野，奠定了扎实的物理学基础，还获得了独立进行科学实验的能力。

在清华读书时，赵九章和傅承义非但在物理系同班，做实验也是同组。他们二人都学业优异，热爱探索科学，四年同窗让他们情同手足。那个时期，傅承义就对赵九章的开创性和探索性印象深刻。①

在清华大学物理系，赵九章幸运地遇见了改变他一生命运的老师们——叶企孙、吴有训、萨本栋，他们都是我国物理学界的一代大师。

1925 年物理系仅叶企孙一名教授，王淦昌和施士元两名学生，叶企孙一个人承担了所有课程的教学。1913 年叶企孙考入清华，1918年赴美深造。先是在 1920 年获芝加哥大学理学学士学位，后来又于1923 年获得哈佛大学哲学博士学位。1924 年回国后在国立东南大学（1949 年更名南京大学）任教。他在 20 世纪 30 年代创建了后来久负

① 《赵九章》编写组. 赵九章. 贵阳：贵州人民出版社，2005：2.

盛名的清华大学物理系和理学
院，任物理系主任和理学院院
长。他还建立了北京大学物理
系磁学研究室，竭力培养了一
批批优秀人才。

叶企孙学识渊博，谦逊宽
厚，是一个爱国、正直、严谨

赵九章（左）在清华大学与同学、挚友傅承义在一起

的科学工作者，一心一意为国家培养栋梁之材。他对学生循循善诱，
在上课时不单单传授科学知识，还教育学生要爱国，学会如何做人和
彼此尊重。他常对同学们说，只有科学才能拯救我们的民族，才能使
我们国家不受外国凌辱。[1]这些爱国思想深深影响了赵九章。

叶企孙聘请名教授来校授课，实行"理论与实验并重，重质而不
重量"的办学方针。1928年，叶企孙延请吴有训、萨本栋两位年轻教
授来清华任教。1929年，学成回国的周培源被叶企孙聘为物理系最年
轻的教授。赵忠尧1931年也被请到清华物理系任教。在名师的指导下，
赵九章如饥似渴地听课和学习。

吴有训讲授大学一年级普通物理，虽江西口音浓重，但声音洪亮，
擅长把复杂的物理概念深入浅出地讲出来。他特别注重训练学生从事
实验物理学研究的本领，使学生充分掌握实验的技巧，努力提高实验
的精确性，把对物理理论的理解建立在牢固的实验事实之上。赵九章
是物理系做实验最认真的学生，他常常会在实验过程中向吴先生提出
一系列疑问，吴先生总是举一反三地耐心解答。

赵九章感受到了老师们的殷切期望，逐渐树立了科学救国的心愿。
在清华大学的四年，他绝口不提政治，把满腔的爱国热情投入到学习

---

[1] 田彩凤. 叶企孙与清华. 清华大学教育研究，1988（2）：75-78.

科学技术上。他与傅承义、王竹溪被称为物理系第五级中的"三杰"，备受师长的赞赏。1933年，三人毕业于清华大学物理系，且在毕业时均进入清华研究生院研究生名单，当年全校共录取26名研究生，物理系就占了4名。叶企孙非常擅长因材施教，他总是能独具慧眼地发现每个学生的独到之处，并引导他们进入各自擅长的领域大放异彩。1933年8月，26岁的赵九章以优异的成绩毕业于清华大学物理系，9月由清华大学理学院院长叶企孙留任清华大学物理系助教，专职管理物理实验。[①]

毕业后不久，赵九章和吴岫霞一起在浙江杭州的一家西餐馆里举行了婚礼，有情人终成眷属。那一年，他26岁，吴岫霞22岁。随后二人去湖州拜见姑妈赵静涵。

清华大学当时虽然未设气象系，却已有简陋的气象设施，具备了一些研究基础。1925年以后叶企孙在清华园内最早建立的教学楼——"清华学堂"东端最高的一间房内设立了气象台，配备了大气气压表、温度计、风速计、雨量计等仪表，每天将气象数据公布在科学馆进门左壁的玻璃柜内，供师生们做实验时参考。[②]

清华大学物理系已有学生从事过与气象相关的研究。譬如，我国物理学家王淦昌从1929年11月起留任物理系助教。为了透彻研究北平附近气象因素对大气放射性的影响，在吴有训教授的指导下，王淦昌就"清华园周围氢气强度及每天的变化"开展实验研究并写成毕业论文，之后由吴有训亲自翻译并发表在清华大学英文版科学报告上，这是中国第一篇有关大气放射性的实验研究论文，这也是我国最早的

---

① 崔茹华，杨晓汝. 赵九章年谱. 见中国科学院院史文物资料征集委员会办公室. 院史资料与研究，2000（6）：6.

② 《赵九章》编写组. 赵九章. 贵阳：贵州人民出版社，2005：18.

一篇关于大气氡的论文。此外，还有物理系学生围绕大气电学开展研究。[1]

1930 年中央大学在地学系设立气象组，1935 年清华大学在地学系设立气象组，用以培养气象人才，以后这两个学校的气象组都独立成气象系。[2] 为了方便理学院地学系学生进行气象观测实习，清华投资三万三千余元，于 1931 年 5 月在校园西北隅仁立起一座白色八角形的六层天文台，即清华大学气象台。气象台的建筑内及附近的草地观测场上配备了相当完备的观测仪器。

中国是世界上受气象灾害影响最严重的国家之一，气象灾害种类多、强度大、频率高，往往给国家和社会带来重大损失。气象学自然是一个亟待发展的重要学科。叶企孙很早就意识到气象学与物理学之间存在紧密联系，预见到气象学对于航空工程、国防建设的重要性。他考虑到国家要发展空军，清华大学要建航空工程系，航空又需要气象观测及研究做支撑，因此清华大学要建气象系。他开始未雨绸缪地培养气象人才，有意培养学物理的人去学气象。也正是在叶师的影响下，赵九章逐渐从物理学转入气象领域。

20 世纪上半叶，科技在西方国家发展相当迅速。叶企孙建议赵九章报考留美公费生，出国专攻气象学。赵九章遵照恩师的建议，认真准备公费留学考试。萨本栋先生对他们这些助教特别照顾，每周只让他们工作 12 小时，好留出时间备考。1934 年 10 月，由叶企孙推荐，赵九章参加了清华大学第二届留美公费考试（民国 22 年为第一届，不

---

① 李德平. 对王淦昌老师的"关于大气放射性和北平的气象"一文的一些说明. 辐射防护. 1997（05）：14–21.

② 中国近代科学论著丛刊气象学编审委员会. 中国近代科学论著丛刊 气象学（1919—1949）. 北京：科学出版社，1955：V.

同于清末庚款留美考试），考取了留美公费生高空气象专业。一同录取的还有王竹溪、张光斗、钱学森、费青等20余人，这些人后来皆成为各自所在专业的科技领军人物。该届公费生多数前往美国留学，如张光斗、宋作楠、曾炳钧、钱学森等，部分人员选择了英国，如夏鼐等，只有赵九章和费青选择了去非英语国家的德国。

二、竺师指导北极阁研习

清华大学当时规定，被录取的庚款公派留学生要在国内导师指导下进修一年才能出国学习。为了推进赵九章的赴美留学事宜，梅贻琦曾专门致函中央研究院气象研究所所长竺可桢，函敦请其担任本届留美公费生考试高空气象学门考取生赵九章留国的学习指导。[①] 经叶企孙指点，1934年10月3日，赵九章向校长梅贻琦报告，即日请辞助教职务，以便专心在清华大学气象台实习。赵九章本来想在北平待半年再去南京，后来觉得北平没有有经验的气象学专家。[②] 叶企孙直接派赵九章到南京的中央研究院气象研究所——当时国内最重要的气象研究机构，跟随气象学大师竺可桢学习，计划在当年11月初起程奔赴南京。赵九章向梅贻琦写信汇报此事，请校长开具介绍信，并参照上届管理办法为其资助旅费。

地球物理学，是地学和物理学之间的边缘科学，是以物理学的原理和方法来研究地球整体和其组成部门——地球本体、大气和海洋的性质、状态以及在其中发生的自然变化的物理过程的一门学科。地球

---

① 梅贻琦. 致竺可桢，函敦请担任本届留美公费生考试高空气象学门考取生赵九章留国学习指导. 清华大学档案馆，归档号1-2：1-89：3.

② 赵九章. 关于投考留美公费生被录取，故辞去助教职务和领取生活费津贴给梅校长的信函. 清华大学档案馆，归档号1-2：1-89：3.

物理成为一门科学，还不及一百年。最早在清末民初，西方耶稣会传教士将地球物理学引入中国并长期操纵。传教士一并引入的还有西方近代气象观测技术，教育部于 1912 年创设的中央观象台积累了较为丰富的观测经验，但是地球物理学长期处于所谓的"冷门"状态。许多观测工作，例如气象、地磁、地震、重力等，在国内和国外还是由教堂内修道士附带进行的。① 到了 20 世纪 20 年代，中央研究院（以下简称中研院）和北平研究院物理研究所相继建立，地球物理学才作为一个研究方向和分支学科，开始受到物理学家的关注。1927 年 11 月，大学院召开中央研究院筹备会，即考虑到观象台，观象台工作"原定分为天文、气象、地震、地磁四项，惟以天文、气象尤为重要，故先行着手筹备"。②1928 年 4 月中央研究院正式成立。紧接着，1929 年 1 月 1 日，国立中央研究院气象研究所（以下简称气象所）成立，中国气象学家竺可桢出任所长。这里很快成为中国著名的气象观测和科研基地，逐步发展出天气组、气象台、气象组、仪器室地磁台和地震室等部门。

据同在清华大学物理系的师弟钱伟长后来回忆说，有一天晚上，他在叶先生那里碰到赵九章找叶师聊天。听到他们交谈的话题范围非常广泛。赵九章说到地球物理，那是钱伟长第一次听说地球物理。赵九章提到，地球物理的各个方面都需要人才，诸如气象、海洋、地震等。以后几年他经常能在叶师那里遇到这位师兄。③ 可见当时赵九章心中就已对地球物理这一学科有了初步谋划。

在新中国成立前，地球物理学这一学科，除了气象学比较有一些

---

① 赵九章. 中国地球物理学会第一次会员代表大会开幕词. 地球物理学报，1957（1）：1-8.

② 国立中央研究院文书处. 国立中央研究院总报告（民国十七年度）. 国立中央研究院总办事处发行，1928：205. 南京中央第二历史档案馆.

③《赵九章》编写组. 赵九章. 贵阳：贵州人民出版社，2005：18.

基础，并早已建立中国气象学会外，其他各部自然资源的发掘（含物理探矿）基本由地质部及有关生产部门所领导。[1] 观测台站等硬件设施有零星发展。1930 年，工商部地质调查所地球物理研究室在李善邦的主持下，于北平西郊建立了中国第一个自主建设的地震台——鹫峰地震台，这座地震台当时处于世界一流水平。[2] 主持中央研究院物理研究所的丁西林于 20 世纪 30 年代主持建设了南京紫金山地磁台，系中国自建的第一个地磁台。

北极阁是南京城郊的一座丘陵，古名鸡笼山。南北朝的刘宋时期，鸡笼山上即建有观云测天的"灵台候楼"，并设专职官员观天象、测风候、编制历法。明代朱元璋时期，改"鸡笼山"为"钦天山"，建"观象台"又名"钦天台"，配置了当时世界上最先进的浑天仪、简仪、圭表等观象设备，既观气象又观天象，代表着我国古代气象和天文达到巅峰。清康熙七年（1668 年），清皇室将观象台天文仪器全部运至北京，之后该台逐渐被荒废。1928 年 2 月，中央研究院成立气象研究所筹备组，竺可桢任主任，决定在钦天山成立气象研究所。当时山上荆棘遍布，顶上尚存一座破败北极阁道观，此后此山俗称"北极阁"。竺可桢首先向南京市政府申请把钦天山全归气象研究所进行建设，1929 年初，气象研究所遂正式搬迁至北极阁。山上建一三层观象台，另有"东楼""西楼"做工作用房。[3]

1929 年元旦，国立中央研究院气象研究所正式成立，竺可桢出任所长，这里很快成为国内非常著名的气象观测和科研基地。研究所虽

① 赵九章. 中国地球物理学会第一次会员代表大会开幕词. 地球物理学报，1957（1）：1-8.

② 中国地震局地球物理研究所编. 中国地震局地球物理研究所地震监测志. 北京：地震出版社，2006：258.

③《赵九章》编写组. 赵九章. 贵阳：贵州人民出版社，2005：18.

南京北极阁

然人员少，但研究成果颇丰。气象所建立起了我国自己的气象台站，开展规范化的气象观测，积累了第一手气象资料，开展了天气预报等项目为社会服务，还培养了一批气象专家和科研工作者。

经过近十年的艰苦经营，到1937年全面抗日战争爆发前夕，中央研究院气象研究所的仪器设备、图书刊物收藏、业务范围、科研水平以及国际影响等方面，均已远超法国人创办的、当时在国内规模最大的上海徐家汇观象台。气象研究所当之无愧地成为我国气象研究的中心和业务指导中心。[①]

竺可桢和叶企孙都曾在美国哈佛大学获得博士学位，同为早期中国科学社社员。奉指导专员叶企孙之命，赵九章于1934年10月13日来到气象所，有幸在治学和为人都堪称典范的科学大家竺可桢的亲自指导下实习，由此开启了他俩30多年绵长的师生情谊。在南京期间，他寄居在亲戚戴季陶的公馆，生活费用也由清华大学会计科寄到南京，由考试院戴季陶转交。此间他的同学芝笙因误会被抓捕入狱，同学们

---

① 《竺可桢传》编辑组. 竺可桢传. 北京：科学出版社，1990：43-44.

对此非常担心和挂念。他还专门写给校长梅贻琦，恳请校长择日来南京进行营救。[①] 赵九章悟性极好，在竺可桢的指导下，他在短短半年时间里，对该所用飞机测得的北平和南京高空气象的探测记录进行数据分析[②]，初步了解了我国气象学发展的整体状况，确立了到国外留学的学习目标及方向。他分析了中国最早释放成功的一批探空气球所搜集到的数据，对中国气团的秉性，特别是对东亚地区大气温度、湿度的垂直分布和天气情况作了分析，在此基础上写出了他的第一篇学术论文《中国东部空气团之分析》，1935 年发表于《国立中央研究院气象研究所集刊》。这也是我国分析东亚气团的第一篇论文。[③]

在这里，赵九章还认识了不少气象界的同仁，包括涂长望[④]。涂长望 1906 年出生在湖北汉口一个传教士家庭，比赵九章大一岁。他从小学到大学，一直都在教会学校读书。1925 年考入华中大学一年后，转入上海沪江大学科学系。除了学习数理化等必修课外，他还选读了地理学。因当时地理课的授课教师是著名的葛利石教授，由此他对地理学产生了浓厚兴趣，一发不可收拾。大学毕业后的第二年，即 1930

---

① 赵九章. 致梅贻琦，芝笙因误会被抓，此间同学均极挂念，梅何日前来营救（1937-12-2）. 归档号1-2：1-89：3.

② 赵九章. 致叶企孙，竺可桢先生指示下初步之预备先读美国MIT，关于气象研究报告下周教请（1937）. 清华大学档案馆，归档号1-2：1-89：3.

③ 赵九章. 中国东部空气团之分析. 国立中央研究院气象研究所集刊. 1935（6）：1-12.

④ 涂长望（1906—1962），我国近代气象科学的奠基人之一，新中国气象事业的主要创建人、杰出领导人和中国近代长期天气预报的开拓者。1929年毕业于上海沪江大学，1931—1933年留学伦敦大学，获硕士学位，1933—1934年在利物浦大学攻读博士学位。1934年应竺可桢先生之邀回国任中央研究院气象研究所研究员，先后任清华大学、浙江大学、中央大学教授。1949年中央大学更名后，任南京大学校务委员会常委。1949—1962年任中央军委气象局（后为中央气象局）局长。

年 10 月，他成功考取湖北省官费留学生奖学金，到英国留学。他先考入伦敦大学政治经济学院研究经济地理，第二年 9 月转入帝国理工学院专攻气象学，跟随世界著名气象学家吉尔伯特·沃克爵士（Sir Gilbert Thomas Walker）学习和研究长期天气预报。他潜心学习，结合中国本土的气象资料，写出了一篇颇具特色的高质量论文《中国雨量与世界气候》，后来被收录进《英国皇家学会论文集》。涂长望在获得帝国理工学院硕士学位的同时，还被推选为英国皇家学会会员，成为该组织第一位中国籍会员。同年到利物浦大学地理学院，跟随著名地理学家罗士培教授（Percy Maude Roxby, 1880–1947）攻读地理学博士学位。

涂长望在帝国理工学院作研究时，为了搜集国内气象资料而求助于竺可桢。涂长望也经常把国外的一些气象学领域的论文和科学成就不断介绍给竺可桢。在相互了解的基础上，1934 年竺可桢发给涂长望一封邀请的电报，召唤他回国参加国内建设，并担任中央研究院气象研究所的研究员。于是涂长望放弃唾手可得的博士学位，毅然提前回国了。这一年也正是赵九章出国前的那一年。

涂长望和赵九章一见如故，向赵九章谈了不少自己的留学见闻。后来，二人开始了几十年的深厚友谊和密切合作。1935 年 3 月，赵九章赴上海天文台和杭州航空学校研究。1935 年 2 月，留美公费生赵九章向清华大学提交了志愿书及保证书，叶企孙是他的保证人。[①]1935 年 4 月 7 日，在南京召开的中国气象学会会议上，涂长望担任《气象杂志》的总编辑，赵九章被聘为特约编辑。[②]

---

① 赵九章. 国立清华大学留美公费生赵九章的志愿书及保证书（1935–02）. 清华大学档案馆，归档号1–2：1–89：9.

② 《赵九章》编写组. 贵阳：贵州人民出版社，2005：19.

三、留学德国学习高空气象

作为赵九章赴美留学前的学习指导，竺可桢对赵九章这个优秀学生的出国学习非常关切，并就出访学校进行了慎重的考虑。竺可桢函复国立清华大学留美公费生考试委员会，认为赵九章将来可加入麻省理工学院或者加州理工学院[①]，这也是当时很多赴美留学的中国留学生的选择。

不过，竺可桢了解，相较于当时的世界科学中心美国，20 世纪 30 年代的欧洲才是全球气象科学最发达的地区。1903 年，挪威气象学派率先提出"天气预报是描述大气运动的数学方程组的解"的观点，这标志着物理和数学被正式引入气象学研究。1920 年前后，挪威气象学家威廉·皮叶克尼斯（Vilhelm Bjerknes，1862.3.14—1951.4.9）在挪威沿海等地组建了稠密的地面气象观测网，仔细分析了基于稠密站网提供的资料绘制而成的天气图，总结了大量天气变化现象，发现了暖锋，提出了锋面和气旋的天气学模型，进而概括出反映气旋生命发展的极锋学说——冷锋、暖锋、锢囚锋（Occluded Front）、静止锋及其云雨分布的模式，以及气旋是极锋上发展起来的不稳定波动的理论。他们把上述模式、理论和学说，以及应用物理和数学方法，应用于日常天气分析和天气预报，创立了著名的挪威学派（Norwegian School，也称卑尔根学派 Bergen School of Meteorology）。皮叶克尼斯和他的学生们发表了一系列关于气团、锋面、气旋理论的论文，挪威学派在气象学领域名扬世界。现代天气学理论、天气分析和天气预报方法，基本上是由"挪威学派"皮叶克尼斯等人在那十年间建立起来的，是 20 世纪

---

① 竺可桢. 致函清华大学留美公费生考试委员会，商议赵九章择校事. 清华大学档案馆，归档号1-2：1-89：3.

大气科学一个重大的理论成就，迄今还被广泛应用。

竺可桢也曾到德国考察过，了解柏林大学及其气象系的雄厚实力。柏林大学创办于1809年，学术研究氛围浓厚，教师们严格认真地授课，一丝不苟地做学术研究，到了20世纪30年代，柏林大学已经举世闻名，学术研究氛围浓厚，更是当时中北欧气象科学发展最快的地区，它的大气物理研究颇具权威。以费克（H. Von. Ficker）教授为首的中欧学派坚持认为是平流层气流操纵了气象变化，因此，他们非常重视并投入大量资金开展高空探测研究。柏林大学还设有气象研究所，在当时已经采用先进的电动计算机来完成科学计算。柏林西北部著名的林登堡（Lindenberg）高空气象台，每周都用飞机进行两次高空探测，积累了相当丰富的气象材料。

待赵九章实习期满，经与竺可桢商定，赵九章决定赴气象水平较高的德国攻读气象学，他将这一想法函告叶企孙[①]，也得到了叶师的赞同。毕竟1930年至1931年间，叶企孙休假曾去德国进修一年，结识了不少知名学者和教授。他了解到柏林大学气象学的教学与研究水平很高。北京大学毕业的刘衍淮和李宪之都已在1930年赴柏林大学学习气象学，前者还于1934年获得博士学位后回国。在叶、竺两位大师一致赞同后，按照规定，竺可桢致函梅贻琦，推荐赵赴德国留学，信中提道：赵九章应否去德国，取决于德国气象学人才之盛，设备之周，远过美国，故赵九章愿意去德国。[②]赴欧洲研究者须得到清华大学评议会的许可，方可前往。后来，清华大学评议会批准了这一出访国家

[①] 赵九章. 致梅贻琦，经与竺可桢高定，已决定赴德肄业，出国手续尚未收致，请查明. 清华大学档案馆，归档号1-2：1-89：3.

[②] 竺可桢. 致梅贻琦，推荐赵赴德国留学. 清华大学档案馆，归档号1-2：1-89：3.

的变更申请。① 由此，赵九章转为去德国柏林大学学习高空气象学。梅贻琦希望赵九章尽快出访德国，经竺可桢批准后，他赶忙进行出国前的准备。

根据清华大学档案管的庚款赴美留学生档案资料，按照计划，赵九章应是 1935 年 5 月 5 日得到奖学金 520 美元，6 月 7 日登船，赴德国柏林大学求学②。在临行前，他特意拍了一张证件照。在旅途中的 6 月 12 日，他在途经新加坡时给梅贻琦写信汇报旅途情况。他预计 7 月初可到柏林，同船赴德者除去校公费者外，还有六七个自费留学生，沿途可以互相照应。到香港后，胡汉民也上了同一条船，目的是赴欧养病。当时船上的中国学生议论纷纷，质疑正当国事危机之时，国民党政府的官员们不谋精神团结和同谋国是，或者溜到国外逍遥，或者

大放空论，大家都感到很愤慨。而赵九章在气象研究所实习期间完成的英文论文《中国东部上空气团的初步分析》已经由该所出版气象集刊出版，将寄送给梅师。③

赵九章 7 月 3 日到达柏林，并办理入德补习班手续。他寄信给梅贻琦校长，汇报平安抵达，信件由中国大使馆转交。④ 他先是学了三个月的德语，后正

赵九章出国前的照片（1935）

---

① 赵九章. 致梅贻琦，赴欧洲研究者须得大学评议会之许可方可前往望早日决定. 清华大学档案馆，归档号1-2：89：3.

② 国立清华大学留美公费生赵九章的表格. 清华大学档案馆.

③ 赵九章. 致函梅贻琦，汇报本人已到新加坡（1935-6-12）. 清华大学档案馆，归档号1-2：1-89：3.

④ 赵九章. 在德学习情况. 清华大学档案馆，归档号1-2：1-89：3.

式入柏林大学上课。[①] 他在当时德国著名的气象学元老费克的指导
下攻读动力气象学和高空气象学，还跟随德芬特（A. Defant）教授
攻读海洋气动力学。

赵九章在当时是公认的模范生，不管是课上还是课下都严谨认真
地学习，两位导师对他非常欣赏，经常悉心指导他。德国人一丝不苟的
治学精神，也对赵九章今后的科研和治学产生了深厚的影响。

1935年赵九章于德国

德国留学期间，赵九章不仅关注国际气象学学术动态，还一直关
心着国内的气象学事业。他心中始终怀揣对家国天下的强烈责任感，
以及科技救国的理想。他不忘初心，时刻铭记自己出国学习气象的目
的就是将来把学到的知识学以致用，服务国防和国家建设。

在赵九章留学德国期间，戴季陶又与他言归于好。1936年6月到
9月，考试院院长戴季陶奉命前往欧洲，代表国民政府出席世界运动会，
赵九章担任随从翻译，游历欧洲十余国。这次考察让他大致了解了英

---

① 赵九章. 我所做过的科研工作及组织工作. 1968年9月19日. 中国科学院
档案.

法等欧洲国家的工业文明和人文景观。特别值得一提的是，他得以利用这一便利参观了荷兰、瑞典、奥地利等国的气象机关，在瑞典曾经由世界著名探险家、曾在中国组织西北科学考察团的瑞典人斯文·赫定（Sven Hedin）介绍，得以结识挪威气象学者勃奇朗，时任瑞典气象研究所所长。赵九章在出国前已经竺可桢介绍，拟于德国毕业后即随勃奇朗先生工作，现得以亲见，机会十分难得。他还在奥地利拜见了气象地球物理研究院院长 W. 施密特（W. Schmidt）教授，并请求冬季随其所组织的气候学考察团赴匈牙利工作，得到应允。这趟欧洲考察对赵九章今后的学习和科研工作提供了宝贵的机会。[①]

　　1936 年 10 月 20 日，赵九章给清华大学校长梅贻琦的一封信中汇报了他在柏林大学三个学期以来的学习情况。他在第二个学期学习的课程有费克教授的气象与天气预报、天气预报实习课程，德芬特讲授的地球物理通论、大气与海洋学，费克和德芬特合作讲授的气象学讨论课程，以及其他教授讲授的德国气候、高空测量方法、应用地球物理、辐射学通论等课程。上学期曾利用导热方程式讨论海洋空气团在其邻近的大陆上时的湿度分布，该文在柏林大学气象学院集刊发表。第三个学期他学习的课程包括普通气象学、高层空气物理、由气压测高度、海洋学、高等实验物理、测候实习、天气预告实习（在柏林航空站实习），以及气象讨论等课程。他认为，本学期所选课程中，要数天气预告实习一科最为实用，此课程由柏林航空站气象台台长（Dr.Zistler）指导。他在该台实习了每日天气预报。这门课不单在学理上阐释了不少新知

　　① 赵九章. 致函梅贻琦，汇报在德工作报告（1937-01-23/1936-10-20）. 清华大学档案馆，归档号1-2：1-89：3.

识,对于天气预报的工作方法和高空探测方法,也多有值得借鉴之处。[①]

　　1937 年 1 月 23 日,赵九章在给梅贻琦校长的信附上一个附件。按照清华大学的规定,他在柏林大学公费研习高空气象学即在 1937 年 7 月完毕,为期共两年。他的论文《信风带主流间的热力学》,已经在费克教授指导之下完稿。另外完成一篇论文,以及他在上学期写成的论文合并在柏林大学气象专刊《Veroffentlichungen des Meteorologischen Instituts, Band II, Heft6, 1937》第二卷发表。他将在本年学期中呈请参加考试。考试结束后想申请实习,或请专家在高深研究方面进行指导。具体计划包括:关于高空探测之实习者,拟于 1937 年 6 月前赴柏林航空站,实习天气预报及高空材料分析,为期约一两个月。然后赴林德堡高空测候所实习。特别注意该机构所采用的风筝及无线电气球等方法,这种高空探测在冬季会遇到很多困难,因此他在该测候所实习一到两个月后,先到别处,然后在冬天再回到该测候所学习如何在冬季开展探测活动。他还打算到德国 Bieslau 气象台实习一到两个月。该台台长与教授擅长高空之气团分析,以及正在兴起的天气预报的应用,相信将来会对我国空气团分析工作大有裨益。而在研究工作方面,他与费克教授已经敲定了两个合作题目,一个是《同温层高低之变化与天气变化之关系》;另一个则有关天气预报。他还拟赴瑞典随 T. 贝吉隆(Tor Bergeron)教授工作,借此机会研究近二十年来挪威气象学派的相关理论。为了继续现有计划中的工作,他特申请准予在柏林延长留学期限一年。[②]

---

　　① 赵九章. 致函梅贻琦,汇报在德工作报告(1936-10-20/1937-01-23). 清华大学档案馆,归档号1-2:1-89:3.

　　② 赵九章. 致函梅贻琦,汇报在德工作报告(1936-10-20/1937-01-23). 清华大学档案馆,归档号1-2:1-89:3.

　　赵九章认为，如马上回国，尚不能开展独立研究；而且现在刚开始毕业实习，希望能在德国有更长的实习时间，学理与实用兼顾。这样回国后不仅可在理论上进行更深的研究，还可以开展天气预报等实际工作。他随信附上在德国的学习成绩和今后的工作计划，以及柏林大学气象学院院长费克教授的证明和德文报告，一并寄呈清华大学梅贻琦校长评议审核。[①]

　　信风环流中，特别是介于海面和信风逆温层间的信风主流，对于能量的储蓄有非常重要的作用。信风带在地球上所占的面积是很大的，此外由于那里的云量比较少，因此就给大量的太阳辐射能的传入提供了有利条件。可以推想信风带储蓄的能量对于整个大气层的能量交换有相当大的影响。倘若能够对信风区的能量储蓄加以量化的计算，或许对于大气中能量的运输交换问题，可以得到一些新的认识。当时在费克教授的领导下赵九章一共写成近 20 篇与信风带相关的论文。

　　上面提到的赵九章的第一篇论文也是我国第一篇动力气象学论文。后来该论文被收进《中国近代科学论著丛刊　气象学（1919—1949）》[②]。研究中，他提出了若干假设，利用以往搜集整理的气象观测记录，以及德国海军巡洋舰陨星号在信风带用风筝观测得到1000—1500 公尺的探空气象资料，将信风带的主流在向热带运动时所引起的温压度的垂直变化（理论值）与实际观测值进行比较，从而算出在主流信风区南移到赤道地带，在底层的加热量的数值，并指出热量从底层往上输送，本身是不稳定的，因而在赤道地带容易出现飓风

---

① 赵九章. 致函梅贻琦，汇报在德工作报告（1936-10-20/1937-01-23）. 清华大学档案馆，归档号1-2：1-89：3.

② 中国近代科学论著丛刊气象学编写委员会. 中国近代科学论著丛刊　气象学（1919—1949）. 北京：科学出版社，1955：513-527.

季不稳定的风量。[①] 经过数理演算和数值计算，分析指出"信风主流间的温度和比温分布，可用交换来解释"。并证明热量交换数和比温交换系数互不相等，利用这样的数值所求得的每千克空气所储蓄的能量与费克用其他方法求得的结果极为近似。此外，还求得由信风主流输入到赤道无风带的能量，比在赤道无风带内所接受的太阳辐射约大6倍。[②]

　　在这篇论文里，赵九章超越了以往在气象学研究中以描述性为主的地理学范畴的研究方法，首次尝试将数学、物理学和流体力学的基本原理引入其中。当时费克尔利用北大西洋信风区的观测，以一般的推论法，得出在信风主流每千克空气中可储蓄的能量为10大卡。这样大的能量储蓄，对大气环流的能量交换起到很大的作用，因此认为信风带主流应有不稳定现象。赵九章尝试用其他的方法对费克尔的研究进行验证。他采用施密特的交换理论，用热传导方程，通过数值计算得出公式，并算出信风带主流几个剖面上的能量储蓄、温度、湿度的垂直分布与实际观测值的比较。在计算信风主流的能量储蓄中，根据各区温度及比温的垂直分布观测，测验是否可利用施密特理论加以解释，并由此决定交换系数的数值，以及测验温度交换系数和比温交换系数是否相等。赵九章这种基于某一物理定律来推出自然界现象的规律，并对实际观测与理论计算的结果予以比较而得到证实的方法及研究成果，不仅获得了费克教授和德芬特教授的称赞，也立即引起国际气象学界的重视。竺可桢评价此文是"建国以前理论气象研究方面最

---

① 赵九章. 我所做过的科研工作及组织工作. 1968年9月19日. 中国科学院档案.

② 中国近代科学论著丛刊气象学编写委员会. 中国近代科学论著丛刊　气象学（1919—1949）. 北京：科学出版社，1955：513–527.

重要的收获"。[①] 当时日本理论气象学家正野重方及苏联天气学家赫鲁莫夫在他们的著作中都曾经提及这一研究。德国水文研究所一个研究员应用了这一研究成果，写了一篇关于西非一带降雨与信风带主流不稳定带之间联系的研究论文。费克的助手恩特尔（Entel）曾经是民主德国科学院副院长。1938 年，Entel 曾到美国麻省理工学院罗斯贝处讲学，讲到了赵九章这篇论文的结论。1938 年，赵九章又与恩特尔共同在德国气象杂志（MZ）发表一篇论文，研究东风参数的关系，用宏观的方法计算近地风场的规律。

在德国期间，赵九章一直与竺可桢保持着密切联系。竺可桢 1936年 4 月起出任国立浙江大学校长后，同时兼任中央研究院气象所所长，不过平时在浙江大学的时间更长些。赵九章的许多重要论文就直接寄送到浙江大学转收，请竺校长指点。1937 年，他发表了《理论气象基本方程之探讨》。他大胆提出"要求改变天气预报的方法，应该把数学和物理的尖端理论引进到气象科学领域中来，以发展成为我国新一代的气象科学"。[②] 他坚持认为，研究气象也要注意它的现实应用，气象研究的主要目的之一是预报天气。1937 年，他在《气象学报》上发表论文《理论气象学之研究与天气预报》，文中写道："理论气象学的最后目的，不外利用物理之定理，以现在观测所得气象要素之分布为出发点，推测气象要素未来的变化，因而能预报一短时期或长时期之天气。"[③] 可见当时他已经认为理论气象学研究是要以数理为基础，并且这种研究最终是为天气预报服务的。竺可桢非常支持他的这一主

①　陈洪鹗. 中国当代地球物理学的开拓者——赵九章. 国际地震动态, 1992（1）：22–25.

②　杨达寿. 竺可桢传. 杭州：浙江科学技术出版社, 2009：282.

③　赵九章. 理论气象学之研究与天气预报. 气象学报, 1937（10）：605–621.

张，为后来我国气象科学从定性描述到定量转变的计算和分析转变埋下了伏笔。

关于延长德国留学期限一事，赵九章同样致信了竺可桢。竺可桢在收到赵九章在德国的学习汇报及延期回国的请求后，遂与叶企孙在信中商讨延长赵九章留学期限的事宜。竺可桢认为，获悉赵九章留学期间，已完成关于海洋气团等两篇文章并已经在柏林大学专刊发表，可见其用功程度，柏林气象学家费克也对他颇加青睐。他成绩又好，又有意愿去瑞典专攻挪威气象学派，学习气象原理。如果能够延长一年留学期限，获益必多。[①] 叶企孙对此表示同意。1937 年 3 月 15 日，清华第 124 次评议会上准予延长赵九章一年的留学时间，并赴瑞典研究。后来他前去气象学研究享有盛誉、自成一派的瑞典研究实习了三个月。指导他的实习老师是著名的气象学家贝吉隆。贝吉隆夫妇均系瑞典皇家音乐协会会员，当年他们经常带赵九章去听音乐会，使他对古典音乐产生了浓厚兴趣，回国后也经常听听古典音乐。贝多芬的《第六交响曲》《春之奏鸣曲》，以及莫扎特的《弦乐小夜曲》等是他的最爱。

赵九章在德国期间，常和费青、吴大榕、乔冠华等中国同学以及他的表弟戴安国（戴季陶之子）等一起相聚，其中多数是公费留学生。他们不仅吟诗作文、欣赏高雅音乐，还经常谈论国际局势。赵九章对日本法西斯和德国纳粹非常愤恨，心里关心着祖国的抗战。[②]

① 竺可桢. 致叶企孙，推荐赵九章延长留学一年. 清华大学档案馆，归档号 1-2：1-89：3

② 吴阶平等主编，《赵九章》编写组. 赵九章. 贵阳：贵州人民出版社，2005：22.

四、西南联大地质系教学

1937 年"卢沟桥事变"爆发，日军发动大规模侵华战争，中华民族陷入了深重的灾难。赵九章没有选择立刻回国，而是留在德国继续完成学业。他经常与留学生们一起痛斥日本帝国主义的滔天罪行。来自国内的任何一点消息都牵动着他们这些海外学子的心。

1938 年 9 月，聪明又勤奋的赵九章仅用三年的时间完成博士学位论文《关于湍流风落分布参量的确定》[①]。正值抗战艰难之际，国内大半个中国都成了抗战区。当时以他的学习成绩和自身条件，若要继续留在国外是比较容易的。可他决心报效祖国，毅然回国，更想回到亲人们身边。获得博士学位后，归心似箭的他辞别了他的导师和学友，匆忙踏上了回国之路。这时候吴岫霞也终于盼到了丈夫要回国的消息。同年 10 月，赵九章怀着对祖国的赤子之心，从香港、当时被法国人控制的越南辗转回到正兵荒马乱的祖国。尽管有着一个在国民党政权中身居高位的姨夫，他终究不愿意去做官，而是宁愿到国立西南联大去当一名清贫的教授。

早已回到浙江老家的吴岫霞带着四岁的大女儿燕曾离开家乡，准备前去香港与赵九章会合，待一家人团聚后，一起去位于昆明的西南联大。吴岫霞和燕曾母女从浙江衢州出发，先到温州。她们在旅馆住了一晚后，第二天就登上了去香港的海轮。海轮在夜色朦胧中驶过被日本人占领的鼓浪屿时，出于安全考虑，把灯都熄灭了。吴岫霞特意嘱咐女儿不要出声，更不要唱那些平日里经常哼唱的抗日歌曲。

第二天下午到了香港。本来赵九章请他在清华大学读书时的室友乔

---

① 崔茹华，杨小林. 中国科学院院史文物资料征集委员会办公室. 院史资料与研究，2000（6）：7.

冠华来接吴岫霞母女，不知为什么没见到乔冠华，后来听说是接错了班次。一位同船的旅客就带母女俩穿过香港狭窄的街道，去了一家叫南屏旅馆的小旅馆。第二天，乔冠华找到了她们，并联系赵九章前来团聚。

终于，想念已久的爸爸走进了旅馆房门，赵九章看到久别重逢的女儿。他们后来又换到一家更大的旅馆——六国饭店。不久他们离开香港，乘船去越南，在海防住了一晚。第二天去河内，接着乘坐从河内到昆明的滇缅铁路的窄轨火车。列车在黄昏时分抵达昆明，赵九章在清华大学的同窗好友傅承义和王竹溪二人前来接站，接他们一家去西南联大。从此赵九章一家的生活开启了新的篇章。

日本帝国主义全面发动侵华战争后，人民苦不堪言。为保存中华民族教育精华免遭毁灭，华北及沿海许多大城市的高等学校纷纷内迁。抗战八年间，迁入云南的高校有十余所，其中最著名的是国立西南联大。1937年底，清华大学已迁到昆明复课，国立清华大学、国立北京大学与私立南开大学三大名校联合成立的西南联大，成为我国抗战时期最著名的大学。

祖国热情地欢迎学子赵九章学成归来。1938年8月，梅贻琦给赵九章下发聘书，聘请他担任该校地学系航空工程系专任讲师。[1]1938年10月起，他便直接担任西南联大理学院地质地理气象系副教授，两年后升任教授。[2]在气象系任教的同时，他还在西南联大航空工程研究所兼职，开展"航空气象之研究"。

赵九章和李宪之二人和衷共济，一起挑起了建设西南联大气象学系的重任。李宪之也是中国气象科学奠基者、开拓者之一。他1924年

---

[1] 梅贻琦. 聘赵九章先生为地学系航空工程系专任讲师（1938-08-05）. 归档号X1-3：3-41：1.

[2] 叶笃正. 怀念我的老师赵九章先生. 中国科学院院刊，1989（3）：282.

西南联合大学校舍

考入北京大学，1927 年至 1930 年参加中国西北科学考察团，负责水
文气象考察，后去德国柏林大学学习气象学。1934 年获得哲学博士学
位后，继续在柏林大学从事两年博士后研究，于 1936 年 8 月回到清华
大学地学系气象组任教，次年任教授。抗战期间他在昆明西南联合大
学任教授，并在云南大学、空军测候班兼课。

　　面对艰苦的环境，西南联大的师友们坚持抗战，共渡难关。无论
在怎样艰苦的条件下，师生都胸怀国家，抱着"科学救国"的想法，
认真学习和科研。赵九章心无旁骛，全身心地开始了他的教学和科研
工作。在极其困难的条件下，他先后开设了理论气象学、大气物理学、
高空气象学等课程。他认为，必须引进物理学和数学，使气象学得以
更好地发展 。讲课时他一改以往老师们采用的以描述性方法讲授气象
学的老路，取而代之以清晰的物理概念和严密的数学推导，向同学们
呈现了一幅气象学沿着物理轨道迈进的生动图景，令大家耳目一新。
就连不少物理学科的学生也被吸引过来听课。[1] 沿着这一方向，他培

―――――――――

[1] 陈洪鹗. 深切缅怀大地球物理科学泰斗赵九章. 国际地震动态，2007
（8）：4.

养出了叶笃正等一批学生，这些人后来大多成为著名的气象学家，为我国气象事业的发展作出了不可磨灭的贡献。

他还非常注意向学生们讲授动力气象学。他编写了我国第一部《动力气象学讲义》，还编写了《大气涡旋运动》《理论气象学》《大气物理学》《高空气象学》等讲义。当时跟从他学习气象的学生有叶笃正[①]、谢义炳[②]、高仕功、朱和周、谢光道、王宪钊、宋励吾、徐淑英、程传颐、冯秉恬、何明经、孙毓华等人。

他高瞻远瞩，非常注意国际学术动向。20世纪30年代后期，在国内的外文学术资料还较少的情况下，赵九章注意到那时国际气象学研究上刚出现一种新的天气分析方法，称作等熵分析。他敏锐地意识到这是很重要的课题。1939年，他指定学生叶笃正做等熵分析方面的本科毕业论文。[③]

繁忙的教育任务并没有压垮赵九章，他还参与了一系列气象学的科研和人才培养工作。受柏林大学中欧学派费克教授等人的影响，赵九章对高空气象观测也非常重视。在当时资金有限和器材缺乏的状态

---

① 叶笃正（1916.2—2013.10），出生于天津，祖籍安徽安庆，1940年毕业于西南联大，1948年获得美国芝加哥大学博士学位，1980年当选为中国科学院学部委员，长期致力于长波动力学和全球气候变化的研究，是中国现代气象学主要奠基人之一。

② 谢义炳（1917.4.3—1995.8.24），湖南新田人，气象学家。1935年夏，考入清华大学理学院，攻读天体物理学。1938年秋，在昆明西南联大复学，学习气象学。1940年毕业后任贵州省气象所观测员。师从涂长望，于1943年获得浙江大学气象学硕士学位，1949年获得美国芝加哥大学博士学位，1952年加入九三学社，20世纪70年代末提出中低纬度天气系统相互作用的概念模式，以及湿斜压大气的概念和系统理论。1980年当选为中国科学院学部委员（院士）。

③ 叶笃正. 怀念我的老师赵九章先生. 中国科学院院刊，1989（3）：280-281.

下，他曾请谢毓寿购买竹子，和同事们一起制作风筝，放风筝，观测高空气象。

1938 年 11 月起，赵九章与李宪之共同筹备高空气象站。因赵九章在航空研究所兼职，航空研究所曾致信嵩明县政府，由该研究所特派赵九章前往贵县勘察设置高空气象台址，函请查照接洽。[①]1939 年 8 月，北京大学地质地理气象学系与清华大学航空工程研究所联合在云南嵩明建立了嵩明高空气象台[②]。气象台设立后，赵九章被任命为台长。嵩明高空气象台位于嵩明之西灵应山，借公地自建八间房屋，向美国购买了高空气象仪、气压表和图书等。因欧洲战场爆发了战争，这些设备和仪器都未能送到。嵩明高空气象台在严重缺乏经费和人力的条件下，未及一年就停止了探测工作。但是，赵九章和航空研究所所长庄前鼎合作了不少解决实际问题的论文，并亲自动手研制仪器。美空军航空队驻昆明时，崇明高空气象台曾与该航空队合作，除为美空军提供气象观测记录外，还派人协助美空军气象人员举办无线电探空仪训练班。1944 年 1 月，崇明高空气象台已经准备在重庆、昆明、桂林、遂川、建瓯、成都、兰州施放无线电探空仪。各地已派 16 人在联大训练，赵九章为此事既操劳又高兴。

抗战时期艰苦的生活并没有消磨赵九章的意志。尽管教学、实验任务极其繁重，他和他的同事们在艰苦的条件下，科研工作收获颇丰。这一时期，他发表了多篇高水平的气象学论文，如《风流的不稳定性理论》《摩擦层中风的日变化随高度变化的理论》等。1942 年，赵九

---

① 国立清华. 致嵩明县政府：本校航研所特派赵九章前往贵县勘查设置高空气象台址，函请查照接洽并指助（1939-05-29）. 清华大学档案馆，归档号 X1-3：3-99.

② 张国华主编. 北京高等学校百年科技发展. 北京：北京工业大学出版社，2003：17.

章发表论文《通过交换作用冷、热气团的退化》《讨论摩擦层中随高空变化的规律》。1943 年，完成论文《摩擦层和风的日化变化随高空变化的理论》。他非常重要的《大气之涡旋运动》也是在战火硝烟中完成的。这些论文无一例外都将数学 、物理学方法引入其中。

赵九章一生喜欢文学，在他的床头，经常放着唐诗、宋词。每当看到好的诗句时，会兴奋地叫他们一起欣赏。九一八事变后，国难当头，面对日本帝国主义对中国的侵略，赵九章在 1935 年影集的封里上，写下了南唐后主李煜的名句"故国不堪回首月明中"，而在影集的最后，则写下了著名抗金名将岳飞的词《满江红》，以表达他内心的满腔悲愤之情。

赵九章兼任清华大学航空工程研究所研究员。他认为，为了痛击日本帝国主义的空袭，我国亟待发展空军，于是他在该航空研究所成立了高空气象组。1941 年 4 月他与高仕功在嵩明高空气象台合作完成了第一号报告《推后气压场之理论与气压预告》。[1] 他在航空研究所作过多场研究报告[2]，如《海洋不稳定吹流之理论》，以及《阻力层与风的日变化理论》等。另外，赵九章所著的《理论气象学》交付国立编译馆审查付印。[3]

国民政府时期，国内的主要气象系统并存，既有航空委员会的气象系统，又有 1941 年中央气象局成立后建立的气象系统。1943 年 5 月，中美特种技术合作所正式成立，由戴笠任主任，下设军事、情报、心理、气象、行动、交通、经理、医务、总务 9 个组。为了支持空军抗日，

---

① 国立清华大学航空研究所报告. 推后气压场之理论与气压之预告. 赵九章，高仕功. 民国三十年. 赵九章档案. 中国科学院档案馆.

② 吴阶平等主编，《赵九章》编写组. 赵九章. 贵阳：贵州人民出版社，2005：23.

③ 吴阶平等主编，《赵九章》编写组. 赵九章. 贵阳：贵州人民出版社，2005：23.

赵九章还与国民党航空委员会朱国华密切合作，在国民党空军军官学校附设的一个空军训练班授课，帮助空军训练了五批气象人员和设置仪器等，以反击日军的空袭。[①]他还向航空工程所提供了不少气象观测记录，还开办无线电探空仪训练班。后来获得国民党空军第二号懋绩甲级勋章。[②]1941年10月至12月，他给战地服务团主办的译员训练班第二期学员授课，讲授"航空气象"。他还与张捷迁等一起自行设计和制造了80只水银气压表，支持各地气象台建设。1943年他给美国陈纳德的"飞虎队"中的14航空队提供气象情报，并与14航空队共同筹建了高空探测训练班。[③]

由叶企孙提议创建的清华大学五个特种研究——农业、无线电、航空、金属和国情普查研究所，均分散于昆明郊外。其中无线电、金属、农学这三个研究所设在北郊大普吉，学术风气非常浓厚。金属研究所余瑞璜从英国留学回来，他借鉴英国皇家学会的学术交流会的形式，发起了由无线电、金属、农学三所合办的学术交流会。人们在大普吉与梨园村之间的一家茶馆内每月举行一次非正式组织的学术讨论会，每人轮流作专题报告，话题海阔天空，自由讨论。赵九章兼职的航空研究所（后改为航空研究院）坐落于北郊黑龙潭，也经常去参加活动。1940年6月18日航空研究院院长致函清华大学校长梅贻琦，请求将赵九章改为该院与地学系合聘。[④]农学所的汤佩松后来成了清

---

① 李丹阳. 战争中的"中国气象". 神州学人，2015（09）：34-35.

② 王樵裕编辑. 中国当代科学家传 第1辑. 北京：知识出版社，1983：179-188.

③ 应地所革委会给总理和中央文革的报告. 1968年9月21日，中国科学院档案.

④ 庄前鼎. 致梅贻琦请改聘赵九章为航空研究院与地学系合聘. 1940-06-18. 清华大学档案馆，归档号X1-3：3-41：2.

华大学农学院院长，他曾在其回忆录中提道，当时特种研究所的学术活动是他一生中非常难忘的一个时期。据他说，吴有训、赵忠尧、任之恭、孟昭英、王竹溪、赵九章、余瑞璜、黄子卿、张文裕、戴文赛、殷宏章、娄成后等人，经常参加这一聚会。[①]赵九章也曾在会上作报告。这些人日后大多成为中科院学部委员（1994年改称院士）。

由于战事吃紧，通货膨胀，物价飞涨，昆明的条件极其艰苦，生活拮据是教授们普遍面临的问题。连校长梅贻琦的夫人都得自己动手做些糕点出售。[②]赵九章教学繁忙，又没有时间和精力从事副业，薪水仅够一家人勉强糊口。1941年，二女儿呱呱坠地，他们夫妻很开心。因盼望抗战早日胜利，便给二女儿起名莉曾，后来又改为理曾。

赵理曾记得，妈妈在忆苦思甜的时候，曾告诉她和姐姐燕曾，那时家人平日穿的内衣都烂成了一缕一缕。妈妈用几只破旧的袜筒给理曾拼接起了第一件衣服。后来多亏施嘉炀、庄前鼎两位教授送来他们孩子穿过的婴儿衣服。燕曾八岁时还穿着四岁时的棉袄，一岁多的理曾突患肺炎急需住院治疗，光医疗费用就相当于一个教授两倍多的月工资。妈妈看着怀里奄奄一息的女儿不停地流泪，时任西南联大理学院院长的吴有训向朋友们募借筹款，才幸运地挽救了这条小生命。

一般看来，赵九章有着戴季陶这个姨父，但凡开口，便可轻易利用这层特殊人脉关系牟取点私利，改善家境。可他并非趋炎附势之人，也从不计较物质待遇，而是把精力放在科学研究上。以至于后来在西南联大搬家时，家里全部家当只装了一辆小马车，吴有训心疼地说："看见九章搬家时那点东西，我都要掉眼泪！"

---

① 虞昊. "三化"是创新型人才的必需——纪念赵九章院士百年华诞. 物理通报，2008（3）：1-4.

② 南瓜学堂. 西南联大：一所只存在抗战时期的大学. 南方周末，2015-09-04.

1943年全家人在昆明乡下茅屋居所

他们还常常要面对日军的轰炸，随时准备"跑警报"。赵燕曾七岁那年，日本飞机开始对昆明狂轰滥炸。有一段时间，他们为了逃避警报，每次都要走很长的路躲到深山里，警报解除后再回家，很是辛苦。最后，赵九章夫妇决定搬到乡下的"惠老师大院"。抗战时期，"惠老师大院"成了西南联大教授们的宿舍，梅贻琦、吴有训、赵忠尧等均住在那里。赵家住在大院内一角的一间茅屋，茅草覆顶，由土墙盖成。赵家在那里一住就是三年，理曾在当地上了小学，从三年级读起。

面对清苦的生活，生性乐观的赵九章并没有发愁，脸上时常挂着坦荡的微笑。1942年的春节，他还特意抄录了"淡泊明志宁静致远"的春联，贴在自家租来的一间半农村草屋的门口。当年两个女儿尚且年幼，尚不能了解对联中蕴含的深意，多年后她们才体悟到，这句话原来是父亲一生心思意愿的深刻写照。他在繁忙的教学、科研之余，常抽空给两个女儿念诗、讲故事，带她们嬉戏玩耍，四口之家苦中有乐，一幅其乐融融的场景。

据中国科学院档案记载，1943年5月，经国民党西南特区党部负责人姚从吾介绍，赵九章再次加入国民党，属西南联大直属国民党党部。1944年5月由昆明调至位于重庆的中央研究院任职，再未登记而自动退出。

第三章　掌舵中研院气象所

赵九章在 1944 年 5 月 1 日担任气象研究所代所长后，展现了超凡的组织才能和严谨的学风，使该所在迁所后不大景气的状况得到扭转。竺可桢、涂长望和赵九章热切邀请在境外留学的朋友和学生回国。在赵九章所长的"三化"方针影响下，中研院气象所经历了一个"黄金发展期"。

一、主持气象所工作

1928 年气象所成立后，开过四五个训练班，共一百余人。最初几年的工作重点在于组织测候网，1930 年以后开始气候研究工作，1931 年开始地震研究工作。

抗日战争爆发后，中央研究院各个研究所迁来迁去，后落脚到重庆。气象所几经搬迁后，在重庆远郊的一个小镇北碚象山购买了土地，建起了临时所址。1940 年 8 月竣工，命名为象庄，同年 12 月气象所全所迁入，结束了居无定所的局面。但是象庄既没有电，也没有自来水，条件异常简陋。

1936 年起，竺可桢调任浙江大学校长，但仍兼任中央研究院气象研究所所长。受抗日战争的影响，浙江大学内迁至贵州遵义，竺可桢在遵义主持浙江大学，校务繁重，已无法顾及远在重庆北碚的气象研究所。因受到战乱、频繁迁徙和自然环境的影响，尤其是缺乏贤才主持工作，气象研究所曾一度一蹶不振。竺可桢后来开始积极物色人才，来充实气象所的研究力量。早在 1939 年 5 月，竺可桢就曾写信给赵九章，请他下学期至气象研究所工作。[①]然而，赵九章当时在西南联大（清华大学部分）的事业刚步入正轨，他并没有马上响应老师的呼召，而是"辞气象所事不就"。[②③]

他回信竺可桢，因筹办高空研究所，一时无法脱身。[④]竺可桢非常有意推进气象所与赵九章筹办的西南联大嵩明高空气象所之间的合作。1939 年 7 月 20 日，赵九章函告竺可桢，嵩明高空气象台于当年 9 月底即可开始工作。本年度拟专施放风筝及带线气球，二者均只限于低空。明年度经费约有六千元，拟专用于施放无线电气象仪。但是这项仪器必须自制，才能经久地施放。这种自制仪器的现象在欧洲，如德国、俄国、芬兰是非常普遍的。美国麻省理工也是自制仪器，原因大概是自制仪器比向厂家购置价格低廉。在林德堡高空气象台，自由气球所带的高空气象仪器亦多自制。因此赵九章下年度计划拟先购得各国的无线电气象仪，先试行仿造，等有相当成绩后，再想办法大量制造。他偶然听说气象研究所近来购得 20 台无线电气象仪，打算在昆明试放。但是因人员缺少，校正仪器还没有收到，因此还未能施放。

① 樊洪业主编. 竺可桢全集第8卷·竺可桢日记三集. 上海：上海科技教育出版社，2006：32.

② 樊洪业主编. 竺可桢全集第 8 卷. 上海：上海科技教育出版社，2006：32.

③ 竺可桢. 致赵九章函（校所合作高空测量）（1939年7月31日）. 摘自樊洪业主编. 竺可桢全集第23卷. 上海：上海科技教育出版社，2013：714-715.

④ 竺可桢. 致吕炯函［汇款给定海所，赵九章筹办高空研究所］（1939年5月30日）. 选自樊洪业主编. 竺可桢全集第23卷. 上海：上海科技教育出版社，2013：697.

因此他提出，如能在嵩明气象台试放这一仪器，不但能解决上述困难，还可让学生通过这一机会增加实践经验。他还提出可与清大无线电研究所及物理系商酌制造仪器，并将提供设备费，专用购置制造该仪器的材料及机器。①

1939 年 11 月，中央航空学校公函致梅校长，因该奉命筹办测候训练班，经济委员会气象台台长刘衍淮兼任该班班长，筹备工作已大致就绪，定于 12 月 1 日开始上课。素仰清华大学李宪之、赵九章两先生学识渊博、经验丰富，拟聘请二位兼任该校特约教官，培植空军测候人才。每次二人上课时间不超过三四个小时。②1940 年 8 月 6 日，中央研究院聘请赵九章为第二届评议会评议员。1941 年 2 月 28 日，竺可桢跟自己的外甥、中央研究院气象所报务员何元晋交谈时提道，他有意回到气象研究所或专门担任浙大校长，并已向中央研究院或高等教育部提出申请。如果他离开研究所，拟定推荐赵九章代自己履行所长之责，因为赵比较超然，不若黄厦千、吕炯、涂长望等只会从自身角度出发对他人有恶感。③1941 年 3 月 5 日，他由昆明抵达重庆北碚的气象研究所，参加气象理事会。在与赵九章的交谈中竺可桢获知，清华大学近来在高空研究所与机械实验室可以自制气压表，订正低温；教员们薪水大幅增加，教授们各增加六十元，助教的起薪也涨至一百十五元。竺可桢不禁感叹自他去浙江大学后，气象所的工作事事落人之后。④

---

① 竺可桢. 致赵九章函（校所合作高空测量）（1939年7月31日）. 摘自樊洪业主编. 竺可桢全集第23卷. 上海科技教育出版社，2013：714–715.

② 中央航空学校. 清华大学档案馆（1939–11–18）. 清华大学档案馆，归档号X1–3：3–41：1.

③ 樊洪业主编. 竺可桢全集第8卷. 上海：上海科技教育出版社，2006：28–29.

④ 樊洪业主编. 竺可桢全集第8卷. 上海：上海科技教育出版社，2006：32.

平时大家忙于各自繁重的科研或行政工作，且有地域之隔，难得一聚。因距离召开气象理事会还有一天时间，竺可桢跟涂长望、赵九章、朱晓寰、张宝堃、郑子政等约定第二天一起去缙云山及温泉。1941年3月6日清晨八点，六人迎着春熙出发了。由张宝堃做向导，带领大家沿着小路前进。九点五十分抵达缙云寺，在寺中休息半小时。那时碧桃、玉兰均已开放，散发出沁人心脾的淡淡香气。大家简单参观了一下藏书楼便出来，继续前往狮子峰。竺可桢不忘拿着两个气压表，沿途读高度。一行人到了温泉处，玉兰已经大开，桃花盛开，温泉处可供游泳。几个大专家难得放松身心，享受春光，下午近五点回到研究所。①

1941年3月7日上午，在气象研究所内召开了气象学会理事会，吕蔚光、涂长望、朱晓寰、张宝堃、郑子政等到会。赵九章还不是理事，未参会。散会后，请赵九章作题为"海洋气团登陆后之稳定状态"的演讲，他以数学算式推定，凡是空中有气温逆增时，虽然有冷气流闯入也是稳定的，否则就是不稳定的。这一报告引起了大家的兴趣及讨论。②

战乱时期，气象研究所也曾有两位代理所长。从1936年10月至1943年6月，吕炯任代理所长。此后1943年6月至1944年5月，郑子政暂时代理所长。不过，竺可桢觉得研究所还缺一位堪当大任的当家人。至于人选，竺可桢通过甄别和深思熟虑后，默默地看准了赵九章。

3月10日，竺可桢告诉赵九章，想让他到气象研究所工作。赵一时没有思想准备，认为他到清华大学高空研究所后主要建设的嵩明气象台仍有工作尚需完成，不好突然舍去。竺回复说，等日后合适的时间再

---

① 樊洪业主编. 竺可桢全集第8卷. 上海：上海科技教育出版社，2006：32.
② 樊洪业主编. 竺可桢全集第8卷. 上海：上海科技教育出版社，2006：34.

来。经过两日的考虑后，[①]3 月 12 日赵九章前去见竺可桢，应允恩师可至中央研究院气象研究所工作，但目前尚不能离开崇明气象台。[②]

1941 年初，国民政府决定筹设中央气象局，隶属于行政院，统管全国气象行政事务。国民党当局本希望竺可桢先生能出任或兼任该局局长。3 月 13 日第二届中央研究院评议会第一次会议时，黄厦千[③] 表示出对中央气象局之事的浓厚兴趣。竺可桢考虑到他已有浙江大学校长和气象研究所所长两个重任在肩，再加上中央气象局，万难兼顾。如能辞去浙大职务，他主张由气象所来负责建设中央气象局；否则，他将辞去气象研究所所长职务，将研究所托付给赵九章，而由黄厦千主持中央气象局。[④] 这表明在赵九章正式调入气象所之前，竺可桢心里已经把他视作所长接班的最佳人选。1943 年竺可桢告知时任国民政府中央研究院代理院长的朱家骅，气象研究所必须要增加研究人员，涂长望与赵九章须都聘请，否则至少请一人过来。

1943 年春，在竺可桢的推荐下，中央研究院给已经是西南联大理学院院长的赵九章发放聘书，请其代掌气象研究所。赵九章以"师命难却公谊私教不客"一再辞拒，特请假半年，在北平整理现有工作。后来渐有头绪后，工作任务非常艰巨，于是 1943 年 11 月 20 日，赵九章继续向中央研究院申请，再准假半年，争取有所建树，然后辞去院

① 樊洪业主编. 竺可桢全集第8卷. 上海：上海科技教育出版社，2006：35.
② 樊洪业主编. 竺可桢全集第8卷. 上海：上海科技教育出版社，2006：36-37.
③ 黄厦千（1898—1977），江苏南通人，气象学家、气象教育家。毕业于省立东南大学地学系。1921年，任公立清华大学地理系教员。1938 年初，在加州理工学院获得博士学位后回到祖国，到中央大学地理系执教。1941年任国民政府行政院中央气象局局长。1950年，赴香港天文台从事气象研究。1955年，赴美国从事天气预报研究。
④ 樊洪业主编. 竺可桢全集第8卷·竺可桢日记三集. 上海：上海科技教育出版社，2006：37.

长职务。[①]

竺可桢与赵九章商谈合办高空气象台时，曾谈及派遣学生赴美留学问题，学校已决定选派习气象学学生一名。赵九章在给梅贻琦的信中，从近年来国际气象学界的研究趋势，以及国内气象领域的需要，专门谈论了对气象学应考科目的意见。19世纪末叶，气象学与气候学合并为一科……当时气象学仍是地理学的一部，侧重气象记录的搜集与统计，还没有用物理学的观点，对天气气象进行考虑。奥德学派在施密特、费克、德芬特等的领导之下，引用热力学动力学理论对天气、各种现象进行研讨。20世纪的头二十年取得了不少成果，不过尚显得零散。"一战"后，挪威奥斯陆大学教授 V. Bjerkovo 采用流体力学中的波动原理，对天气预告学说进行改进。因为有极面学说（Palal Frunk Theory）为基础，一时学者辈出，在20世纪三四十年代逐渐奠定了理论气象学的基础。当下在美国大学中气象学科最出名的当属麻省理工学院、加州理工学院和芝加哥大学。麻省理工的代表人物是 S. 佩特森（Sverre Petterssen），芝加哥大学的气象教授为罗斯贝（Carl-Gustaf Rossby），都是威廉·皮叶克尼斯的学生，数理基础极好。加州理工则在冯·卡门（Von Kármán）的领导下，对数理非常注重。综上所述，近代气象学进展的趋势已将重心完全移至数理，而我国过去气象学界的科技人员大部分出自地理系，因此只能对中国气候学与天气学的资料进行整理与统计，想要跟上欧美气象学界并与之抗衡，难度很大。因此赵九章认为，我国此时选派学生，必须非常重视对学生数理素质的考察。到美国留学后，可以得到名师的教导，将来学成回国后，可以继续研究世界研究的趋势。因此，他建议下列应考科目：（一）大

---

① 赵九章. 函请再予准半年假（1943-11-20）. 清华大学档案馆，归档号 X1-3：3-36：2.

学普通物理；（二）微积分及微分
方程；（三）热学及力学；（四）
普通气象学；（五）理论气象学。[①]
以下是 1943 年赵九章给西南联合大
学航空研究院气象组出列理论气象
考题[②]。

赵九章的理论气象考题（1943）

　　1944 年 1 月，竺可桢决心辞去
气象研究所所长。朱家骅起初并不
同意竺可桢辞职，想让他在中央研
究院继续保留所长之名。在研究涂
长望与赵九章二人谁更合适任代理
所长时，出现了不同意见。据《竺可桢日记》记载，气象研究所的吕
炯与张宝堃考虑到已与涂长望长期共事，如他继任，政治会保持连续性，
均赞成涂长望为代理所长人选；而朱家骅则考虑到戴季陶与赵九章的
亲戚关系。竺可桢最后决定由赵九章任代理所长。[③] 当然，这一决定
是以竺可桢对赵九章才干的欣赏为前提的。

　　随后很快中央研究院正式批准了竺可桢的建议，聘请赵九章为气
象研究所代理所长。经中央研究院 3 月 6 日评议会通过，赵九章任气
象研究所专任研究员[④]，西南联大地学系 4 月起给赵九章停薪。[⑤]4 月

　　① 赵九章. 致函梅贻琦，对气象学之应考科目提出建议. 清华大学档案馆，
归档号 X1-3：3-107：2.

　　② 清华大学档案馆. 清华大学档案精品集. 清华大学出版社，2011：69.

　　③ 樊洪业主编. 竺可桢全集第 9 卷. 上海：上海科技教育出版社，2006：6.

　　④ 樊洪业主编. 竺可桢全集第 9 卷. 上海：上海科技教育出版社，2006：53.

　　⑤ 吴有训. 函达地学系教授赵九章自四月起停薪（1944-05-09）. 归档号
X1-3：3-36：2

底，他带着家人离开昆明，前往重庆北碚，5月1日正式在中央研究院接任气象研究所代所长，处理全所事务。[1] 大女儿燕曾记得："1944年的春天，一辆汽车（当时是唯一的交通工具），载着我们一家四口，还有五六个旅伴，在云贵高原崎岖的山路上艰难地爬行了一个星期。终于，我们从昆明来到了重庆北碚嘉陵江畔一个孤零零的小山丘上，几排平房，一个长有青竹和花草的小庭院，十几名职工，这就是当时的中央研究院气象研究所。"[2]

在中央研究院气象研究所存在的二十余年中，共有4任所长，其中三任所长担任的时间都较长。1936年10月，专任研究员吕炯被任命为气象研究所代理所长，至1943年吕去中央气象局接替黄厦千任局长时仍兼任代理所长。那时气象研究所的条件非常简陋，人才变动也比较大。1943年4月，吕炯、程纯枢离开气象所到中央气象局工作，但吕炯仍然兼任代理所长，具体事务交由郑子政负责。1943年7月，叶笃正也来到研究所工作。1944年2月，郭晓岚[3] 也入职研究所。[4] 赵九章1944年5月1日主持工作后，作为气象研究所的最高负责人和国内气象学界的领军人物之一，他全身心地投入到研究所的布局谋划

① 樊洪业主编. 竺可桢全集第9卷. 上海：上海科技教育出版社，2006：91.

② 赵燕曾. 缅怀与纪念. 见樊洪业主编. 院史资料与研究，2000（6）：85.

③ 郭晓岚Hsiao-lanKuo（1912—2006），美籍华人，地球物理学、大气及海洋动力学的权威。1932年考入清华大学数学系，1933年转入地球物理系，1937年获理学士学位。1943年获浙江大学气象学硕士学位，其后在南京中央研究院气象研究所（北极阁）工作。1945年留学美国芝加哥大学，1948年获地球物理学博士学位。历任美国麻省理工学院气象学研究员、特级研究员，芝加哥大学地球物理系教授、荣誉退休教授，聘任为台湾"中央研究院"院士。1970年荣获美国气象协会（AMS）最高荣誉奖的Carl-Gustaf Rossby研究奖章，并获选为AMS院士。

④ 陈云峰. 云卷云舒　黄土松传. 北京：中国科学技术出版社，2015：46.

和日常科研管理工作中 [①]，仅一周时间，他已将所中事务厘清了头绪，并将每月所中灯油减少 30 斤，每个月可省下三千八百元。又将郭晓岚、黄仕松、叶笃正与朱岗昆的工作排定。每周有一个讨论会，每月有一次查询报告。从此研究所工作的风气大为转变 [②]，气象所的科研工作显著改观，不仅恢复了正常观测，气象资料的出版也安排就绪，继续向美国购买外文书籍，研究工作也有条不紊地积极开展起来。

1944 年 5 月 5 日，经中央研究院学术审议会审议，赵九章的论文《东亚之大气涡旋》荣获中央研究院自然科学类第二奖。9 月，他在《气象学报》发表一篇重要论文《非恒态吹流之理论》。这一期间，他还指导朱岗昆完成了《亚东大型涡旋运动》的研究。同年 8 月，作为所长的他主持气象研究所编辑出版《中国气象资料·温度篇》《中国气象资料·云雾篇》《中国气象资料·日照云雾篇》及各种气候图志。

1944 年 5 月 1 日，赵九章来北碚担任中央研究院气象所代理所长后，积极招贤纳士。当时气象所编制只有 19 人，其中涂长望、朱炳海二人在中央气象局工作，在气象所兼任研究员。1944 年 12 月，叶笃正自费赴美国芝加哥大学留学。1944 年 12 月，国民政府考试院组织公开考试，招考留美实习生。被录取者根据《中美租借法案》，列在国民政府交通部名下派往美国实习气象一年，实习计划由中国物资供应委员会与美国国际培训局共同拟定。当时赵九章考虑研究所人员偏紧，不太愿意他们去美国留学，并承诺今后会陆续派大家出国深造。不过，黄士松、谢义炳等人还是去参加了考试并被录取。[③] 之后，黄

① 吴增祥. 中国近代气象台站. 北京：气象出版社，2007：71.

② 樊洪业主编. 竺可桢全集第 9 卷. 上海：上海科技教育出版社，2006：102-103.

③ 陈云峰. 云卷云舒 黄土松传. 北京：中国科学技术出版社，2015：45.

士松到美国加州大学，谢义炳到芝加哥大学留学。

由于人手不够，赵九章投入相当多的精力广纳贤才。1945年2月，他还专门去重庆中央大学找涂长望教授帮忙推荐人。涂长望向赵九章推荐了陶诗言，陶诗言在中央大学留校后任助教。赵九章跟陶当面谈了二十分钟后便选定了他。此后陶诗言在气象所任研究助理员，从事天气预报研究。当时气象所人手少，赵九章还命他兼任所里的会计和记账，当时负责图书馆的徐延煦兼管出纳。①

1944年后，毛汉礼、顾震潮、陶诗言、朱和周、林书闵、高由禧、刘匡南等新来人员陆续来所工作。顾震潮，1942年毕业于中央大学地理系，1943年考入西南联大（清华大学）研究生院，师从赵九章攻读气象学。②1945年毕业后也加入了气象研究所任助理研究员，仅用了短短9个月，气象所的工作取得了很大进展。全所人员总数虽只有不足二十人的规模，当时在中央研究院内已算是较大的所。竺可桢见赵九章担任代理所长的9个月内，做事极精明，非常赞赏。他感觉自己托付得人，相信气象所的发展会非常有希望，遂下定决心辞去气象研究所所长一职。1945年3月18日的日记中，竺可桢写道："九章到所九个月，做事极精明。余喜托付得人，故此时必须将气象所所务辞去，不能恋枝如此也。"③3月20日，竺可桢再次表示，他从去年4月开始提出口头辞职，到了该年的元旦还没允许，"现九章主持甚得力，托付得人，故不能再担任也。"④赵九章一家也渐渐适应了在重庆北碚的生活，两个女儿在父母铸就的温馨氛围下健康、快乐地成长。

---

① 丁继武. 中国科学院院士陶诗言. 新疆气象，1998（2）：59-60.
② 陶诗言，王昂生，黄美元. 中国气象界的功臣——顾震潮教授. 中国科技史料，1985（4）：41-47.
③ 樊洪业主编. 竺可桢全集 第9卷. 上海：上海科技教育出版社，2006：353.
④ 樊洪业主编. 竺可桢全集 第9卷. 上海：上海科技教育出版社，2006：354.

即便环境艰苦，人手紧张，赵九章也从来没有放松对大家的要求。遇到什么科研上的问题，就找大家一起研究研究，讨论各自的看法。他爱好看书，花大气力扩充气象所的藏书，要求年轻人晚上多去图书馆和资料室看书学习。北碚小镇常

赵九章一家在1945年的合影

有马思聪等文艺界名流的演出，年轻人常想去镇上看演出。赵九章常在晚饭后坐在门口看报，弄得年轻人只得趁他不注意溜出去。

仅仅一个月后的 4 月 5 日，在气象所的一个谈话会上，竺可桢又称赞了赵九章，认为"九章到所十个月（自去年五月来），对于所中行政大有改进，减省康费，增加印刷费，在航空协会捐得一百万元，而对于研究指导有方，且物理为气象之基本训练，日后进步非从物理着手不行，故赵代所长主持，将来希望自无限量。"[1] 他还特别称赞了赵九章在促进气象局与气象所的双方合作与对外联络上的优异表现，可见竺可桢对于为气象所找到了合适的接班人而倍感欣慰。

赵九章非常重视学术讨论，他要求所里每两周举行一次学术讨论会暨文献阅读报告会，由年轻人轮流作报告。由他指定大学毕业的研究实习员来研读一篇国外的研究文章，在会上作报告。他对报告的要求很高，报告人说的内容不对，他会不客气地当场训斥，甚至不高兴地拂袖而去。他还亲自作了多次学术报告，如 1945 年 5 月 15 日，他在气象所第五次学术讨论会上作《大气扰动方程》学术报告。他鼓励年轻人表达不同意见，还要求年轻人用英文写文章，经他认真修改后

---

① 樊洪业主编. 竺可桢全集第9卷. 上海：上海科技教育出版社，2006：367-368.

再去发表。8月，他组织气象研究所编辑出版了《中国气象资料·温度篇》《中国气象资料·云雾篇》《中国气象资料·日照云雾篇》及各种气候图志。

赵九章到气象所后非常注意团结。他经常说，研究所的发展要靠大家齐心协力、团结努力。他了解到有个管图书的同事钱逸云平日里工作不努力，还喜欢搬弄是非，阻挠同事开展工作。她的丈夫是曾留学美国麻省理工学院气象系，在中央研究院任职研究员的郑子政。赵九章征求竺可桢的意见，被告知"无论何人均可随时停职处理"。①赵九章果断将她解聘，此后研究所同事间关系大有改善。

赵九章本来将与王仲济一起被派去上海和南京，去接收中央研究院及日本留在上海的自然科学院所，打算若条件允许就将研究所迁至上海。②教育部和中央研究院的接收人员已于1945年9月18日出发，因赵九章患心脏病不能前去③，后去上海医学院验身体，得知患神经衰弱，脉搏忽高忽低。④10月30日，竺可桢代赵九章到上海自然科学研究所考察。得知该所占地仅90亩，楼面面积有限，用作饲养兽类及宿舍的小屋不足以改作实验室，因此气象研究所想搬来上海很困难。⑤

在赵九章的不懈努力下，气象研究所的工作不仅大为改观，还取得了显著成果，研究所的科研风气浓厚，人们奋发向上地学习和科研。1945年10月，赵九章在向竺可桢汇报时，将研究所的工作分为三部

---

① 樊洪业主编. 竺可桢全集第9卷. 上海：上海科技教育出版社，2006：157.
② 樊洪业主编. 竺可桢全集第9卷. 上海：上海科技教育出版社，2006：499–500.
③ 樊洪业主编. 竺可桢全集第9卷. 上海：上海科技教育出版社，2006：521.
④ 樊洪业主编. 竺可桢全集第9卷. 上海：上海科技教育出版社，2006：530.
⑤ 樊洪业主编. 竺可桢全集第9卷. 上海：上海科技教育出版社，2006：552–553.

分：其一为朱岗昆所作的西风指数（Zonal Index），主要是依照罗斯贝（Garl-Gustarf Rossby）的方法研究能量转移，以解决大气环流问题。陶诗言从事大气环流问题，也研究太平洋、大西洋活动中心问题。赵九章与顾震潮均努力从事湍流这一研究，由此可知能量在不同纬度之间的转移。朱和周也开展谐波分析研究。观测工作仍由杨鉴初、林靖民二人担任，统计部分由张宝堃、陈五凤与曾树荣负责，梁实夫负责制图，只有天气治图全停下来。[①]

二、创始动力气象学

赵九章还是我国动力气象学的创始人，倡导应用物理学定律研究大气运动的动力和热力过程，以及它们的相互关系，从理论上探讨大气环流、天气系统和其他大气运动演变规律的学科。

叶笃正院士曾说过，在 20 世纪 30 年代中期以前，我国气象学基本属于地理学范畴，其中大多为描述性的工作，赵九章 1937 年在德国发表的那篇论文《信风带主流间的热力学》是我国第一篇真正把数学和物理学引入到气象学解决气象问题的论文。[②] 这篇论文开创了我国动力气象学研究的新领域，引起了世界气象学界的关注与重视。[③]

1939 年著名美籍瑞典气象学家和海洋学家罗斯贝发现了大气环流

① 樊洪业主编. 竺可桢全集第9卷. 上海：上海科技教育出版社，2006：533-534.

② 吴阶平等主编，《赵九章》编写组. 赵九章传. 贵阳：贵州人民出版社，2005：1.

③ 章震越. 缅怀恩师赵九章先生，选自中央大学南京校友会，中央大学校友文选编纂委员会. 南雍骊珠 中央大学名师传略，南京：南京大学出版社，2004：380.

中存在着大气长波。这堪称是 20 世纪世界气象科学发展史上的一个重大事件。罗斯贝首创的大气长波理论日后成了现代气象学的基础性理论，但是他当时的理论尚不能解释大气长波何以发生和发展。然而，赵九章率先提出了"长波（又称行星波）在斜压大气中不稳定"[1]，解答了这一问题。赵九章的论文比美国气象学家查尼（J. B. Charney）的研究成果早发表了一年，因而得到国际上的公认。

赵九章发展了罗斯贝的大气长波理论。他推导得到大气长波的临界波长，指出实际上大气是斜压的，存在水平温度梯度。大气长波在斜压的状态下可以是不稳定的，其振幅将随时间而变化。这样在气压场中才有槽脊的形成与发展。这一重要成果，是现代天气预报的理论基础之一，发表在《Journal of Meteorology》杂志。他提出的"行星波压不稳定理论"已载入《中国大百科全书》（大气科学卷）中。[2] 美国气象学家 B. 赫尔维茨（B. Haurwitz）还将这一成果发表在自己的论文中。

此后，他不断地把数学和物理学方法引到气象学中来，发展中国气象学事业。1943 年，他发表的论文《摩擦层和风的日化变化随高空变化的理论》，讨论摩擦层中风随高度变化规律，即运用了数学物理方程的方法求解。他的主要论著还有《半永久性活动中心的形成与水平力管场之分析》《大气环流之稳定度》等。[3] 竺可桢也赞同赵九章

① 朱抱真. 评"稳定的和不稳定的斜压行星波"的研究. 气象学报，1985（4）：495–500.

② 章震越. 缅怀恩师赵九章先生，选自中央大学南京校友会，中央大学校友文选编纂委员会. 南雍骊珠　中央大学名师传略. 南京：南京大学出版社，2004：381.

③ 吴阶平等主编，《赵九章》编写组，赵九章. 贵阳：贵州人民出版社，2005：32–33.

这种将数学和物理学引入气象学的方法，认为中国的气象学要走数理化道路。他曾感叹"……物理为气象之基本训练，日后进步非以物理着手不行……"[1]1944年6月，经与竺可桢商议，赵九章还安排在西南联大的研究生顾震潮来气象所做助理员，由研究所提供薪俸，但不得再在联大支取研究生津贴。保留研究生名额，待回校后仍以研究生待遇。[2] 在财政和资金紧张的情况下，赵九章和竺可桢想尽办法为气象研究所从德法和英美订购书籍和杂志，先寄至印度，再装运至重庆。[3]

1944年12月，赵九章在《气象学报》发表论文《非恒态吹流之理论》。1945年，赵九章亲自主持了"东亚大型涡旋运动之研究""北半球活动中心气压梯度之分析""北半球环流强度与天气之关系""1933—1936年冬季东亚气压主波之初步分析"和"中国气团之分析"等研究课题，并完成论文《半永久性活动中心的形成和水平力管场的关系》《活动势力中心之形成与水平力管场之关系》[4]《极面波动之研究》《水汽蒸发公式》《推后气压场与气压预告》《大型涡旋运动与远东天气》等，研究成果丰硕。[5] 其中5月15日，他在气象研究所第五次学术讨论会上作《大气扰动方程》学术报告。

国民政府时期，中国已有中美合作所的气象系统、中央气象局和航空委员会的气象系统。中美合作所工作是国民政府军事委员会与美

① 樊洪业主编. 竺可桢全集第9卷. 上海：上海科技教育出版社，2006：367.

② 竺可桢. 致赵九章函［气象资料印刷费］（1944年6月20日）. 竺可桢全集第24卷. 上海：上海科技教育出版社，2013：343.

③ 竺可桢. 致赵九章函［订购国外书刊］. 竺可桢全集第24卷. 上海：上海科技教育出版社，2013：346.

④ 赵九章. 活动中心之形成与力管场之关系. 气象学报，1947，19（1-4）:1-13.

⑤ 吴阶平等主编，《赵九章》编写组，赵九章. 贵阳：贵州人民出版社，2005：187.

国军部合作机关，内分气象、心理、通讯、作战各组，有中美人员各两百余人。单单气象组就有 20 多个美国人从事制图、预报等工作。[①] 在重庆的美军总部希望中国能够短期内在航空委员会成立一个统一的气象机构并且组成一个全国的气象情报网，而且提出请竺可桢先生主持此事。为此 1945 年 10 月 1 日召集了我国气象专家开会商讨，应邀出席者有竺可桢、赵九章、吕炯、黄厦千、涂长望、朱国华、朱炳海等人。竺可桢认为统一气象机构是一件事，组成一个全国气象情报网则是另一件事。相比之下，后者较易实现，前者一时不易实现。会上没有谈出结果。[②]

与美军不同，赵九章和地磁学家陈宗器等科学家们更在乎的是如何整合全国之力，促进地球物理学在中国的发展。毕竟第二次世界大战以来，国际上地球物理学科已有了飞跃性的发展，国内的学科发展却令人担忧。因此，地球物理学的科研工作者们在抗日战争胜利以后，积极想要把中国分散进行且极为薄弱的地球物理学科组织扩大起来。

在赵九章的推动下，气象研究与观测机构的整合很快变成现实。1946 年，陈宗器随物理研究所迁回上海。为了地磁科学更好地发展，他认为并入气象研究所更加适宜，赵九章也觉得地磁、气象均属地球物理，放在一个研究所，对两个学科的发展都有利，二人一谈便妥。[③]1947 年初，中央研究院该年度第一次院务会议上提出物理所地磁台划归气象研究所议案，经批准后，中央研究院物理所地磁台归入中央研究院气象所，改组为地磁组，陈宗器、陈志强、刘庆龄这几位

---

① 樊洪业主编. 竺可桢全集第9卷. 上海：上海科技教育出版社，2006：337.
② 樊洪业主编. 竺可桢全集第9卷. 上海：上海科技教育出版社，2006：531.
③ 陈洪鹗. 深切缅怀大地球物理科学泰斗赵九章. 国际地震动态，2007（08）：6.

著名的地磁学家都到了气象所。陈洪鹗在南京建立地磁台，迅速恢复观测工作；气象所另成立普通地球物理组[①]。

三、欧美气象交流

1945 年 12 月 14 日，竺可桢致函吕炯与赵九章：国际气象学会定于明年 2 月 25 日在伦敦开会，中央研究院已由朱家骅院长嘱萨本栋通知赵九章，请竺可桢与赵九章、吕炯赴英出席。因竺可桢的浙大事务脱不开身，由涂长望代表竺可桢前往参加。[②]1946 年 1 月 9 日，中央研究院会同教育部、中央气象局商定，派赵九章及气象所研究员兼中央气象局顾问涂长望出席该年 2 月 25 日在伦敦召开的国际气象会议。[③]

他与涂长望于 1 月 14 由重庆乘飞机经印度飞往雾都伦敦，去参加国际气象会议。对他俩来说，去伦敦都是旧地重游，大战刚结束，城市处处在恢复建设。市民生活艰苦,赵九章与涂长望住的旅馆还算可以，但早餐的牛奶像清水一样，没有鸡蛋，面包也不多。

2 月 25 日国际气象会议召开。参加会议的代表共 85 人，来自 41 个国家，东道主英国 15 人，美国、苏联、法国、意大利各 5 人，其余国家都是 1–2 人。会议主席是挪威的赫塞贝格，副主席是英国的纳尔逊。会议主要讨论了新国际组织与国际气象组织（Organization

---

① 中央研究院总办事处秘书组. 中央研究院史初稿. 1988：375.

② 樊洪业主编. 竺可桢全集第9卷. 上海：上海科技教育出版社，2006：586.

③ 崔茹华、杨小林. 赵九章年谱. 出自中国科学院院史文物资料征集委员会办公室编. 院史资料与研究，2000（6）：11.

Meteorological International，IMO[①]）之间的关系，天气及高空资料的刊布，世界高空记录汇刊的格式，高纬度测量站的建设，IMO 及其各个隶属组织的组成，国际气象学会的组成等议题。[②]

　　会议期间，赵九章见到了八年前认识的各国杰出的气象学家，又结识了一些新朋友。会上各国气象学家都介绍了本国的气象事业概况。虽历经八年抗战，但在竺可桢、赵九章、涂长望、吕炯等科学家的引领下，中国气象事业有了一定规模的发展。赵九章在会上介绍了中央研究院气象研究所以及中国气象工作的情况，受到各国代表的关注。

　　这次国际气象会议上决定成立国际气象委员会（International Meteorological Commission，IMC），中国在苏联、美国等代表的支持下被选为常务委员。国际气象委员会下设几个专门委员会，中国科学家竺可桢为气候委员会委员，涂长望为农业气象委员会委员，吕炯为海洋气象委员会委员，赵九章为出版及文献委员会委员，朱国华为天气预告委员会委员，这样中国在全球气象领域有了一定的发言权。

　　会后赵九章、涂长望在伦敦进行了学术访问，与英国皇家气象学会进行交流。涂长望是皇家气象学会会员，学会主席热情地招待了这位外籍会员和他的同事。他俩还参观了格林威治天文台等学术机构。

　　美国同行对他们尤为热情，对赵九章在中国极其艰苦的条件下取得的成果非常赞赏。在这些气象学家的推动下，美国国务院向赵九章和涂长望发出邀请，请他们到芝加哥、纽约等地长时间讲学。涂长望因有科协工作不能马上离开，于是两人分开行动。之后，赵九章还曾

---

　　① 国际气象组织（IMO）是当今世界气象组织（World Meteorological Organization, WMO）的前身。后者于1951年3月19日在巴黎举行的世界气象组织第一届大会上正式成立，12月成为联合国的一个专门机构。

　　② 樊洪业主编. 竺可桢全集第9卷. 上海：上海科技教育出版社，2006：586.

赴瑞典讲学。

1946年4月至11月，赵九章应
邀到美国访问讲学，时间长达八个
月。他访美的费用来自美国国务院
负责的"国际教育和文化交流计划"，
其肇始于1940年，最初仅向拉美国
家开放。"二战"的"珍珠港事件"
后，美国加强对中国抗日战争的援
助，首次特辟对华关系项目，在教育、
公共健康、卫生、农业和工程学诸
领域支持学界人士。在汉学家费正

1946年赵九章在哈佛大学讲学[①]

清的主持下，从1943年到1947年，共有26位中国知识分子，分四批
受邀赴美。前三批参加者主要是知名大学教授，比如金岳霖、费孝通、
陈序经、杨振声、林同济、梅贻宝、严济慈、陶孟和等。赵九章与张
孝骞、侯宝璋等五位中国知名学者以及老舍、曹禺和叶浅予等三位文
艺家入选了该项目的最后一批受邀人员（1946—1947年）。[②]

访美期间，赵九章先去了华盛顿，还受邀到哈佛大学讲学，之后
重点访问了芝加哥大学。在芝加哥大学，他不仅结交了许多美国气象
学家，还见到了多位在美华人，感觉分外亲切。

他在芝加哥大学作了学术报告，他首次提出的长波（行星波）不稳
定概念尤其引起了国际气象学家们的高度重视。他与罗斯贝、霍维兹等

①赵九章百年诞辰纪念活动筹备委员会，中国科学院空间科学与应用研究中
心. 自强不息　厚德载物——纪念赵九章百年诞辰. 赵九章百年诞辰纪念活动筹
备委员会，2007.

②李伟. 老舍在美国. 三联生活周刊. 2014（45）.

进行学术讨论和工作研究，取得了很好的效果。国际气象学界公认，赵九章那些论文是最早提出"斜压大气中行星波不稳定"的理论著作，并最早对这种现象作了研究。在气象学发展史上公认"公元1946年，中国赵九章提出行星波不稳定概念"。

美国气象学家B.豪尔维特对赵九章表示，他愿意把自己对这个问题的研究成果，附入赵九章的论文。他还在美国《气象学报》上撰文，阐述了赵九章的理论和自己的认识。国际上一些气象学的教科书也纷纷引证赵九章的理论。1947年，美国气象学家恰尼发表文章进一步深入解释了西风带长波不稳定性。几年前，他的理论提出是水平力管场造成了西风带长波的不稳定；现在恰尼认为，垂直力管场的作用更大。他认为，这个年轻人提出了更全面的理论。殊不知，在北碚象庄那样艰苦的条件下，赵九章能攀登到此般理论高峰何等艰难。

在挪威学派兴起的40年后，芝加哥气象学派开始兴起。成立于1891年的芝加哥大学，气象系实力素来雄厚。在著名气象学家罗斯贝进驻后，在全球颇具影响。他既是挪威学派的重要成员，也是美国芝加哥学派的创建者。在数十年的气象研究职业生涯里，他无论走到哪里，都能显著推进他工作过的地方的气象学研究水平，培养出一批科技精英，推动整个国际气象学领域的发展。罗斯贝在1939年提出大气中最重要的波动：由于地球旋转，大气运动受到地球转动的惯性影响，而惯性大小随纬度变化，这将在大气中产生一种波长可达几千千米的波动。这种波动控制着地面高低压的移动。这种波被称为"罗斯贝波"。"罗斯贝波"的存在不仅可以很好地解释高空天气图上槽脊的移动，还可以解释地面附近的天气变化。[①]1941年，罗斯贝辞掉美国气象学政府官员的职位，前往芝加哥大学担任新组建的气象学系的系主任。罗斯

① 刘红年. 大气科学概论. 南京：南京大学出版社，2000.

贝创立的大气长波理论，加强了气象学与热力学、动力学之间的联系，进一步充实了天气分析和天气预报的物理学基础。

　　赵九章的学生如叶笃正、谢义炳、郭晓岚等都在芝加哥大学气象学系罗斯贝门下学习和工作。郭晓岚1932年考入清华大学数学系，1933年转入地球物理系，1937年获理学士学位，随后到南京中央研究院气象研究所工作。之后郭晓岚在职攻读研究生，师从气象学家竺可桢，1943年获得浙江大学气象学硕士学位，1945年与杨振宁等留学美国芝加哥大学，师从著名气象学家罗斯贝教授。[①]

　　"二战"结束后，芝加哥大学气象系在罗斯贝的领导下迎来了一个接一个的突破性进展。比如，罗斯贝完善了关于"罗斯贝波"的理论，他使用数学近似，同时忽略大气内部摩擦、水汽垂直运动等物理过程，

赵九章与国外科学家交谈

　　① 1948年郭晓岚获得芝加哥大学地球物理哲学博士。后在麻省理工学院飓风研究中心担任高级研究员，并最终升任中心主任。1962年回到芝加哥大学任教，任地球物理系教授。曾于1970年获得美国气象最高荣誉奖——罗斯贝奖。

提出了著名的描述"罗斯贝波"的相速度与平均气流速度之间关系的方程。如今，罗斯贝波动理论的应用已远远超出了地球大气和海洋的研究范围，也被广泛运用于行星和太阳大气、磁流体和普通流体的研究。

赵九章积极参加芝加哥大学气象系的学术活动，并认真思考和提出自己的见解。有一次参加系里的学术会议，叶笃正认为一个教授提出的观点有问题，征求坐在他身边的赵九章的意见。赵鼓励他在会上提出来，后来经过讨论，这个教授的观点被大家推翻了。

"二战"结束时，人们开始将雷达技术应用于气象。赵九章当时特意去英国考察，希望将雷达技术应用于中国气象系统。他注意到，当时美国在无线电探空仪和雷达方面都走在国际前列，芝加哥大学气象系的仪器室不仅可以制造无线电探空仪，还在研制测量温度、气压、湿度、风速等先进的传感仪器。

他还考察了美国几个主要的气象机构，商谈了中美气象合作研究项目。这一年，他还组织气象研究所绘制了 1945 年 1 月至 12 月雨量、湿度图 13 幅，以及四季气旋频率图 4 幅，为水利委员会整理统计全国各地之雨量及温度记录，绘制全年及各月雨量及温度图，为国民政府粮食部抄送全国各地之雨量数据，奠定了全国气候材料的基础。

由于赵九章在气象科学事业的突出贡献，1946 年 1 月 1 日国民政府公布获"胜利勋章"公务员名单，中央研究院仅 95 人榜上有名，赵九章名列其中。对于一位气象学家而言，美国的科研条件极其优越，美国的同行们也一再挽留他。然而，赵九章并不打算在美国长期从事研究工作。毕竟，他对于苦难中的祖国有着一颗赤诚的爱国之心，之后于 1946 年 12 月返回了祖国。

正是在名师竺可桢的引领下，赵九章迈入了气象学领域。他在国内率先把数学、物理引入气象学，将中国气象学的发展从描述性地理学范畴引向了数理化轨道。他身体力行，切实推动了中国现代气象事业的发展，是中国现代气象学的奠基人之一。他呕心沥血，培养出了大批著名学者和科技专家。

四、战后酝酿大地球物理学

1. 战后恢复科研秩序

抗日战争胜利后，1946 年中央研究院气象研究所和中央地质调查所由重庆迁回南京。

气象所在 1946 年回迁南京时，赵九章正在美国访问。因一大批机构要从重庆迁到南京，导致轮船、汽车、飞机等交通工具非常抢手，一时间应接不暇。气象所的人们把设备、图书、资料和行李都装箱打包，先运到重庆码头，与中央研究院各所的物品聚集在一起后等待装船。费了好大劲儿才把行李箱装上重庆小三北轮，再让员工和眷属一起上船，由民生公司的民权轮拖曳。9 月 13 日，轮船由重庆出发，顺江而下。尽管船上拥挤不堪，人们回家的心情却是喜悦而迫切的。船只在长江风浪中颠簸几天后，总算平安到达南京。9 月下旬，气象所终于又回到了北极阁，逐渐恢复正常的科研生活。吴岫霞带着女儿从重庆乘飞机返回南京后，母女三人也在北极阁暂住。[①]

1946 年 12 月，赵九章自美乘船回到上海，吴岫霞携带小女儿，和气象所的同事一起到上海码头迎接赵九章。一年的分别之后重新相聚，欢欣之情溢于言表。[②] 1934 年 10 月，赵九章曾在北极阁实习 10

---

① 吴阶平等主编，《赵九章》编写组. 赵九章. 贵阳：贵州人民出版社，2005：37.

② 本刊编辑部. 缅怀卓越科学家赵九章教授报告会. 地球物理学报，1989（2）：242–243.

个月，在竺可桢的指导下学习和开展气象研究。他犹记得，当时气象所在竺可桢的领导下，科研事业欣欣向荣。如今故地重游，眼前看到的却是被日寇破坏后的一片凄凉。他决心不辜负竺先生的重托，团结全所员工艰苦奋斗，恢复和推动科研各项业务的发展。

2.恢复北极阁的科研秩序

赵九章 1947 年 1 月出任了中央研究院气象研究所所长，成为该所第二任正式所长，并兼任中央大学气象系教授，主讲动力气象学课程。他时刻不忘自身肩负的使命，即揭开大气运动的奥秘，掌握自然界风云变幻的客观规律，推动国内动力气象学的发展。他的担子更重了，工作更加繁忙。

为了给大家提供良好的科研条件，他亲自安排对北极阁的房屋进行重修，加固门窗，重新油漆，整理环境，清理垃圾废墟。他还细心布置在园区内进行花草种植，修补道路和台阶，有时还亲自动手做些体力活。虽然山雨欲来风满楼，但赵九章想将北极阁保存为一块远离政治只搞学术的圣地，尽心尽力地为气象研究所的同仁们专心做科研提供环境。他常说："北极阁是象牙之塔，是做学问的地方。"当年有位国民党元老级要求重阳节到北极阁登高，被不慕权贵的他婉言谢绝。他对前来交涉的人说："我们这里是搞学术的机构，不适宜搞非学术活动。"[1] 这位高官无奈之下只得作罢。

郭晓岚本应在完成两年的公派留学后按期回国，考虑到博士学位尚未拿到，他联系赵九章所长请求帮助。赵九章接到信后，在 1947 年 1 月 24 日致信梅贻琦，函请将郭晓岚同学在芝加哥大学公费留学延长

---

[1] 吴阶平等主编，《赵九章》编写组. 赵九章. 贵阳：贵州人民出版社，2005：39.

一年。[①]

　　他积极支持恢复气象日常观测，确定研究课题，推进科研任务，加强人员培训与管理。1947 年 8 月，他组织拟定了《民国 37 年度气象研究所的工作计划》，包括研究专题和其他工作两部分。当时确定的研究专题工作有：西风带环流之研究，东亚季候风之研究，西风环流中波散现象之研究，地震波理论之研究，中国地磁综合之研究，亚洲东北部地磁区域反常现象之研究。其他工作则包括继续绘制天气图，整理统计气象记录，施放无线电探空仪，置地震台，地磁长期观测与记录、地磁之测量与编纂。任务之繁细，足见其用心。[②]

　　这期间，他除了写出《近地面阻力层风场的日变化》一文外，还写出了《西风带大型波动的不稳定性》一文。他在美国访问期间，还写出关于《半永久性活动中心的形成与水平力管场的关系》的研究论文。赵九章经常自我思考以往科研工作的不足并积极改进。据他自述，"这篇论文虽然讨论了很重要的问题，即西风带在水平温度梯度场的影响下是不稳定的，但是我的物理模型是不对的。因为这是一个三度空间的问题，而我把它用两度空间问题来简化了，虽然在定性上可以指出西风波在水平温度梯度的影响下可以表现其不稳定性，但是计算是不准确的，模式也是不对的。我这篇论文发表以后，虽然得到了瑞典、日本、美国学者的引用，但也受到个别瑞典学者及英国学者的批评。"[③]

　　① 赵九章. 致梅贻琦：请将郭晓岚同学在芝加哥大学公费留学延长一年（1947-01-24）. 清华大学档案馆，归档号1-4：2-103.

　　② 吴阶平等主编，《赵九章》编写组. 赵九章. 贵阳：贵州人民出版社，2005：38.

　　③ 赵九章. 我所做过的科研工作及组织工作. 1968-09-19. 中科院档案.

3. 整合研究机构与招贤纳士

1947 年初，赵九章计划并推动中央研究员气象研究所的研究方向向着整个地球物理学扩展。在本年度第一次院务会议上提出物理所地磁台划归气象研究所议案，经批准后，气象研究所接受物理研究所地磁部分。

气象研究所的地震工作比较薄弱，赵九章深刻意识到发展地震研究的重要性。他特聘地震专家李善邦为研究员；还特聘谢毓寿为技正，邀请他到气象所修复已停止工作 10 年的地震仪器。1947 年谢还受赵九章之托，推荐钱骥到气象所参与地震研究工作。同年，赵九章邀请自己的挚友，时任加州理工学院地理物理学助理教授的傅承义来中央研究院气象所开展地震波理论研究。傅承义是清华大学首位派到美国攻读地球物理学位的学者，他 1993 年从清华大学物理系毕业后留校任教，1938 年应邀到国立西南联合大学继续任教。1939 年他考取了第七届留英公费生的唯一一个地球物理专业名额。因二战爆发，他于 1940 年和林家翘、郭永怀、钱伟长等一行 24 人转赴加拿大。他进入加拿大麦吉尔大学物理系，师从 D. A. 基斯（Keys）教授，进修地球物理勘探。1992 年他又赴加州理工学院攻读地球物理学及地震学 [①]。师承世界著名地震学家 B. 古登堡（B. Gutenberg）教授，1944 年在加州理工学院获得博士学位后继续在美国工作，工作业绩相当突出，发表了多篇有关地震波理论的高水平论文。1988 年傅承义回忆说："因为赵九章非常了解我，在信中没有多写什么，只写了气象所的图书馆藏书和杂志的订阅情况，

---

① 刘光鼎. 开震波研究先河，育中华地学精英——纪念傅承义院士诞辰100周年. 科学，2009，61（6）：37–40.

使我清楚了回国研究条件已具备，因此我毫不犹豫地决定回国了。"[1]

4. 提出长波不稳定

赵九章有了更大的舞台发挥才能和实现他的愿望，千方百计地把中国的气象学引上数理化的道路。1947 年，他发表的关于"大气长波不稳定"的理论，更高度地运用了数学物理方法，发表论文《风流的不稳定性理论》。他还不遗余力地督促后辈们沿着这条道路前进。1947 年他与顾震潮一起完成论文《蒸发方程及其新解》，讨论摩擦层中非恒态问题。[2] 经他指导，朱岗昆发表了《东亚大型涡能动力》等论文。1947—1948 年，赵九章指导陶诗言等完成论文《大气环流的统计研究》[3]，以及关于东亚气团、锋面、天气系统、东亚大气环流等方面的研究课题。在他的指导下，叶笃正、顾震潮、陶诗言、朱岗昆等学生后辈沿此方向发展，并逐渐成为大气科学领域的突出学者。

5. 派遣科研人员出国深造

鉴于研究所能提供给科研人员的条件很差，连生活都不能保障，赵九章就积极利用机会，派出一些研究人员出国深造，1947 年张宝堃被派去美国深造，朱岗昆被派去英国深造，顾震潮被派去斯德哥尔摩大学气象研究所学习，投师于罗斯贝教授。[4] 他们日后均学成回国，成为著名的气象学家。朱岗昆出国时，家庭经济困难，夫人身

[1] 吴阶平等主编，《赵九章》编写组. 赵九章. 贵阳：贵州人民出版社，2005：65.

[2] 赵柏林. 摩擦层中湍流系数. 气象学报，1956（3）：195–218.

[3] 赵九章，陶诗言. 大气环流的统计研究. 气象学报，1949（20）：5–13.

[4] 为了响应祖国的召唤，当时已加入美国籍的罗斯贝返回瑞典，在斯德哥尔摩大学创建气象研究所。

体不好，暂不能工作，赵九章当即决定保留朱岗昆 70% 的工资，学成回国，再回气象研究所工作，解决了朱岗昆的后顾之忧，帮助他安心出国学习。后来朱岗昆对当年赵先生的扶助之恩铭记于心。

6. 与中央大学和清华大学的学术交流

赵九章热爱教育事业，在从德国回国后，一直坚持给中央大学兼职授课。1946 年正在中央大学气象系读二年级的章震越，在重庆沙坪坝松林坡第一次见到赵九章。他为该校气象系全体人员作了一个关于"大气活动中心"的科学报告，有幸目睹了一代名家的学者风度和慈祥的神态，章震越内心颇为激动。①

1947年赵九章与中央大学毕业生合影（前排左二为赵九章）

① 中央大学南京校友会，中央大学校友文选编纂委员会. 南雍骊珠 中央大学名师传略. 南京：南京大学出版社，2004：380.

　　抗战胜利，中央大学从重庆回迁到南京。当大三学生们得知中央研究院气象研究所所长赵九章将担任他们动力气象学的教学时，纷纷高兴得不行。赵老师发给他们每人一本他自编的《动力气象学讲义》，这也是当时他们上大学时唯一一本中文的气象专业教材。赵九章每次都认真备课，讲课时条理清晰，物理概念清楚，深入浅出，同学们都非常喜欢听他讲课，感觉收获很大。南京的夏日骄阳似火，赵九章为了提高教学效果，让学生到北极阁宽敞的学术报告室内听课。山上玄武湖的清风阵阵吹来，学生们减轻了暑热，听课变成了一种享受。大家得以聚精会神，效果出奇的好。[1]

　　赵九章一直关注着母校清华大学的发展。清华大学早在 1928 年 11 月就正式成立地理学系，首任系主任翁文灏；1932 年，清华大学地理学系更名为地学系，下设地理、地质、气象三个组；1946 年，抗战结束后，西南联大结束，清华大学在北平复学，地学系恢复，包括地质、地理两组。1947 年，原有的地学系气象组独立为气象学系。

　　1946 年，李宪之任清华大学重新组建的气象组负责人和教授。梅贻琦在 1946 年 7 月 25 日函复赵九章，拟聘其为清华大学理学院气象学系主任[2]，他并未上任。1947 年李宪之写信给赵九章，自述因公私纷扰，精神失常，已无法应付当年课程，暑期还将出国治病。诚邀赵九章感念维持一教学机构的不易，"仍请摒弃一切，早日来京，到清华授课并任系主任。如得到赵的领导，五年内必能为全国造就一批气

　　① 中央大学南京校友会，中央大学校友文选编纂委员会. 南雍骊珠　中央大学名师传略. 南京：南京大学出版社，2004：380.

　　② 梅贻琦. 函复赵九章聘其为本大学理学院气象学系主任（1946-07-25）. 清华大学档案馆，归档号1-4：2-103.

象学人才"。[1] 赵九章清华同学王竹溪在 2 月 17 日致信赵九章，提道：
"气象系同人及学校当局均切盼吾兄早日命驾北来。如吾兄认为研究
所事务不能立刻摆脱，则暑后或秋初再来，并藉此时期以观时局之演变，
则亦不失为一适宜之措……"[2] 后来，赵九章选择了婉拒，继续担任
中央研究院气象所所长。在 1947 年 7 月 2 日于中央研究院气象研究所
召开的气象学会理事会上，通过投票，他与吕炯被推选为中央研究院
院士候选人。[3]

　　虽然没有去清华大学上任气象学系主任，赵九章非常注意增强高
校与研究所之间的学科交叉与渗透，经常应邀去清华大学授课，注重
开展多种形式的学术交流，促进学科发展。1947 年到 1949 年间，气
象所每两周举行一次助理研究员以下人员的读书报告会，赵九章、傅
承义每次必参加，还不定期与中央大学气象系联合举办学术讨论会，
就连地点也设在中央大学校内。

　　他还邀请国内外相关学科的著名专家和学者到气象所作学术报
告，也经常联合相关学科举行学术报告会。1947 年 8 月 31 日，中央
研究院气象研究所还曾与天文台在上海医学院楼上组织天文与气象评
议会，竺可桢担任主席，共有报告 25 篇，其中天文 2 篇，气象 15 篇，
大部分为气象研究所之作，另有地磁领域 2 篇论文。赵九章关于西风
带有 2 篇论文，他根据罗斯贝的理论，得出"西风带强则风暴弱"的

　　① 李宪之给赵九章的信. 1947年2月14日，档案号：赵九章-C-03-12，中科
院档案馆.

　　② 王竹溪给赵九章的信. 1947年2月14日. 档案号：赵九章-C-03-13，中科
院档案馆.

　　③ 樊洪业主编. 竺可桢全集第10卷. 上海：上海科技教育出版社，2006：
476.

结论。①

1947 年 7 月 2 日，气象学会召开理事会，投票选举下届理事和监事，赵九章和吕炯被投票推举为中央研究院院士候选人。经过多次酝酿，中国地球物理学会于 1947 年底成立。参加筹备的人有顾功叙、傅承义、翁文波、秦馨菱等人，皆为叶企孙 20 世纪 30 年代在清华大学的弟子。当时会员人数不多，学会主要活动包括出版中国地球物理学报，用外文发表，目的是借此对国外进行宣传，与国际上地球物理研究机构取得沟通与联系，并交换各国的出版物。但由于国民政府不重视科学，地球物理科技工作者的能力有限，因此只能在小范围内开展工作。②

国共两党内战爆发后，国民政府一心忙于内战，无暇顾及国内科学研究视野，中央研究院许多研究所陷入停顿状态，但赵九章担任所长的气象研究所的科研和日常事务仍在继续。1948 年 2 月 5 日，赵九章出席了中央研究院 1948 年第一次院务会议。1948 年 3 月 6 日、13 日，他在中央大学气象系举行气象所该年度第四次、第五次学术讨论会上分别作《三度空间之旋风波动论(一)》和《三度空间之旋风波动论(二)》的学术报告。4 月 14 日，又再作第三次同主题的报告。③6 月 17 日，他还出席了气象学会理事会。竺可桢一直关心着气象研究所的发展，与赵九章保持着密切的联系。6 月中旬到达南京，他经常到赵九章家吃饺子，饭后谈论国内外气象领域的科技进展。二人均从海外留学归

---

① 樊洪业主编. 竺可桢全集第 10 卷. 上海：上海科技教育出版社，2006：521–522.

② 赵九章. 中国地球物理学会第一次会员代表大会开幕词. 地球物理学报，1957（1）：1–8.

③ 崔茹华，杨晓汝. 赵九章年谱. 见中国科学院院史文物资料征集委员会办公室. 院史资料与研究，2000（6）：14–15.

国，交谈中很自然地夹杂一些英文。[①] 当谈到地球上空中 Circulation（大气环流）时，赵九章提出近两年来对于温带内的空气运行有重大发现，获悉过去所谓空中盛行的风带乃是一种 Jet Circulation（急流）。

事实上，国民党政权已经风雨飘摇、分崩离析，共产党的军队以摧枯拉朽之势，一路凯歌高进。1948 年 9 月，人民解放军解放济南后，在东北展开辽沈战役，11 月 2 日辽沈战役结束，东北全境解放，人民解放军全歼国民党军队 47 万人。11 月 6 日淮海战役开始，同时人民解放军完成对平津地区的包围，蒋介石政权愈加明显，南京政府风声鹤唳。1948 年底，赵九章参加了伪中央研究院京区安全小组委员会，此委员会进行了大量应变前台活动，并非特务组织。[②③] 这一委员会积极开展了"抢救"活动。在蒋介石政权的催促下，中央研究院临时院务会议决定，气象研究所和历史语言研究所一并逃奔台湾，并已经备好船只。这时，中国共产党的地下组织通过中央研究院的进步人士，积极同广大科研人员联系，拒绝"抢救"南迁。

赵九章深信腐败的国民党大势已去，中国命运处在一个时代的转折点。虽然他对今后的形势还看不大清，但认为去台湾肯定没有出路。他不忘竺可桢老师的托付，决心把气象研究所的重担继续担下去。在历史语言研究所迁走后，赵九章借故拖延。1948 年 12 月，在上级的一再催促下，他找陈宗器、傅承义、章震越、钱骥等人商量，决定将气象研究所苦心多年经营才积攒下的珍贵气象资料与图书、设备仪器和档案，按照中央研究院的要求分装 213 箱暂时搬到上海，以静待战

---

① 樊洪业主编. 竺可桢全集第11卷·竺可桢日记六集. 上海：上海科技教育出版社，2006：288.

② 中央第二历史档案馆全宗号374卷号14.

③ 中国人民解放军第五零五研究所核心领导小组. 关于赵九章问题审查结论报告. 1971年9月21日. 赵九章档案，中科院档案馆.

事平息。气象所的办公家具及气象台观测仪器仍留在南京，除留5人在南京维持日常的气象观测工作外，20多位员工及其家属于12月下旬抵达上海。[①] 竺可桢在12月23日为赵九章向工程研究所借屋数间，作为气象所的办公室。[②] 年底，他还参加了中央研究院京区安全小组委员会。

著名地磁学家陈宗器与他所在的中央研究院物理研究所下属地磁研究部分一年前已合并到气象所，人员设备由上海迁至南京，这次又一起回到了上海。赵九章与陈宗器一致反对迁台。二人紧密团结全所员工，与中央研究院地处上海的各研究所协商，巧妙对付中央命令，对赴台一事一再拖延。国民党后来改为电令所有在上海的中央研究院的高级研究人员全部迁到台湾。赵九章与各所负责人商量后，给中央研究院院长朱家骅发出一封电文，婉转陈词，大意如下："八年抗战，颠沛流离，实不堪再动。"[③] 殊不知，当时上海还尚未解放，发出这样的电报是冒着很大风险的。赵九章还对所内同仁说："只要我在气象研究所就不再搬。"后来国民党也没有再对迁台一事勉强，这部分科研力量得以保存下来。

在动荡不安的1949年元旦，已是山穷水尽的蒋介石不得不发表求和声明，但大部分科学家早已对蒋介石和国民党丧失信心。1949年1月12日蒋介石通电下野，1月29日北平和平解放。既然不迁台的决定已下，这期间赵九章一心想的是尽量维持好研究所的科研秩序，既要组织同事们保护好图书资料和设备免遭破坏，人员免受骚扰，又要

---

① 杨照德，熊延岭. 钱骥传. 北京：金城出版社，2011：69-70.

② 樊洪业主编. 竺可桢全集第11卷·竺可桢日记六集. 上海：上海科技教育出版社，2006：141-142.

③ 本刊编辑部. 生理学家鲁子惠. 世界科学，1985（7）：9-10.

克服干扰，在动荡中做些研究工作。1949 年 1 月 31 日，萨本栋因患上了胃癌，在美国旧金山去世，终年 47 岁。萨先生去世后，中央研究院总干事出现了缺位。当时不少人提议推选身为中央研究院气象研究所所长的赵九章担任总干事，但他却总是想办法推脱。① 时局大乱之下的 2 月 11 日，58 岁的戴季陶意兴萧索，再无热血。他不甘于随国民党将领们由大陆撤往台湾，在苦闷异常中选择服用安眠药自杀，但没有人能预料到他这个姨夫的身份后来给赵九章的人生造成了怎样意想不到的影响。

所内依旧定期举行学术讨论会，研究所的凝聚力空前高涨。4 月 13 日召开的气象研究所该年度第 7 次学术讨论会上，赵九章还作了《中纬度带状大气环流之稳定度》的学术报告。

4 月 23 日南京解放，4 月 28、29 日教育部长杭立武几次电催浙江大学校长竺可桢早日去上海②。当时杭州多谣传竺可桢将担任"维持会"③ 副主席，他担心如果继续留在浙大，将极难剖白政治干系，他和随行人员即由杭州乘坐火车抵达上海。一路上火车多有停顿，车厢人满为患，经常有士兵自窗口爬入。他们到上海火车站后只能从车窗跳出。当晚收到了杭立武送来的两千万元旅费和袁洋五元，见到了赵九章并互通情况。下午见到杭立武后，对于杭动员他立即去台湾或

---

① 傅承义. 怀念赵九章同学. 选自中国科学院国家空间科学中心《赵九章先生纪念文集》编委会. 赵九章先生纪念文集. 北京：科学出版社，2021：13-14.

② 樊洪业主编. 竺可桢全集第 11 卷·竺可桢日记六集. 上海：上海科技教育出版社，2006：428.

③ "维持会"是指抗日战争初期日本侵略者在中国沦陷区利用汉奸建立的一种临时性的地方傀儡政权，在敌伪正式政权建立后逐渐瓦解。1940年汪伪政权建立后，沦陷区基层"维持会"组织仍存在，直至日本战败。

厦门的要求均予以拒绝。[①] 后来，杭又几次催促竺去广州，并已办好护照，竺均不为所动。

从 5 月起，赵九章与滞留上海的恩师竺可桢交往愈加密切。二人经常一起讨论工作，参加学术活动。因竺可桢一人在上海，赵九章一家对他多有关照，他时常受邀去赵家进餐，赵家也不时送些米面过去[②]。5 月 3 日杭州解放，竺可桢听说杭州路已经不通，他只能继续留住在上海。5 月 6 日竺路遇蒋经国，蒋再次要求竺去台湾，竺婉言拒绝。5 月 10 日晚，竺可桢到赵九章家交谈并用餐。赵九章提到，中央研究院现在只有一千四百多大洋的存款，倘若没有接济，则只能付半个月的水电费而已[③]，可见处境之艰难。即便如此，赵九章依然坚持科研，5 月 11 日他在气象研究所演讲《大气在高空十二公里的运行状态》，依据罗斯贝角速度分布这一说法，提出北半球与南半球高纬度为涡度恒定带，而赤道至南北纬卅度则为涡度通量恒定带。此观点可改正罗斯贝之前的学说所不能解释之处，即在信风带内何以 Solenoid 冬季强，而季风则反而冬季强。[④]

随着形势变化，二人更是经常商议气象研究所拒迁台湾之事。5 月 12 日上午，国民党军交通兵团派人至研究院，要在研究院布防看守研究院。赵九章与陈宗器等决定，拟将五楼图书及三楼会议（室）交

① 樊洪业主编. 竺可桢全集第11卷·竺可桢日记六集. 上海：上海科技教育出版社，2006：430–431.

② 樊洪业主编. 竺可桢全集第11卷·竺可桢日记六集. 上海：上海科技教育出版社，2006：431.

③ 樊洪业主编. 竺可桢全集第11卷·竺可桢日记六集. 上海：上海科技教育出版社，2006：437.

④ 樊洪业主编. 竺可桢全集第11卷·竺可桢日记六集. 上海：上海科技教育出版社，2006：437–438.

给交通兵团应用。[1]100多军人进驻，并在街头巷口筑起由沙袋和土堆构筑的碉堡，俨然一副巷战的姿态。科学家们私下议论，以土堆根本难敌炮火。5月14日，中央研究院推荐各所轮流主席，因上海各所均已轮值，气象所想推荐赵九章，但赵九章本患心脏症，有怔忡之病，自近日有驻军的风声后，他的收缩压虽仍在140，而舒张压骤加至110，因此坚决推辞，却无人愿意替代。[2]

5月19日晚上竺至赵家听无线电A.P.美联社广播，得知国民党政府军在浦东、月浦、刘行打得很好，而南面共产党的军队离龙华已经只有五里路了。[3]5月24日，长宁路附近国民党军悉数撤退。晚上睡觉时，四周均有兵，不敢开灯。赵九章的睡眠素来不是很好。这夜密集的枪声、炮声令他更加难寐。[4]一夜过后，5月25日清晨，许多解放军坐在气象研究所附近街边，有的解放军在路口站岗，丝毫没有扰民，纪律如此严明，令百姓们大有好感。街上行人来往自由，只剩苏州河以北偶有炮声。5月27日上海市全部解放后，整个城市掀开了新的一页。亲眼看见这些变化，赵九章绷紧的神经得以放松下来，开始思考如何带领气象研究所进入一个新时期。

面对新的变化，他的心情是复杂的。他目睹了国民党大势已去，动荡和险恶的战争年代已结束，人们内心自然欣喜。解放军纪律严

---

① 樊洪业主编. 竺可桢全集第11卷·竺可桢日记六集. 上海：上海科技教育出版社，2006：438.

② 樊洪业主编. 竺可桢全集第11卷·竺可桢日记六集. 上海：上海科技教育出版社，2006：439.

③ 樊洪业主编. 竺可桢全集第11卷·竺可桢日记六集. 上海：上海科技教育出版社，2006：443.

④ 樊洪业主编. 竺可桢全集第11卷·竺可桢日记六集. 上海：上海科技教育出版社，2006：446.

明和共产党干部的艰苦奋斗，逐渐赢得了人民群众的信任与爱戴。不过，在他看来，国共打仗"与抗战不同，并非与外国作战，去台湾讲不出道理来"。如同很多民国时期过来的科学家一样，他们并不清楚在共产党的领导下，中国日后会怎样，也难以预测气象研究所、他和家人今后的命运究竟会怎样，内心难免有几分迷茫。根据中国科学院档案记载，在与美国气象学家 B. 赫尔维茨的通信中他曾说过："我正处在一个时代的转折点。今后从此是将引导到一个新的文艺复兴呢？还是进入另一个黑暗时代。我完全看不清。"不管怎样，他对未来抱有更多的希望，并牢记恩师竺可桢的嘱托，竭力把气象研究所的资料设备保管好。

从 1928 年 2 月气象研究所筹备处成立到 1949 年 5 月上海解放，中央研究院气象研究所一共存在了 21 年。

第二篇

擘划地球物理学蓝图

近年来，"战略科学家"这一概念被不断提起。那么，到底什么样的人才是战略科学家呢？有人认为，战略科学家应是卓越和引领的统一，既是本学科领域的学术权威，又是作为科研工作的策划者、组织者与管理者，还是维护国家尊严和人民利益的战略权威。[①] 赵九章就是一位"战略科学家"。

———————

① 黄涛. 战略科学家是如何炼成的——以钱学森为例. 中国科学基金，2010（2）：87-90.

第四章　设立地球所与规划学科发展

　　赵九章不仅是一位有着远见卓识的科学家，还是一位杰出的科技管理者。他前后担任中科院地球物理所（含其前身中央研究院气象研究所）所长长达二十四年。正如他的大学同窗好友傅承义院士所说："……我和九章在科学院共事20年，对他的领导才能非常钦佩。一个科学工作者的科学水平和事业心与他的领导艺术和组织才能是两类不同的品质。九章兼而有之。"[①] 在他担任中科院地球物理所所长期间，该所取得了长足的发展，拓展出地球物理学学科的多个学科领域，为中国地球物理的发展及其在国际舞台占据一席之地作出了很大贡献。

　　赵九章在1944年5月1日担任中央研究院气象研究所代所长后，展现了超凡的组织才能和严谨的学风，使该所在迁所后不大景气的状态得到扭转。他担任中科院地球物理所所长后，更是领导这一研究所迈入了新时期，成为我国大地球物理学的学术中心。

---

　　① 陈洪锷. 深切缅怀大地球物理科学泰斗赵九章. 国际地震动态，2007（8）：4.

一、创建中科院地球所

1949 年 6 月至 1950 年 6 月期间，赵九章作为原中央研究院气象研究所所长，原职听候改组。42 岁的他已经患上心绞痛血栓多年，症状与李仲揆、陶孟和类似，并长期服用美国药品。[①]与身体上的不适相比，这一年他的活动丰富而充实，体会到了新生的中华人民共和国欣欣向荣的气息，内心也经历了很多变化。

1949 年 6 月 9 日，中央研究院召开建院 21 周年纪念大会，赵九章参加了会议。上海市市长陈毅，宣传部冯定、舒同等参会。竺可桢首先报告了中央研究院的历史，叙述了中央研究院评议的经过，以及中央研究院的方针、前途等。之后，陈毅市长作了一小时的报告，讲述了理论对于革命的重要性，指出共产党之所以成功，是由于知识高于国民党，共产党是能虚心采纳意见的，民主的要义在于少数服从多数，而多数要尊重少数人的意见。[②]赵九章认为这话是很合理的。他对陈市长的讲话感到很新鲜，以往还从未听到过这么直抵人心的革命道理，深入浅出，使他大开眼界。6 月 12 日，上海科学工作人员协会会员大会召开，陈毅市长出席了大会并致辞，讲到科学工作人员过去由于过高自傲，政治思想不革命，不能与人民打成一片。又述及解放军的功绩，提到 4 月 20 日 30 万大军自芜湖、南京渡江，六小时完毕，可谓神速。陈毅勉励科学工作人员为民众谋利益。[③]6 月 14 日赵九章与陈宗器、

---

① 樊洪业主编. 竺可桢全集第11卷·竺可桢日记六集. 上海：上海科技教育出版社，2006：374.

② 樊洪业主编. 竺可桢全集第11卷·竺可桢日记六集. 上海：上海科技教育出版社，2006：457.

③ 樊洪业主编. 竺可桢全集第11卷·竺可桢日记六集. 上海：上海科技教育出版社，2006：459.

傅承义坐车到长宁路，开气象讨论会。他将气象研究所刊印的《纪念专刊》（《竺可桢先生六旬寿辰纪念专利》）赠给竺可桢，并阐述了其在气象界筚路蓝缕的重要贡献。《纪念专刊》[①]共收录了18篇高水平文章，其中有他的《中纬度带状大气环流之稳定度》，以及他和陶诗言、高由禧合著的《中纬度大气环流之统计的研究》。[②]

1949年的下半年，对于赵九章非常有意义的一件事就是准备和正式参加全国自然科学工作者代表大会，会期预订在8月20日于北平召开，会议由科学工作者协会、中国科学社、自然科学社及东北自然科学会四个团体发起。6月16日，竺可桢约黄宗巘、冯德培及赵九章诸人，讨论8月20日北平举行科学会议的事。6月24日，在中央研究院举行全国科学会议筹备人员集会谈话，罗宗洛、叔群、伍献文、吴学周、赵九章等八人到会并交换意见。之后由文教处召集上海被邀请出席科学会议的人员开会，目的在于敦促上海各筹备人员共四十八人前往北平参加科学会议，团结全国科学工作者为全国人民服务。[③]7月1日，赵九章与竺可桢、陈景阳乘该日晚火车赴南京。陈在昨天和前天两日尝试，均以车不通未能成功。后来因等待出发时间太长，打算改日乘坐直通车再去。[④]7月2日竺可桢与赵九章、中央研究院医学研究所筹备处代主任冯德培与吴学周至中国科学社，参加科联欢送北上参加科

　①　国立中央研究院气象研究所刊印. 竺可桢先生六旬寿辰纪念专利. 中华民国三十八年五月.

　②　樊洪业主编. 竺可桢全集第11卷·竺可桢日记六集. 上海：上海科技教育出版社，2006：460.

　③　樊洪业主编. 竺可桢全集第11卷·竺可桢日记六集. 上海：上海科技教育出版社，2006：466-467.

　④　樊洪业主编. 竺可桢全集第11卷·竺可桢日记六集. 上海：上海科技教育出版社，2006：471.

学会议筹备会人员。理组推三十人，包括吴学周、吴有训、赵九章、张孟闻等，并讨论了较长时间的大会议程。[①]

7月5日，赵九章随竺可桢等27位代表乘车去北平参加全国自然科学工作者代表大会的筹备会。由于战事刚刚结束，津浦铁路正在修复，他们沿途在南京、济南和天津均做短暂停留。沿线干部均出面接待科学家们的到来，赵九章感受到了共产党对科学家的尊重。老百姓们欢庆解放，共产党正在积极医治民众的战争创伤，这些场景让赵九章深受感触。7月8日，赵九章与竺可桢赴中山大学，黄厦千召集气象系同学开欢迎会。竺可桢与赵九章致辞，并提出问题讨论。

7月9日，竺可桢、赵九章参加南京研究院接管点收尾结束讨论会，军管会代表致辞。强调以后三点需要注意，即节省水电、组织合作社及讲求生产。赵九章认为这是可做且应做的，他也作了致辞。7月14日他又参加了气象学会理事会。竺可桢将上海气象学会所拟定的提议交给与会者讨论，讨论结果都主张"提议于政府，先行划一各军区之气象观测报告之机构"。[②]

1949年7月13日至18日，中华全国第一次自然科学工作者代表大会筹备会在原中法大学礼堂召开。到会的除了285名筹备委员会委员中的205名外，还有党政领导、各民主党派代表及各界人士共近百人。中国人民革命军事委员会副主席周恩来作了演讲，阐释了政治与自然科学、自然科学的理论与实践、普及与提高的关系以及自然科学工作者代表大会的组织和计划等问题。他表示，自然科学工作者所要成立

---

① 樊洪业主编. 竺可桢全集第 11 卷·竺可桢日记六集. 上海：上海科技教育出版社，2006：471–472.

② 樊洪业主编. 竺可桢全集第 11 卷·竺可桢日记六集. 上海：上海科技教育出版社，2006：478.

的团体，应当是一个广泛的群众性组织。他相信，在长期的共同工作和学习中，科学家会逐渐认识到共产党是最尊重科学、拥护科学真理的革命党，一定会加深对党的了解和信任。他还说不久的将来，我们将成立为人民所有的科学院，希望大家参加筹划。前来参会的 205 名筹委，来自不同地区，有着各自的政治和社会生活阅历，对自然科学也有着不同的看法。但这次在中国共产党领导下的会议，吹响了全体科学工作者走向大团结的号角。会上赵九章见到了周恩来、李维汉、叶剑英、吴玉章等共产党高层领导人。筹备会成立了"纲领"工作组、"代表产生原则"工作组、"新政协提案"工作组和"联合组织"工作组。赵九章是"新政协提案"工作组的 40 人之一。[①] 这些人的谈话

中华全国第一次自然科学工作者代表大会筹备会议（第三排左四为赵九章）

　　[①] 樊洪业. 中华全国第一次自然科学工作者代表大会筹备会留影. 中国科技史杂志34卷. 2013（01）：74—77.

使赵九章感受到共产党对国家科学事业的关怀和期望。他开始接受"科学家要为人民服务，要为新中国建设服务"的思想。

7月19日，涂长望①与卢鋈、张乃召、竺可桢、赵九章、李宪之、吕炯共七人召开了一次小型的气象人员会议。会上讨论了气象在新中国建设中的作用和任务，提出了当前气象要抓紧办的几项任务。赵九章与涂长望商量后提出了一份建议稿《气象工作者对于恢复当前气象事业的建议》提交给中央②。在这一报告中提出指定北平气象台为临时的全国气象中心机构；在各个军区建立气象工作系统；对天气情报、预报的传递要加密，以防被敌人利用，这些建议受到重视。这让赵九章深感气象科学工作者在新中国大有可为。

8月15日至9月13日间，赵九章六次列席中央研究院沪区院务委员会会议。9月16日陶孟和、竺可桢、吴有训、吴学周、罗宗洛、王家楫、张钰哲、赵九章和周仁共同写信给赵元任，并转赵忠尧等人，号召其回国③：

元任先生并请转忠尧、方桂、香桐、宝堃、鸣龙、连本、振钧道鉴：

　　沪市解放已阅四月，于人民政府领导下，各方面奋力建设均获相当进展。本院自奉接管后，同仁等互相策励，院务亦欣欣向荣，至堪告慰。惟学术研究贵在集思广益，今后研究方针更赖群策群力。先生治学海

---

① 1945年，时任重庆中央大学地理系教授的涂长望，与梁希等人积极组成了中国科学工作者协会，此时涂长望是中国科学社成员，中国科协总干事，自然科学社常务理事，全国第一次自然科学工作者代表大会主要由涂长望进行筹备。

② 温克刚. 涂长望传. 北京：当代中国出版社，1997：312.

③ 竺可桢. 致赵元任等函稿［动员回国］（1949年9月16日）. 竺可桢全集第3卷. 上海：上海科技教育出版社，2004：9.

外已多年，值此新中国建设之期，切望能及早返国，共商进行。特函奉陈，敬希鉴察，并期在最短期内束装成行，无任盼企。专此，敬颂

　　旅安

　　　　　　　陶孟和　竺可桢　吴有训　吴学周　罗宗洛

　　　　　　　　　王家楫　张钰哲　赵九章　周仁

　　　　　　　　　　　　　　　　　　　　谨启

　　　　　　　　　　　　　　　　卅八年九月十六日

　　9月下旬，气象所顺利完成搬迁，由上海迁回南京，在鸡鸣寺1号恢复了正常工作，气象所分为天气组、气象台、图书馆与文书室、气象组、仪器室、地磁台、事务室和电讯室。9月28日赵九章主持了气象研究所"复员返宁"后第一次所务会议并作报告，按照军事代表徐平羽对本院的指示，该所必须于10月1日开始工作。

　　1949年10月1日，中华人民共和国正式成立，毛主席在天安门城楼上向全世界庄严宣告："中国人民站起来了！"赵九章怀揣着饱满的希望，投身到新的历史使命中。10月7日，南京军管会高教处通知成立中央研究院院务委员会。陶孟和为主任委员，赵九章是14位院务委员会委员之一。10月10日，赵九章参加中央研究院院务委员会1949年第一次会议，为欢迎苏联文化代表团，各所出版物应酌为搜集，以备赠送。10月13日，丁瓒拟定中国科学院科学工作委员会名单报送陆定一，赵九章为地球物理方面委员之一。

　　10月29日上午中国科学院小组会议召开，决定科学工作委员会各组人选。余以地理、天文均未有人，故于数理组加张钰哲，地质地理组加李旭旦，人类、农业因暂时无研究所，故暂缺。竺可桢、赵九

章、涂长望、顾功叙、陈宗器被纳入气象组。[①] 在接收原中央研究院、北平研究院等机构的基础上，成立了中国科学院。10 月 19 日，中央人民政府委员会第三次会议，任命郭沫若为中国科学院院长，陈伯达、李四光、陶孟和、竺可桢为副院长。[②]11 月 1 日，中国科学院开始在北京办公，以后即把这一天视为中国科学院的成立日。

为适应新中国建设需要，加强科研工作，防止宗派主义，新政权把原来分属中央研究院和北平研究院等单位的研究所打乱，重新整合建立了第一批 15 个研究所。这一日，竺可桢到南京成贤街宿舍与赵九章见面，正遇到赵九章因为宿疾心绞痛复发，在床上睡着。睡床上，竺和傅承义劝九章长期休息。[③]11 月 4 日历史（语言）研究所开气象所所务会议。首先由赵九章报告，然后由所内各部负责人就不同的学术方向作报告。陶诗言报告制图，陈志强报告地磁，宛敏渭报告山上观测等等，最后涂长望谈气象局前途。竺可桢报告在东北时的见闻，并主张尽速成立气象总署并统一管理。[④]11 月 9 日，赵九章又赴鸡鸣寺历史语言研究所开气象学会理事会。

地球物理的研究领域极其广阔，涉及宇宙空间、地球大气、海洋、陆地直到地球内部。新中国成立后，赵九章力促以气象所为基础，把分散在原地质调查所的地震部分，中央研究院物理所的地磁部分，北

① 樊洪业主编. 竺可桢全集第 9 卷. 上海：上海科技教育出版社，2006：557-558.

② 樊洪业主编. 中国科学院编年史（1949–1999）. 上海：上海科技教育出版社，1999：3-4.

③ 樊洪业主编. 竺可桢全集第 11 卷·竺可桢日记六集. 上海：上海科技教育出版社，2006：559.

④ 樊洪业主编. 竺可桢全集第 11 卷·竺可桢日记六集. 上海：上海科技教育出版社，2006：561.

平研究院物理所的物理探矿部分，以及从事相关研究的重要科学家团结在一起，组建成一个新的以地球物理为研究对象的研究所。至于研究所的名称，涂长望、李宪之考虑到气象所已有 20 多年的历史，不主张取消气象所的名称。此前在中华全国自然科学工作者代表大会上，赵九章等曾提议改气象研究所为地球物理研究所。此事传至上海，陈宗器与翁文波等均赞同。[①] 从大局出发，竺可桢与赵九章商量认为，还是改称"地球物理研究所"为好。

经过沟通与协调，中国科学院于 1950 年 1 月 26 日在北京召开气象所调整委员会，由竺可桢副院长主持。叶企孙、钱三强、丁西林、李宪之、涂长望、陈君衡、赵九章、李善邦、顾功叙、严济慈、陶孟和等悉数参加。这是一次决定气象研究所命运的重要会议。会议决定在气象所的基础上成立中国科学院地球物理研究所（以下简称地球所），英文名为 Institute of Geophysics & Meteorology，分气象、地磁、地震、应用地球物理四组（或室）。总所决在北京，但各（所）（地）得设分站、分所，以赵九章为所长，另设副所长二人——陈宗器与顾功叙，能以最快方法迁移总所至北京。[②] 4 月 6 日，政务院决定正式成立中国科学院地球物理研究所。该所由原中央研究院气象研究所的气象和地磁部分、北平研究院物理研究所的物理探矿部分合并而成。1950 年 4 月 29 日，赵九章主持中国科学院地球物理所临时所务会议第 1 次会议，并报告华东军区派员前来接洽本所与气象处合作事宜的情况。

---

① 樊洪业主编. 竺可桢全集第 11 卷·竺可桢日记六集. 上海：上海科技教育出版社，2006：593.

② 樊洪业主编. 竺可桢全集第12卷. 上海：上海科技教育出版社，2007：20.

二、首任所长

1950 年 5 月 3 日，赵九章在地球物理所第一次全体会议上报告有关中国科学院的接收情况，以气象研究所为基础扩展为地球物理研究所的决定，以及与有关单位合作问题。他还建议将地球物理工作渐次归并科学院地球物理研究所统一筹划等。1950 年 5 月召开的中央人民政府政务院第三十三次政务会议上通过的任命名单中提及，前中央研究院气象研究所所长赵九章被任命为中国科学院地球物理所所长，前中央研究院气象研究所研究员陈宗器和前北京研究院物理学研究所研究员顾功叙被任命为副所长。当时研究所人员共 57 人。[①] 他深深感到党和人民对自己的信任，精力充沛地肩负起一位科学家新的历史使命。在他的主持下，该所很快发展成一个人才济济的科研机构。

6 月 7 日，赵九章与陈宗器赴北京出席中国科学院院务扩大会议。6 月 24 日，在中国科学院第 1 次扩大院务会议上，赵九章代表地学组作小组讨论总结报告。同年赵九章参与了南京科学界致电杜鲁门抗议无理由扣留我国科学家的活动。南京科学界联名致电联合国秘书长赖伊、美国总统杜鲁门，抗议美帝国主义无理由扣留中国科学家钱学森博士和赵忠尧教授，并要求立即恢复他们的自由。在抗议电上签名的有南京大学校委会主席潘菽，金陵大学校长陈裕光，金陵女子大学教授吴懋仪，中科院南京分处处长孙克定及赵九章、陈章、金善宝、蔡翘在内的理工农医各部门专家共 169 人。[②] 同年年底，地球物理所接

---

① 新华社. 政务院卅三次政务会议通过各项任命名单. 光明日报，1950-06-21（01）.

② 新华社. 南京科学界致电杜鲁门抗议无理由扣留我科学家. 科学通报，1950（07）：457.

管了上海徐家汇和佘山观象台的地震和地磁部分，并将前地质调查所地球物理研究室并入，李善邦、秦馨菱、谢毓寿等也随之进入地球物理所。这样地球物理所的科学研究内容就涵盖了气象、地震、地磁和地球物理勘探四个部分。[①] 所址暂在南京，等北京中关村楼房建成后再搬迁过去。

8月18日，经过几个月的准备，中华全国自然科学工作者代表会议在北京礼堂开幕，赵九章作为正式代表受邀参会。会议决定成立"中华全国自然科学专门学会联合会"（简称"全国科联"或"科联"）和"中华全国科学技术普及协会"（简称"全国科普"或"科普"）两个组织，并选举了两个组织的全国委员会及常务委员会。

10月10日，赵九章与陈宗器副所长赴京向中科院请示地球物理研究所气象组迁京办公事宜，并在10月18日召开的中科院行政工作会议上作了正式报告。经批准地球物理所北京工作站于12月在北魏胡同正式成立。12月，地球物理所还接管了上海徐家汇观象台及佘山天文台的地震与地磁部分[②]，并将中央地质调查所地球物理研究室并入[③]，所址暂在南京（1954年底迁往北京）[④]。

虽然气象研究所的名称不再使用，但这个研究所在我国气象科学研究事业中的重要贡献将永载史册，被后人铭记。

1951年5月，中国科学院为了鼓励科学研究，决定刊行《中国近代科学论著专刊》，搜集新中国成立前三十年间我国科学事业较为重

① 赵九章. 总路线与地球物理研究所的工作. 科学通报，1954（8）：40-42.
② 中国科学院紫金山天文台主编. 紫金山天文台五十年1934-1984. 南京：南京大学出版社，1985：140.
③ 赵九章. 总路线与地球物理研究所的工作. 科学通报，1954（8）：37-42.
④ 陈洪鹗. 中国当代地球物理学的开拓者——赵九章. 国际地震动态，1992（1）：20-23.

要的著作，分数学、物理、地质、生物及气象五个学科搜集编印。气象论文选刊小组委员会由中科院聘请国内顶尖的气象学家组成，包括涂长望、卢鋈、赵九章、张宝堃、顾震潮、竺可桢等15人。6月初，小组委员会将赵九章所编的1949年12月以前中国气象工作者在国内外发表的三百三十多篇论文目录送给委员会，并补充材料、进行筛选。最后选定了25篇，1955年由科学出版社出版了《中国近代科学论著丛刊气象学（1919—1949）》，其中收录的大部分是气象所的科研人员的成果。收录了赵九章两篇文章，一篇是《信风带主流间的热力学》，一篇是《半永久性活动中心之形成与水平力管场的关系》。[①]

　　新中国成立后新的事物新的现象不断出现，使赵九章非常欣喜。1951年12月17日，他去汉口集中参加中央组织的土改工作团学习土改政策，随后去广西柳州沙塘参加土改工作约4个月。赵九章告诉竺可桢，虽然体重减少了15磅，但却能把失眠症医好。条件虽然艰苦，尚能吃到米饭。广西天气不佳，但他们每日都要走路，多则三十里，参加其他劳力工作，也曾挑水下田。[②]1952年夏，赵九章在南京参加了思想改造运动，之后又在北京就高级人员的关系问题作了研讨。[③]经过党的审查，认为以往事实交代清楚。几年后，所党委书记卫一清告诉他，1963—1964年中央组织部曾派人去四川、浙江等地调查他过去的情况，认为与他历次交代的情况相符。

　　1952年8月，中国科学院评定出8名首批特级研究员，他们是华罗庚、钱三强、庄长恭、赵承嘏、贝时璋、钱崇澍、冯德培、赵忠尧。

　　① 中国近代科学论著丛刊气象学编审委员会. 中国近代科学论著丛刊　气象学（1919—1949）. 北京：科学出版社，1955.
　　② 樊洪业主编. 竺可桢全集第12卷. 上海：上海科技教育出版社，2007：611.
　　③ 中国科学院地球物理研究所. 对赵九章所长思想批判材料杂集（1958年2月26日）. 档案号1-157：2. 中国科学院档案馆.

还评出了王淦昌、彭桓武、周仁、罗宗洛、赵九章等 12 名一级研究员。这是一次含金量颇高的学术等级评定。不仅特级研究员基本都是前中央研究院的院士，在 12 名一级研究员当中，前中央研究院第一届院士也占了一半，都是我国现代科学的主要奠基人或主要学术带头人，在科学界享有很高的声望，大部分被中国科学院礼聘到院担任研究所所长或出任学术带头人。[①]

1955 年 6 月 1 日至 10 日，中科院学部各个学部宣告正式成立，赵九章受邀参加学部成立大会，并被竺可桢一起被遴选为中国科学院生物地学学部委员。学部在制定十二年科学技术发展远景规划，评定第一次中国科学院科学奖金，以及对各学部所属研究所的学术领导工作中发挥了重要作用，赵九章积极参与了相关工作。6 月 11 日，中国科学院生物学地学部召开本年度第 1 次常务委员会扩大会议。会上讨论决定由黄汲清、赵九章、张文佑负责筹划组织地震研究工作。

1956 年 1 月 30 日，《光明日报》发表了周恩来同志在党中央召开的关于知识分子问题的会议上所作《关于知识分子问题的报告》，报告发表后引起知识界的极大注意。该报曾采访首都许多高级知识分子的感想。赵九章在接受采访时提道："周恩来同志的报告是非常全面的，凡是我们知识分子平日所想到的问题，报告里都有了，我们知识分子没有想到的，报告里也有了，可见党是十分深刻地了解我们知识分子的问题的。周恩来同志报告里提出有关发挥知识分子力量的措施，是发展科学事业十分可靠的保证。在党的领导下，又有苏联政府和科学界的无私帮助，加上我国科学家的积极努力，在十二年内使我

---

① 王扬宗. 中科院建院初期聘任的特级研究员. 中国科学报，2015-11-13（06）.

国科学赶上世界先进水平，是完全可能的。"①

自 1956 年 2 月 17 日起，他参加了生物地学小组讨论《十二年科学技术发展远景规划》编制工作，后被聘为国务院科学规划委员会气象组组长，还主持制定了全国气象领域和地球物理部分的规划。7 月 24 日被聘为国务院科学规划委员会海洋组组长。1956 年 10 月 23 日，他致函中国科学院生物地学部，提出筹建中国科学院武汉地球物理研究室方案。

三、探索地球物理学"三化"方针

"火车跑得快，全凭车头带。"1956 年 1 月，中共中央召开关于知识分子问题的会议。1 月 14 日，周恩来代表党中央作了《关于知识分子问题的报告》。在这个报告中他郑重指出：知识分子中的"绝大部分已经成为国家工作人员，已经为社会主义服务，已经是工人阶级的一部分"。他也宣布国家即将制定 12 年科学技术发展远景规划，号召向现代科学进军，并要求："集中最优秀的科学力量和最优秀的大学毕业生到科学研究方面。用极大的力量来加强中国科学院，使它成为领导全国提高科学水平、培养新生力量的'火车头'。"② 事实上，中国科学院的确成了引领全国科学事业的"火车头"。各个研究所也面临着前所未有的发展机遇，纷纷希望推动本学科和本领域的发展。

20 世纪 50 年代开始，地球物理学在世界范围内迅速发展，社会经济发展也对地球物理学这一学科提出了迫切需要。中国的地球物理

---

① 报社记者. 知识分子得到了巨大的鼓舞. 光明日报, 1956-01-31（01）.

② 周恩来. 关于知识分子问题的报告. 见中共中央文献编辑委员会编：《周恩来选集》（下卷）. 北京：人民出版社，2004：162-163.

学是要基于当时国内的科学技术水平，继续延续"观测—分析"这一描述性学科的传统轨道，缓慢推进地球物理学的学科发展，还是因势利导，跟踪国际新兴发展态势，朝着地球物理学的世界高水平迈进？

赵九章尝试为气象科学提出新途径，将之提炼为"数理化、新技术化、工程化"。数理化就是大力发展动力学研究，使地球物理学建立在坚实的数学物理基础上，推动地球物理学从描述性科学向数理化、逻辑化转变。新技术化就是积极将新技术应用于地球物理学的研究。工程化则一方面反映现代化科学研究"大科学"的特点，另一方面反映将科研成果转化成生产力的需要。

赵九章虽然是学物理的，却非常重视新技术。1954年有几个电子学专业的毕业生被分配到中国科学院，当时很多研究所还对电子学不知所以，都说不需要，可赵九章一下子就要来了4个。他先是让何鹤方将从国外进口过来的无线电气球探测仪仔细揣摩和了解消化，再找国内厂家进行批量化生产，使得无线电气球探测成了我国开展气象学研究的经常性工作。他又叫徐楚孚对电离层探测工作进行深入钻研，使这种技术手段成了研究电离层的一种主力。为了研究如何用海浪进行台风预报，他叫何鹤方和蔡君勇与海军派来的人员合作，研制了海浪观测仪与波谱分析仪。宫维枢被赵九章分配到物探组（后来改为物探室），协助研制出物探方面的一些仪器。1955年至1956年，许绍燮提出了要用电子放大的方法来制作高灵敏度地震仪，当时的外国专家不同意，说他们国家也有人做过这种仪器，因为不够稳定，后来放弃不做了。但是在赵九章的支持下，许绍燮将这一工作继续做下去了，高灵敏度地震仪取得成功并被推广使用。[①]

---

① 秦馨菱. 回忆片段. 选自中国科学院国家空间科学中心《赵九章先生纪念文集》编委会，赵九章先生纪念文集. 北京：科学出版社，2021：15—16.

他也提出以"三化"为指导，建立和加强本所的科研力量[①]，研究所的各个学科领域都要按照"三化"去努力。[②] 为使地球物理所都能认识这一正确指导思想，1959 年，赵九章组织全所科研人员进行了一次大讨论。党委书记卫一清坚定地支持赵九章的正确思想，并推动贯彻落实。在这一思想的指导下，大气物理学、海浪学、地震科学、固体地球物理学都作出了很大的成绩。

至于赵九章为何提出"工程化"？清华大学虞昊认为这与恩师叶企孙在清华大学提倡的"理工会通，动脑又动手"有一定的联系。英国物理学家、数学家詹姆斯·克拉克·麦克斯韦（James Clerk Maxwell，1831—1879）创办卡文迪许（Cavendish）实验室后，要求实验室师生多次重复该实验室卡文迪许等前辈科学家们做过的经典实验，以此领悟科学方法精义。叶企孙深刻领悟和传承了麦克斯韦的教育理念，他在哈佛大学学习时以精确测定普朗克常量而闻名。他在创建清华大学物理系时，就在大学物理课上要求学生自己动手制造仪器，比如，教热力学的学生每人制作一个温度计……做到"理工会通，动脑又动手"。这一理念对赵九章的科研生涯和教育理念产生了深远的影响。[③]

作为中科院最早的 13 个研究所之一，中科院地球物理所自 1950 年成立后，在赵九章所长的"三化"方针的影响下经历了一个"黄金发展期"。20 世纪 50 年代担任所长期间，他亲自制定了固体地球物

---

① 中国科学院空间科学与应用中心. 中国科学院空间科学与应用中心所史（第一卷），2003：219.

② 叶笃正，周家斌，纪立人. 为我国地球物理科学发展立了大功的人——纪念赵九章先生和卫一清同志［C］. 辉煌的历程——回顾中国地球物理学会60周年专刊，2007：136-137.

③ 虞昊. "三化"是创新型人才的必需——纪念赵九章院士百年华诞. 物理通报，2008（3）：3.

理的十年发展规划，提出了发展固体地球物理的设想。

于 1985 年在国家地震局地球物理所召开的建所 35 周年纪念大会上，曾如此表彰赵九章对研究所发展的贡献："他高瞻远瞩，把气象科学、空间科学、海洋科学、物探、烈度区划、微震观测等都纳入了地球物理所的统一规划中，成功地把数学、物理学和新技术引进地球物理学的研究中，建立和发展了动力气象、大气环流、数值预报、云雾物理、臭氧层、气球火箭高空气象探测等新学科。"[①]

在赵九章与顾功叙、陈宗器两位副所长，及所党委书记卫一清的领导下，研究所不断完善组织结构，还通过多种渠道吸引与培养人才，积极开拓了一系列学科领域，奠定了中国地球物理学的学科布局，地球物理所亦一跃成为中国同领域的学术中心。

中科院地球所最初设立了气象、地震、地磁和物探四个研究组，赵九章、李善邦、陈宗器和傅承义分别担任四个研究部门的负责人。[②]此后，又相继成立了工程地震研究组，物理探矿研究室和海浪研究组。之后因业务发展需要，1958 年地球所正式建立研究室，增加了高空探测研究室。学术讨论会按气体地球物理和固体地球物理分开举行。

中国科学院院士、中国科学院大气物理研究所叶笃正研究员回忆说，当时赵九章所长提出的"三化"口号，并不是所有人都能理解，甚至在所领导中也有争议。令人欣慰的是，"三化"口号得到了时任中国科学院地球物理研究所党委书记卫一清的赞同和支持。卫一清于1936 年在山西大学采矿系学习时参加革命。1955 年调到地球物理所，

---

①　国家地震局地球物理所副所长许绍燮在建所35周年纪念大会上关于表彰地球所老一辈科学家的讲话［C］//国家地震局地球物理研究所. 地球物理研究所建所35周年纪念文集（1950—1985续集），1986：21.

②　曲克信. 感受与启示［A］. 中国地球物理学会. 辉煌的历程——中国地球物理学会60年［C］. 北京：地震出版社，2007：503.

被任命为副所长和党委书记。他在工作中尊重科学、尊重科学家，认真贯彻执行共产党的知识分子政策。在工作中，他积极支持赵九章所长富有远见的科学思想与严谨的科研作风，并配合执行。

在赵九章"三化"方针的指导下，地球物理研究所的学术氛围空前浓厚，人才济济，汇聚了一批优秀的老科学家和奋发有为的中青年科研专家，科研实力大大增强，水平显著提高，学科领域迅速扩展。光气象研究室就很快发展了云雾物理学、大气动力学、卫星气象学、高原气象学、人工影响天气、边界层大气物理、激光、微波大气探测等多个领域。研究所急国家之所需，出色地完成了国家交派的科研任务。原中科院领导郁文曾评价说："当时在中国科学院几十个研究所当中，地球物理所的工作是做得比较突出的。"①

赵九章在地球物理所内推行"三化"，使该所在大气物理、海浪、地震、地磁、电离层、物探等领域均取得了很大成绩。对于"三化"方针，叶笃正曾评价说："其后我国地球物理学的发展历程证明，这一决策是非常正确的。"在 1997 年中科院举办的纪念赵九章院士诞辰 90 周年座谈会上，时任中国科学院副院长的陈宜瑜院士说："赵先生提倡的数理化、新技术化、工程化的方向很有远见，至今对我们科研工作仍有指导意义。"②

人才培养是研究所建设的重中之重。竺可桢、涂长望和赵九章热切邀请在境外留学的朋友和学生回国。新中国成立初期，新中国气象科学事业的基础还很薄弱，需要大量的人才。科学院为争取并协助在

---

① 中国科学院空间科学与应用中心. 中国科学院空间科学与应用中心所史（第一卷），2003：192-193.

② 虞昊. "三化"是创新型人才的必需——纪念赵九章院士百年华诞. 物理通报，2008（3）：1.

国外留学的科学家回国参加建设，做了诸多努力。赵九章想干一番大事业，他和竺可桢、涂长望给国外写了很多信，动员仍在国外留学或工作的朋友或学生们回国。一时间，地球物理所吸引了一群喝过"洋墨水"的海归人才，可谓群星璀璨。

顾震潮1947年考入瑞典斯德哥尔摩大学气象系做研究生，本来再有几个月就可以论文答辩，取得博士学位。1950年4月，他接到老师赵九章先生要他速回祖国参加建设的信及通行证。

信件内容[①]如下：

震潮弟：

连接手书，欣悉行将返抵国门，无任忭慰。带来Vaisala探空仪入境护照，已早去函涂先生，请其即办好寄港。所方现与气象局合作设置：（1）联合资料中心；（2）联合天气分析预告中心。合作原则院方业已同意，下月初章即偕陶诗言同车北上，商讨合作细节，章在京留稍久，六月初方能回南。

近来事忙心烦，旧病常发，拟将所务稍为料理妥当之后，即请假一段时间，安心静养也。笃正、义炳处望致函催其早归，国内一切已上轨道，正吾辈有所作为之时，万不可逗留国外也，余容面读，即祝旅安。

兄九章手启

四月廿六日

时任军委气象局局长的涂长望先生也对他发出了诚挚邀请，顾震

---

① 赵九章先生要求顾震潮速回国参加建设的信. 1950年4月26日. 中国科学院国家空间科学吴智诚先生提供。

潮不顾即将获得的博士学位和已经获得的赴美深造的奖学金，毅然决定马上归国。[1] 顾震潮的导师罗斯贝教授感到很意外，也很惋惜。但顾震潮不听瑞典师友的劝告，在罗斯贝教授的帮助下，突破帝国主义的封锁，毅然和夫人一起回到了祖国。

除了顾震潮外，在赵九章的召唤下先后响应回国的有叶笃正、谢义炳、顾均禧、朱和周、谢光道、黄仕松、刘好治等一批气象学者，为祖国气象事业增添了力量，一时间地球物理研究所人才济济。

主攻地磁学的陈宗器曾就读于柏林大学（1936—1939）和伦敦帝国学院研究部（1939—1940），担任了地球物理所副所长，1956 年任国际地球物理年中国委员会秘书。主攻地球物理勘探、地震学的顾功叙 1936 年获得科罗拉多矿业学院地球物理学硕士学位，后于 1936—1938 年在加州理工学院著名地球物理和地震学家古登堡教授指导下从事科研工作，1938 年中断在美国的科研工作回国。1955 年被遴选为中科院学部委员。叶笃正[2] 1948 年获得芝加哥大学大气科学方向的博士学位后回国。朱岗昆则是 1949 年获得牛津大学物理学部博士学位后回国，从事气象气候学、地磁与高空物理研究。在赵九章的带领下，这些人组成科研团队，大大推动了大气物理的发展。这些归国科学家在地球所的发展中担当了学科带头人、研究室领导，使得地球所在不长的时间内就得到迅速发展，成为国内地球物理学的重要研究基地。

为了解决科研人员的不足，提高科研人员的整体素质，赵九章及地球物理所的领导做了大量工作。他们通过多种渠道，加强对科研人

① 中国科学技术协会编. 中国科学技术专家传略 理学编 地学卷3. 石家庄：河北教育出版社，2004：525.

② 叶笃正，后任中科院大气物理所所长、中国科学院副院长、中国气象学会理事长。1980年当选中科院学部委员。芬兰科学院外籍院士，英国皇家气象学会荣誉会员，美国气象学会荣誉会员。

员的培养，使研究所具备了一支刻苦钻研和团结合作的研究队伍。中国科学院院士、大气科学家巢纪平，1954年从南京大学大专毕业到地球物理所，学习刻苦，努力钻研，他所在的天气气候室也对其重点加以培养，很快在科研中取得了重要成果。中国科学院院士，曾任全国科协副主席、中科院大气物理所所长的大气科学家曾庆存，数理基础很好。当他在苏联做研究生时，就已做出很优异的研究成果，展示了自己的才华。1961年他学成回国后，赵九章和卫一清多方设法将他调到地球物理所，创造条件，使其后来充分发挥了才干。①

四、了解苏联地球物理学状况

新中国成立之后百废待兴，面对美国等西方国家的封锁，中共中央和人民政府采取了"以苏为友"和"以苏为师"的外交政策。新中国实施第一个五年计划时，毛泽东主席还发出"要认真学习苏联的先进经验"的号召。1953年2月毛泽东号召大家"要在全国范围内掀起学习苏联的高潮来建设我们的国家"，由此全国各条战线开展了学习苏联的高潮。中国科学院积极响应中央号召，在经过思想改造运动和批判崇美思想之后，向苏联学习的步子迈得很大，在1953年初决定派遣出庞大的代表团到苏联访问。经周恩来亲自主持的政务院209次政务会议批准，访苏代表团设定的任务：一是了解和学习苏联如何组织和领导科学研究工作，特别是"十月革命"后苏联科学如何从旧有基础上发展和壮大起来的经验；二是了解苏联科学的现状及其发展方向；

---

① 中国科学院大气物理研究所. 大气物理研究所所史. 2014-02-18.http：//www.iap.cas.cn/qt/zthd/qxsh/201402/t20140218_4033391.html.

1953年中国科学院代表团访问苏联时，贝时璋（右）与吕叔湘（左）、赵九章（中）

三是就中苏两国科学合作问题交换意见。①

自 1953 年 2 月 24 日起，中国科学院组织代表团对苏联进行为期三个月的访问。时任中国科学院近代物理所副所长的原子核物理学家钱三强担任团长，时任科学院副院长、院党组书记的张稼夫任代表团临时支部书记，东北分院秘书长武衡为秘书长。代表团共 43 人②，不仅人数多、规模大，成员包括行政组织干部，还有来自理工农医和哲学社会科学各个领域的佼佼者，共有 19 个学科的 26 名科学家：物理学家钱三强、数学家华罗庚、天文学家张钰哲、地球物理学家赵九章、化学家刘咸一、化学家彭少逸、地质学家宋应、地质学家张文佑、地质学家武衡、生理学家冯德培、生理学家沈霁春、动物学家贝时璋、动物学家朱洗、植物学家吴征镒、土壤学家马溶之、农学家李世俊、医学家沈其震、医学家薛公绰、建筑学梁思成、土木工程家曹言行、机械工程专家于道文、电机工程专家陈荫谷、历史学家刘大年、历

① 武衡. 中国科学院代表团首次访问苏联. 院史资料与研究，1991（02）：18.
② 樊洪业主编. 竺可桢全集第13卷. 上海：上海科技教育出版社，2007：47.

史学家张稼夫、教育学家张渤川，以及语言学家吕叔湘。[1][2]

从北京出发前往莫斯科要在火车上度过十几天的时间。一路上这些大科学家们说说笑笑，互相交流，倒也不觉得时间漫长。一天，平日素来爱好诗文的华罗庚突然来了灵感，他用钱三强的名字出了一副上联"三强魏蜀吴"，征求大家的下联。这是一个很困难的句子。历史上也有一个有名的上联"三才天地人"，苏东坡对出了"四诗风雅颂"，对得非常工整和漂亮。科学家们苦思冥想，就连两位文化大家吕叔湘和刘大年也未得其解。不一会儿，还是华罗庚自己给出了答案"九章勾股弦"，用的是科学家赵九章的名字。科学家们听后都赞叹实在绝妙，不禁拍手赞赏。原来华罗庚的上联运用的是战国时期的历史典故，韩、魏、赵三国曾在战国时期一度称雄；而今嵌入了钱三强的名字，赞扬他是科学家中的强手。下联则运用中国古代数学著名的数学典籍《九章算术》中的勾股定理，并自然而贴切地镶嵌了代表团成员赵九章的名字。[3] 这个轶事充分体现了这些科学大家除了是本领域专家，对中国历史和文化也有很高的修养。

代表团于 3 月 5 日到达莫斯科。张稼夫记得，他们到达离莫斯科还有三站的地方，忽然传来斯大林逝世的消息。后来了解到，斯大林在逝世前已经对中国科学家代表团的访问作了指示，要苏联科学院予以热情接待，尊重中方意见；对于一些学术方面的问题，比如历史分期问题等不要争论等。代表团到达莫斯科后，受到了苏方热烈欢迎，苏联科学院院长涅斯米扬诺夫，秘书长托普切也夫以及许多科学家都

① 1953年，中国科学院代表团首次访苏. 科学时报，2011-09-01（B4）.

② 中国科学院访苏代表团到达莫斯科. 科学通报，1953（03）：96.

③ 吴明瑜. 知识、人才和现代化. 现代化杂志，1986（3）：4-6.

1953年赵九章（前排右起）与华罗庚、钱三强在苏联

到车站迎接。[①] 代表团全体成员在莫斯科工会大厦瞻仰了斯大林的遗容。后来斯大林的遗体经过工会大厦通往红场时，他们在饭店的楼上远远望到了马车拖着灵柩缓缓前进，苏联领导人和各国来宾在灵车两侧及其后面默默随行。[②]

中国科学院访苏代表团在苏联的三个月中，访问了苏联科学院、乌克兰及乌兹别克斯坦加盟共和国科学院。赵九章在莫斯科、列宁格勒、基辅、塔什干等地参观了和地球物理学有关的各研究所和大学的教研室，并和许多卓越的苏联科学家会谈，了解了他们在十月社会主义革命后所取得的巨大成就，看到了他们正在进行着的庞大的科学研究工

① 张稼夫. 我与中国科学院. 科学新闻，1999（13）：22.

② 武衡. 中国科学院代表团首次访问苏联. 院史资料与研究，1991（02）：20–21.

作。这次访问使他深切地体会到苏联社会制度的优越性。^①

在苏期间，苏联科学院主席团为中国代表团组织了 7 个全面性的报告，内容包括苏联科学院发展的各个阶段、苏联科学院的组织机构及干部培养、苏联的科学计划工作、苏联科学家如何学习和运用马列主义方法论、苏联科学院生产力研究委员会的工作任务等。代表团成员还先后访问参观苏联科学院在莫斯科、列宁格勒、基辅、塔什干以及西伯利亚分院的研究所等 98 个研究单位。此外还访问了 11 所大学以及许多工厂、矿山、集体农庄、博物馆和展览会。4 月中，钱三强向苏联科学界作《中国近代科学概况》的报告，主要介绍各门学科在近代中国的发展及现况。代表团临别前，苏联科学院赠送中国一万多册科学图书和许多标本、图片等。

中国科学院访苏代表团于 5 月 24 日返回。在长春逗留了 3 个星期，对此次访问苏联、学习苏联先进科学工作进行了各学科分科总结和总的访苏工作总结。在总结期间先后召开四次座谈会交流心得，由不同专业的代表发表对于这次访苏在本门学科内的体验和收获。^②赵九章在回国后提交的《访苏联代表团地球物理专科报告》^③中，详细记录了这次访问。此次在苏联共访问了四个地球物理研究机关，并与季柏尔通讯院士、列宁格勒地球物理观象台副台长布德柯及列宁格勒日丹诺夫大学教授赫罗莫夫会谈苏联气象学研究工作的现状，其经过如下：

3 月 24 日，他们一行人首次访问了苏联科学院地球物理所，由该所各研究室负责人介绍工作现状及中心问题，4 月 22 日至 25 日又第

---

① 赵九章. 我所看到的苏联地球物理科学研究工作. 人民日报，1953-07-11（3）.

② 中国科学院访苏代表团返抵北京. 科学通报，1953（07）：95.

③ 赵九章. 访苏联代表团地球物理专科报告. 中国科学院档案馆，A004-177-001：1-25. 1953-07-01.

二次访问该所，参观了该所的中央地震台、地震仪实验室、大地构造研究室、物理探矿研究室、地震模型实验室、地震服务研究室、大气乱流研究室，并与季柏尔通讯院士，所长甘宝尔次通讯院士及中央地震台台长季尔诺斯教授会谈，讨论大气环流、地震预告及地震抗击等问题。他们还访问了莫斯科季米良捷夫农学院，参观该校农业气象研究室及气象台，与维特基维奇教授讨论农业气象的观测及仪器设计和安装问题。访问塔什干数学力学研究所地球物理观象台，与台长斯克伏尔错夫、巴布什金教授及阿依辛希达布候补博士谈农业气象及小气候学研究工作。访问塔什干建筑工程研究所与所长赫拉斯比夫讨论地震抗击问题。此外还参观了莫斯科大学地质系，基辅谢甫琴科大学地质系地球物理专业。

经过访问，赵九章等人对全苏地球物理研究机构的组织概况有了一定了解：[1] 全苏地球物理科学研究工作，分别在下列四个系统内进行：一是全苏水文气象总局，二是前地质部下设有地球物理研究所，主要研究物理探矿，三是苏联科学院地球物理所，四是农业部农业气象司和农业科学院。此外，还有各大学物理系大气物理专业，地质系地球物理专业及农学院农业气象研究室。通过参观苏联科院机构，他们了解到苏联科学各种专家以集体的力量进行综合性问题的研究，也就是我们后来常说的"集中力量办大事"。苏联地球物理研究界的年轻化也给赵九章留下了深刻的印象。苏联地球物理专家们还对中国发展地球物理这门学科提出了建议，他都认真做了记录。[2] 这样一来，他心中对我国气象事业、地磁地震和物理探矿，有了清晰的图谱。

在代表团一起活动时，赵九章经常称呼何祚庥为小何。有次赵九

① 赵九章. 访苏联代表团地球物理专科报告. A004–177–001：16. 1953–07–01.
② 赵九章. 访苏联代表团地球物理专科报告. A004–177–001：16. 1953–07–01.

章对苏联科学院一位通讯院士提出的一种流体力学的数学解法非常感兴趣。他对何祚庥说，这个人的这种解法非常漂亮，可以研究这种方法在气象学中的应用。[①]

6 月 17 日返抵北京后，代表们呈送的 27 份出访报告汇编为《学习苏联先进科学——中国科学院访苏代表团汇刊》一书，于 1954 年出版发行。9 月 15 日，院党组向党中央呈送关于访苏代表团工作的报告。[②]

1957 年 11 月 1 日，中华人民共和国访苏科学技术代表团大部分成员分批到达莫斯科。代表团的任务是：征求苏联科学家对我国十二年科学技术发展远景规划的意见；同苏联政府商谈进一步加强中苏两国科学技术研究合作的协议。访苏科学技术代表团由郭沫若任团长，团员包括王新元、刘西尧、刘彬、汪道涵、杜润生、竺可桢、周培源等 15 位，范长江任秘书长，杜润生任副秘书长。赵九章、王竹溪、卢嘉锡、贝时璋等各方面的科学家、专家 60 人担任代表团顾问。代表团团员和顾问中有 32 人是中国科学院学部委员。[③]

20 世纪 50 年代，中苏关系密切的大背景下，赵九章也积极推动气象学界向苏联学习，加强中国科技合作。"请进来，派出去"是赵九章提高科研工作水平的重要措施之一，也是他用来培养科技人才的重要举措。1955 年至 1960 年期间，赵九章付出了大量的时间与心力，积极推进中科院地球物理所与苏联科学院多个相关研究所之间的科技合作，有计划地邀请多位苏联专家来华指导工作，采购与学习苏联先

---

① 吴阶平等主编，《赵九章》编写组. 赵九章. 贵阳：贵州人民出版社，2005：03.

② 中国科学院秘书处编辑. 学习苏联先进科学：中国科学院访苏代表团报告汇刊. 北京：中国科学院，1955.

③ 新华社. 我访苏科学技术代表团组成　将征求苏联科学家对我国十二年规划的意见　商谈进一步加强中苏科学技术研究合作问题. 光明日报，1957-11-02（01）.

赵九章（后排右一）、竺可桢（前排右四）与苏联专家在一起

进仪器设备，并送本所人员去苏联科学院攻读副博士学位或进修，这些交流覆盖了地球物理科研任务的基本领域，适应近期需要，又为长远发展奠定基础，对增进两国科技交流及提高本所的学术水平起到了积极作用。

为了发展我国地震事业，赵九章成组配套地聘请苏联地震专家组，并成组配套地派出留苏生。协作领域涉及地震地质、工程地震、地震仪器、地震台站管理，地震资料分析处理等各个方面。以地震地质学家戈尔什可夫为团长的四位苏联专家，携带了地震仪器和地震资料来华工作，协助建立地震观测系统，为加速我国现代地震学的建立起了重要作用。

1955年，苏联专家就对我国的基本台站布局、台站选址和台站管理等提供了帮助，并提供不同周期、不同放大倍数的多种型号的地震仪器，使我国在一两年之内，较大程度上提高了地震的监测能力。到

1958 年底，地球所在全国建有 12 个基本台站，到 20 世纪 60 年代初又增设了 8 个基本台站，形成了全国地震观测基本台网。部分台站还先后参加了国际资料交换，使我国的地震观测水平有了质的飞跃。

1956 年赵九章所长和中科院副院长竺可桢到莫斯科，参会讨论我国首次参加国际地球物理年的观测合作事宜。会上决定在我国沿海选择上海与广州两个地震台各增建一组三角脉动台，利用地面脉动的观测方法，追踪海上风暴中心的活动，利用地震来追踪海上风暴。但是，国际地球物理年的活动日期是 1957 年 7 月 1 日至 1958 年 6 月 30 日，地震组对此新任务毫无准备，这项工作时间紧、无人力，显得很棘手。

1958 年 3 月 8 日，九三学社中央整风会议变成了写大字报的竞赛会。仅涂长望、周培源、赵九章等十个中央委员就连夜写出大字报五十四张。[1] 在 5 月 25 日的整风座谈会上，赵九章等科学家们通过一份响应书："科学家要很好地向工人、农民学习，把心交给党和伟大的社会主义建设事业……把自己由资产阶级知识分子改造成为又红又专的工人阶级知识分子……"[2] 3 月 19 日，中科院院长郭沫若召集北京科学家近 400 人在地球所开会，听取该所高级人员分享他们检查、批判思想的心得。赵九章表态说："主要是科学家的面子、架子在开始时扯不下来；科学家只有自己扯下了面子和架子，才能彻底批判自己。"[3]

赵九章回国后，亲自组织人员，协调多方力量，进行多方面繁杂的协调工作。他把鲍乃捷和琴朝智从地震物理组抽去，各自负责筹建

---

① 舒鸿钧. 充分运用社会主义民主的武器 各民主党派中央掀起大字报高潮. 光明日报，1958-03-13（03）.

② 报社记者. 九三学社在京中委座谈 响应上海科学家倡议 决心把心交给党 真正做到又红又专. 光明日报，1958-02-26（01）.

③ 新华社. 在京科学家座谈整风心得，郭沫若号召吸取地球物理研究所经验. 人民日报，1958-03-21.

一组台网，并从第三届地震训练班中挑选 8 位同志与他们共同完成选址、基建、架线等前期建设，并随同苏联专家安装仪器、观测分析直至作出报告，与国际地球物理资料中心进行交换。他们最终顺利地完成了国际地球物理年的观测合作任务，得到国际地震同行的赞誉，在一定意义上提高了我们国家的国际地位。

中科院地球物理勘探的研究工作，原来只有极少数研究人员，到 1958 年为止还几乎完全没有开始。为了帮助新中国成立后的地质勘探事业建立地球物理勘探的生产工作，国家在几年内给该所配备了一批刚从大学毕业的年轻人员，要求他们在这样薄弱的基础上，发挥该所的地球物理勘探专长对地质生产部门起科学指导的作用。这一要求的实现还是有一定难度的。因此，中国地球物理勘探的人员对于苏方的技术援助期望较高。经过赵九章等人与苏联地球物理所的沟通，苏方该研究所计划于 1958 年 3 月、4 月间派两三位地球物理勘探的研究人员来中国，帮助中科院地球所规划和建立地球物理勘探的研究工作，并讨论今后苏联科学院地球物理所如何援助该所发展这项工作的具体方案。

为了做好迎接苏联专家的准备工作，赵九章和同事详细拟定苏联专家在华期间的工作计划，包括安排苏方专家了解中国科学院地球物理所、产业部门相关研究机构的情况，介绍苏联科学院相关研究所及产业部门的生产工作情况，并再次请专家对中科院的相关工作提出建议，讨论两国科学院的合作。[①]

1958 年 4 月，斯大林纳巴德地震台台长谢米诺夫致信赵九章，请该所告之目前中国在地壳慢性运动方面正在进行的工作，并寄给他们有关上述工作的相关学术资料。由于中方人员缺乏，在地壳慢性运动

[①] 中科院地球物理所. 赵九章所长、顾功叙副所长和苏联高林达林所长的来往信件. Z376-87-014：82-83. 1958-02-01. 中国科学院档案馆.

研究工作中进展缓慢。赵九章表示愿意开展深入的学术联系，并经常寄送中方的地震报告。同时还分享了中科院地球物理所图书馆内的文献资料。①

1958年7月12日，赵九章给苏联科学院建筑材料和结构研究所所长去信，请对方寄来该所 A.T. 拉札罗夫教授设计的 ANC-2 型地震计的蓝图。这种仪器用来在发生地震时记录其加速度，研究大爆炸的地震效应。同年9月，苏方所长顾尔汗丹扬果然寄来实验型 ANC-12 地震计的工作蓝图，并同意代为培养工程地震方面的研究生，由著名地震专家 A.T. 拉札罗夫教授做研究生指导老师。② 中科院地球物理所拟于1959年上半年派一名学习"工程地质"专业的研究生赴苏联科学院建筑材料和结构研究所随 A.T. 拉札罗夫教授学习。③

除了苏联对中国的技术援助，苏联通过科学技术合作途径也向我国申请技术援助项目，其中有一项是与中科院地球物理所有关的项目。1958年4月14日，中国科学院联络局对地球物理研究所传达了苏方"关于弹性波的传播理论与地震探矿的一些问题"的项目申请。这一项目也是1956年度科学奖金得奖著作，作者为傅承义。应苏方请求，中国提供了这一获奖项目的六篇论文的两份中文，并译成俄文。④

中苏两地球物理所也在学术会议上保持畅通。苏联科学院大气物

① 中国科学院地球物理所. 苏联科学院建筑材料和结构研究所所长给赵九章所长的信. Z376-89-002：14-27. 1958-07-25. 中国科学院档案馆.

② 中国科学院地球物理所. 给赵九章所长的信. Z376-89-002：14-20. 1958-07-25. 中国科学院档案馆.

③ 中国科学院秘书长. 给托布切也夫院士的信. Z376-89-003：22-23. 1958-09-16. 中国科学院档案馆.

④ 中国科学院对外联络局. 函询是否能供给苏方中国专家的科学奖金论著. Z376-89-006：31. 1958-04-14. 中国科学院档案馆.

理委员会，列宁格勒大学及地球物理观象总台（TTO）自 1959 年 1 月 26 日至 31 日在列宁格勒联合举行日光辐射能测量及大气光学会议，邀请赵九章和中方人员参加。[①]

中苏联合参加的大气环流学术会议是当时中苏在地球物理领域的重要合作内容，约定每年一次，分别在中国和苏联举行。经过与苏联科学院院士、苏联科学院应用地球物理研究所所长费得洛夫接洽，1959 年 12 月 7 日至 11 日在北京召开了大气环流学术会议，赵九章做了大量的组织工作，此前的 11 月 16 日他代中国科学院副院长竺可桢致函邀请苏联科学院主席团代理学术秘书长阿果什科夫通讯院士。中国科学院在会上报告 30 篇，主要着重中长期预告方面的研究，包括：中国十年来大气环流及动力气象方面的成就，东亚大气环流的特征，西藏高原对大气环流的影响，中国中长期预告的研究等总结性的报告。会上还座谈了中长期预告的现状及今后的研究方向。[②]

在赵九章的领导下，中科院地球物理所还与苏联科学院大气物理所保持密切的学术联系。1958 年，赵九章随着中科院代表团在苏联访问时，曾与苏联科学院大气物理研究所所长奥布霍夫通讯院士商议两所 1959 年合作的基础。赵九章提出合作的具体内容，包括双方交换关于夜天光的记录及研究成果；在可能范围内，苏联科学院大气物理研究所定期供给中国科学院地球物理研究所小量新鲜的摄制夜天光光谱的胶卷。苏联科学院大气物理研究所派专家来中国 1—3 个月，协助中

---

① 中国科学院地球物理所. 抄转沙罗吐金来电. Z376-89-004：24-26. 1958-06-05. 中国科学院档案馆.

② 中科院对外联络局. 代竺可桢副院长致阿果什科夫的信. Z376-109-021：136-139. 1959-11-16. 中科院档案馆.

方制定夜天光工作及通过光谱实验来进行高层大气物理研究的方向。[①]
应赵九章 1959 年初的请求,苏方大气物理所为中方提供了目前在他们
研究工作中非常需要的两种参考文献的显微胶片。[②]

　　1959 年,苏联科学院《自然》杂志总编辑、苏联科学院院士谢尔
巴科夫,邀请赵九章就他所领导的重要工作,给他主编的苏联科学院《自
然》杂志写一篇论文,登载在 1959 年 9 月的《自然》杂志上,作为苏
方庆祝光荣中华人民共和国成立十周年的专号。[③]

　　赵九章还派遣地球物理所不同科研方向的年轻人去苏联进修。通
过中苏两国科学合作协议及中国科学院与苏联科学院签订的科学合作
协议,从 1956 年起中科院直接向苏联科学院派遣留学生。

　　1956 年开始,在地震上述各领域,地球物理所先后派出 3 位访问
学者、3 位攻读副博士研究生和 4 位进修生。多数派出人员都由赵九
章亲自考核选定。梅世蓉 1952 年从四川大学物理系毕业,分配到地球
物理所,跟着老科学家承担地震资料分析工作,当时工作很忙,梅的
老师不大同意他去苏联。赵九章坚持让梅出去苏联学习地震波理论,
还亲自去给梅的老师做工作,再三强调要从长远考虑。最后梅的老师
同意了。梅世蓉到苏联后,导师是苏共党员,他自己是中共党员。到
苏联后,在导师的建议下转向中国建设急需的地震活动性研究。赵九章
1957 年到苏联参加会议,还专门找他谈话,关心他的学习情况。四年后,
梅世蓉在苏联获副博士研究生学位后回国,后来成为中国地震局分析

---

　　① 函送致苏联大气物理所函件底稿. Z376-112-001: 1-4. 1959-01-29. 中
科院档案馆.

　　② 中科院地球物理所. 向苏联索取两种参考文献. Z376-112-002: 5-10.
1959-02-05. 中国科学院档案馆.

　　③ 中国科学院地球物理所. 中国科学院地球物理所十年来在气象学及地震学
的进展. Z376-110-002: 3-11. 1959-05-13. 中国科学院档案馆.

预报中心主任。

叶世元 ① 曾经在苏联学习。1957 年冬，当赵九章在莫斯科进行科学访问时，他的苏联导师、地震仪器专家基尔诺斯博士，邀请赵九章与苏联若干著名地震学家参加家宴。恰巧那天晚上苏方安排赵九章去大剧院观看演出，赵九章表示了婉拒。那天晚宴上，到了很多著名地震学家。赵九章提出了很有意义的见解，对苏联地震学家震动很大。那天叶世元作为基尔诺斯博士的学生和赵所长的翻译参加了宴会。事先叶世元已知道赵所长精通德语、英语，还能听懂俄语，因此生怕译得不好，被赵所长批评。赵所长看出了他的顾虑，鼓励他大胆翻译，不要怕出错。那天专家们谈得很热烈，很快两小时过去了。赵九章突然提出大家暂时用英语交谈，因为他看到叶世元一直没有吃东西，这样可以让他有空吃些面包充饥。赵九章所长的体贴令他十分感动。

这些留苏回国的人员中大多数成为地震工作的专家或领导，在我国地震科技事业中发挥了重要作用。

五、参加国际地球物理年

国际地球物理年是世界各国同时对地球物理现象进行联合观测的一种活动。1882–1883，1932–1933 年分别举行了两次大规模的科学观测，因均以极地为观测目标，所以叫"国际极年"。1950 年 6 月，国际无线电科学联盟（URSI）在布鲁塞尔举行会议时，某些地球物理学者提议，将国际极年观测活动从每 50 年举行一次改为 25 年。国际科学联合会理事会等国际组织予以支持，并决定在 1957 年 7 月 1 日至 1958 年 12 月 31 日（为期 18 个月），由世界各国共同开展对南北两极、

---

① 叶世元后来担任过上海市地震局副局长。

高纬度地区、赤道地带以及中纬度地区进行一次联合观测，还将第三次国际极年改称为国际地球物理年（International Geophysical Year，IGY）。[①]1957—1959 年国际地球物理年[②]在全球开展了多学科地球物理观测，中国是重要参加国。早在 1956 年 6 月 18 日中国政府就专门成立了中国委员会，竺可桢为主任委员，地球物理所所长赵九章和副所长陈宗器任正、副秘书长。中国一开始就参加了国际地球物理年的活动。中科院设置了相应的专业委员会。1958 年 6 月 30 日中国科学院本年度第 29 次院务常务会议讨论通过"中国科学院国际地球物理年委员会"委员名单。其中竺可桢为主任委员，赵九章为副主任委员。[③]我国当时还没有研制探空火箭的能力，仅能通过台站观测研究。

除太阳观测和部分卫星观测项目外，中国开展的观测项目都设在中科院地球所的一些观象台内，归该所管理。经赵九章向中科院申请，苏联科学院派出了专家组，携带了相关仪器和科研资料来华，两国在地震、地磁、空间探测等领域获得了大量观测材料。后来在地球所专家的陪同下，苏联专家赴中国多地考察，针对中国地球物理学的不同专业提出发展规划。

为了研究大范围地球物理演变的规律，国际地球物理年承袭过去两次国际极地年科学合作的传统，从该年 7 月 1 日开始举办为期十八个月的地球物理观测。这是当时规模最大的一次国际科学合作的活动。为了调整西太平洋地区各国的科学计划，及时做好各项准备工作，于

---

① 朱和周. 国际地球物理年开始了. 科学大众，1957（7）.

② 在中科院竺可桢副院长的主持和领导下，我国曾一度参与国际地球物理年的国际学术会议和相关活动，后因国际反动力量"一中一台"的干扰而愤然中途退出。

③ 周航. 我国参加国际地球物理年的工作计划. 科学通报，1957（6）：185–186.

1957 年 2 月 25 日到 3 月 2 日在日本东京召开了关于国际地球物理年的西太平洋区域联络会议。中国国际地球物理年国家委员会派遣赵九章和涂长望等八人组成代表团前往参加了这次会议，涂长望、李珩、赵九章当选为大会执行委员①。

　　大会分别对增加台站和观测项目、观测方法的统一和仪器的相互比较、警报情报传递和资料交换、技术规定四个方面，作出了建议和决议。为了便于讨论科学计划，大会还分别邀请有关科学家对人造卫星、核子辐射、宇宙线以及日本施放火箭的工作作了讲演，引起到会代表极大的兴趣。 中国代表团广泛地同日本以及其他各国科学家进行接触，一方面介绍新中国地球物理学的进展情况，和与会代表交换意见，学习他人的新成就。在访问长野、大阪、神户、京都、东京各地大学和科学研究机关中，他们又进一步同日本科学家交谈，参观并了解对方正在开展的地球物理学的实验和理论研究工作。从参观访问中他们看到，日本在地震学、地磁学、海洋学等方面，曾经做出许多研究工作。在地球物理学各个方面，他们都充分运用现代新技术。他们每一个实验室内都有一两个有经验的电子物理学专家参加工作，从而使研究实验装备精确化和自动化。接触到的日本地球物理学家，都深感中日两国密切合作的重要。② 后来由于"两个中国"的问题，中国政府发表声明退出此项计划，不过原定各种观测活动照常进行，积累了丰富的观测资料，相关台站获得"国际地球百年观测纪念"金奖 1 枚和银奖

---

　　① 赵九章. 国际地球物理年东京西太平洋区域会议. 科学通报，1957（10）：312–313.

　　② 赵九章. 国际地球物理年西太平洋区域联络会议. 人民日报，1957–04–06（7）.

1957年赵九章在日本的国际地球物理年会上作报告（正中站立者为赵九章）

7 枚 [①]，日后证明这些活动对地球物理学科在中国的发展发挥了重要作用 [②]。

　　1957 年 10 月 4 日，苏联率先发射成功了世界上第一颗人造地球卫星"斯普特尼克"（Sputnik，意为"宇宙 1 号"）。这一壮举震动了全世界，对美国却是晴天霹雳，也让中国人对人造地球卫星产生了浓厚的兴趣。应苏联天文委员会之邀，中国科学院组织南京、北京、上海、昆明等地对这颗人造卫星进行观测。赵九章认为"多年渴望建

　　① 刘成瑞. 陈宗器先生. 开创伟业　无悔追求——纪念IGY50周年，缅怀地球物理研究所创建人陈宗器先生. 出自：中国地球物理学会. 辉煌的历程——中国地球物理学会60年. 北京：地震出版社，2007：238-239.

　　② 朱岗昆. 关于国际极地年（IPY）与国际地球物理年（IGY）. 出自：中国地球物理学会. 辉煌的历程——中国地球物理学会60年. 北京：地震出版社，2007：433.

立宇宙空间实验室来研究地球物理与天体物理之间的相关现象的梦想终于实现了"。① 这一领域对他来说也很新颖，还不熟悉。但是，他敏锐地意识到随着人造卫星的发展，高空大气物理将迎来一个崭新的发展阶段。仅三天后的 10 月 7 日，赵九章在《人民日报》上发表热情的撰文："地球物理学家及天文学家很早就想探测高层大气的物理状态及化学成分了，但是我们一般只能借助于无线电波及高空的光学现象来间接地推测它……人造卫星的发射，不仅能满足我们在这方面的要求，同时还对于我们研究地球形状，地球内部构造以及宇宙空间提供了有价值的科学材料，作各方面研究之用。"② 自那时起，备受鼓舞的赵九章把主要精力转移到人造卫星研制和空间物理的研究上。10 月 13 日，在中国科学院召开的座谈会上，钱学森、赵九章等著名科学家出席会议。会上赵九章发表了热情洋溢的讲话，建议中国要开展人造地球卫星工作③，中科院副院长竺可桢、力学所所长钱学森也一并提议。④⑤ 10 月 15 日，国际地球物理年中国委员会设立人造卫星光学观测组和无线电观测组。赵九章接连应邀发表谈话、作报告、写文章，积极宣传发射人造卫星的重要性和深远意义，同时开始了调研工作，酝酿我国的研究计划。⑥

1958 年"大跃进"中，中科院的科学家们曾提出"上天、入地、下海"。

① 赵九章. 苏联的人造卫星是在宇宙空间升起的一颗福星. 物理通报，1957（11）：642.

② 赵九章. 苏联科学家的伟大贡献. 人民日报，1957-10-07（7）.

③ 当代中国两弹一星事业大事记（征求意见稿）. 两弹一星历史研究会，2012（08）：35.

④ 赵九章. 苏联的人造卫星是在宇宙空间升起的一颗福星. 物理通报，1957（11）：641-643.

⑤ 杨照德. 为中华航天史册再添辉煌. 大众科技报，2005-10-25.

⑥ 王鸿良. 决策者的"外脑". 北京日报，2000-07-26.

上天，就是发射人造地球卫星，发展星际航行技术。1958年1月，钱学森、赵九章等科学家负责拟定发展人造卫星的规划草案。中科院党组把人造卫星列为1958年第一项重大任务（代号"581"任务）。[①] 同年2月，钱学森主持制定国防部《喷气与火箭技术十年（1958—1967）发展规划纲要》时，从研制导弹和卫星运载火箭的角度出发，提出首要项目是启动探空火箭研制，这与人造卫星运载火箭的研制计划一致。

　　苏联第一颗人造卫星上天后，赵九章从事卫星研制的决心更加坚定了。那一段时间，作为父亲的赵九章在子女面前难以掩饰内心巨大的喜悦。他曾兴奋地对两个女儿说道：我们现在做的事是和原子弹一样重要的事。"当理曾问他是什么事的时候，他严守保密要求不肯说，只说"这不能告诉你，你要好好学习，将来贡献自己的力量"。[②]

第五章　科研管理与研究方法

　　赵九章在内心对科学研究一贯保持着高度的热爱，有着很高的自我要求。他始终认为，做科学研究的人不能脱离前线，要在科学业务

---

① 当代中国两弹一星事业大事记（征求意见稿）. 两弹一星历史研究会，2012：42.

② 赵理曾. 父亲赵九章留给我的点点滴滴. 选自：国家地震局地球物理研究所. 地球物理研究所建所35周年纪念文集（1950—1985续集），1986：20.

上有所贡献。不过，地球物理所成立之后的 1950 年至 1954 年间，所里一切行政事务都落在所长赵九章身上，他无私地把相当多的精力放在了研究所耗时耗力的组织管理工作上。这种状况直到 1955 年，共产党员卫一清调入地球物理所任副所长、党委书记后才有所改变。卫一清 1937 年参加革命后，做过地方党的工作，抗日战争时，在晋绥边区领导民兵打过游击，之后一直在军队里工作。调到地球物理所后，他积极钻研科学，经常听业务课，虚心向老科学家学习，初步懂得了本门的科学知识，深入了解所里的科学研究情况[1]，加强了党组织的领导力量，在一定程度上减轻了赵九章的行政事务负担。

赵九章在繁忙的工作中总结出了一套渗透着辩证思维的科学方法，并行之有效地运用于科研业务管理。傅承义和赵九章在中国科学院一起共事长达 20 年，对赵九章的领导才能异常钦佩。傅曾表示说："一个科学工作者的科学水平和事业心与他的领导艺术和组织能力是两类不同的品质，九章兼而有之。在建设四个现代化的过程中，这样的人才更显得可贵而难得。"[2]

一、提倡学术严谨与民主

赵九章的治学态度严谨，对自己身边的年轻人要求非常严格，同时又亲切关怀。

除了在科研上对青年科技人员极其严格之外，他也很重视通过教学实践来推动青年人知识体系的系统化。1962 年 3 月，赵九章参加在

---

① 傅军. 没有学不会的事情. 光明日报，1957-09-02（03）.

② 傅承义. 怀念赵九章同学. 选自中国科学院国家空间科学中心《赵九章先生纪念文集》编委会，赵九章先生纪念文集. 北京：科学出版社，2021：7.

广州召开的全国科技工作者会议（称"广州会议"）。临行前只能将
原来准备由他亲自讲授的有关磁暴理论和空间等离子体的基础理论课
交给徐荣栏。年轻的徐荣栏一心投在科研工作上，表现得有点不情愿，
担心教书占用时间太多，会耽误了科研进度。赵九章很形象地对他说：
"研究所的人的知识往往是像'鸡爪子'。他在几个领域有很深的知识，
但在这几个领域之间往往很难连贯起来。通过讲课可以使你的领域连
贯起来，使'鸡爪子'变成'鸭掌'。我的学问也是抗战时期，在西
南联大教书期间得到系统化的。"在完成了教学任务后，徐荣栏深深
体会到先生这段话的教益。①

　　赵九章对年轻人一项严格要求，要求做到的事必须按时做好。有一
次，他为了写一篇会议报告，让徐荣栏为他准备相关模拟实验的实验结
果，要求写好材料后当天晚上送到他家里。徐荣栏写完材料，时间已到
了晚上十一点，担心这么晚送过去会打扰赵先生，于是打算第二天一早
再送到赵的办公室去。正当他准备上床睡觉时突然听见有敲门声，打开
门一看，徐荣栏有些吃惊，竟然是赵九章所长在女儿陪伴下来取材料。
他赶紧不好意思地解释。赵所长拿了材料就走了。徐荣栏看着他的背影，
不禁感叹这位老科学家的工作态度真是太认真了。②

　　赵九章对研究所科研人员特别是青年学者要公开发表的论文要求
很严，送刊前他都要亲自审阅。当时大气环流数值模拟在国际上刚开
始不久，有一位年轻同志利用当时很小的计算机开展国内首次大气环
流数值模拟实验，结果相当不错，但模拟的风速按计算机算出的结果
定为 10.11 米 / 秒。赵九章指出，风速的观测误差至少是 1 米 / 秒，那
么计算结果小数点后面的两位数就没有意义了。

---

① 徐荣栏. 和赵九章一起工作的回忆. 院史资料与研究，1992（6）：12-13.
② 徐荣栏. 和赵九章一起工作的回忆. 院史资料与研究，1992（6）：7.

赵九章虽不操作具体事务，但理论研究是亲自做的。他指导青年看文献时，可以具体说出在哪本刊物、多少页、谁的文章。由此看出，他虽有所长事务，但没有放松研究活动。他还有一个特点，不在别人文章上挂名，对年轻人爱护又尊重。1957年发表的《热电堆式海浪自记仪》，赵九章反复做了修改，并推荐用年轻人的名字发表，不要署他的名。

1966年上半年，中科院和七机部曾联合召开"导弹再入物理现象"研讨会，中科院物理所、力学所和地球物理所的有关人员到会参加。之前七机部曾提出了需求和技术要求，这次会议预定由赵九章代表中科院汇报各个研究所的进展。赵九章因病卧床不起，地球所派都亨前去参会。赵九章心里始终放心不下，会议前一天把都亨叫到家里，仔细交代会议的注意事项。第一天会议结束已是黄昏，都亨到赵九章家汇报情况时，赵九章高烧刚退，仍斜躺在床上仔细听取会议情况，帮着归纳总结各个单位的进展和成果。临走时还再三嘱咐他"一定要认真负责、实事求是地对待应用项目"，因为稍有不慎，采用了错误的结果，后果将不堪设想。第二天都亨在会上报告了导弹现象学及其在反导弹中的应用。会议各单位一致认为弹道导弹与稀薄等离子体相互作用是侦察、预警的重要基础，并共同制订了以后的工作计划和分工。①

赵九章还强调平时在工作上注意节约。他常在研究小组里举竺可桢的事例，在20世纪30年代，冬季晚上看百叶箱的气象数据，路上要打手电，竺可桢总是算好走几步亮一次手电，这样可以节省电池。

① 吴阶平等主编，《赵九章》编写组. 赵九章. 贵阳：贵州人民出版社，2005：90.

二、倡导研究集体制

赵九章有两句名言，一是"做学问是不能垄断的"，二是"搞研究一个人不行，要发挥集体的力量才有可能避免个人认识上的局限性"。他非常注意采用研究集体的方法开展科研和培养人才。

对研究集体，他不仅一直强烈主张多方宣传研究集体的重要性，又亲自来抓磁暴组的研究集体。因为他认为这是出人才、出成果的重要措施。1962 年他在参与国家科学规划委员会组织制定基础学科规划的过程中，就曾负责撰写重大措施部分，在那一节他重点提到了研究集体：

"目前培养科学研究干部的关键是学术指导力量。我国有经验的科研人员很少。因此有必要结合实际情况，创造多种多样的工作方法，充分发挥他们的学术指导作用。组织科学研究集体，相互切磋，相互启发，形成活跃、紧张的学术气氛，对于培养干部能发挥更大的作用。例如，一种有效的方法是：由几个单位的高级研究人员，以及适当比例的中、初级研究人员和研究生，组成解决某一科学问题的学术研究集体。在有成就的科学家的指导下，综合报告这一门学科的国际情况，已解决的问题，当时存在的问题和今后工作的方向，经过讨论逐步确定开始的课题，适当分配给参加研究集体的中级、初级研究人员和研究生；在进行这些研究工作中，及时组织报告，经过讨论，不但能够指导他们的工作步骤，常常还可以触类旁通，发现新的问题，使研究的阵地不断壮大和深入。"当时讨论这一段文字时，在场的科学家钱学森同志说："现在国外各处都有研究集体，有了这种集体可以很快出成果。"[①]

在他所领导的研究集体内，可谓是人才济济。早在 20 世纪三四十

---

① 赵九章. 1965年在地球物理所的汇报. 1968. 中国科学院档案.

年代初，赵九章在西南联大和中央研究院气象研究所时期，就已经培养出叶笃正、顾震潮、陶诗言等几位我国一代杰出大气物理学家。叶、顾、陶成为赵九章手下的"三大金刚"。三人虽同属一个科研领域，却各有各的专长。叶笃正是赵九章西南联大时的学生，顾震潮是赵九章在西南联大招收的第一位硕士研究生。陶诗言被自己的老师、中央大学涂长望教授的爱徒推荐给了赵九章。几十年科研工作中，赵九章对他们三位的熏陶最多，影响也最深。

20 世纪五六十年代，他们三位已成长为气象科学主要领域的学术带头人，在学科前沿不断获得成果，并培养出一批更年轻的人才。他们三位使赵九章有"托付得人，喜得良将"之感，才使得他有精力腾出手来拓展更多的研究领域。

叶笃正曾说过："赵先生的功劳非常大，他的工作特点一是他的开创性，二是眼光看得远，三是只要国家需要就去干。"叶笃正比赵九章小 9 岁，在美国获得博士学位并做出杰出成果后，1950 年 10 月应赵九章、涂长望的邀请从美国回到祖国。赵九章喜出望外，叶笃正一回国便被派到北京北魏胡同 17 号院，担任地球物理研究所北京工作站的站长，领导属于中科院气象学家参加"联资""联心"的工作。他自己一直从事大气环流、动力气象、高原气象和气候变化等领域的研究，在开拓我国大气物理事业方面作出了卓越的贡献。后来他曾担任中国科学院副院长，曾获世界气象组织第 47 届最高荣誉奖。

1949 年回国之后，顾震潮在我国天气分析预报、数值天气预报、开辟人工降雨与云雾物理试验等开创性的领域作出了杰出贡献。他还受赵九章的委派，负责原子弹和氢弹试验的气象预报工作，出色地完成了任务，并荣立一等功。可惜他积劳成疾，英年早逝。

陶诗言自 1944 年来到气象研究所以后，和叶笃正、顾震潮一样，一直在赵九章领导下工作。他在创建我国天气预报业务，寒潮、暴雨等天气学研究和卫星气象学研究等方面成就卓越，与顾震潮同在我国"两弹"试验气象保障中荣立一等功。

赵九章对这三位关怀备至，信任有加，凡有重要的有关气象方面的任务，总是放手地托付他们去承担，尽力指导、全力支持他们的工作，并耐心听取他们提出的建议。他常说："许多方面他们比我懂得更多，我要向他们请教。"

杨鉴初是国立中央研究院第三届气象学习班的毕业学员，从观测员做起，在实践中自学成才。他于1951年在《天气月刊》发表了《运用气象要素历史演变规律做一年以上长期预报》一文，为我国长期天气预报开辟了一条简便且容易掌握的新途径，后来在全国气象台站普遍应用，许多教材也纷纷介绍，这种方法被称为"杨鉴初法"。

到了20世纪50—70年代，中国科学院大气物理研究第二研究室形成了"叶顾陶杨"为代表的气象学研究集体。业内也有"叶顾陶杨精神"之说，特指那个特殊年代里，科技工作者为祖国科技事业忘我工作，不计较个人得失，相互支持，团结协力的一种团队精神。

气象学方面还有张宝堃、朱岗昆、高由禧、刘匡南、朱抱真、章震越、曾庆存、周秀骥、巢纪平、任阵海等一批一流的气象学家，也都受到过赵九章的培养与指导。曾、周、巢先后当选为中科院院士，任阵海当选为工程院院士，曾庆存曾任大气物理所所长，周秀骥曾任中国气象局气象科学院院长，巢纪平曾任国家海洋局海洋环境预报中心主任，任阵海曾任中国环境科学院大气所所长，可以说是人才辈出。

海洋学、空间物理方面，在赵九章的指导下分别形成了海浪组、磁暴组这两个研究集体。赵九章经常鼓励学生要大胆思考，有自己的创见，他还非常注意培养民主的学术风气。他组织的海浪组、磁暴组等研究集体开展学术活动，每周举办学术讨论会，鼓励自由争辩，这种团结协作和自由的学术氛围催生了一批具有国际水平的成果。

　　他注意培育研究集体的学术氛围，大力提倡学术民主。他曾讲过著名科学家大普朗克和小普朗克的故事："小普朗克经常向他父亲大普朗克提问，有时把他父亲问得无法回答"，以此鼓励大家敢于发表意见。磁暴组的每一篇论文都要经过大家反复讨论之后才能拿出去发表。赵九章说："搞工作一人不行，要在一个具有共同语言的研究集体热烈讨论和争论，发挥集体的力量。"他还说："我们的理论工作中的不完善之处，最好是在我们研究集体内给予发现。"

　　赵九章在1963年5月31日给中国科技大学领导一封信写道："凡是研究所某些研究室或研究组已经形成研究集体，如有老科学家们的领导，强有力的中级骨干的配合以及一批有苗头的青年参与，大家有共同的语言，共同努力的方向，再通过经常的学术讨论，形成紧张活泼的研究气氛，不断深入开拓研究的领域，这样就可以更多更快地培养年轻的一代。"

三、"四条腿"研究方法

　　根据空间物理学的特点和自己数十年的科研经验，赵九章利用"四条腿"这一比喻形象地提出了"四条腿"的空间物理研究综合研究方法，具体来说，就是理论研究、地面观测和数据分析、空间探测和数据分析、模拟实验。[①]他经常通俗地给我们打比喻："四条腿的凳子是平稳的，四条腿的桌子也是平稳的，一门学科要得到稳定的发展也需要有几条腿的均衡支持。"[②]他还把"四条腿走路"发展成了研究所的指导方针。

---

　　① 吴晨光，徐彬，都亨：为"神舟"保驾护航. 南方周末，2004-01-01.
　　② 吴阶平等主编，《赵九章》编写组. 赵九章. 贵阳：贵州人民出版社，2005：80.

"第一条腿"是理论研究。空间物理学（Space Physics），又名空间等离子体物理学，是研究宇宙空间环境下等离子体物理性质的学科。研究对象包括太阳活动、太阳风、行星磁层和电离层、极光、宇宙线，以及同步辐射等等。围绕这一学科，赵九章确定首先要练好带电粒子运动、电离气体动力学、等离子体物理和磁流体力学的基本功，在此基础上才能做好理论研究。

空间物理的重大发现往往是理论与观测相互配合的结果，太阳风的发现是一个例子。1960 年苏联飞船首次进入离地球 8 个地球半径以外的空间发现了大量的低能粒子，却误认它为第三辐射带。美国科学界此后不久也发现了这些低能带电粒子，根据这些粒子的分布及借鉴 20 世纪三四十年代著名的地球物理学家查普曼提出的太阳微粒流，将这些低能带电粒子解释为从太阳发出的连续的带电粒子流，称之为太阳风。按照经典的史笃默理论，捕获区是封闭的，关于带电粒子如何进入到捕获区内，以及捕获区是否能打开，从而使粒子自由进出，尚没有结论。磁暴组通过短短一年时间的努力，完成了"磁暴期间史笃默捕获区的变化"的学术论文。赵九章在文中提出，"在磁扰期间引起的地球磁场的变化，可使地球周围的捕获区打开，并使大量的带电粒子进入到地球附近而被地磁场捕获"。赵九章还非常重视以科学的方法来指导研究工作。他还请何祚庥去他主持的研究组讲辩证法。

地面观测是空间物理研究的"第二条腿"。地面观测是认识空间物理现象的主要依据之一，建立观测台站是增强地面观测能力的主要手段。在国际地球物理年期间，赵九章和陈宗器等一起建立了一批设备先进、区域配置合理的观测站，包括在上海、北京有地磁台；在武汉、河北廊坊有电离层台；在北京、广州、云南落雪有宇宙线台等。

他对我国已有的少量观测资料也极为珍惜。设在上海郊区的佘山地磁台从 19 世纪就开始记录观测结果，已经积累了七十余年的资料，由于战乱等诸多原因，有的记录已褪色，有的已破损，为了保护这些宝贵的地磁观测资料，他在1966年拿出经费，组织专门的队伍集中进行复制，不幸由于"文化大革命"而中止。

1960年，赵九章一直关注的气辉观测，由胡仁超、乜兰臻等利用苏联专家带来胶片拍摄到几十条新的闪电光谱线，赵九章亲自审核，并请北京天文台台长程茂兰再次审定，后来在他的指导下写出论文发表，国际同行公认中国发现了新的闪电光谱线。

我国因处于中纬度区而无法对空间物理现象活跃的极区和赤道区进行观测，为了弥补这一不足，在赵九章1957年出访日本时，特地用当时极为宝贵的外汇，从国外资料中心进口大量的地磁和电离层的观测资料供研究分析之用。

空间观测是空间物理发展的"第三条腿"，也是空间物理之所以能诞生和迅速成长的关键。在我国的卫星火箭探测刚刚起步的时候，赵九章就部署了卫星和火箭直接探测等几个方面的工作。利用卫星和火箭探测高空大气压力和温度，当时在我国还是第一次。为了尽快掌握气体分子运动论和稀薄气体动力的知识，1959年上半年，他组织了一个专门的学习组，和几个年轻人一起挤出时间学习。通过三个多月的努力，基本上掌握了气体分子运动和稀薄气体动力学的基础知识，初步提出了卫星和火箭探测气压和温度的数据处理方法。

根据气象火箭探测计划，赵九章在1959年就及早安排成立专门研究室和研究组，抓紧研制的气压计、温度计等仪器设备，1960年7月在T-7火箭上开始使用。1962年开始研制的电离层色散干涉仪，1965年12月发射T-7火箭时进行了探测试验，同时试验了粒子探测器。在我国第一颗、第二颗科学探测卫星上（即实践一号、实践二号）进行探测试验的磁强计、太阳角计、太阳X射线计、粒子探测器等，也都与赵九章当年的努力分不开。

空间物理学的有利观测手段之一是空间探测。比如搭载了探测器的空间飞行器，针对高层大气的探空火箭等等。除了丰富人类对于宇宙空间的等离子体物理性质和物理现象的了解，空间物理学也被应用于空间天气学等领域，并且和人们的日常生活有着紧密联系。

模拟试验是"第四条腿"。赵九章在苏联第一颗卫星发射升空后，第一时间加强了对空间物理和空间环境的研究力量，着手充实人才队伍，发射地球物理探空火箭和建立空间环境模拟实验室。①

事实发展表明，赵九章提出的"四条腿"作为有机结合、相互促进的因素，有力地促进了我国空间物理的发展。

四、学术民主的领导作风

赵九章平易近人，从不跟人摆所长架子，给人以亲切感。琴朝智1955 年从学校走上工作岗位。一次下着雨，夹带着阵阵雷鸣，他站在所门口看到赵所长卷着裤腿，撑着一把油纸伞和年轻同志边说边走进办公室，这让他一下子减少了距离感。

尽管身兼多职，赵所长对于科学研究工作兢兢业业，对研究所的科研氛围建设也毫不放松。当时研究所内每周都要组织研究人员作学术报告并认真讨论，还常请所外学者来作报告和学术交流，让研究所每个人都在一股无形力量的推动下持续前进。

赵九章还常说一句话"做学问是不能垄断的"，鼓励学生要有自己的创见，注意培养民主的学术气氛。他常采用西方 Seminar（专题研讨会）的学术传统方法，无论是早年指导气象研究、海浪研究，还是

---

① 黄光璧主编. 中国近现代科学技术史. 长沙：湖南教育出版社，1997：1354–1357.

后来的磁暴理论研究、空间光辐射研究等，都注重充分发扬民主。在他的倡导下，尽量每周举办学术讨论会，中心发言之后，接着是热烈的争辩。他积极鼓励学生发表不同意见，尤其赞赏能在学术上驳倒他的学生。①

后来随着社会运动的增多，研讨活动变为不定期地在他的办公室或家里举行。1960年前后的困难时期，有时还在北京友谊宾馆的小学术会议室举行。赵九章自带茶叶，每人清茶一杯，就某一科学前沿问题各自发表意见，然后他概括大家的意见，提出可以进一步做的工作。

赵九章非常善于用通俗易懂的语言来概括科研业务中的人和事，让听者一目了然。在主持磁暴组研究时，赵九章常常把这个研究集体比喻成一支足球队，把业务上敢打敢拼的同志比喻成中锋。例如，他说过："在球队里需要冲锋陷阵的中锋，也需要把守关口的把门将军，一个中锋射门十次，只要有一次进球，全队就可以获胜。刘振兴好比是我们足球队的中锋。"②

庄则栋、李富荣1962年一举拿下乒乓球世界冠军，大大振奋了中华民族的士气。磁暴小组的科研人们也都感到非常振奋。后来磁暴小组开组会的时候，赵九章勉励年轻人："我们也要培养几个种子选手到国际舞台上进行比武。""科研工作和打乒乓球一样要为祖国争光。你们这些人要有当冠军的气概！"③

20世纪60年代初，巢纪平写了一篇《关于建立中、小尺度大气

① 陈洪鹗. 深切缅怀大地球物理科学泰斗赵九章. 国际地震动态，2007（08）：9-10.

② 吴阶平等主编，《赵九章》编写组. 赵九章. 贵阳：贵州人民出版社，2005：80.

③ 徐荣栏. 和赵九章先生一起工作的回忆. 院史资料与研究，1992（06）：11.

运动方程组》的文章送给赵九章审阅。当时国际上这一研究刚开始，而巢的文章写得过长，体系和条理也不够清晰。两个月后赵九章把他叫到家里说："我看第一遍时不知你在说什么，想把稿子退给你，一想你还不是那种爱胡说的人，就把稿子放在旁边。放了两个月，又看了第二遍，才清楚你在说什么，当然是一篇很重要的文章。"赵九章这种爱护年轻人的精神，深深启发了巢纪平。后来他为学报审稿时对年轻人的文章很慎重，从不轻易写全盘否定的意见。[①]

赵九章虽然学识渊博，但从不故步自封。在指导研究生的过程中，凡遇到他不熟悉的领域，就叫他们去请教有关方面的专家，如光谱学方面去请教赵广增教授，空气动力学方面去请教钱学森教授，光学方面去请教王大珩教授，有时他还向他的研究生学习。他不太熟悉大气温度反演方法，就让研究生为他写有关材料。

在特殊的国内环境下，赵九章勇于担当，努力维持地球物理学所内正常的科研秩序。1958 年全国开始"大跃进"，人们强烈渴望祖国很快摆脱贫困，一时间全国大搞"群众运动"，大炼钢铁和超声波运动风起云涌。事实表明，这是我国探索建设社会主义道路中的一次严重失误。当时中科院甚至有人提出要放 20 吨重的人造卫星。当年整个中科院包括各个研究所也都开展了"大炼钢铁""超声波运动"。地球物理所从 400 余人迅速增加到 1300 余人，出现了大鸣大放、贴大字报的高潮。赵九章在政治上肯定党的领导的同时，内心对这种违反客观规律的行为很反感，却也无力阻止，不过内心却思索着如何因势利导开展科研。

3 月 5 日至 12 日，赵九章参加了在北京举行的国务院科学规划委

[①] 潘俊杰，高琳. 中科院院士巢纪平　宁静可以致远. 中国气象报，2004-11-13.

员会第五次会议。会议向全国科技界提出了"科学必须为生产大跃进服务"的任务。会议听取和讨论了中国访苏科学技术代表团的总结报告和去年科学工作成绩的报告。[①] 在赵九章的倡议下，1958 年"大跃进"运动中，地球物理所高级组 18 位科研人员向全国科学界写了一封公开信，要以实际行动响应上海十七位科学家的号召。地球物理所与气象科学研究所、北京大学气象专业、南京大学气象系及有关机关，在国家科委海洋气象组领导下，成立一系列协调小组，充分发挥协作力量，掀起科学"大跃进"。[②]

1959 年底开始，中国科学院在中关村化学所礼堂召开会议，动员全院开展以超声波运动为中心的新技术革命。实际上，超声波运动是继全民大炼钢铁之后又一场盲目蛮干的群众运动。作为新入职职工的徐荣栏也参与了那场运动。徐荣栏出生于印度尼西亚，中国解放的消息在印度尼西亚当地华人社会中引起了强烈反响。即将高中毕业的徐荣栏 1953 年踏上了回国的路。他先是考入武汉大学物理系，1955 年院系调整时转入北京大学物理系就读。1958 年毕业后他有幸进入中国科学院地球物理所工作，在所长赵九章先生的指导下从事空间物理研究。[③]

徐荣栏当时倍感幸运，毕竟进入科学院这个中国最高学术研究机构工作，给了他的事业一个很好的起点，而导师赵九章先生又是当时我国与李四光、华罗庚等齐名的杰出学者。他对自己在科研上做出成绩充满期待。有一次徐荣栏被安排前去参加中科院在力学所召开的大搞等离子体物理大会战的会议，参加会议的有力学所、物理所、电工所和地球

① 吕新初. 科学为生产 跃进再跃进——记国务院科学规划委员会第五次会议. 科学通报，1958（07）：202-204.
② 赵九章. 中国科学院地球物理研究所所长赵九章在国务院科学规划委员会第五次会议上的发言. 中国科学院档案.
③ 辰轩. 人生四季. 中国统一战线，2003（07）：16-18.

物理所的代表。会后各个所便根据本所的课题方向开展等离子体物理
实验。

于是，徐荣栏凭借青年人的满腔热情一头扎进了这次"技术革命"
中，认真研制超声速发生器。由于几个年轻人没有找到研制发生器所
需要的空气压缩机，他们就到工厂和几位师傅一起动手搞出来一台"土
气泵"，还从外面捡到一个大马达，在楼上的实验室鼓捣起来。没想
到接通电源后，整个实验室都被震得不行。不一会儿有人过来敲实验
室的门。徐荣栏定睛一看，吓了一跳，竟然是所长赵九章先生！他脸
色严厉地批评道："你们这样做会把楼房震塌的。"只说了一句就转
身离开了。徐荣栏意识到自己在鲁莽地蛮干，是缺乏科学态度的行为，
一下感到很羞赧。

当时报纸上忽然报道了一条国外有"水能替代汽油"的消息，接
到"任务"的地球物理所要求琴朝智和张奕麟、朱传镇三人从超声波
入手，去探索可能的途径。三个人只能从"超声波电解水"的试验去
消磨时间。赵九章了解情况后，要他们"立即停止这一工作"。在那种"政
治第一""业务工作不能冲击政治"的氛围下，这么做是要有足够勇气的。
琴朝智记得，一天赵所长亲自找他们三人去他办公室，亲切地对他们
说："在运动中应深刻领会大跃进的精神实质，要不怕困难，勇于直前；
但必须尊重科学，实事求是，不能盲目跟从！"这一席话深深刻进了
他的脑海。[①]

超声波运动无疾而终之后，1960年初又有大搞新技术革命的口号，
其中有一项是开展等离子体实验的大革命。之前在"大跃进"运动中
一直低调的所长赵九章，正在"不合时宜"地考虑利用技术革命运动
的时机建立等离子体实验，既把运动引向科学方向，又可顺势利导开

---

① 琴朝智. 怀念敬爱的赵九章所长. 国际地震动态，2007（08）：17-18.

展空间物理研究。他准备按国际著名科学家汉尼斯·阿尔文（Hannes Alfven）的思路，在地球所开展等离子体模拟实验工作。正在这时，实验室秘书陈洪鄂找到徐荣栏，告诉他赵所长最近要组建一个等离子体实验室，要他去办公室谈话。徐荣栏想起前一阵子才发生的土气泵的事，胆怯不敢去。陈洪鹗告诉他，赵九章先生平日里对青年人关怀备至，对此事不会放在心上。果然，赵所长语气平静地告诉他，自己正准备在所内开展磁暴理论研究和等离子体实验，进行空间模拟。在短短一两年时间内，赵九章就把等离子体实验室建了起来，而轰轰烈烈的群众性技术革命却戛然而止。事后徐荣栏才反应过来，赵先生这种顺水推舟的工作艺术多么令人钦佩。①

为了促进学术发展，赵九章独树一帜地破格提拔青年人才。为了纠正以往"大跃进"运动，以及"反右"斗争扩大化在科技发展过程中的错误，促进科技事业的健康发展，1961年上半年，国家科学技术委员会党组和中国科学院党组制定了《关于自然科学研究机构当前工作的十四条意见》（以下简称《科研十四条》）。《科研十四条》提出，要整顿科学技术工作的规章制度，保证科学技术工作的正常秩序。第一条规定，"提供科学成果，培养研究人才，是研究机构的根本任务"。第二条还提到，要坚决保证科学研究工作时间，规定每周至少有六分之五的时间从事业务工作。1961年7月19日，经中共中央批准，《科研十四条》在全国试行，地球物理所的科研秩序有了很大程度的改观，赵九章由衷地感到高兴。

而科研机构要出成果、出人才，办法就是出论文、举行考试和选拔优秀学生做研究生，或者挑选重点培养的对象，在系统地学习理论

① 徐荣栏. 和赵九章先生一起工作的回忆. 院史资料与研究，1992（06）：2–3.

的前提下，参加研究集体，做出成绩。赵九章是"论文、考试、破格提拔"的坚决执行者，他要求申请助理研究员必须考试，经他手直接破格提拔的有孙超，后来还有巢纪平、周秀骥。[①]

孙超 1952 年北大毕业后参加了刚成立的海浪组，他在工作过程中很快显露出过人才智，深得赵九章的赏识。由于他的优秀表现，1955 年被评为全国青年社会主义建设积极分子，1956 年被评为全国先进工作者，同年被赵九章派去苏联的海浪实验室进修，那里有刚建立的风暴池，能做海浪模拟实验。苏联科学院副院长拉弗伦切夫院士到实验室视察，了解到孙超的情况，就让孙超做他的学生并提供很好的学习条件。拉弗伦切夫曾写信给赵九章，称赞孙超做的工作，希望加强苏中双方在海浪研究方面的合作。1958 年春，拉弗伦切夫院士访问我国，作了学术报告，双方交流了研究成果，还在吴有训、赵九章的陪同下到青岛海浪观测台参观，对观测台的工作给予很高的评价。

周秀骥，原是高中毕业生，1951 年 4 月招收到研究所当练习生，来所后赵九章派他到清华大学气象台做臭氧观测工作。赵九章还送他到北京大学学了几乎所有物理系本科的数学物理课程，1956 年地球物理研究所派送留苏副博士研究生时，赵九章又推荐了他。在当时看来，一个连大学本科毕业学历都没有的练习生要公派苏联，这几乎是不可能的。1962 年周秀骥获得了应用地球物理专业的副博士学位归国，被定为副研究员，连升五级，成为地球物理研究所云雾物理和大气探测这两门在国内新开创的分支学科的学科带头人。[②]他还被推举为共青团中央委员，后来还担任过大气物理研究所研究员和副所长，1991 年当选中国科学院学部委员。

---

① 赵九章. 1965年在地球物理所的汇报. 中国科学院档案.

② 彭莹辉. 中国科学院院士周秀骥. 中国气象报，2004-09-04.

　　巢纪平，1954年毕业于南京大学二年制的气象专修科，分配到地球物理研究所任技术员，1956年写了一篇关于气流越过青藏高原的理论文章，深受好评。赵九章不顾阻力将他和另外几个大专学历的年轻人，从技术系列改到研究系列，任研究实习员。当时规定只有大学本科以上的人员才能定为研究系列，这也是一种破格。后来，工作业绩突出的巢纪平迟迟不能晋升为副研究员，赵九章认为这是不公平的。1962年赵九章又邀请华罗庚、周培源、郭永怀等著名科学家组成评议组，由华罗庚为主考，对巢纪平进行考核。经论文答辩，华罗庚认为巢的学术水平绝非一般中级研究人员能比拟。于是在1964年巢纪平连升三级，从研究实习员破格晋升为副研究员。他还被推选为全国青联委员。赵九章的眼光没有错，曾庆存后来于1980年获中国科学院学部委员，1984—1985年担任大气物理研究所所长。

第三篇 响应国家需求开辟新领域

赵九章胸襟广阔，是大地球物理的积极倡导者。大，即综合。他理解中的大地球物理应包括：大气物理 、大地物理、 海洋物理和空间物理。他用白居易《长恨歌》里的一诗句"上穷碧落下黄泉"来形象而精炼地概括地球物理的研究范围[①]。

科学无国界。他始终关注国际上的科技进展，瞄准着世界级高峰，不断引领中国地球物理学界开拓新的研究领域，他毅然地离开了一个个已经熟悉的领域，勇敢地开拓着新的领域。[②] 在气象和大气物理领域内，他积极开拓了动力气象、大气环流、云雾物理、数值预报、臭氧观测等研究分支，还对固体地球物理学倾注了大量心血，在研究所内推动地震、地磁、地球物理勘探、地壳物理等学科的发展。他成立海浪研究组，开辟海浪研究和海浪观测工作，不仅填补了国内空白，也为海洋物理学的发展培育了新的生长核心。

中科院早期处理"理论研究"与学科发展的关系时，提出了"任务带学科，学科促任务"的口号。从20世纪50年代起，该所绝大部分科研问题均系根据国家现实需要而提出，取得了一定成绩。单以气象学界为例，地球所所长赵九章认为中国气象学"并不随波逐流于国际气象研究主流……我们解决的对象是解决在社会主义建设中的重大气象学问题……我们的气象学是在中国的土壤上滋长繁荣起来的"。

① 陈洪锷.中国当代地球物理学的开拓者——赵九章.国际地震动态，1992（1）：20-23.

② 赵燕曾.缅怀与纪念.见樊洪业主编.院史资料与研究，2000（6）：85-86.

第六章　拓展大气科学

赵九章是我国现代大气科学的开拓者。中华人民共和国成立初期，国家气象事业非常落后，科技力量薄弱，远不能适应当时国防军备和国民经济建设的迫切需要。他站在大气科学的前沿，积极与时任军委气象局局长涂长望共同组建联合天气预报中心和联合资料中心。及时抓住国家建设发展对气象科学提出的新问题和科技发展的新动向，开创科研新领域，培养了一批又一批人才，使气象科学研究真正走在气象业务建设的前面，促进和加速了我国气象事业的发展。他还积极推动气象学的现代化建设，提出气象学要数理化、工程化和新技术化。在他这一指导思想的作用下，我国气象学方能逐渐发展到现代化水平。

一、与军委气象局合作

科研机构与管理机构的合作对于地球物理事业的发展至关重要。新中国成立初期，气象业务部门研究技术力量薄弱。赵九章为此和竺可桢、涂长望一起积极推进地球物理所与中央气象局的合作，成立了联合天气预报中心（简称"联心"）和联合资料中心（简称"联资"）。"联心"实际上是我国气象预报中心的前身。"联资"是气候资料中心的前身。

地球物理研究所正式组建后，所内业务范围扩大了，人员增多了，赵九章更忙了，多方面关系要协调，但他考虑更多的还是国家的急需。新中国成立之初，祖国的西南边疆和东南部分沿海岛屿尚未完全解放，抗美援朝、保卫家园成为全国人民的头等大事。国内外的各项军事行动迫切需要气象情报、天气预报和气象服务。

1949 年 12 月 8 日，中央军委气象局[①]正式成立；12 月 16 日，毛泽东主席和中央军委任命涂长望为军委气象局局长。首要目标就是保障军事行动的需要，建立起全国台站网。但天气预报业务的开展，必须结合中国地形及天气实际进行天气预报，尚需有一些基本分析方法及理论作为基础，但是这些都需要有较高水平的专家从事[②]。

新中国成立初期，在全国缺少气象人员及气候资料相对不多的情况下，地球物理所虽说相对集中了比较强的研究力量及一套完整的气候资料。对于国家气象事业的发展，赵九章自觉责无旁贷。他主动写信给涂长望，表示要与气象局通力合作，共同承担气象任务。他派张宝堃来北京与涂长望商谈合作办法。经过协商准备成立两个机构：一是联合天气分析预报中心（简称"联心"）；二是联合气候资料中心（简称"联资"）。

根据赵九章的回忆，当时之所以力促地球物理所与中央气象局的合作，也有研究所自身发展的考虑。该所气象组主要是从中央研究所气象所传承下来，他希望有机会可以把这个队伍发展壮大。当时"院部合并"的情况比较多见，军委气象局随时可以从地球物理所调人调资料。如果主动提出合作，或许既可避免被动，还可在协商合作条件

① 1953年，中华人民共和国开始施行第一个五年计划，当时中央军委气象局属于部队建制，没有民用气象，国家需要民用气象的部门，所以1953年中央军委气象局整体转制为政务院管辖的气象局，成立了中央气象局。军队另外成立一个气象局，就是现在的军委总参气象局。

② 王鹏飞. 建国前后气象工作钩沉，风雨征程——新中国气象事业回忆录第一集. 北京：气象出版社，2006：26.

时保持该所参与合作人员的编制。此外，由于新中国成立初期国内有解放台湾的打算，气象情报随时可能变为机密，那样地球物理所的大气环流工作可能无法进行。尽管解放初期地球物理所保存了一套比较完整的气候资料，但如不与气象局合作，即无法获得新的大量资料。与气象局合作，还有利于地球物理所开展东亚大气环流研究。因此，在合作中谋求成长壮大不失为一种好的选择。当时两个单位间的合作得到中科院党组领导张稼夫的支持。[1] 赵九章将叶笃正、高由禧等一批科研人员留在所内继续从事基础理论研究，这样倘若气象局合并了前去合作的那部分力量，他们还能保留下一批力量，作为扩大基本理论研究的基础。[2]

　　1950 年 3 月 22 日，竺可桢探望涂长望时提到，地球物理研究所气象科学研究人员较多，但经费很少。研究资料多在军委气象局，研究的成果又需结合气象业务，提出双方应尽快开展合作。3 月 23 日，涂长望以军委气象局的名义向中央军委呈送报告，6 月 25 日军委气象局和中科院地球物理研究所签订协议，联合机构定名为联合天气分析预报中心（以下简称"联心"）及联合气候资料中心（以下简称"联资"），其工作地点设在军委气象局中央气象台内。协议中规定，在全国解放战争未彻底结束前，中心暂由军委气象局负责行政领导。业务上的负责人以及人员配备，由双方根据业务需要协商决定，这些人员的人事关系留在中科院，业务管理和组织服从军委气象局管理。赵九章派了差不多有 80% 的气象专家参加了"联心""联资"工作。"联心"第一届主任由顾震潮担任，陶诗言、曹恩爵为第一届副主任。"联资"的工作同步开展，张宝堃为主任，朱岗崑为副主任。"联资"根据经济建设和国防建设需求不断增加的情况，采取日常性、阶段性和

---

① 赵九章. 我的科研道路. 1968. 中国科学院档案.
② 赵九章. 1965 年在地球物理所的汇报. 1968. 中国科学院档案.

专业性三种方式，进行气象资料整理编纂工作，出版了各种气象记录。赵九章决定把气象所解放前 20 多年积累的珍贵资料交给联资。在此基础上编制出版了新中国第一部包括雨量、温度等多种气象要素的气候图集，还建立了全国 52 个大城市的单站资料，并参与完成了新中国第一个区域规划——黄河流域规划。

1950 年朝鲜战争爆发后，赵九章力主与气象局联合，承担朝鲜战场的气象预报工作。[1]"联心"还积极承担收复沿海岛屿、巩固海防、治淮等方面的气象保障工作。在短期天气方面，"联心"通过不断总结天气预报方法和预报经验，发现了我国锋面和气旋活动的特殊性[2]，如西北槽西南涡、江淮切变线等，对东亚主要的天气系统有了全面了解，发布了大风、寒潮、台风等灾警报，使我国的天气预报水平显著提高，也丰富了我国天气学的理论[3]。随着 1953 年 7 月 27 日中美签署停战协议，"联心"的工作重点也随之转向服务国民经济建设。

整个合作的过程中也并非全无波折。1953 年 12 月 24 日，竺可桢与赵九章专门到位于五塔寺的气象台参加"联资"召开的会议，解释合并合作的意义。事情的起因在于，气象台将"联资"与"联心"合并至北京气象台一个机关的统辖下，因此引起许多人的不安。例如，张宝堃表示，这样就不能直接与台长商谈事宜而必须经过中间一级。涂长望、赵九章、甘德洲、卢文甫等人均讲了话。[4]通过总结天气预报的实践经验，发现了中国锋面和气旋的一些特殊性，对于东亚主要

---

① 赵九章先生生平（1907—1968）. 选自：国家地震局地球物理研究所. 地球物理研究所建所35周年纪念文集（1950—1985续集），1986：19.

② 裘国庆. 国家气象中心50年. 北京：气象出版社，2000：17.

③ 气象科学研究院. 气象科学研究院三十年. 1988：2.

④ 樊洪业主编. 竺可桢. 竺可桢全集第13卷. 上海：上海科技教育出版社，2007：341.

天气系统有了全面的了解，对影响中国的一些重大灾害天气的活动规律有了一定认识，并结合中国地形特点，初步总结出高原地区天气分析方法，从而为进一步提高天气预报的准确率创造了良好条件。中长期天气预报的业务也在内部试行。[①]

在中科院及地球物理所加强基础理论的呼声中[②]，1954 年 11 月 23 日，中国科学院地球物理研究所和中央气象局联合发文，宣布"为了迅速地提高气象业务的水平，更好地服务于各方面的需要，中科院人员应逐渐以全部力量从事中长期天气预报及中国天气若干基本问题的研究"。涂长望认为，把气象局的业务队伍带出来后，还让科学家陷入日常业务，这对提高我国气象科学水平是不利的。因此双方决定取消"联心"和"联资"两个合作机构，双方人员各自调回。[③]

"联心"撤销后，中科院地球物理所（后其中一部分成立中国科学院大气物理所）集中于大气相关物理化学运动规律的基础研究，而中央气象台则领导和实施全国范围内的气象预报分析。从"联心"回到中科院地球所以后，陶诗言与同事写了 3 篇关于"东亚大气环流"的文章，在瑞典的一本杂志上发表，在国际上引起了轰动。整个团队在气象科学基础研究和应用基础研究领域取得了快速进展，在《气象学报》《中国科学》《科学通报》等杂志上发表了至少 48 篇论文。

总之，"联心"从成立到撤销仅用了 5 年的时间，期间通过集中制的组织管理，开展气象科学研究，硕果累累。

之后，为了进一步保存地球物理所的实力，赵九章非常强调地球

---

① 樊洪业. 中国科学院编年史（1949–1999）. 上海：上海科技教育出版社，1999：15.

② 赵九章. 1965年在地球物理所的汇报. 1968. 中国科学院档案.

③ 中国科学院地球物理研究所与中央气象局（1954—1955年）合作办法（中气收字第305号附件之一）. 中国气象局图书馆.

所二室的研究方向要形成特色，与气象局有所分工。在业务上，气象局以服务农业为纲，地球物理还应以国防为主，这一建议得到研究所党委书记卫一清的赞赏。1962 年卫一清曾写信给国家科委党组，强调二室与"581"有密切联系，以抵制气象局党组书记饶兴提出的"局所合并"的建议。1964 年赵九章与顾震潮到 20 基地出差考察，曾与基地领导人、总参气象局、国防科委等会谈合作。总参强局综合了三军基地的有关气象研究的要求，正式通过中科院新技术局向地球物理所下达一批与国防有关的气象任务。这样就使地球物理所 80% 的工作为总参及"三军"服务。[1]

二、探索大气科研新途径

赵九章的一生都在不遗余力地把中国的气象科学引上数理化的轨道。

新中国成立初期百废待兴，气象事业对国民经济的发展至关重要。时任中国科学院地球物理研究所所长的赵九章，意识到规模化、现代化的科学研究势在必行，在国内率先把数学、物理学引入气象领域。1956 年他在参加由周恩来总理领导的我国"十二年科学远景规划"工作时，曾说过："从现代化的科学发展看来，气象学是一门边缘科学，它一方面联系着当地具体地理条件，有它的地域特点；另一方面，则遵循着物理变化法则，而与数理科学有共同性。因此进一步揭露现代气象现象的本质，必须广泛积累天气和气候的观测事实，利用现代新技术，更深入掌握大气物理现象的变化过程，运用现代科学的成就，进行分析研究，通过各学科之间的相互渗透……促进气象学的发展。"

----

① 赵九章. 我的科研道路. 1968. 中国科学院档案.

这样就把气象研究，从描述性方法推展到利用现代化科研手段，建立在坚实的数理基础上。这是他对气象学发展方向的极其深刻的表述。

在推动气象学紧密结合国家需要的同时，赵九章一直重视气象学基础理论的研究。1953 年 7 月 3 日召开的气象学座谈会上，他提到苏联气象在解决几个大问题，中期、短期预报为中心环节，霜的预报、冰雹预报是枝节问题。西风环流不解决，则天气预告也难进步。[①]

"三化"要求对各项观测要用新技术，定性定量方面要数理化，应用方面要工程化。例如，天气气候室 1958 年从广播事业局调进了陈仲文等一批技术专业大学生；20 世纪 60 年代初，又陆续从大专院校分配进来一些技术专业人员；动员现职科研人员学习专业技术，做到一专多能。

20 世纪 60 年代，世界主要气象科技先进国家都先后实现了天气形势分析和预报的客观化与自动化。中央气象台虽然在中科院计算所的协助下做了一些改进，但中国天气形势分析预报主要还靠人工进行，时效慢，缺乏保证，实现天气形势分析和预报的自动化成为迫切问题。赵九章作为国防科委气象组组长，1965 年初与中央气象台联系中国科学院计算技术研究所有关人员。在计算技术研究所的要求下，国家科委气象组又函请国家科委、中科院，要求计算技术研究所将此项任务列入当年计划，并制作天气分析预报自动化所需的输出、输入的附加设备。这一任务推动了天气形势数值分析和预报工作，从而腾出大量科技力量开展具体天气问题的研究，提高了天气预报的准确率，以更好地为农业、国防和国家其他部门服务。[②]

---

① 竺可桢. 竺可桢全集第13卷. 上海：上海科技教育出版社，2007：183.
② 国家科委气象组、中央气象台致国家科委和中国科学院的信. 1965. 中国科学院档案.

三、面向需求拓展气象学分支

1953 年 7 月 3 日，赵九章在中科院召开的气象学座谈会上指出：中期和短期预报是气象工作的中心环节，过去三年工作的方向是正确的，但是为了气象学的进一步发展，今后我们还必须从事气象学关键性问题的研究。三年来由于观测台的增多，发现了许多天气现象，如不能重点地进行研究，就很难进一步改进工作。

1. 开展人工降水与云雾物理研究

20 世纪 50 年代中期，在赵九章的推动下，中国的云雾物理研究开展起来，取得了暖云降水理论和积云动力学等系列研究成果。

我国是干旱缺水的国家，新中国成立后党和政府着手开展水利建设，但还没有从根本消灭天灾。控制天气成为社会主义建设的一个科学问题，人工降水试验是气象人员面临的重大课题。20 世纪 50 年代初期，在国外已有干冰催化人工增雨的试验，但由于这项技术复杂，研究进展缓慢。在国家科委于 1956 年制定十二年科技远景规划时，赵九章积极倡议，中国这样一个农业大国应重视人工降水研究，要发展人工控制天气工作。

1956 年，毛主席在最高国务会议讨论全国农业发展纲要时，对钱学森、涂长望、赵九章等科学家说："人工造雨是非常重要的，希望气象工作者多努力。"随后，中国科协和国家科委与中央气象局共同召开了有关六个省的人工降雨会议，提出了关于人工降雨试验的方案，确定了"重点试验，结合应用"的方针，推动了我国人工影响局部天气的试验，促进了我国云雾降水物理的研究，在应用方面也得到一定效益。[①]

　　在赵九章等科学家的积极倡导下，1959 年 2 月 21 日，经国务院科学规划委员会批准，在气象组下面专门成立了云雾物理专业组，赵九章任组长。他感到，为国家建设尽心尽力，责无旁贷。在他看来，要开展人工影响降水试验，首先要了解云雾微物理结构及云雾降水形成的物理过程。于是，他反对直接效仿国外已有方法开展人工降水实践，认为用国外已知的方法，出动飞机撒干冰和碘化银来催化降雨，即使成功了，不过是抄袭国外已有的办法，在科学上显示不了成就。他领导地球物理所拟定采取的措施是先派一组学生到国外留学，等过几年学生学成回国之后，再陆续请苏联专家来华指导工作。这套规范的做法与当时全国各个领域土法上阵形成了对比。按照他的计划，要到第二个五年计划的末期（1962 年），才能开始人工降水工作。"大跃进"开始后，在各方面的压力下，赵九章不得不决定开展人工降水工作。不过他的方法还是"先研究，后使用"。他拟订的相关跃进计划，也只谈到建立云雾实验室、云雾观测台，强调研究微观的物理过程和宏观天气条件结合下降雨的物理机制。[②] 他还负责制定了"关于建立云雾降水物理观测试验工作办法"，以推动工作的开展。当时地球物理所气象部分分为两组，第一组是云雾物理人工控制，由顾震潮主持，第二组是天气动力组，由叶笃正主持。叶笃正负责动力部分，而陶诗言主管天气。农业气候尚未建立起来。[③]

---

　　① 罗漠，冯秀藻，顾钧禧，王鹏飞. 献身革命、建设气象事业的光辉范例——纪念涂长望同志逝世二十周年. 南京气象学院学报，1982（1）：1–8.

　　② 赵九章. 在科学研究工作中必须接受党的领导（60年代在民主党派神仙会上所作的报告）. 1960. 中国科学院档案.

　　③ 樊洪业主编. 竺可桢全集第16卷. 上海：上海科技教育出版社，2009：346–347.

要开展云雾物理观测，首先要建立云雾观测站。1958 年，赵九章与涂长望商量，根据我国实际条件，先在庐山和黄山建站较为合适，因此他俩决定亲自在 8 月去考察云雾观测条件。[①]长途颠簸十分辛苦，赵九章患有心脏病，他一直坚持多走几个地方，掌握第一手资料。后来他身体实在支撑不住，先返回了北京。在赵九章的倡导和支持下，顾震潮领导科技人员先后在黄山、泰山、衡山等地建立了云雾观测试验站。1961 年全国政协组织去黄山休养，赵九章带小女儿赵理曾去的，在山上住了三天，还特地带她去光明顶气象站看望工作人员，对他们嘘寒问暖，感谢他们为我国气象事业作出的贡献，一再要理曾向他们学习。这一次对理曾的教育很深刻。

1958 年 8 月，由于抗旱需要，在吉林省委的支持下，吉林省气象局进行了一次人工增雨试验，并获得成功。《人民日报》报道了这一消息。地球物理所的工作在那一年有所被动。云雾物理第一年没有取得科学数据，他心里觉得这样的搞法有问题，特别是把巢纪平放下去撒干冰打土炮，他是有意见的。

以后，在国家科委的直接领导下，倡导土洋结合、多快好省，人工降水工作顺利开展。在赵九章倡导和支持下，顾震潮带领一些科研人员，与气象局一道，将国外已有的降水方法推广到地方上去，开展人工增雨的试验研究，努力推进局部控制天气的方法。为了有效地解决西北地区水源不足问题，1958 年以地球物理所为主，结合中央气象局和空军等单位参加的试验小组，在祁连山、兰州以及安徽一带进行了人工控制天气的试验，取得了一定效果，但因没有透彻研究降水机理，导致同样的条件下有时就不下雨，此后地球物理所加紧

---

① 李希泌. 才干堪推第一流（纪念涂长望同志）. 中国科技史料, 1982（3）：36.

1958年赵九章（中）、涂长望（右）在黄山

研究云雾形成及降水的物理过程。①

　　同时，在赵九章、顾震潮的领导下，地球物理所的云雾物理的技术与理论也取得了不少成果。赵九章认为，为了从根本上探索人工增雨的科学有效方法，必须相应地开展云雾物理的理论研究。他们制造了一些适合我国目前条件的云雾观测仪器，如三用滴谱仪。1960年3月，地球物理所天气气候室在南岳衡山、东岳泰山等地建立了云雾观测站，我国率先较系统地进行云雾降水物理观测研究，持续到1962年夏。由此进行了大量的观测，积累了许多可贵的资料。在这些资料里了解了我国云雾结构的特点，其中有些是国外记录中没有见过或证实过的，这对今后的理论研究以及对人工降水的利用和控制有很大帮助。1962—1963年顾震潮等著的《我国云雾降水微物理特征问题》《云雾降水微物理的一些理论问题》，总结了云雾降水物理观测的研究成果。

　　1964年顾震潮、周秀骥出版了专著《暖云降水微物理机制的研究》，

————————

　　① 赵九章. 跃进与现实. 中国科学院档案.

赵九章给作了序；之后又出版了《云雾降水物理基础》。[①] 在分析我国云微结构观测资料的基础上，赵九章提出了降水过程的统计理论，发表在气象学大师罗斯贝亲手创办的著名杂志《Tellus》上。这一研究表明，云中的含水量、气流等都有较大的波动，云滴的生长过程在波动环境中是随机的，只能用概率方法来处理。他们提出了降水过程统计理论的一般方法，讨论了薄云降水和冰雹形成等问题，给出了比以往理论计算更符合实际的结果。[②] 上述云雾物理研究成果获得 1978 年中国科学院重大科研成果奖，暖云降水理论研究获得 1978 年全国科学大会奖。

2. 数值天气预报

赵九章非常注重新技术在天气预报中的应用。20 世纪 40 年代末，电子计算机问世，20 世纪 50 年代初，一些西方先进国家很快将计算机应用于天气预报，开展数值天气预报工作。1950 年，芝加哥学派的气象学家与计算机科学家冯·诺依曼合作，使用刚诞生的电子计算机首次成功进行了数值天气预报，这标志着气象学终于发展成为纯客观的、可以精确定量研究的现代科学。赵九章敏锐地意识到数值预报将会对天气预报事业产生根本性的变革。正如他后来在《十年来中国气象学研究的进展》中明确指出，"在掌握了天气演变的物理过程和区域特征的基础上，对大气方程进行数值积分，是把天气预报从经验和定性的范畴引导到客观定量阶段应走的道路。……在国内台站建立一般天气预告业务有了基础之后，及时地把一部分注意力放在这个方向

---

① 北京市地方志编纂委员会编. 北京志 8 地质矿产·水利·气象卷　气象志. 北京：北京出版社，1999：159.

② Jaw Jeou-Jang.Statistical theory of precipitation process. Tellus，1966，Vol.18，No.4，p722.

是完全必要的"。①

　　在国内尚无计算机的条件下，赵九章在 1955 年就支持顾震潮开展数值天气预报工作，应用手算图解法解微分方程，并做出了第一个预报 24 小时和 48 小时寒潮路径的实例，为后来开展数值天气预报奠定了基础。他们还开班，训练和培养科技人员学习数值计算方法，除本所人员外，中央气象局的人也前来参加，为我国在 20 世纪 60 年代正式发布数值天气预报奠定了基础。②

　　当 1959 年我国第一台大型电子计算机研制出来时，数值预报研究和业务随之开展起来。为了开展数值天气预报试验，当时的地球物理所与中科院计算所、中央气象局做了充分准备，成为该计算机的第一家用户。③

　　正是在赵九章的指导下，由中国科学院大气物理所（当时地球物理所的气象部分）、计算所和中央气象局气象科学研究所三家合作，1959 年研制出准地转正压模式作亚欧 500 毫巴形势预报。1965 年初开始用准地转一层模式开展业务（数值）预报。这些都说明赵九章重视应用新技术的远见卓识。④

　　除了计算机外，赵九章还非常重视把新遥测和遥感技术应用到大气科学中去。20 世纪 50 年代中期，他支持应用空气动力学的风洞和先进的测试仪器来研究大气湍流。他积极推动中国建立了当时仅有的两个臭氧观测台，为研究大气中的臭氧成分打下了基础。

　　当今大气臭氧的观测研究是全球气候变化和环境研究中的重要课

① 赵九章. 十年来中国气象学研究的进展.气象学报，1959（03）：206-211.
② 叶笃正. 怀念我的老师赵九章先生. 中国科学院院刊，1989（3）：280-282.
③ 赵九章. 十年来中国气象学研究的进展. 气象学报，1959（3）：206-226.
④ 吴阶平等主编，《赵九章》编写组. 赵九章. 贵阳：贵州人民出版社，2005：51.

题，早在 20 世纪 50 年代初，赵九章就很重视这方面的工作。1952 年，他就安排当时刚招收的高中毕业生周秀骥进行臭氧观测，还安排他在观测之余到北京大学物理系进修。后又派魏鼎文到武汉大学进修并进行臭氧观测研究工作。后来地球物理所与后来的大气物理所一直坚持臭氧观测与研究，为世界气象组织全球臭氧观测网中仅存的两个中国观测站——河北香河站和昆明站奠定了基础。国际臭氧委员会主席等人 1988 年撰文高度评价香河站的资料精度，称"香河站是全球最好的观测站之一"。

1960 年初，中科院地球物理所赵九章所长、叶笃正与顾震潮收到日本气象学会数值预报国际会议组委会主席正野重方博士给三人寄来的信件。邀请他们参加 1960 年 11 月 7 日至 13 日在东京召开的"数值天气预报国际会议"。这一会议是经日本学术理事会与气象局同意，以数值预报为中心，涉及和数值预报有关的动力气象基本研究的国际性学术讨论会。此前这一会议曾在西德、瑞典、美国召开过。[①] 这本是一次很有价值的关于数值天气预报的国际学术交流，但出于政治上的考虑，赵九章等人主动提出不参加该会，并请示中科院联络局。院层面也认为由于日本国内情况，以不参加为宜，同意该所以赵九章所长名义复该会筹委会主席正野重方博士。[②] 赵九章遂于 6 月 10 日去信婉言辞谢："但遗憾的是岸信介政府依附美帝国主义，违反中日两国人民共同安全利益的政策，阻碍了我们的接触，我们对此极为遗憾。"[③]

---

① 中科院地球物理所. 日本国际数值预报会是否参加请再考虑核示. 档案号：Z376-145-003：16-20. 1960-05-30. 中科院档案馆.

② 中国科学院联络局. 日本回复情况复议国际数值预报不参加为宜. 档案号：Z376-145-004：21. 1960-06-07. 中国科学院档案馆.

③ 中国科学院联络局. 复正野重方博士来信. 档案号：Z376-145-005：22-27. 1960-06-10. 中国科学院档案馆.

3. 边界层大气物理和臭氧层探测研究

由于农业气象、华南橡胶防风林带、西北治沙等任务的需要，地球物理所从 20 世纪 50 年代初着手创建我国边界层大气物理的研究工作。赵九章在中国科学院地球物理所成立后指导的第一个研究生刘振兴，开展了稳定层结与不稳定层结条件下，近地面大气湍流混合规律性的理论研究，并用边界层大气湍流理论研究了西北风沙和输送规律。在赵九章的支持下，为提高大气湍流研究水平，地球物理所向世界大气湍流学权威、苏联奥布霍夫院士派出了 20 世纪 60 年代最后一名边界层大气物理研究生。[①] 这些工作，为我国边界层大气物理研究，起到了积极作用。

20 世纪 50 年代初，赵九章从气象研究的深度考虑，注意了大气臭氧的探测研究。1954 年安排胡人超从事臭氧研究工作，帮他找国内最出名的光谱学家进行指导，用修复的一台解放前法国人留下的多布森臭氧仪（1938 年进口的），进行臭氧观测；1958 年，该所再次进口一台多布森臭氧仪（后来在昆明观测站使用）。1960 年，该所与北京大学合作，在西藏高原海拔 5120 米处进行了两个多月的臭氧观测，首先发现了在世界第三极上存在着臭氧总量低值地区。

4. 大气探测和遥感研究

赵九章意识到提高我国天气预报水平是当务之急。根据赵九章回忆，他们在 1948 年开始天气预报的研究。最初只有陶诗言、杨鉴初、江爱良、刘匡南、高由禧及他自己参加。为了深入研究我国的天气过程，提高天

---

① 中国科学院大气物理研究所所史编写组. 创新结硕果　奋斗铸辉煌：纪念中国科学院大气物理研究所建所75周年. 北京：科学出版社，2003.

气预报水平，当时他们曾想开展北半球天气图的绘制。只有在收集整个北半球气象台站的资料的基础上，才有可能绘制出一张北半球天气图。但当时要获取境外气象信息是非常困难的，只能靠自己搜集气象资料。

中华人民共和国成立之初，国家底子薄，全国只有72个气象台站的资料，只有东亚区域范围的天气图。这就要求我国首先必须建立相当数量的气象台站。为了准确预报天气，中央气象局要求各地建立气象台站，以服务于国防需要。1950年12月12日，由华东军事管制委员会、中国科学院、军委气象局组成的"徐家汇及佘山天文气象管理委员会"正式接管了徐家汇、佘山两个天文台，并分别改称为徐家汇观象台、佘山观象台。1951年6月19日，中科院紫金山天文台、地球物理研究所上海联合工作站成立，对两个观象台进行联合管理，赵九章参与了筹备工作。1954年6月4日，联合工作站撤销。地磁、地震工作部门划归中科院地球物理所。[①]

要绘制天气图，还要求有高质量的接收机去搜集气象数据。这样的话对气象仪器的需要量就很大。旧中国自己没有气象仪器厂，无法制造这些仪器设备，靠国外进口尚可解决问题。虽然他们当时搞了一些外汇，买到了四台最好的接收机，但到货后一直被扣在仓库中，没有机会使用。1949年上海解放后，他们才从仓库中得到这四台接收机。[②]新中国成立后，我国受到西方国家的封锁，气象仪器继续依赖进口已难以为继，必须由国内自行研制和生产。

测量气象数据最重要的就是水银气压表，因为很多物理量的测量

① 张鳌主编，《上海科学技术志》编纂委员会编. 上海科学技术志1991–1999. 上海：上海社会科学院出版社，2003：112.

② 赵九章. 我所做过的科研工作及组织工作. 1968年9月19日. 中国科学院档案.

都会受到大气状态的影响。当年我国遭遇西方列强封锁，还不能自制气压计，工作受到很大阻碍。气象局非常着急，又无计可施。

1950 年，就在研究所即将搬迁北京的时候，赵九章听说后，为了解燃眉之急，在南京鸡鸣寺简陋的实验室内，彻夜不休，带领所内人员和气象局人员一起，组成试制小组，亲自试制水银气压表。仪器的主要部件是一个玻璃毛细管，管内水银可指挥气压，其制作工艺与玻璃液体温度计基本相同。赵九章从洗水银开始，亲自研制，一步步克服了工艺上的各种难题，测量精确的水银气压表的样机很快研制出来。之后，他和研究所把整套技术、图纸和制作企业表的设备无偿交由军委气象局的仪器修造室去试制和生产，迅速实现了这一重要测量仪器的大批量生产。[①] 在他的指点下，试制气温表也是如此，从气温表用的材料到气温表的标定都一一得以解决。

据当年在气象局负责仪器试制的工作人员回忆，当时他们在试制中一遇到问题就去找赵所长，而赵所长总是很耐心地和他们一起商量解决办法，对他们和对地球物理所的人一样看待，有时还手把手地教他们做试验。他们气象仪器有以后的发展，的确与赵所长的指导分不开。气象仪器在国内生产问题的解决，为我国解放初期大量建立气象台站提供了保障。

1949 年 9 月下旬，气象研究所迁回南京。绘制第一张北半球天气图的工作在筹备了两年后，赵九章向南京市军管当局反映了其中的困难，得到共产党的大力支持。当时国家财政困难，各机关都在精简机

① 虞昊. "三化"是创新型人才的必需——纪念赵九章院士百年华诞. 物理通报，2008（3）：1-4.

构和人员。在南京市副市长柯庆施[①]的支持下，南京市军管局给气象研究所增调报务员在内的十位工作人员名额，又调拨经费、增调设备。报务员则是市委审查后介绍给他的，气象人员是从大学里调配的。赵九章带领气象所人员不分日夜地工作，克服了很多困难，在经过三个月的努力后，终于在1950年元旦绘制出了我国第一幅北半球天气图。这份工作后来在与中央气象局的合作中全部交给了气象局。[②]

　　这件事让赵九章真正体会到了新政权对气象事业的支持。联系到他这半年多来与党干部的接触，他对中国共产党领导的新生政权已经产生了深深的信任，认为中国有希望了。

赵九章（右二）、卫一清（左一）和气候组的科学家们一起在研究第二个五年计划的气候科学的工作方向和任务[③]

　　赵九章对气候学非常重视。他和卫一清副所长经常召集气候组的科学家们一起研究讨论如何规划气候科学的发展，特别是第二个五年计划的气候科学的工作方向和任务。

　　新中国诞生不久，为发展我国常规气象观测，急需各种气象仪器。为了

　　① 柯庆施（1902年7月24日—1965年4月19日），安徽歙县人，1922年加入中国共产党，抗日战争时任中央党校副校长、统一战线工作部副部长等职；解放战争时期任晋察冀边区行政委员会民政处处长、财经办事处副主任、河北省石家庄市市长等职。1949年5月起任南京市副市长，1954年秋由江苏省委调上海，接替陈毅主持中共上海局，直至1965年4月去世。

　　② 赵九章. 我所做过的科研工作及组织工作. 1968年9月19日. 中国科学院档案.

　　③ 傅军. 没有学不会的事情. 光明日报，1957-09-02（03）.

制造观测仪器，赵九章亲自参加水银气压表的研制试验。为进行高空
气象观测，1960年朱岗昆与有关单位合作，在安徽广德建立气象火箭
发射基地，使用液体燃料发射火箭，开始了用火箭测风等试验研究。
用金属铂和金属伞测风取得了较好效果。随着云雾、降水物理学的研究，
大气探测原理、技术及设备的科学研究相应得到了迅速发展。为配合
云雾、降水观测，研制成功了一系列观测仪器，如自己研制成功的三
用滴谱仪、增雨云综合探测系统等。随着大型探测设备的引进和观测
试验研究工作的发展，天气气候室逐步形成了开展大气探测研究的科
研和技术实体。20世纪80年代初，该室建立了高电压实验室，研制
了单站和三站雷电定位仪，为研究大气电学创造了条件。

综上所述，正是在赵九章的指导下，东亚天气学、数值天气预报、
云雾物理、大气环流、海洋学、大气湍流、气象仪器的制造和研究、
空间物理、航天技术和应用等均有突出贡献，奠定了我国现代气象科
学的基础。

5. 农业和军事气象研究

20世纪50年代初，赵九章主张在广东等地种植防风林带，改变
局部小气候，为橡胶移植到亚热带地区创造了条件。

20世纪50年代，国外对我国需用的橡胶原料进行封锁禁运，而这
又是军用民用都急需的原料。在副热带地区种植橡胶有遭受冷害的危险，
赵九章主动派人去广东、海南等地实地考察研究，建议采用种植防风
带等措施，改变局部地区的小气候，为那里种植橡胶林创造条件。

为加强农业气象工作，1952年夏天，按照竺可桢副院长的意见，
赵九章所长和该所吕炯商议，由吕炯负责地球物理所的农业气象研究
工作。1953年中科院地球物理所又与当时的华北农业科学研究所合作
建立农业气象组。之后结合棉花和小麦进行了冬麦灌水、分期播种等

工作；观测了土壤蒸发工作并试制了一些仪器；介绍了苏联关于农业气象的文献，出版了关于工业气象的书籍；指导、参加了丹阳的农业气象训练班。但是因为工作头绪较多，不能集中力量。[①] 到了 1957 年 1 月，农业部、中国科学院和中央气象局三方进行合作，在上述农业气象组的基础上建立了农业气象研究室，开展了精密观测，对近地面层气流运动和物理过程进行研究。这些工作的开展，为国家气象局培养出一批农业气象领域的科技人才，不仅为我国近地面大气物理研究奠定了基础，还促进了国家气象局农业气象工作的发展。

赵九章对军事气象工作也是全力支持。章震越是赵九章在中央大学气象系教过的得意门生，1952 年哈尔滨军事工程学院要成立气象系，赵师即指派即将毕业的章震越前去参加创建工作。为了丰富章震越的经验，他写信给广州气象台台长王宪钊，请协助安排章震越到该台实习，多参加天气预报分析。一年多后章震越来到中科院地球所工作，赵师又派章震越去参加"联心"工作。章震越去哈军工前，赵师还在他临行前利用几个晚上专门帮助补习辐射知识，鼓励他为国防多做贡献。后来，赵师又写信给北大，安排章震越去进修自己比较薄弱的数理方程等课程，这些工作为其日后的教学和科研打下了坚实的基础。

6. 核爆气象条件研究

20 世纪 60 年代，原总装备部西北核技术研究所所长李真富曾就核爆研究相关的气象问题，多次请教过赵九章，并高度肯定了后者对我国核能试验的贡献。在李真富看来，搞清楚一些关键的气象条件是决定能否进行核试验的重要条件之一：第一个安全问题是气象预报。

---

① 樊洪业主编. 竺可桢. 竺可桢全集第13卷. 上海：上海科技教育出版社，2007：311–312.

在他们准备每次大气层试验时，周总理总要问爆炸后烟云的沉降经不经过日本上空，到时会不会有雨，在每一次核试验之前，必须有这些数据。这一安全问题不仅涉及场区内外、国内外的安全，还涉及重要的国际关系。当时，他们去请教赵九章，赵立即派顾震潮去试验基地帮助开展气象预报工作，为每次任务提供了气象数据，保证了试验安全。第二个安全问题是：他们已经知道了核爆炸时如果空气中存在逆温层就会产生拍震，但对此问题的机理却不清楚。这个问题不仅对地面安全问题非常重要，更关系到氢弹试验的安全。当他们再次去请教赵九章的时候，赵又立即把孙超派到基地研究所一起开展冲击波研究工作。此外，赵九章在发展空间技术时还提出首先研制常规气象火箭，探测高空温度、压力、密度、风向以及可预测核爆炸碎片经西风环流飘移和沉降到东部北京甚至到日本的可能情况，分析气象参数对核爆炸威力的影响，帮助国防部门将气象火箭用于氢弹爆炸等空中核爆炸的高空取样，与空军共同完成了核能试验中至关重要的取样任务。[①]

1962 年 6 月 28 日，在地球物理所举办了《远景十年（1963—1972）科技规划》中关于专业规划中的气象规划讨论会。赵九章任主席，讨论集中在五个中心问题，包括：（1）天气预报理论基础 6 个问题；（2）旱涝规律与气候学 4 个问题；（3）云雾物理与人工影响天气 6 个问题；（4）气象探测技术 5 个问题；（5）农业气象学改进 3 个问题，共 24 个问题。当时讨论最多的是农业气象学的改进问题。大家都知道这一问题的重要性，却不知道该如何改进。[②]9 月 10 日，赵九章参加

① 时任西北核技术研究所所长李真富在1997年12月举行的纪念赵九章先生诞生九十周年暨铜像揭幕大会上的讲话. 叶笃正主编. 赵九章纪念册. 北京：科学出版社，1997. 另见：吴阶平等主编，《赵九章》编写组. 赵九章. 贵阳：贵州人民出版社，2005：89.

② 樊洪业主编. 竺可桢全集第16卷. 上海：上海科技教育出版社，2009：292.

1963—1972年十年远景科技规划小组对于《总论》三稿的讨论。钱三强、钱学森和贝时璋三人任组长，赵九章、沈元、田方增、黄昆、刘东生、朱洪元等任委员。[①]

第七章　地震学研究

　　看到天气研究蓬勃发展起来，有了叶笃正等挑大梁的人，赵九章开始转向其他国家迫切需要发展的学科领域。虽然中科院地球物理所在1950年建所之初，就将固体地球物理作为重要研究内容。但是，由于历史上的原因，地磁和地震这两门学科的工作以基本数据的取得和编汇为主，长期处于早期发展阶段。但学识渊博的赵九章高瞻远瞩地意识到，地磁和地震研究必须不能止步于现象观测和资料整理，必须开展本领域的科学研究。他将相当一部分精力用于组织和推动地震工作。经过调查研究，他提出了在党的领导下紧紧依靠群众，充分发挥专家的聪明才智，综合多学科优势，将地震科学的发展与生产建设紧密结合起来组织开展地震工作的建议。我国地震科研得到了迅速发展。

----

① 樊洪业主编. 竺可桢全集第16卷. 上海：上海科技教育出版社，2009：342.

一、地震工作委员会

我国是一个地震灾害相当严重的国家，地震分布的区域广、强度分布不均，局部地区震级极强。老一辈科学家为我国地震科学做了一些开拓性、奠基性的工作。1930 年，在中央地质调查所所长翁文灏的安排和指导下，李善邦在北京西山的鹫峰建立了我国第一个地震观测台。现在这个地震观测台的遗迹还在鹫峰上静静地守候。1931 年，中央研究院气象研究所所长竺可桢聘请金咏深在南京北极阁也建立了地震观测台。[①]1937 年抗日战争爆发，这两个地震台的地震观测都被迫停止，气象所的地震研究转为以地磁探矿为主，1940 年以后注重地震仪的制造。

新中国成立初期百废待兴。特别是随着 1953 年第一个"五年计划"（简称"一五"计划）开始，国家在短时间内大量上马大规模的建设项目，包括苏联援建中国的 156 项重点基本建设项目。因效仿苏联，建设项目必须要以当地的地震烈度为设计依据。因地震烈度研究基础薄弱，数据极其缺乏，导致很难为某些地区提供急需的地震烈度，或者提供的数据不够准确。这也引起建设部门的不满。中国科学院的第一个五年计划的任务清单中，将重要工业地区的地震研究纳入其中。1954 年1 月 11 日，竺可桢与赵九章、叶笃正一起讨论 1954 年工作计划中的执行困难。第一机械工业部苏联专家直接到中科院来索取武汉、洛阳的地震烈度材料，因此该所地震学家李善邦有必要前来北京。赵九章、陈宗器定好 1 月 14 日到南宁，还决定李善邦和地震工作人员一同来北京。同时国家计划委员会召集五个工业部门，按照地点的先后缓急排序，

要求中科院加紧统计历史资料。[①]1954年2月的山丹发生地震，提出了对我国各大建设工程地区提供抗震烈度的要求。[②]这样使得中科院地球所的工作量大大加大。

连年战争导致我国以往积累的地震资料匮乏，真正的地震专家也屈指可数，地震台站也少得可怜，地震科研也很少开展。这种情况下亟须采取措施，在短时间内汇集各地的地震灾情和野外考察资料。在得到中国科学院批准后，1953年8月，中科院成立了地震工作委员会的首届委员会，由李四光和竺可桢二人分任主任委员和副主任委员，赵九章是委员兼秘书[③]，实际领导并具体推动地震工作。这个委员会还是国家计划委员会的咨询机构。由院所聘请地震、地质、地理、历史、古建筑、土木结构等有关学科的专家及国家计划委员会代表组成，于必要时还得邀请各有关地方代表参加，由副院长二人兼任正副主任委员。[④]

委员会下设三个组：（1）综合组由李善邦负责。根据各地方政府与建厂单位所组织的地震调查队及本工作委员会地质、历史两组提出的资料进行研究发现问题，必要时由科学院、计委会组织为了解决这些问题所必需的地震、地质、地理、古建筑、历史等专家及有关业务部门人员在个地方政府领导之下，进行复查，监定资料记录和传说的正确性，根据资料和调查结果，进行分析监定和综合工作，提出烈度。7度或7度以上还应召集地震工作委员会讨论决定，形成客观合理的

---

① 樊洪业主编. 竺可桢. 竺可桢全集第13卷. 上海：上海科技教育出版社，2007：366.

② 本刊编辑部. 山丹地震三十年. 西北地震学报，1984（1）：1-3.

③ 聘请赵九章先生为本院地震工作委员会委员（1954-03-13）. Z376-41-003：29.

④ 通知成立地震工作委员会［（54）院字第0994号］. 1954-03-13. 中科院档案馆，档案号：Z376-41-002：25-28.

地震烈度资料。（2）地质组由张文佑负责，搜集和调查地震活动区域地质构造及活动的情况，并监定确保与地震有关的现象，提供总和研究组。（3）历史组由范文澜负责：就我国历史文献，搜集各地地震的记载，保证历史资料及地理沿革的正确性，提供综合研究。①

根据竺可桢日记的内容，地震工作委员会主要计划开展的工作包括：（1）根据苏联经验，地震工作包括地震调查工作。这一工作应该由中国科学院具体组织，提出具体实施计划，报经政府批准。然后根据批准的计划，有步骤地由地球所级各地区科学研究部门去实施；（2）科学院应加强这一科学工作，派一批大学生去苏联学习；（3）聘请地震及地质构造专家；（4）地质工作要配合了解地质构造；（5）要开展地震烈度表的修正工作；（6）建设地震观测台网；（7）出版地震知识小册子；（8）整理地震历史资料；（9）组织地震调查队，注意吸收当地干部。②

1955年6月11日，中国科学院生物学地学部召开本年度第1次常务委员会扩大会议。会议讨论决定由黄汲清、赵九章、张文佑负责筹划组织地震研究工作。

二、"三化"指导地震科研

正是在赵九章的努力下，地震工作被纳入国家远景规划。1956年3月，国务院召开了十二年（1956—1967年）全国科学技术发展远景规划会议，着手制定国家科技十二年规划，会议根据国家"重点发展、

---

① 通知成立地震工作委员会［（54）院字第0994号］. 1954-3-13, 中科院档案馆，档案号：Z376-41-002：25-28.

② 樊洪业主编. 竺可桢. 竺可桢全集第13卷. 上海：上海科技教育出版社，2007：321.

迎头赶上"的方针，要挑出更重要、更急需的任务作为重点。赵九章在会上做了许多说明和争取工作，最后决定将《中国地震活动性及其灾害防御的研究》列为全国科学技术发展57项重要科技任务中第33项任务，由傅承义和刘恢先执笔完成中国的地震情况并提出合理的防震措施。地震规划中规定了四个中心问题及解决这些问题的科学途径。地震工作纳入国家科学发展长远规划，是中国地震事业发展史上的一件大事。

地球物理各分学科经过几年迅速发展之后，20世纪50年代中期，赵九章还将他在气象科学中提出的"三化"方针高屋建瓴地运用到了地震科研上。赵九章提出要加强物理基础，应用和发展新技术，并使研究系统服务于生产建设。这一方针对于当时的地震研究，更具有现实意义。1958年"大跃进"时期，一些科技人员要求在短期内解决地震预报问题，对于地震预报的科学难度认识不足，甚至从哲学上论证地震预报是可能的。他们忽视科学水平和缺乏科学分析，仅仅根据历史上记录的地震前兆现象，论定地震预报在现实中是可行的，还据此批评某些老专家："地震之前小狗小猫还会乱蹦乱跳，堂堂地震专家不能预报地震！"他们仅凭着热情和信念开展工作，经过一段时间的地震预报工作的实践，却未能找到切实可行的预报途径，于是心理上又感到非常茫然和无所适从。就在此时，赵九章作为所长提出"三化"方针。他在1959年中国科学院地球物理所的年终总结报告中，明确了地震研究方向和下一步的任务，即"利用近代物理科学的成就和现代化的新技术更好地了解地震研究的微观过程并阐明地壳及地球内部的情况，为地震预报和工程地震打下更坚实的基础"。以此为依据，制定研究所的科研方向，所内科研工作保持着良好的秩序，积极完成了国民经济建设的当前任务。除此之外，大家还多方向开展了地球物理的观测、实验和理论研究。同时，结合实际，探索和调研地震预报途径，讨论开展地震预报的长远规划。林庭煌认为，赵九章提出的"三化"方针不但为当时的地震科研指出方向，也是地震研究应该长期注意的问题。

赵九章还积极推进地震台网的建设。地震观测是地震工作的基础。1953 年 11 月 15 日，国家水利部、农业部和中国科学院等多部委召开联合会议，讨论黄河流域全面开发工作。赵九章表态说中科院地球所会积极配合，将主要建设九个地震台，为修建水坝提供参考。[①]黄河流域气候工作的重点在于水文气象，在 1954 年国家正式开始制定黄河流域规划，为了摸清黄河流域的地震活动情况，需要尽快建一批地震观测台站。赵九章非常重视此事，请李善邦筹划。地球物理所使用李善邦研制的"51 式地震仪"，在 1955 年成功建成了由 9 个台站组成的我国第一个区域地震台网，尝试在地质部的配合下制作黄河沿岸地震烈度图。

为了讨论地震烈度时有第一手依据，赵九章有时亲自查阅地震资料。秦大可所著《地震记》是描述 1556 年陕西华县大地震的文章。赵九章为确定西安的地震烈度曾分析过明朝秦大可所写的《地震记》，对秦的文章大加赞赏。

结合国家建设需要，地球物理所在 20 世纪五六十年代先后建设了若干区域地震台网，如 20 世纪 50 年代末建的长江三峡区域台网，20 世纪 60 年代初的广东河源区域台网（监测新丰江水库地震），西北的昌马地区、西南的渡口地区区域台网等。此外，在苏联专家的帮助下，李善邦等人完成了第一代《中国地震烈度区划图》的编制。

20 世纪 50 年代，共产党领导的新生政权计划在三峡建立巨大的

---

① 樊洪业主编. 竺可桢. 竺可桢全集第13卷. 上海：上海科技教育出版社，2007：311-312.

水利枢纽，这是世界上最大的水利工程。据历史上记载，三峡地区没有什么地震活动。根据苏联专家果尔什科夫指导中国编制的"中国地震区域划分图"将这一地区划为六度区，但在南北两个方向都有七度区。为了给三峡工程提供地震资料，中科院地球物理所在这一地区开展系列观测研究工作，并争取在 1959 年提供出资料。由于该所缺乏工作经验，因此 1958 年 5 月 7 日，赵九章给苏联应用地球物理所高里达林副所长写信，关于三峡地区的工程地震及数据处理问题征求意见。赵九章在信中提出希望苏联能在 1958 年秋天来华。如可，中方将请求把这一工作列入中苏两国或中苏两国科学院的合作项目。[①]

三、不支持地震区划申奖

20 世纪 50 年代时，我国在为工程抗震设计提供地震危险性预告方面基础薄弱，在学习借鉴日本、美国和苏联的实践经验时，认为我国也应该绘制地震区域划分图。考虑到我国当时大规模社会主义工业建设中，有很多苏联专家帮助进行工程设计和建设，于是我国决定向苏联学习同样的方法，以方便实际应用。

果尔什科夫是苏联莫斯科大学地质系教授，主攻地震区域划分研究。他发展出了一种地震地质方法，将地震区的地质特点与地震统计结果相联系，并用此法编制出苏联的全国地震区域划分图。他在划分地震区域时制定了两个外推原则：一是时间上的外推，一个地区可发生与历史上最大地震同样烈度的地震。二是空间上的外推，地质条件相同的地区，地震活动性基本相同。

① 赵九章. 赵九章1958年5月7日致苏联应用地球物理所高里达林副所长函. 1958年5月7日. 见樊洪业主编. 院史资料与研究, 2000（6）: 41–43.

这一以躲避法为主的地震区划图在 1947 年被苏联政府批准作为经济上的参考，被苏联设计机构广泛使用。在与工程抗震设计规范配合使用时，一般是十度和十度以上的地震烈度地区不可开展工程建设，是要避开的。九度地区要严重设防，八度地区要慎重设防，七度地区要轻微设防，六度及以下地区被视作地震安全区。地震区划图上某地被认定的地震烈度越高，区域内工程建设的地震设防成本也就越高。新中国成立初期经济条件不足，没有碰到什么地震大灾，不少人对地震的危害性认识不足，往往希望把地震烈度定得低一些，就可以省下一笔工程建设费。

我国聘请苏联莫斯科大学专家果尔什科夫来华指导地震区划工作。他在中国国内各地进行地质考察，搜集苏联地震台站记录到的中国地震资料，对中国地震学家的工作进行指点。在他的指导下，地球物理研究所李善邦率领研究人员对历史资料进行分析，开展野外地质考察和地图绘制，李善邦和徐煜坚等九人在苏联顾问帮助下编成了我国的"全国地震区域划分图"。这项工作一直得到郭沫若院长和地球物理所领导赵九章的热心支持。李善邦和果尔什科夫合作写作的文章发表在《地球物理学报》上，不同部分二人分别署名。①

但是，围绕这一中国地震区域划分，一直存在着争议。就连李善邦都清醒地意识到这一地图并非不完善，还存在着很多问题："现在地震科学在预告地震的特点、强度和时间的问题上，还没有找到正确的理论根据，因此就现有的水平，只能编出这样的地震区域划分图，用来标示地震活动性的一般情况，它的准确性和预报性都不够，有待

① 李善邦. 中国地震区域划分图及其说明Ⅰ. 总的说明. 地球物理学报，1957（02）：127–158.

今后分区详细研究，逐步予以修正。"[①]

　　1958年10月，正当赵九章率中国高空大气物理代表团在苏联访问，因没有机会参观苏联卫星研制设备而被迫滞留时，他收到了一封来自莫斯科大学地质系主任的来信。信件部分摘录如下[②]：

所长赵九章教授：

　　莫斯科大学地质系科学委员会于10月11日，莫斯科大学科学委员会于10月24日都决定推荐 T. П. 果尔什科夫（莫斯科大学）和李善邦（中国科学院）合作的论文《中华人民共和国境内的地震区域划分》申请列宁奖学金，您是地球物理所的领导人，请允许我们向您征求关于地质系这一决定的意见。

地质系　谢尔盖耶夫

　　赵九章收到信后很为难。中方素来积极支持苏联专家将中苏合作的成果申请列宁奖金。但是，以往中苏合作的经验使他体会到，那些按照苏联模式开展的科研活动,其科研成果未必符合中国的实际情况。他充分肯定果尔什科夫的工作及贡献，认为由果尔什科夫指导完成的中国地震区划图有一定的意义。它初步满足了中国工业建设部门关于区域地震烈度信息的需要，也为后来中国同类研究奠定了基础。但是地震区域划分图牵扯到千百万人的安全，一旦广泛应用，必然影响许多重大工程的安危，绝对容不得半点马虎。这幅区划图也存在着一些

<hr>

　　[①] 李善邦. 中国地震区域划分图及其说明 Ⅰ. 总的说明. 地球物理学报，1957（02）：133.

　　[②] 金立肇. 赵九章不支持《中国地震区域划分图》申请列宁科学奖金. 1991（2）：50.

问题：运用的历史资料量多、范围广泛，但是覆盖范围不均衡，东多西少，尚需要继续积累。由于我国地震记录器数量相当有限，通过这种仪器记录到的准确的数据资料缺乏。何况中国工程建筑部门还没有正式接受，更没有将它批准为中国政府的正式文件下达。因此，他认为目前将这一区划图申请列宁奖并不合适，在实践中充分检验后再去申请更为合适。

　　他觉得一口回绝，会直接导致该科研成果没法申请列宁奖，或者申请被推迟几年。为此，他决定采用一种比较合理而巧妙的方式。于是，他多次向当时正在苏联的中方领导汇报商讨，包括中国科学院竺可桢副院长、杜润生秘书长，国家科委范长江，以及国家建设委员会王大钧委员等。为了避免误会，他还计划亲自去访问果尔什科夫教授，争取说服他暂缓几年再去申奖，并取得他的谅解。在给苏联方面回信时，决定不表态，只委婉地说明态度，由对方自行决定。他还专门请当时正在苏联的中科院院长郭沫若看过，也向他所在的中科院地球物理所党委书记卫一清、副所长陈宗器与顾功叙通报了此事。后来中苏关系于 1960 年公开破裂，中国地震区划图申请奖学金一事也不了了之了。[①]

　　这张地震区域划分图对中国地震研究的影响是深远的，盲目照搬苏联地震区域划分也给中国地震界带来了极大的教训。在 1966 年至 1976 的十年间，中国发生了两场严重地震，赫然反映出果尔什科夫的制图思想是错误的，也间接体现了赵九章严谨的学风和科学精神。按照上述中国地震区划图，邢台和唐山均被定为不设防的六度地震区。然而 1966 年 3 月河北邢台地球发生两次强烈地震，损失惨重，八千多人死亡，三万多人受伤。中国科技人员成功预报出了 1975 年 2 月 4 日

---

① 金立肇. 赵九章不支持《中国地震区域划分图》申请列宁科学奖金. 1991（2）：52–53.

的海城地震，地震界大为振奋。1966 年的邢台地震后，地球物理所的地磁和地震工作开始对地震预报开展探索研究，并将地震预报作为该所固体地球物理的主攻目标。在当时，地震预报不论在国内外都处于最初的探索阶段，尚缺乏明显进展，在国内更是局限于积累观测资料的阶段，但赵九章坚持要开展地磁和地震科学研究。这更体现了赵九章的远见卓识。当时顾功叙等人初步设想并提出了几项课题，赵九章不厌其烦地严格把关，认真追问这些年轻人为何选择这些研究课题，准备解决怎样的科学问题。在顾功叙看来："赵先生总是从工作的效益出发来掌握全所的研究成果。他治学有方，也懂得如何组织和推动科学研究工作、理论和实践如何正确结合。重点与一般，目的与手段，他从不含糊。"①

当时有群众曾预报北京将发生大地震，在当时如果有人敢说不相信群众预报地震的话，会被当作"阶级立场"问题而受到批判的。但是，赵九章坚持原则，敢于发表己见。他明确提出，这种预报是没有科学依据的，坚持不予置信。②紧接着 1976 年的唐山大地震就彻底把人们弄懵了，这场地震造成了 24.2 万余人死亡，16 万多人受伤的悲剧。根据地震区域划分图，人们相信地震只能在历史上的老地震区三河—平谷一带发生，唐山地区不可能有大地震。悲剧发生后，人们只责怪地震局没有及时进行地震预报，其实照搬苏联经验而将唐山定位为不用设防城市本身才是一个根本性的错误。

---

① 顾功叙. 在缅怀赵九章教授报告会上的发言. 选自叶笃正主编. 赵九章先生纪念文集. 北京：科学出版社，1997：12.

② 顾功叙. 在缅怀赵九章教授报告会上的发言. 选自叶笃正主编. 赵九章先生纪念文集. 北京：科学出版社，1997：12.

四、核爆地震观测研究

20世纪50年代中期，美苏相继进行核试验。我国为开展核爆炸的侦察工作，中科院在竺可桢主持下成立核爆炸侦察工作领导小组，成员有赵九章和当时电子所所长马大猷等人。在赵九章领导下，地球物理所承担了这项任务，在北京等地震台用垂直向地震仪和微气压计观测，可测出爆炸时间、地点和当量，并进行速报。[①]

1960年禁止核试验条约的签订禁止了大气层核试验，但世界各国的地下核试验愈加频繁。赵九章带领地球物理所抓住中国开展核试验的时机，组织开展地下核试验产生的地震——核爆地震观测研究，既为国防建设服务，又促进地震学的发展。为此，地球物理所于1961年正式组建第七研究室（爆炸地震效应研究室）[②]，其研究方向是：核爆炸的力学效应和爆炸的远距离侦察。

1962年地球所七室接受了国防科委委托的首次核爆炸试验地震观测工作（21号任务）[③]，1965年3月20日中央专门委员会又向中科院下达"320"任务。一年内，地球物理所建成全国范围内地下核试验地震侦察速报系统，成功报出苏联地下核试验[④]。该室不仅完成了国防科工委下达的多项任务，而且在理论研究和测震技术等方面都取得

---

① 陈洪鹗. 深切缅怀大地球物理科学泰斗赵九章. 国际地震动态，2007（08）：8.

② 地球物理学会编辑委员会编. 八十年代中国地球物理学进展——纪念傅承义教授八十寿辰. 北京：学术书刊出版社，1989.

③ 王广福. 我国核爆炸地震观测和地震侦察工作回顾. 选自：中国地球物理学会. 辉煌的历程——中国地球物理学会60年. 北京：地震出版社，2007：331-336.

④ 中国地球物理学会60年编年大事记. 选自：中国地球物理学会. 辉煌的历程——中国地球物理学会60年. 北京：地震出版社，2007：516.

了一批很有价值的成果，也促进了一批科技骨干的快速成长。

西北核技术研究所所长的李真富[1]说："赵先生虽然没有亲自参加试验，但他的远见、他的支持和帮助使我们对核武器试验中的几个重要安全问题的解决等方面作出了贡献。由于核武器试验的需要，提出了地下核爆炸方式，但对这种方式爆炸产生地震的影响又不了解。为了解决地震问题，赵先生派来了许绍燮帮忙工作。在赵先生实践作风的影响下，许绍燮和我们一起到承德铜矿，炸药在一个山头的矿洞里爆炸，我们在另一个山头上进行观察和测量，得到了有用的数据，地下核试验安全研究的基础工作就由此开始。"[2]

五、培养地震科技人才

赵九章敏锐地意识到防震抗震是我国的长期任务，不仅要抓应急措施，还应该围绕地震工作作出重大战略部署。毕竟，当年他担任所长的地球物理所，创办伊始，除了大气物理尚且具有一定的基础外，其他学科或基础非常薄弱，或者从零起步，需要科技管理人员苦心部署，科研人员艰苦创业，快速建立起人才储备和学科基础。

新中国成立初期，国内地震科技人员极少。当时的大专院校的专业设置很不完善，理科大学仅有经典的数理化专业，很少有院系设置边缘学科。当时北京大学仅设置了物理系，没有建立起地球物理专业。赵九章意识到这种人才培养困境对我国防震抗震任务构成了极大的挑

---

[1] 李真富，1943年出生于湖南宁远，总装备部西北核技术研究所所长、博士生导师，1998年晋升少将军衔。

[2] 时任西北核技术研究所所长李真富在1997年12月举行的纪念赵九章先生诞生九十周年暨铜像揭幕大会讲话. 叶笃正主编. 赵九章纪念册. 北京：科学出版社，1997.

战，千方百计培养地震人才。他鼓励研究所的老科学家们到大专院校去开设课程。地震组的傅承义先后到北京地质学院和北京大学开设地球物理的课程。李善邦曾在北京大学开设过地震学与测震学课程。

在政府及有关部门的支持下，赵九章在几所大学筹建了地球物理专业，并先后开办多期地震学习班以及创办兰州地震专科学校。很快，我国原来仅几十人的地震科技队伍迅速发展，承担起全国各地区的防震抗灾。

建台之初，面临着台站技术人员从哪里来的问题，赵九章叫谢毓寿去气象局找涂长望局长请教气象台站人员是怎样培训的。经涂长望局长介绍：可以招些中学生，经半年左右培训即可到台站工作。

据此地球物理所由 1953 年到 1956 年举办了三期地震台观测干部训练班。预备在哪里设台，就在哪里招中学生，这样招来的人可以安心在当地工作。训练班由李善邦、谢毓寿亲自授课，每期的培训时间为半年，三期培训班一共培训了约 80 名学员，培训结束分派到台站承担观测工作。为特定任务，用速成法培训专业人员，不但满足了台站观测的需要，在完成国家任务的同时，也快速造就了一批台站技术人员。为了提高台站观测和管理人员的专业水平，1964 年 10 月又在兰州举办有 143 名应届高中毕业生参加的专科班，大大加强了西北、西南地区的地震台站和野外考察工作。

赵九章还积极与苏联科学院建筑材料和建筑研究所开展学术交流。他于 1958 年 7 月 12 日给该所写信，要求学习苏联实验型 ANC-12 地震计的设计蓝图，并请该所协助指导研究生。[1]

---

[1] 致中国科学院地球物理研究所所长赵九章. 中国科学院档案馆，Z376-89-002-17.

第八章　开拓海洋研究

中科院建院初期，就把"科研为国家工农业建设服务"作为工作的基本方针。赵九章的一大特点是根据国家建设的需要，不断开拓新的研究领域。海潮观测研究虽然对于我国国防和经济建设具有重大意义，但在 20 世纪 50 年代时在国内尚属空白。曾长期在赵九章身边工作的逯玉佩回忆说：赵九章对我国海洋科学的发展是起了先导作用的，可是现在大家已很少有人知道他在海洋科学方面的贡献了。由于赵九章后来的精力主要集中于空间科学，也由于当时他本人所参与的与海军合作的海洋研究带有涉密性质，因此他所做的海洋研究实际影响深远。

海洋中有本海区大风形成的海浪，有远海区台风产生巨浪传播到本海区的涌浪，有海底强烈地震引发的海啸构成的津浪。海浪研究是国家建设特别是海军建设的需要。赵九章在 20 世纪 30 年代在德国柏林大学师从气象学家费克和德芬特教授学习时，除了主攻动力气象学、高空气象学，还深入学习了海洋动力学，因此对海洋研究有高度的敏感性。

中华人民共和国刚成立不久，赵九章就提出中国是个海岸线很长的国家，以往肆虐的台风每年都对我国东南沿海造成重大损失。因此，台风预报是关系到我国国计民生的大事，这也是气象工作者的重要任务。当时这种做法虽属探索，但从国家利益考虑仍值得深入研究，因此开展海洋研究十分重要。他急国家之所急，从国家的现实需要和可能出发，创造性地选定海浪观测研究为突破口，以浪报风，通过这一探索性的课题，开辟了中国海洋研究的新领域，对我国海洋科学的发展起了先导作用。[①]

一、成立海浪研究组

1952 年，赵九章组建了海浪组（后期发展为海浪研究实验室），进行海浪和台风中心的预报研究工作，从而开辟了我国海洋研究的一个新领域。[②]

那么，海浪研究的切入点应该选在哪里呢？中华人民共和国成立初期，我国主要还是依靠国外气象信息来做预报，但国际上经常对我们封锁海洋气象资料，使得我们对海上风暴，特别是台风预报尚不能做到准确、及时，而一旦预报成问题，后果往往相当严重。那时我国既无远离海岸的船舰，也无飞机去巡航，更谈不上卫星传输等先进手段。于是，赵九章高瞻远瞩，想利用涌浪先头波比风暴中心传播得快这一特征，来预报风暴中心的实际位置及其移动路径，这一原理与当时英美海浪文献中常见的 "tracking stroms by forerunner of swell"（通过涌浪先头波来追踪风暴）这一机理不谋而合。

他提出借助沿岸海浪信息，一是为台风预报提供一种辅助手段，对海洋作业、海岸建设提供科学依据。正如赵九章 1953 年所言："海

---

① 文圣常. 对发展我国测波仪器的几点看法. 海洋技术，1985（2）：1–3.
② 管秉贤. 深切缅怀著名海洋学家、我国海浪科研事业的开拓者和奠基人赵九章先生. 海洋科学进展，2006（03）：277.

上风暴和台风是威胁海上交通、水产采集和人民生命财产的自然灾害，我们除了利用海上岛屿，船舶的气象记载或者用飞机出海探测外，还可以利用沿海海浪的观测和分析，预测风暴的中心和它们移动的路径。"[1] 二是为海上舰艇提供海况环境保障。此外，海浪观测研究对海港防波堤建设也有重要意义。1953 年 12 月 25 日，赵九章受管秉贤的邀请，审校他所翻译的苏联科学家勃林斯基（Н.А.Белинский）等人所著《海浪预报》时，在序言中写道："海塘工程和海港建设，都必须先掌握各地海浪的冲击压力和由海浪而引起的海流冲刷以及泥沙搬运的规律，才能做出完善的设计，不致在建筑以后为海浪所破坏。中国是一个拥有一万里以上海岸线的国家，为了祖国的国防和经济建设，海浪的研究是刻不容缓的巨大工作。"[2] 为了更形象地阐明海浪研究的重要意义，赵九章还引证，在第二次世界大战中，因英美联军不能正确掌握海浪预报，致使在诺曼底登陆战役中损失重大。在他看来，这些历史事实告诫我们，海浪及其预报具有重要意义。

二、培养人才理论素养

人才储备是开展科学研究的基础。赵九章在积极创建中国海浪研究和观测事业时，非常重视青年科技人员的知识储备和理论素养。新中国成立初期，地球物理所还在南京，叶笃正担任地球物理所北京工作站的领导。赵九章 1952 年组建的海浪研究组就在这里工作，

---

① 杨俊文. 回忆赵九章先生开创我国海浪、卫星研究中的几件事. 选自曲克信编. 辉煌的历程——中国地球物理学会60年. 北京：地震出版社，2007：184.

② ［苏］勃林斯基（Н.А.Белинский）等撰，管秉贤译. 海浪预报. 北京：科学出版社，1954.

参加的人员有气象方面的朱抱真，海洋方面的管秉贤，仪器方面的何鹤芳、孙超。

为了使参加工作的人员对海洋理论有基本的认识，赵九章在1953年到1954年间在北魏胡同定期组织海浪理论讲座。他亲自为年轻科研人员讲授有关海浪知识，授课内容包括 H. Lamb 1932年出版的《流体动力学》中所著的波动和波浪相关基础理论，以及 H.U. 思韦德鲁普和W.H. 孟克（1947）等所著论文中有关风浪、涌浪及拍岸浪的预报原理等。他不仅知识渊博，理论基础扎实，还将深奥的知识讲解得生动形象、深入浅出，他的课总是大受欢迎，除了海浪组自身成员外，中科院其他研究所甚至交通部也派人前来参加。大家兴致勃勃地挤在简陋而局促的四合院厅堂中。1957年从日本回来后，赵九章经常关起门来读概率论、噪音理论，努力将这些知识运用到海浪研究中。

赵九章在积极创建中国海浪研究和观测事业时，花了很大精力亲自讲授海浪和流体动力学等课程，培训科技人员；领导建立实验室，开展海浪观测仪和波谱仪研制；积极筹划在青岛地区一个小岛上合作建立了海浪观测台，进行海底和海面的波浪观测等。到1958年，已获得比较重要的科研成果，为中国海浪预报研究作出了开创性、奠基性的重要贡献。

秦国泰，1953年初中毕业参军后成了一名海军战士，1955年分配到中科院青岛海浪观测台从事观测工作。在赵九章的关心下，秦国泰用半年时间完成了他的第一篇专题报告《沿海波浪折射系数的分布》，文稿十分粗浅，还有不少错别字。文稿送到赵九章那里后，他在百忙之中抽出时间来批改，逐一圈出文中的错误，并指出今后要做的工作和方向。1956年11月，他开始在北京的中科院地球物理研究所海浪组工作和学习。1958年4月下旬的一天，赵九章和中科院副院长吴有训陪苏联科学院副院长到青岛海浪观测台参观。当了解到秦国泰已复员后，遂叫人写信问他是否可到地球所工作，或去中央气象局。秦国泰后来到地球所工作，经过努力，被逐级提升为中科院的研究员，还在载人航天工程中发挥了作用。[①]

三、与海军合作海浪观测

海浪观测研究不仅需要精确可靠的海浪观测与分析仪器，还需要关于海浪及波谱的理论研究。管秉贤为引进苏联的有关海浪观测的目测方法做了很多努力，并在赵九章的指导下，出版了一本有关国外海浪预报研究的专辑，逐步把我国海浪研究推向前进。

为了保障观测效果，20 世纪 50 年代初，赵九章及时亲自妥善安排和悉心指导研制了海浪观测设备和波谱仪在内的一整套观测分析仪器，并运用这些科研仪器开展了我国海区海浪及波谱研究，为认识我国海域的波浪特征、开发海洋资源作出了贡献。他派孙超研制海浪自记仪，何鹤芳研制波谱分析仪，管秉贤负责海浪目测浮杆的研制。通过上述几位的辛勤劳动，相关海浪观测设备的研制取得圆满成功，赵九章感到非常欣慰。[②]

之所以要研制海浪自记仪，主要是因为新中国成立初期，国外对我国封锁海洋气象信息，导致我国台风预报的及时性和准确性受到严重影响。为了打破西方敌对国家的技术封锁，赵九章决定根据当时美国、苏联两国开展海浪研究的最新进展，自我研制海浪监测仪器，提高中

① 吴阶平等主编，《赵九章》编写组. 赵九章. 贵阳：贵州人民出版社，2005：153–155.

② 管秉贤. 深切缅怀著名海洋学家、我国海浪科研事业的开拓者和奠基人赵九章先生. 海洋科学进展，2006（03）：277.

国台风预报的精确度。①

赵九章是在阅读了 W. H. 孟克（1947）发表在《Journal of Meteorology》上《根据涌浪先头波预报风暴途径》这篇重要的文章后得到了启发，决定依照孟克揭示的原理和新方法，委派孙超去探索研制海浪自记仪。孟克经过研究发现，"涌浪先头波"是一种肉眼不可见的，比风暴所产生的可见涌浪更低、周期非常大的长波。这种"涌浪先头波"的传播速度比涌浪快 2 倍，所以这种波总是在风暴所产生的波峰前面传播。倘若将一种特制的仪器装在深达 30 米的海底，之后用电线将其连接到海岸上的记录仪上，并将海浪自记仪的记录与波谱仪的分析结果结合起来，就可以在风暴涌浪到达海岸以前平均约一昼夜时间内预报出风暴，较之以往的传统方法，这种用来提前预报风暴中心的新方法，在海上台风预报的时间和精度上都大有提升，是一种非常有价值的探索。

赵九章不仅充分发挥组内人员的作用，还非常注意博采众家之长。海浪自记仪的具体研制工作，就是孙超在中国科学院应用物理研究所钱临照先生等有关专家的指导下进行的，后来海军军官逯玉佩也参加了海浪自记仪的研制。

后期在研制波谱分析仪时，赵九章常请中国科学院电子所马大猷来海浪研究组进行指导改进，并请长春应用化学研究所协作研制自记仪用的橡胶风筒。获悉苏联刚刚建立了风暴池设备时，他便派孙超去苏联学习利用风暴池进行海浪研究和模拟试验。

研制海浪自记仪需要一种特殊橡胶制成的压力囊，为了找到能制作这种重要元件的生产单位，赵九章在 1953 年初派管秉贤去考察了多家生产橡胶的厂家，获悉青岛几家橡胶厂不具备生产能力。管秉贤还专程去访问了天津大学和南京水利科学研究院等高等院校和研究机构。尽管

① 杨俊文. 赵九章先生开创中国海浪研究. 科学时报，2007-10-15.

这些单位主要研究的是波浪问题，但其研究对海浪研究具有参考意义。

在赵九章的领导下，地球物理所与海军进行合作，选定在青岛地区小麦岛海面宽阔的地方，在海底几十米深处安装海浪自记仪，测量涌浪的先头波。

赵九章和海军多次协商，在当时还是海防前线的青岛地区一个小岛上合作建立了海浪观测台，进行海底和海面的波浪观测，测量由西太平洋台风引发并未受阻碍地传到本海区的涌浪先头波。

我国人民海军刚刚建立，舰船的吨位比较小，对海浪的影响反应明显，因而1953年起，海军也派人参加赵九章组织的海浪研究组，在青岛开展海上目测研究。在"二战"后，美国海军的海浪研究解密，一些海洋学家发表了海浪研究文献，介绍海浪预报在登陆和反登陆作战中的应用。赵九章多次举例说，到"二战"的盟军在诺曼底（Normandy）登陆时，由于事先没有做好海浪预报，受到严重损失。当时我国为解放台湾和沿海岛屿，保卫沿海免受军事侵扰、研究海浪预报任务更为迫切。

1955年10月25日，赵九章被聘请为中国科学院海洋生物研究室学术委员会委员。[①] 在他的主持下，中科院由地球物理所、青岛海洋生物研究室和应用物理所参加，加上海军，组成了一个特殊的研究集体。与此同时，国外文献的整理在北魏胡同进行，仪器研制在东皇城根的应用物理研究所进行。

虽然海浪观测是中科院与海军共同参与，但观测台的编制与建设均属海军。时任海军副司令的罗舜初对赵九章很尊重，科研上有什么要求尽量满足，还指派海道测量部律巍部长与赵九章经常联系，两家合作关系非常好。海军委派专人担任青岛小麦岛的观测台台长，有数

---

① 薛攀皋. 中国科学院海洋生物研究所学术委员会成立. 科学通报，1958（8）：255.

名战士负责观测。中国科学院地球物理所的管秉贤、逯玉佩、陈奇澧等科技人员负责技术工作。青岛当时还处于海防前线，直到 1955 年还有敌机来袭扰的防空警报。

1954 年底，地球物理所在中关村的实验楼建成，赵九章组织全所迁移北京。海浪组全部集中在实验楼内。经过一两年的努力，以孙超为主研制的热电堆式海浪自记仪和以何鹤芳为主研制的波谱分析仪已基本成型，1954 年在青岛的团岛运用这些仪器进行了观测试验，同时还进行了目测方法试验，试验取得了一些资料，也发现了一些问题，反馈出的问题推动了对观测仪器作出进一步改进。

理论和实践是相辅相成的，这时就需要一个专门的野外观测台站。在赵九章的积极筹划下，中科院在青岛地区的一个小岛——小麦岛上合作建立了海浪观测台，进行海底和海面的波浪观测等活动。

1955 年青岛小麦岛观测台开始正式观测，一是进行目测，二是用海浪自记仪观测，取得不少宝贵的科研资料，以供研究使用，为日后海洋环境预报打下了一定的基础。当时观测台已有一定的规模，有目测室、自记仪室、办公室，还有电机房，岛上无电源只能自己发电，条件虽然简陋，但与国内外相比，已是一个很不错的海浪观测台了。

1955 年底，赵九章到青岛和海军商谈在 1956 年上半年重新安装海浪自记仪。这次还和山东大学海洋系、中科院海洋生物所的赫崇本、曾呈奎、毛汉礼等进行了学术交流。[①] 他还亲自去小麦岛海浪观测台检查与安排技术工作，看望台上的科技人员和战士。1956 年，孙超去苏联学习，由杨俊文代替孙超在海浪组做赵九章的助手，参加海浪组工作的有蔡君勇、孙国英、张铭达等。

---

① 施正铿，刘安国. 一代宗师　学人楷模——怀念中国著名海洋教育家、我校首届学报主编赫崇本教授. 中国海洋大学学报（自然科学版），1989（4）：1–5.

　　赵理曾多次陪同父亲赵九章去青岛出差，1956 年夏天，刚初中毕业的她还同父亲去过一次。父亲和同事们工作繁忙，白天集中做科研，晚上还去观测海浪。通常父亲把她放在毛汉礼伯伯家，让她和毛伯伯的女儿一起玩。有一次她随父亲出海，海军派一艘军舰送他们去远海的一个小岛选择海浪观测点，军舰靠不了岸，还用小艇把他们带上岸。年少的她觉得海上作业又危险又有趣。

　　1957 年，海浪组研制出了海浪表面波自记仪，并安装在小麦岛观测台做试验观测。1958 年，赵九章提出"海洋无人漂浮站"的研制计划，并派出蔡君勇等人去自动化所合作研制漂浮站的遥测系统，这为以后地球物理所二部的火箭用遥测系统发展打下了基础。小麦岛海浪观测台建成后，在吴有训和赵九章的陪同下，苏联科学院副院长拉弗伦切夫还曾到小麦岛海浪观测台参观，对他们的工作表现出了极大的兴趣。

　　赵九章对海浪组是两手抓，在开展观测工作的同时，他还非常注重以海浪测风的预报理论与方法的研究，提出学习点源扰动理论、流

1958年吴有训、赵九章陪同苏联科学院副院长拉弗伦切夫到小麦岛海浪观测台参观

体弹性波理论、海浪传播理论及概率论等，指导研究风浪生成关系，研究离开风浪区传播最快的先头波——涌的传播特性，进行海浪折射图的绘制，台风路径预测，以及海浪波谱分析等研究，试图弄清海浪发生、发展、传播路径。在还没有从空中对海域进行有效遥感监测的20世纪50年代，这也是一个创举。

在海浪组结束之前，赵九章和邓镇昆合写了报告《波谱分析仪的设计及分析结果》。他们把一个定量的频谱仪放入波谱仪讯号中，使波谱仪分析成为定量的。这台仪器后来转交地球物理所七室，应用了很长时间。他们研究出的预报海浪的方法1957年曾经在海军试用过，但因为要应用很多表格，手续烦琐，气象台站意识不到它的作用。可是在打捞"跃进号"时，曾用过这种方法，做出中期定点涌浪预告，效果还好。①

四、启动海洋调查

关于海洋调查，我国在新中国成立前仅有些零星活动。除了开展海浪研究外，赵九章还启动了我国海洋调查。自1956年2月17日起，他参加生物地学小组讨论《十二年科学技术发展远景规划》编制工作，被国务院科学规划委员会聘为海洋组组长，还组织海洋科学家拟定了海洋科学方面的十二年远景发展规划。

1956年7月24日，赵九章被聘为国务院科学规划委员会海洋组组长。根据全国科技规划的要求，1956年和1957年进行海洋同步观测。1956年以后，国家科委根据规划很快组成了一支相当大的海洋调查队伍。1957年举行的多船同步观测，在太平洋海区是规模最大的一次，

---

① 赵九章. 我所做过的科研工作及组织工作. 1968年9月19日. 中国科学院档案.

为海洋研究及渔场调查提供了宝贵的科学数据，为后来更大规模的海洋调查打下了基础。赵九章在这一活动中任领导小组组长。

过后赵九章即离开海洋科技界，没有介入海洋普查工作。海洋同步观测与普查比较当然规模小得多了，但从推动我国海洋调查活动角度衡量，还是有先导作用的。万事开头难，当时海洋界还没有形成力量的情况下，有人出来挑头办这件事，确是难能可贵的。[①]1959年初地球物理所二部成立，这批从事海浪研究的同事被调岗，转而进行探空火箭和人造卫星的研究工作。

① Chinese Society of Oceanology and Limnology. 深切悼念毛汉礼教授. 海洋与湖沼，1989（4）：297–299.

第四篇
人造卫星研制与空间物理

我国第一颗人造卫星从提出研制人造卫星的建议,拿出"东方红一号"卫星方案,再到成功完成卫星本体的设计、研制、试验和做出初样星,建成空间环境模拟实验室和地面遥控系统等,都是以中国科学院为主完成的。赵九章是我国提出研制人造地球卫星的第一位科学家,作为卫星研制的主要负责人之一,他把人生的最后十年都奉献给了人造卫星事业。

第九章　牵头"581"组

一、首倡卫星研制

早在 20 世纪 50 年代初，国际上酝酿"国际地球物理年"（IGY，1957—1958）计划时，科学家们就有发射火箭、人造卫星开展空间科学探测的设想。1955 年，美国首先向世界公布它将发射人造地球卫星，却未能引起世界的广泛注意。作为地球物理研究所所长的赵九章，以其敏锐的洞察力和渊博的知识，意识到人造卫星在科学研究、气象预报和军事应用等各方面均具有重大作用，卫星上天将对气象学、高空大气物理在内的地球科学技术领域产生深远意义，在国防建设、国民经济发展领域带来广阔的应用前景。

无论是作科普报告、发表演讲，还是撰写文章，赵九章都提出了人类研制和发射人造地球卫星的可能性，并尝试提出技术实现途径，成为我国正式提出研制人造地球卫星的第一人。他联想到，1956 年他参与的我国《十二年科学技术发展规划》的制定中，已明确指出了我国要发展喷气技术、计算技术、原子能和电子技术等尖端科技。中国科学院也为此采取了"四大紧急措施"，筹建电子所、计算所、自动化所和半导体所，并扩充与此有关的力学所、地球物理所、原子能所、化学所、物理所等多个研究所。对于上述举措，赵九章认为这些都是我国开创尖端科技事业的主要基础。同时，他也极力呼吁开创空间科学和空间探测的研究。国际地球物理年后，他逐步将一部分人员的研究方向转到空间物理以作为发射卫星的飞行环境基础。

二、主持中科院"581"组

空前高涨的热情激荡着那个时代每一位中国人的心，人们似乎一刻也不能再等下去了。1958 年 5 月 17 日，毛泽东主席在中共中央八大二次会议上指出："我们也要搞人造卫星。"

在当时我国国力的情况下，做出这样重大的决策，充分体现了领袖和中国人民的伟大气魄和信心，为全面开展我国卫星事业创造了最有利的条件。一时间人们热血沸腾，一直关注人造地球卫星的赵九章自然非常振奋，从此全身心地投身到这一神圣而伟大的事业中。

很快，中共中央书记处同意中科院研制人造地球卫星。八大二次会议后，聂荣臻副总理责成中科院张劲夫和国防部五院王净制定独立的空间技术体系规划，包括人造卫星规划方案。为完成人造卫星任务，中科院成立新技术办公室，主管国防尖端科研任务。在聂荣臻授意下，张劲夫、钱学森、王净等在 1958 年 6 月 19 日开会研究探空火箭和人造卫星任务，拟订了卫星发展规划：1959 年发射高 50—70 公里、高 250 公里和高 500 公里的探空火箭，1961 年发射高 1000 公里的探空火箭。[①]

1958 年 6 月 3 日，中科院在北京中直西苑大礼堂召开京区各单位"跃进大会"，各地科技界"大放卫星"，提出研制高能燃料运载火箭、

[①] 当代中国两弹一星事业大事记（征求意见稿）. 两弹一星历史研究会，2012（8）：53.

发射重型卫星，甚至提出要在 1959 年 10 月 1 日前放一颗几百吨重的卫星，向国庆十周年献礼，这显然忽视了我国科技、经济和工业的实际水平。7 月，中科院向聂荣臻副总理报告了分三步走的"卫星研究工作计划"，拟定第一步发射探空火箭，第二步发射小卫星，第三步发射大卫星。火箭以国防部五院为主，探空火箭头和卫星及观测工作以中科院为主，二者互相配合，要求苦战 3 年，实现我国首颗人造卫星上天。上述循序渐进的计划基本合理。同年 7 月，国防部五院和中科院进一步讨论了分工。

紧接着，7 月 24 日国防部五院函送中国科学院地球物理所火箭探测计划，其中探测项目包括高层大气、电离层、大气化学、宇宙线和微流量测量，利用小狗或猴子做动物实验，弹头工程参数测量，从高空向地球快速拍照等。7 月 25 日，王净、裴丽生在地球物理所召开会议，讨论利用高空火箭进行探测的项目及分工，赵九章、卫一清、周炜参加会议。[1]

1958 年 8 月，中科院副院长张劲夫[2]召集钱学森、赵九章、郭永怀等科学家拟订中国发展人造卫星发展规划设想草案。中共中央批准中科院研制人造地球卫星后，为了落实规划任务，中科院于 1958 年 10 月专门成立了"581"组（注：实际存续期 1958 年 10 月—1959 年 11 月），负责组织和协调卫星、运载火箭业务，钱学森任组长，赵九

① 中国科学院空间科学与应用中心. 中国科学院空间科学与应用中心所史（第一卷），2003：192–193.

② 张劲夫为原中顾委常委、国务委员，1956年至1967年曾任中国科学院党组书记、副院长，主持中国科学院的日常工作。在周恩来总理、聂荣臻元帅的领导下，张劲夫曾组织中国科学院参与"两弹一星"（原子弹、导弹和人造卫星）的研制工作，为中华民族赢得国际地位作出了重要贡献。

章任副组长，另一位副组长是地球物理研究所党委书记卫一清。①② 设在地球物理所内，从各所筹备人才，力学研究所杨刚毅，自动化研究所武汝扬，化学研究所华寿俊，电子学研究所顾德欢，计算机技术研究所闫沛霖，生物物理研究所康子文等有关各所的主要领导为"581"组成员。另设技术小组，由钱学森和赵九章主持。经常参加"581"组会议的有陆元九、杨嘉墀、陈芳允、吕保维、马大猷、孙湘、孙健、王正、吴几康、施履吉等。当时这项规划工作抓得很紧，当年 7 月至 9 月三个月间，"581"组每周开会 2 至 3 次。张劲夫、裴丽生、杜润生等中科院领导，国防系统的王净，还有王士光、罗沛霖、钱文极、蔡翘等多次出席会议。③ 当时中科院计划分三步走，第一步发射探空火箭，第二步发射小卫星，第三步发射大卫星。④

除有幸得到中央政治局的 2 亿元专款支持外，中科院领导还特意为搞卫星找出了一个地方。1954 年前后经科学院副院长张稼夫签字，向中直西苑机关借用北京西苑操场甲 1 号一处院落。⑤1958 年 10 月，中科院"581"组办公室及其直属研究组迁入这个院落内的一栋三层小楼⑥。按照当时的保密要求，不能向家人和同学透露任何关于"581"任务的信息，通信用的信箱也只能是代号，就连记事用的笔记本都需按要求上交。

---

① 力方. 太空奏响"东方红". 中国航天报，2000-07-15.

② 陈芳允，杨嘉墀. 我国航天技术发展与技术科学. 中国科学院院刊，1986（4）：289-296.

③ 张劲夫. 我国第一颗人造卫星是怎样上天的？人民日报，2006-10-17（14）.

④ 齐芳. "院士制度会不断完善和发展". 光明日报，2005-12-17.

⑤ 吴智诚. 难忘西苑操场甲1号——中科院早期搞卫星的回忆片段. 选自：岳爱国主编. 定格在记忆中的光辉七十年. 北京：科学出版社，2019：43-44.

⑥ 编委会. 中科院空间科学与应用研究中心史（第一卷），2003：190.

1958 年 10 月至 12 月，"581"任务逐渐成立 8 个研究组，并在此地办公（括号内为小组负责人）：一组总体组（杨俊文）、二组电子学组（周炜、孙传礼）、三组太阳光辐射组（胡仁超）、四组遥测组（蔡君勇）、五组结构组与设计组（田千里、冯宗明）、六组应答雷达组（周秀骥、庞启鸿）、七组环境模拟组（金立肇）、八组高空大气组（余海仁）。[①] 这些研究组由"581"组办公室直接领导，构成一个研究实体，即后来空间物理研究所的前身。

当时西苑操场还相当偏僻，据说晚清时期，这一带曾是一处兵营，还有练兵的操场。西苑医院是操场 1 号，"581"组作为后来者，就成

中科院"581"组旧址：西苑操场甲1号[②]

① 编委会. 中科院空间科学与应用研究中心史（第一卷），2003：1，202.

② 杨照德，熊延岭. 二十世纪中国著名科学家书系　钱骥. 北京：金城出版社，2011：123.

了甲1号。院落的东侧延伸到北大西侧的马路，南侧延伸到海淀镇的一大片水稻田。这处院落视野十分开阔。院内一间平房曾被其他单位借用，从这间平房向东的窗户可一眼望到一公里外彭德怀住的吴家花园和他散步的田埂。时至今日，吴智诚还记得当年科研人员一起在那里筚路蓝缕、刻苦奋斗的场景。那时条件艰苦，为了创造科研条件，一切因陋就简、因地制宜。院内北侧原有一栋灰砖盖起来的三层南北向小楼，给科研人员当作实验室，后来在此基础上又陆续建成了几十间平房，包括机加工车间、玻璃车间、行政办公用房，以及器材仓库和车库等。科技人员不分日夜地查文献，搞计算，自制科研设备，一起做实验，不记得经历了多少挫折和失败了，甚至发生了爆炸伤人事故。环境模拟实验室是在西北角一个旱厕改装起来的，用来给探空火箭上的仪器进行振动、离心、冲击等实验。人们还自己动手建土煤气发生炉，用来吹玻璃、封接真空管。不仅实验条件差，物资补给也不够，可大家精神是富足的。在三年困难时期，大多吃不饱，就连赵九章都曾经双腿浮肿过，依然保持着昂扬的工作热情。为了祖国能尽快发射卫星，上下齐心，甘愿无私奉献。张劲夫、杜润生、裴丽生、郁文等院领导多次到这里指导和慰问科技人员。[1]

　　与此同时，中科院还根据"581"任务的需求成立三个设计院，构建了我国空间技术研制体系。第一设计院负责设计发射我国首颗人造卫星总体设计与运载火箭研制（代号1001）。该院1958年8月成立，以力学所为主，郭永怀兼任院长，杨南生任副院长。第二设计院负责研制卫星控制系统，以自动化所为主。第三设计院负责探空仪器研制与空间环境研究，由地球物理所组建，所长赵九章和钱骥担任科技领

　　① 罗荣兴主编. 科学时报社编, 请历史记住他们——中国科学家与"两弹一星"，广州：暨南大学出版社，1999：338.

导。[①] 第三设计院由地球物理所组建，主攻探空仪器研制与空间环境的研究，但后未成立，地球物理所二部这一研究实体继续存续至1966年1月。

为了充分利用上海的工业力量，1958年11月25日，中科院与上海市委商定，第一设计院的主体部分（含技术部门总体部、发动机部以及全部行政系统）40余人由北京迁到上海，由中科院力学所与上海市委双重领导，对外称上海机电设计院，专门研制探空火箭。第一设计院其余人员留在北京筹建火箭试验基地，建成后对外称北京矿冶学校。

在"581"小组内，赵九章亲自领导一个"581"技术组，定期召开会议，研讨中国人造卫星与探空火箭的研制问题，并汇总提出技术方案设想。参加者有陆元九、杨嘉墀、马大猷、陈芳允、贝时璋、吕保维、施履吉、肖健、孙湘等。中科院领导张劲夫、裴丽生都亲自问过，常来参加会议。中科院外有关单位领导王诤、王世光、钱文极、蔡翘等也来参加会议，会址大多在地球物理研究所。与会专家根据各自擅长，提出许多科学建议和问题。

经过反复讨论、综合分析，由赵九章负责提出总的方案，确定先从火箭探空搞起。火箭探空的箭头部分，分为高空物理探测和生物试验两种类型。箭头结构设计和力学环境模拟设备研制由力学研究所负责；器材局工厂（北京科学仪器厂前身）负责加工；地面跟踪系统由电子研究所负责；遥测、姿态控制由自动化研究所负责。生物型箭头由生物物理研究所和军事医学科学院负责；高空物理型箭头包括当时国际上大多数探测项目，如高层大气参数（温、压、风

---

① 叶笃正口述，周晓平整理. 赵九章先生给我们留下了什么样的宝贵财富. 高技术和产业化，2007（12）：20.

和大气成分）、电离层结构（电子和离子浓度分布）、微流星、磁场、太阳辐射（X射线、紫外线），以及地气背景辐射和宇宙线等。多数项目由地球物理研究所负责，有些项目分工由电子研究所、应用物理研究所、原子能研究所和北京大学地球物理系负责，方案确定后分头工作。

正值"大跃进"年代，说干就干。通过日夜苦干，"581"组成立仅两个月后便赶制出来卫星模型、两个探空火箭头部模型，以及用液氟和甲醇作为推进剂的运载火箭的结构总图、地面雷达照片，向国庆献礼。两个箭头模型，一个是放置了科学探测仪器的高空物理探测项目，一个是放置了金黄色小狗的动物试验项目，可用电动和手动操作来表演，其中一个是载有科学探测仪器，一个载有动物舱。[①]"581"生物小组展示了动物舱模型与小狗生理信号的传递。[②]

为了增强院内各个单位间的相互了解，加强与院外单位的合作，并向中央和相关部门汇报工作进展，10月5日至11月9日，中国科学院举办了自然科学跃进成果展览会。赵九章、卫一清、周炜等参加了空间科技方面的筹展工作。在保密馆内展出的是一套运载火箭设计图、两个火箭箭头模型、发射过程表演沙盘和地面雷达照片等。[③]

赵九章、陆元九等科学家为参观者亲自做了深入浅出的讲解，令听者兴趣盎然。聂荣臻在展览还未开幕就来了，接着陈毅、彭德怀、刘少奇和王光美也来了。1958年10月15日，赵九章率高空大气物理

---

① 游本凤. 浦江天歌——第一枚探空火箭升起的地方. 中国宇航出版社，2007：3-5.

② 陆绶观. 中国首颗人造地球卫星的诞生. 选自：广州：暨南大学出版社，科学时报社. 请历史记住他们——中国科学家与"两弹一星". 1999：338-343.

③ 中国科学院空间科学与应用中心. 中国科学院空间科学与应用中心所史（第一卷），2003：192-193.

访苏联代表团去苏联访问后，展览上还来了很多领导人。10月25日，毛泽东主席也前来参观了，先后来的还有周恩来、朱德、邓小平、李富春、胡乔木等。[①]尽管展览产生了较大的社会轰动，但赵九章冷静地意识到：冲天的热情不能代替科学。作为展览模型已费了很大的劲儿，要能真正上天，工作还差得很远，对许多技术问题没有底，需要冷静地思考，做实实在在的基础性工作。

　　1958年5月17日，毛泽东在中国共产党的八大二次会议上提出，我们也要搞人造卫星。11月21日至12月10日，中共中央在武昌先后召开政治局扩大会议和八届六中全会。作为候补中央委员的张劲夫向党中央提交了《中国科学院关于人造地球卫星工作的报告》，反映了科学家们的这个意见。很快中央政治局开会研究原则同意这一报告，同意以科学院为主搞人造卫星，并决定进行拨款支持，中共中央随后经李先念同意核拨2亿元人民币专款，支持中科院开展人造卫星研制。[②]中国科学院在北京、上海嘉定、山西太谷三地先后建立了三个科学仪器厂，承担卫星结构、有效载荷、无线电跟踪设备等的加工生产。这三个工厂后来成了空间技术研究院进行卫星本体加工生产、总装测试等的主力工厂。[③]

---

　　① 罗荣兴主编，科学时报社编. 请历史记住他们——中国科学家与"两弹一星". 广州：暨南大学出版社，1999：338.

　　② 中国科学院空间科学中心. 中国科学院空间科学与应用中心史（第一卷），2003：220.

　　③ 柳志卿. 潘厚任回忆东方红1号研制历程. 国际太空，2010（04）：20.

三、访苏后调整路线

1. 访苏受挫

建立"581"组是为了开展卫星研制，但是人们对于如何研制卫星还心中无数，试图去苏联考察一下卫星研制和探空火箭的情况。之前，中科院院长郭沫若 1957 年 11 月率领代表团访问苏联时，曾与苏联科学院院长涅斯米扬诺夫联系参观苏联研制卫星的实验室，了解他们利用火箭和卫星探测高空的相关情况，双方还签订了《中国科学院和苏维埃社会主义科学院合作议定书》。经郭沫若与苏方联系，得到对方同意。[①] 之后，中科院组织了一个较大的代表团，作为中苏双方科学院一次专家交换访问，于 1958 年 10 月 15 日至 12 月 28 日访问苏联，对外宣称为"高空大气物理访苏代表团"，持续 70 天。赵九章为代表团团长，卫一清为副团长，团员有钱骥、杨嘉墀、杨树智、何大智，还有一位俄语翻译。出发前，中科院副院长张劲夫到地球物理所商讨代表团的事情。为了抢时间，他对赵九章说："说走就走，今天是星期日，后天就走。"[②] 一行人中，只有赵九章一个人知道此行的真正目的是"卫星"。

代表团预订了 10 月 14 日伊尔 –14 机型的机票。因飞行时间过长，曾有人建议改乘 10 月 17 日的图 –104 机型。过后几日才得知，10 月 17 日由北京南苑机场飞往莫斯科的一架图 –104 客机因气候原因，于苏联楚瓦什自治共和国境内的卡纳什地区的上空爆炸起火，乘客和乘

① 金立肇. 赵九章不支持《中国地震区域划分图》申请列宁科学奖金，1991（2）：49.

② 张劲夫. 我国第一颗人造卫星是怎样上天的？人民日报，2006–10–17（14）.

1958年赵九章（右一）率中科院大气物理代表团访问苏联

[右起为：赵九章、钱骥、卫一清、杨树智、苏方专家、何大智（翻译）、杨嘉墀]

务员全部死亡。赵九章和中国文化代表团庆幸地躲过了这一生死劫，但他们在莫斯科的访问并不顺利。

高空大气物理访苏代表团受到了热情的接待，费用由苏方负责，每天还按规定给每位专家发津贴。当时中苏两国的关系已经出现裂痕，苏联人不愿意让中国人了解他们抢先美国发射的人造卫星的核心机密。负责接待的人说，参观卫星设备要赫鲁晓夫批准，一直故意拖延时间。赵九章、卫一清表现了足够的耐心来等待。

苏联不少基层研究所的专家学者都访问过中国科学院地球物理所，并受到赵九章的热情接待，现在要他们把赵九章等中方专家拒之门外，也不好开口。赵九章向苏方指出，他上次访问苏联时，苏联科学院应用地球物理所所长费德洛夫院士曾陪同他参观过该所，他曾见到这个所内不少高空探测仪器和设备。费德洛夫曾亲口对他说，这次时间仓促，下次他来时再仔细看看。有些苏联专家私下劝赵九章不必回国，他们正在积极努力促成中方代表团的参观，并准备他想看的材料、需要的仪器，以及火箭探测和卫星观测的图像资料。只要上级一批准，他们就马上接待。[1] 赵九章在滞留期间，只能参观公开展出的卫星生物舱和火箭头部等实物。后来苏方勉强让代表团去参观了应用地球物理所，并敷衍地介绍了情况。[2] 代表团还参观了空间电子学研究所、地磁研究所等单位。代表团抓紧参观机会，尽可能多地了解些情况。在地磁研究所参观时，苏方所长很热情，亲自陪同，由上午看到下午，午餐也没有吃，临走还送一个小型的磁强计模型作为礼品。

有一天，苏方把代表团请到一个院子里，开来一辆卡车，上面装载的设备用布盖着，掀开盖布后人们看到一个形似探空火箭的箭头，这实际上是进入卫星轨道的卫星，里面装有一些探测仪器。代表团围

赵九章在苏联参观工业科技展览

① 金立肇. 赵九章不支持《中国地震区域划分图》申请列宁科学奖金，1991（2）：49.

② 吴阶平等主编，《赵九章》编写组. 赵九章. 贵阳：贵州人民出版社，2005：111.

绕卡车看了一阵后，提出可否打开来看一下里面，未能得到同意。在莫斯科还参观了苏联公开展出的工业科技展览，代表团对苏联的先进工业和科技还是开了眼界。访问期间，卫一清请示我国外贸部部长，拨给了7万卢布，在莫斯科采购了一批晶体管等科研急需的器材。

代表团在苏联一共待了两个半月，一直未能看到卫星研制及其他相关的关键部分。赵九章不无感慨地说：靠天、靠地靠不住，发展宇航科学，主要靠我们自己的力量。苏联科学院技术科学部主任勃拉冈阿洛夫也曾建议，中国应先从探空火箭做起，这样发射卫星更有把握成功。

代表团12月下旬回国，由于10月空难，一些人已不愿再坐飞机了，主张坐火车回国。赵九章认为并没有那么夸张，还是决定乘图-104型飞机。飞机到伊尔库茨克降落时，一个轮胎爆裂，在伊尔库茨克只得住一夜，第二天轮胎换好，驾驶员喝得醉醺醺地上了飞机，却不能正常驾驶了。乘客很庆幸，还是不飞为好，只得再等中国民航的伊尔-14型飞机。12月31日下午，赵九章一行人终于平安地回到了北京。

2. 调整路线

这次行期70多天的访问，赵九章与代表团认真做了总结思考。他们深深地认识到发射人造卫星是一项技术性复杂、综合性很强的大工程，需要有较高的科学技术水平和强大的工业基础做基础。针对国外对中国的技术封锁，中国尚未具备这样的条件，应该根据实际情况，应立足国内，走自力更生的道路。我国空间探测事业要由小到大，由低到高，由初级到高级逐步发展。根据当时国内情况，我们发射卫星的条件尚未具备，应先从火箭探空搞起。

1958年"大跃进"时期，大家到处都"放卫星"，紧接着就是"三年困难时期"。在当时我国的经济、技术条件下，如果想很快发射卫星，可以说是不可能的。这时中央有关单位也意识到，我国还不具备放卫星的条件，代表团的建议与中央关于卫星的指示精神不谋而合。时任中央常委、副总理陈云和邓小平分别对张劲夫说："卫星还要搞，但是要推后一点，因为国家经济困难"①，果断决定放慢卫星研制的步伐。当时赵九章根据中央指示，坚决提出来分两步走。第一步是发展探空火箭，之后具备一定条件后，再发射卫星。

1959年1月2日，苏联发射了"月球1号"星际探测器，绰号"梦想"。这是人类发射成功的第一个星际探测器，是苏联的第一个月球探测计划"月球计划"的第4颗无人月球探测器。赵九章对此高度肯定，认为通过月球地区发射的第一个人造行星将比人造地球卫星对地球物理学起着更深远的影响。很快，1月8日他就在《人民日报》上发表文章，指出"……由于人造行星的探测，地球与太阳系中别的星球的密切关系就可能了解得更清楚、地球物理学将加速地与太阳系天文学与太阳物理打成一片，形成许多新的边缘科学，找出许多学术发展上的新的生长点，这会大大地促使地球物理学的发展……它的影响目前还难以完全估计出来。"② 在他的心里，是多么期望我们的祖国也能早日发射自己的人造卫星，以推动我国地球物理学的发展。

1959年12月"581"组研究实体改组为地球物理所二部（作者注：存续期1959年12月至1966年1月），开展空间物理和气象火箭高空探测，以及人造卫星预研和卫星上的仪器跟踪测轨等研究。研究组先后变为研究室。1960年底，原物探研究室转入地球物理所二部，组建"遥控遥测研究室"，解决气象火箭的跟踪定位问题③。这时该所共划分为10个研究室：一室（卫星火箭总体和环境模拟设备）；二室（大

---

① 巩小华. 中国航天决策内幕. 北京：中国文史出版社，2006：150，156.

② 赵九章. 对地球物理学将发生深远影响. 人民日报，1959-01-08（7）.

③ 虞昊、黄延复. 中国科技的基石：叶企孙和科学大师们. 上海：复旦大学出版社，2000：235.

气物理）；三室（地震）；四室（遥测及跟踪定位）；五室（地磁）；六室（电波传播）；七室（地震核侦察）；八室（中层大气）；九室（地壳物理室）；十室（高空磁场）[1]。其中第十室为 1963 年 12 月新增，由赵九章兼任室主任。[2] 1961 年前后，地球物理所所址以北京西苑为主，在北郊、中关村都设有实验室和办公室，上下班通班车，这一状况一直持续到 1969 年 10 月。[3]

　　至 1960 年中国科学院主要承担国防尖端研究任务的单位共 24 家，约 1.7 万人。为适应国防科研任务的管理需要，1960 年 7 月 2 日中科院成立新技术局，7 月 15 日国家计委党组通知，为了加强国防尖端的保密工作，规定中国科学院新技术局对外业务联系使用"04 单位"代号。[4] 应用地球物理研究所也归口新技术局。

第十章　继续组织推进卫星预研

　　在 1959 年 12 月，"581"组更名为中国科学院地球物理所二部，主要研制探空火箭探测仪器；并开展人造卫星相关问题的预先研究，

　　[1] 秦馨菱. 祝贺地球物理研究所建所 40 周年. 选自：地球物理研究所四十年编委会. 地球物理研究所 40 年（1950—1990）. 北京：地震出版社，1990：14.

　　[2] 编委会. 中科院空间科学与应用研究中心史（第一卷），2003：1、203.

　　[3] 编委会. 中科院空间科学与应用研究中心史（第一卷），2003：190.

　　[4] 樊洪业主编. 中国科学院编年史（1949—1999）. 上海：上海科技教育出版社. 1999：116.

在理论上和技术上为卫星上天做准备。"1959 年到 1964 年中国科学院地球物理所二部建立了总体研究室，中高层大气探测研究室、电离层研究室、遥测遥控跟踪定位研究室、空间光辐射实验室、空间磁场研究室和空间环境模拟实验室等，人员从 1958 年的几十个人发展到1964 年的 400 多人，为我国的卫星科学与技术进行了大量的预研工作。"[①]

赵九章提出来的口号是为我国卫星提供科学问题。他比较重视理论，认为搞技术也要注意技术上的理论，不应当专干不学。这也是他的一贯思想。在地球物理所二部成立不久，他就为二部作了一个报告。主张在搞技术的同时，也配合着要搞理论，不能简单地抄袭外国。不能像该所地震、地磁那样，一个台站建得不合适，只会产生一些影响。但是一个火箭或卫星设计不好，科学问题提得不正确，就会给国家造成巨大的财产损失。他的思想对青年一代产生了很大的影响。

从 1959 年起到 1965 年间在关于人造卫星的具体工作中，围绕人造卫星的研制，赵九章尽心尽力地领导"581"组研究实体开展工作，尽管机构几次变更，他都把工作的出发点和落脚点建立在我国科技和工业基础上。

一、以火箭探空为先导

1959 年 1 月 21 日，张劲夫在中科院党组会上传达中央书记处总书记邓小平，以及陈云的指示："卫星明后年不放，与国力不相称。""卫星还要搞，但要推后一点，因为国家经济困难。"1959 年下半年，中国科学院根据中央的要求，结合赵九章等人的建议，很快对"581"任

[①] 宋健主编．"两弹一星"元勋传下．北京：清华大学出版社，2001：118.

务目标和研究队伍做了相应的调整，随后张劲夫提出"大腿变小腿、卫星变探空"的工作方针，这次调整不是下马，而是着重打基础。

1959 年初根据中科院任务调整的指示精神，结合访苏总结，赵九章与卫一清、钱骥商量后，提出中国空间探测的五条意见："以火箭探空练兵，高空物理探测打基础，不断探索卫星发展方向，筹建空间环境模拟实验室，研究地面跟踪接收设备。"这五条代表了地球所该时期在空间方向的五项任务，实际上是为卫星研制做准备。[①]

此后，中科院停止研制大型运载火箭和人造卫星，把工作重点转移至研制探空火箭，开展高空探测活动；也坚持开展人造卫星有关单向技术研究，为发展航天器技术和地面测控技术做准备。很多研究所纷纷下马关于人造卫星的科研项目。1959 年起，中国科学院着手落实火箭探空任务，赵九章提出了我国火箭探空要解决的科学和应用研究课题。1959 年上半年起，地球物理所将主要力量转向气象火箭探测仪器、遥测、定位系统以及相关设备的研制。在 1959 年 3 月他给上级的一份报告中指出："火箭探测 100 公里高空大气环境参数是设计高空飞行武器，远程导航及遥远控制所不可缺少的资料，同时也是改善天气预报，研究电波传播的重要基础。"[②]

在国防科委组织下，中科院与五院合作研制和平一号地球物理火箭。经钱学森、赵九章等召集，1959 年 5 月 3 日在国防部五院开会研究了"和平一号"空间物理探空火箭方案。商定有效载荷除气象参数测量外，还要开展高空电子、离子浓度、微流星粒子、太阳 X 光和真空紫外、磁场及宇宙线等探测研究。1959 年 5 月 4 日，钱学森主持了

---

① 陈金梁. 赵九章与中国的航天事业. 江苏科技信息，2003（11）：20-21.

② 吴阶平等主编，《赵九章》编写组. 赵九章. 贵阳：贵州人民出版社，2005：121.

"和平一号"火箭协作分工会议，就遥测系统、箭上仪器、结构设计、弹道测量、与靶场挂钩问题做了具体安排。科学院的谷羽、赵九章，以及五院刘秉彦、梁守槃等到会参加。①

同时，"581"组着手落实火箭探空任务，组织了箭头总体、遥测、雷达跟踪、天线、电源和环境模拟设备等探空技术的研制队伍。那时条件相当简陋。比如研制人造地球卫星，需要开展空间环境试验，他们又没有仪器。只能利用西苑操场甲1号的一个旱厕所，把粪坑填掉，打上水泥地面，粉刷了墙。再将环境试验设备装到里面，拉上电源，就成了环境试验的实验室。

从卫星研制来说探空火箭的确起着练兵作用。探空火箭是在近地空间（50—300公里高度范围内）进行空间探测的有效手段。在人造卫星出现后，探空火箭体积较小、结构简单、成本低等特征决定了探空火箭仍是经济有效的探空手段。1945年9月26日，美国喷气推进实验室（JPL）发射了世界上第一枚高空探测火箭"女兵下士"，成为空间时代的先行者。

早在1958年9月赵九章找杨俊文谈话，要他从海浪研究组转到空间任务，担任卫星总体组组长。赵九章、钱骥安排杨俊文、何正华、胡其正、张彭荣等总体组人员参加气象火箭探空总体工作，负责设计加工箭头上的机电部件，组织协调各课题组间的技术指标，和上海机电设计院协商火箭与箭头间的衔接技术，进行箭头总装总调及其与地面设备的联调，进发射场装配和开展试验等，同时组内还研制了箭头供电、天线等公用设备。

1959年8月，上海机电设计院开始探空七号(T-7)气象火箭的设计、

---

① 陆绶观. 中国第一颗人造地球卫星的诞生. 选自：科学时报社编. 让历史记住他们——中国科学家与"两弹一星". 广州：暨南大学出版社，1999：87.

研制。总体组于 1959 年 10 月参与制作探空火箭箭头模型[①]，以便赶上国庆节中科院的成果展览会。万事开头难。根据赵九章与苏方协商约定，1959 年 10 月，苏联高空气象观测台寄来了气象火箭探测箭头、仪器产品（57 产品）外形布置图纸，但没有详细的技术性能说明。地球物理所二部决定，在参考此图纸的基础上，研制我国自己的气象火箭测量仪器以及遥测、定位等探测系统。同时，赵九章、钱骥组织研制气象火箭探测系统，开展大气温度、气压、辐射等探空仪器、遥测仪器和跟踪定位系统的研制。与此同时，在赵九章、钱骥的指导下，杨俊文、何正华、胡其正、张彭荣、马天任、何传大等密切关注着国外卫星发射动态，搜集美国、苏联等国资料，就空间技术和应用发展动向、卫星结构和材料、卫星温度控制等写出专题报告。

1960 年，中央实行"调整、巩固、充实、提高"的八字方针。邓小平和陈云均指示："卫星还要搞，但是要推后一点。"1960 年 2 月 9 日，上海机电设计院自行设计制造的 T-7M 试验型液体燃料探空火箭在上海南汇县简易发射场发射成功。这是中国探空火箭技术取得的第一个具有工程实践意义的成果。[②]

1960 年初，卫一清和上海机电设计院艾丁共同选定了安徽广德县誓节渡镇的一块山坳地作为火箭发射场，由中科院地球物理所和上海机电设计院两单位共同承担建设任务，代号为"603"工地。赵九章、卫一清指派留英回来的博士朱岗昆为工地主任，与上海机电设计院就共建发射场技术协商。在物质条件异常困难的条件下，只用三个月就初具规模，于 1960 年 7 月 1 日进行了第一次 T-7 发射试验。

① 樊洪业主编. 中国科学院编年史1949-1999. 上海：上海科技教育出版社，1999：95.

② 编辑委员会. 中国科学院六十年（1949—2009）. 2009：80.

1960 年 5 月 28 日，毛泽东主席亲临上海新技术发展展览会尖端技术展览室，视察了 T-7M 液体火箭。他仔细阅读了产品说明，询问火箭可飞多高，讲解员回答：能飞 8 公里。毛泽东主席意味深长地说：8 公里那也了不起！并鼓励大家：应该 8 公里、20 公里、200 公里地搞上去。[①]

到 1960 年 6 月初，地球物理所、自动化所研制的两套箭头仪器运往上海机电设计院装配，6 月下旬将第一颗箭头运到安徽誓节渡火箭试验场，经场地联试装配后，赶着为党的生日献礼，于 7 月 1 日正式发射，但因液体火箭发动机在发射架内爆炸失败。但为此逐步建立的电离层物理研究室、高层大气物理研究室、空间光学及地磁与宇宙线实验室，继续从事各类空间探测器的设计研制工作。

中科院上海机电设计院和地球物理所合作研制出的中国第一枚气象火箭 T-7 型于 1960 年 9 月 13 日在 "603" 火箭发射场首次飞行试验成功。T-7 型火箭是中国第一代气象火箭中的率先型号。T-7 型气象火箭的发射成功为我国空间技术的发展探索出了有益的经验，并创造了条件。它对高空风速、风向、气温、气压和密度的测量取得了有价值的数据。[②]

通过火箭探空的实践，在遥测系统研制和运行、雷达应答机定位技术、超短波色散干涉仪电波传播研究、多种空间探测仪器研制和箭头总体技术等方面都取得了宝贵的经验，为日后的卫星研制打下了良好的基础。

1960 年 12 月下旬，赵九章到安徽广德 "603" 火箭发射场考察。

---

① 樊洪业主编. 第一枚试验型探空火箭（T-7M）发射纪实. 院史资料与研究. 1999（03）：47.

② 编辑委员会. 中国科学院六十年（1949—2009）. 2009：80.

在朱岗昆、林艺圃的陪同下，他仔细查看了发射控制室、发动机测试室、助推器装药室、推进剂加注房、发射场坪，52 米高四导轨发射架，箭头总装总调间、遥测接收站、雷达阵地、气象观测室、生活区等。看后他非常高兴，对朱岗昆说："你这位书生不仅搞学问内行，在气象火箭探测方面也有一套，在发射场地的规划建设上也考虑得很周到。"他还语重心长地叮嘱朱岗昆："你也不能长期陷入发射场工作中，你还应去搞你的学问，

1960年9月13日T-7火箭发射成功

承担你所擅长的重任。"不久朱岗昆回到地球物理所，参加了火箭研制急需的 100 公里左右的高空风的探测研究。

　　在钱学森的指导下，从 1958 年起中国科技大学力学系火箭小组开展了探空火箭的科研工作。从 1960 年 6 月起，在钱学森和赵九章的指导下，该校力学和力学工程系及应用地球物理系的同学，在北京八达岭长城附近的山地里，开展为期两个月、共 13 次催化暖云降雨试验，在北京市八达岭进行了 13 次试验，取得了初步成效。中国科技大学党委副书记王卓和中科院地球物理所所长兼中科大应用地球物理系[①]主任赵九章都曾前往参观和视察。[②]

---

　　① 1964年中国科技大学应用地球物理系合并到该校物理系，改为地球物理专门化。

　　② 张瑜. 钱学森先生与科大力学系火箭小组（附图片）. 光明日报，2009-08-22（5）.

1960 年 12 月 28 日，赵九章和中科院副院长裴丽生、国防部五院副院长（兼任中科院力学所所长）钱学森等一起到"603"发射场，观看了 T7-004 气象火箭发射试验。全箭起飞总重 800 公斤，箭头重量包括降落伞 43 公斤，火箭起飞后遥测接收正常，但雷达没有跟踪到，飞行高度仅 6 公里。赵九章说："这是开始做试验难免出现问题，找到问题，总结经验教训，我相信不会多久总会达到 100 公里的。"他鼓励大家继续努力，并要全所都学习他们艰苦奋斗的作风。裴丽生和钱学森等对工作人员艰苦创业的精神进行了充分肯定和表扬。

因为当时地球物理所只有 T-7 探空火箭。赵九章赞同当时苏联专家布拉国拉沃夫、费德罗夫的建议，即地球物理所从 T-7 火箭开始，再通过科学探测卫星 1 号来训练队伍，建立高空探测技术及学科。[1] 由于国防科委 1962 年[2] 3 月正式向中科院下达 T-7 气象火箭的任务，尽管地球物理所二部在火箭工作上做得比较少，但大家的积极性很高。根据苏联图纸设计了弹头装置，但雷达跟踪当时没有完全解决，八院负责的弹头回收降落伞降速太大，以致温度和压力测量数据无法处理。地球物理所二部人员把工厂抛弃了的废品和器件安装到样机上，制成了应答器和雷达部件，以及色散干涉仪，并成功地探测到高空数据。[3] 1963 年 12 月 22 日，第一枚探空七号甲（T-7A）气象火箭在安徽省广德探空火箭基地发射成功。赵九章虽然作出了不少贡献，却没有被通知去现场观摩，这令他感到沮丧。

1964 年上半年，二机部指名要调走孙超，地球物理所曾就此事向国防工办表示不要调离的意见，赵九章还向周总理呈送了一封信申述

---

① 赵九章. 1965年在地球物理所的汇报. 1968. 中国科学院档案.

② 赵九章在其回忆文字中写为1961年，实际为1962年。

③ 赵九章. 1965年在地球物理所的汇报. 1968. 中国科学院档案.

意见。孙超 1952 年毕业于北京大学后，分配到中科院地球所工作，在赵九章所长的领导下，参加海浪工作。1956 年 8 月留学苏联，1961 年回国后长期从事气象火箭探空、高空物理研究。[①] 孙超在地球物理所八室担任副主任，主要负责气象火箭探空研究任务，并即将承担二机部向地球物理所提出的有关气象研究的课题。如孙超调去二机部，地球物理所二部的研究力量将被很大削弱，同时在兄弟所中有专门研究爆炸的机构和人员。后来，地球物理所书记卫一清又专门向中科院张劲夫、裴丽生副院长并党组请示此事。[②] 后来孙超留在了地球所。

二、卫星轨道计算

为加强各研究室的研究力量，赵九章倾尽了太多心力。从 1958 年 9 月，赵九章就调人组建人造卫星总体组。1960 年起，人造卫星总体组隶属于总体研究室，也叫第一研究室，由钱骥直接领导。1965 年后钱骥任"651"设计院副院长。

1963 年 5 月 10 日，钱学森到赵九章家，与赵和杨俊文等讨论了美国载人飞船"信心 7 号"的问题。[③] 赵九章派人将杨俊文叫到自己家中。当他匆忙赶到赵家后，发现钱学森已在那里。赵九章亲切地说道："钱院长刚才给我们提出一项工作，要我们立即做一下。美国将在最近从卡纳维拉尔角发射一个载人飞船'信心 7 号'，要经过我国上空，会对地面进行军事侦察，钱院长要我们对这个飞船经过我国上空的时间

① 中国科学院国家空间科学中心，离退休办公室. 空间中心领导和工会看望全国劳动模范孙超. 2020-01-23［2021-8-7］. http://www.nssc.cas.cn/.

② 卫一清致张、裴副院长并党组的信. 中国科学院档案.

③ 张现民主编. 钱学森年谱（上）. 北京：中央文献出版社，2015：274-275.

和地点进行轨道预报，以便我国采取对策。"

据美国公布的资料，预计"信心 7 号"飞船的具体发射时间为 1963 年 5 月 15 日 21 点，轨道倾角为 32.5°，飞船绕地球运行的周期为 88.2 分。赵九章要杨俊文参考轨道计算方法，找总体组的几个人参加飞船轨道的计算工作，力争赶在美国正式发射飞船之前做出轨道预报。杨俊文果断地接受了任务，然而此前人造卫星总体组之前从未做过飞船轨道计算之类的工作。由于时间要求急，杨俊文火速赶回研究室，调查和确定计算卫星运行轨道的方程组。总体组内曲广吉等五人参加了任务，他们用借来的手摇计算机，接连几天几夜进行连续计算，得到几十条飞船运行轨道在地面投影的曲线图表。

由于美国"信心 7 号"（即"水星 9 号"）飞船计划绕地球 22 圈后即返回地面，他们按照前面 22 圈中进入中国上空的资料再次核实订正。当美国正式发射该飞船前，他们又根据美国当时宣布的资料，高效地计算出该飞船经过我国上空新的时间、地点预报图表。赵九章把杨俊文和吴智诚叫到自己家里，审查了人造卫星总体组算出的预报图表后放心下来。之后，杨、吴二人当晚即向国防科委的值班室报告了预报结果。

三、气象卫星预研

20 世纪 60 年代初，赵九章虽然人届中年，但思想年轻，对国际前沿的新技术发展保持着高度的敏感。在 20 世纪 60 年代初，赵九章的思想逐渐形成以两个卫星为目标：一是空间物理科学探测卫星，二是气象卫星。

赵九章深感急需发展新的探测实验技术与手段。高空火箭和卫星的出现给气象观测提供了有利的工具。赵九章提倡将各种类型的无线电波、声波和激光技术应用到大气探测方面来。早在 1957 年至 1958 年，他就曾多次提出，要把激光技术引入气象领域，还要求周秀骥提出进行气象探测的激光雷达方案。1960 年 4 月 1 日，美国发射了世界上第一颗试验性气象卫星泰罗斯（TIROS）1 号。这颗试验气象卫星具备了当时最优秀的技术性能，装载了电视摄像机、遥控磁带记录器，以及照片资料传输装置。它在 700 千米高的近圆轨道上绕地球运转，拍摄了云图和地势照片，有用率达 60%。一向有敏锐的学术嗅觉的赵九章马上意识到，气象卫星将会大有用武之地：除了为气象服务外，它对于初期发展空间研究技术、空间侦察等国防建设都意义非凡。在一封档案文件中，他详细介绍了美国第一代气象卫星泰罗斯卫星，以及第二代气象卫星"雨云"的发射情况及观测项目。赵九章预计运用气象卫星最完善的观测方法是用三个地球同步卫星监视天气变化，同时用两个类似"雨云"的卫星做观测补充，从而得到完全的全球天气资料。同步卫星可以始终在某一地点上空而不移动，能够随时发送气象资料。[①]

　　当时国家正处在经济困难时期，赵九章明确要求空间光辐射研究组克服困难，以气象卫星预研为核心任务，立即开展气象卫星预研工作。他组织了对国外气象卫星、侦察卫星和预警卫星进展情况进行调研，为此成立了由光辐射组和情报资料组人员组成的调研组，调研分析国外气象卫星、侦察卫星的发展道路，以及预警卫星失败的原因。在此基础上，他主持了气象卫星对大气科学发展影响方面的基础研究和星载关键探测技术试验及探测仪器的预研工作，从热敏电阻、硫化铅等元件测试，光电管扫描探测试验等入手，一直到气象卫星星载仪器多

---

　　① 赵九章. 气象卫星. 中国科学院空间科学与应用中心档案室. 院史资料与研究，2000（6）：51–52.

种方案的分析研究。① 为了开展气象卫星关键探测技术的试验工作，他首先增强研究技术队伍的力量，将原来从事核爆炸探测的一个七八人规模的小组调入光辐射组，增强其光、机、电以及理论实验等方面的研制。他还指导研究生参与试验和设计工作，做氧化碳和臭氧吸收光谱实验，研制多次反射吸收池，准备做长光路红外光谱实验，以加强研究生的理论和实验能力。正是赵九章和同事们四年多的扎实刻苦的工作，才催生了 1965 年我国第一颗人造卫星规划方案论证会（代号"651"会议）上《气象卫星及其探测仪器》的报告。

光辐射组自 1964 年开始，与中科院长春光机所合作开展红外干涉光谱仪的关键技术攻关试验研究。为了克服干涉光谱仪镜面平移精度要求很高且对振动极为敏感的难点，光学组经多次讨论提出采用了转动机构代替平移机构的设想，这一大胆采用新技术的方案令赵九章非常满意，到 1966 年初完成试验样机并生成了干涉条纹。② "文革"开始后，工作不得不停了下来。后来国外气象卫星大气探测的进展说明，赵九章当时选定的技术攻关方向是正确和有发展前途的，在技术方案上是先进的。

在基础研究方面，赵九章根据我国当时与国际开展交流较困难，许多基础实验数据无法获得的情况下，从基础实验资料和反演方法两个方面组织这一工作。他还亲自主持开展气象卫星对大气科学发展的影响相关的基础研究，带领一批年轻人开展了对大气遥感理论的研究，开展星载探测仪器的预研工作，并亲自召集气象卫星探测理论与方法

① 王大珩. 在赵九章先生百年诞辰纪念大会上的致辞. 选自：中国科学院国家空间科学中心《赵九章先生纪念文集》编委会. 赵九章先生纪念文集. 北京：科学出版社，2021：7.

② 所史编委会. 中科院空间中心史（第一卷）. 空间物理所册，2003：95-96.

的学术讨论班。[①] 他还领导建立了大气光谱实验室。

他亲自主持气象卫星探测理论与方法的学术讨论班，带领一批年轻人开展了对遥感理论的研究工作。他亲自领导建立大气光谱实验室。1966 年，赵燕曾等 8 人在当时的地球物理所研制出了我国第一台脉冲红宝石激光雷达，开展了测云、烟、大气消光、大气能见度等的激光探测大气要素的实验研究工作。这项工作在国内居先进水平，与当时国际水平相当。[②]

他带领北京大学地球物理系两名研究生王英鉴、朱广赜开展气象卫星预研。因无法获得国外实验资料，赵九章指导他们从实验工作入手，由王英鉴开展二氧化碳红外吸收系数的测量，利用气象卫星反演大气温度垂直分布所必不可少的实验数据，后来这一工作不得已停止。朱广赜负责臭氧红外吸收系数的测量。进行臭氧含量测量需要复式紫外单色仪，赵九章与武汉测地所协商，将 20 世纪 50 年代从荷兰进口的该仪器调归地球所，保证了实验工作的顺利进行。[③] 为解决所必需的红外光源，他动用了所内仅有的少量外汇进口了能斯特灯（Nernst lamp）红外光源，保障了实验工作的顺利开展。

为解决普通吸收池吸收路径较短，不能满足大气测量需要的问题，赵九章与王大珩协商，打算利用长春光机所仿制的双光路分光计配多次反射吸收池。赵九章还指导研究生开展了二氧化碳和臭氧吸收光谱试验。为开展大气辐射的实验室测量，在法国访问期间，赵九章发现栅格光谱仪具有测量低温大气辐射能力，于是决定引进该红外光谱仪。

---

① 周秀骥. 大气遥感研究的进展. 大气科学, 1979（3）：203-210.

② 吴阶平等主编, 《赵九章》编写组著. 赵九章. 贵州：贵州人民出版社, 2005：51.

③ 所史编委会. 中科院空间中心史（第一卷）. 空间物理所册, 2003：97.

他请同他一起出访的法语翻译协助翻译相关技术资料，并请程茂兰帮助校对。之后，他亲自向总理写报告，经批准后引进成功。为深入了解大气温度遥感的测量原理和探测能力，赵九章及时组织光辐射组进行数值模拟研究，并请大气研究室的魏鼎文参与工作。魏鼎文在国际上首先发现了大气臭氧逆转法的不稳定性，得到国外同行专家的肯定。[1]

正是由于赵九章和空间光辐射室四年多的工作，才能在 1965 年的"651"会议上提出《气象卫星及其探测仪器》的报告[2]，以及国外侦察卫星、预警卫星、高空核爆监测卫星的调研报告，为我国发展卫星光学观测工作制定了一个初步的总体设想。

几年时间里，各研究室陆续开展了大量有价值的预研工作，科研成果上取得了较大进展。

四、空间环境模拟实验室建设

虽然卫星研制工作进度放缓，但还是陆续制造出了不少卫星研制相关的空间环境模拟试验设备，包括大型振动台、冲击台、地面气候模拟试验箱、高声强实验室，直径 14 米的大型离心机，以及 2 米直径的超高真空罐等。通过这些设备可针对探空火箭仪器和箭头进行环境模拟试验。尤其是超高真空罐，可模拟出卫星在轨道运行时的热辐射环境与黑冷环境。[3]

赵九章积极准备环境模拟的实验及有关理论的探索，目的是今后

① 吴阶平等主编，《赵九章》编写组. 赵九章. 贵阳：贵州人民出版社，2005：94.

②《新中国超级工程》编委会编. 举世瞩目的尖端科技. 北京：研究出版社，2013：29.

③ 柳志卿. 潘厚任回忆东方红1号研制历程. 国际太空，2010（04）：20.

一旦解决运载工具，我国可以发射火箭和卫星时，已经提前做好必要的准备。

为了配合气象火箭研制的进度要求，1959年地球物理所白手起家，开始筹建能进行高低频振动、冲击和离心试验的动力学环境模拟室，又称空间环境模拟实验室。1959年至1964年，科技人员成功研制出一系列大型地面环境模拟设备，可对探空火箭箭头和整个卫星进行试验。其中有的成果，如2米超高真空太空模拟器可模拟卫星在轨道运行时的阴影环境和热辐射环境，这一成果接近当时的国际水平。1965年在赵九章、卫一清、钱骥等陪同下，郭沫若、张劲夫、裴丽生等中科院领导参观这个实验室时，高度赞扬这项工作，认为这是为我国卫星上天做了实实在在的准备。

周炜1946年武汉大学物理系毕业后，留校任物理系助教，在电离层站兼任观测工作。1950年调往中国科学院地球物理所地磁组工作，起初在南京的北极阁地磁台做常规观测，后开展了地磁野外普测。1953年，陈宗器先生将他调至上海佘山观象台。1956年开始负责武汉电离层观测站。[①]1957年底，苏联第一颗人造卫星上天后，赵九章便很快把周炜从武汉电离层观测站调回北京，从事人造卫星相关工作。后来，他和钱骥一起成为赵九章的左膀右臂。

环境模拟实验室从1958年10月开始筹建起，就考虑到作为卫星试验的环境模拟设备。在1959年国家调整人造卫星研制战略，将重点转移到探空火箭之后，空间环境模拟实验室的建设变为配合气象火箭研制进度要求。到了1959年，基本建成能进行高低频振动、冲击和离心试验的力学环境模拟室；到1963年底该实验室基本建成，虽然规模

---

① 孙其政，吴书贵主编. 中国地震监测预报40年（1966-2006）. 北京：地震出版社，2007：44.

较小，但也可以初步满足发射 T-7 气象火箭的试验要求。[①] 1959 年至 1964 年，先后研制了大型地面环境模拟设备，可对探空火箭箭头和整个卫星进行试验。

　　1959 年前后，在赵九章的指导下，地球物理所空间等离子体模拟实验室因陋就简地建立起来，目的是根据阿尔文利用气体放电实验的方法，模拟当时人造卫星发现的位于地球周围的辐射带。该实验室设立在研究所大楼门口附近，由旧自行车棚改装的一间小屋里，参加人员只有刚大学毕业不久的徐荣栏和两位中学生，以及中国科技大学来实习的学生。赵九章经常到实验室指导。不到一个月时间，科研人员已观测到在地球模型周围有类似于辐射带的辉光，赵九章看了非常高兴。但当他再次来到实验室时，却看到有时辉光的形成很短，不到一会儿就消失了。他对试验人员说："科学研究不仅要有干劲，而且更重要的是要有科学态度。"他要求小组人员好好翻阅有关辉光放电的文献，并用他过去搞水银气压表的经验，测量真空系统内的真空度，以使它能在形成辉光放电的真空度[②] 情况下开展实验。当年中科院副院长张劲夫在一个晚上亲自到实验室参观，并给予鼓励。

　　1963 年 12 月，地球物理所新增空间磁场研究室，由赵九章兼任室主任。[③] 这个实验室为我国卫星上天做了实实在在的准备。

---

　　① 中国科学院空间科学与应用中心. 中国科学院空间科学与应用中心所史（第一卷），2003：6.

　　② 真空度是指处于真空状态下的气体稀薄程度。

　　③ 中国科学院空间科学与应用中心. 中国科学院空间科学与应用中心所史（第一卷），2003：203.

五、空间科技理论研究

1961年3月初，在广泛欢庆中苏友好同盟互助条约十一周年的时候，赵九章在北京参观了"苏联征服宇宙空间成就展览会"。通过实物及图片展览，人们对于苏联在宇宙飞行领域的科学成就有了更深刻的认识。赵九章3月9日发在《人民日报》上的文章是一篇很好的科普性文章。他从俄国科学家门捷列夫19世纪末乘坐气球进行探测开始讲起，一直讲到苏联在卫星轨道上发射的行星际站。他特别注意到了苏联的人造卫星和自动行星际站在宇宙空间和高层大气探测到的科学成果，以及这些成果对空间物理研究的重要意义。[1]

1961年4月12日，在世界人们的瞩目中，苏联宇航员尤里·加加林乘坐"东方一号"宇宙飞船腾空而起，向着浩瀚无尽的太空飞去。宇宙飞船在距离地球最大高度301公里的轨道上环绕一周，历时近两小时并安全返回苏联预定地域，成为人类史上第一个进入太空并安全返回的宇航员。这件事成为人类征服空间的又一里程碑，吸引了世界各国对空间技术的关注。

此事也引起我国科技界与国防部门的极大关注。为了推动我国星际航行的发展并探讨相关对策，在钱学森、赵九章等人的倡导下，自1961年起中国科学院开始举办了持续12次的星际航行座谈会。座谈会由裴丽生、钱学森、赵九章三人先后主持。

座谈会的形式为，每次请一位专家在会上作主题发言，之后主讲人与各位与会者围绕这个发言展开详细讨论，各抒己见，提出意见或建议。每次座谈会结束后，演讲内容及相关意见都会被整理成文，编印出200余份铅印材料，由中国科学院星际航行委员会下发给相关

---

① 赵九章. 苏联征服宇宙空间成就展览会的观感. 人民日报，1961-03-09（5）.

部门。

1961 年 6 月 3 日，中国科学院专门组织召开了第一次星际航行座谈会，钱学森担任主讲人。钱学森作了题为"今天苏联及美国星际航行中的火箭动力及其展望"的报告。钱学森介绍苏美火箭发展的情况以外，还从科学上指出"在星际飞行中，气动力问题是次要的，重点是重力、推力及惯性力问题……在星际航行中，我们会遇到一些全新的问题"。[①] 第二次座谈会上，赵九章讲了《卫星的科学探测和气象火箭测量》。[②] 参会人员来自我国力学、物理、自动化、化学、天文、生物各自领域著名的科学家和学部委员（院士的前身）。之后，在座的专家们纷纷发表了真知灼见，学术气氛异常浓烈。

每次中心发言后，科学家各抒己见，畅所欲言。人们得出一个共识，搞卫星，实际与导弹是互为表里、互为作用的，发射卫星与发射导弹所需要的火箭加速是一回事。大家还讨论过发射卫星是用二级还是三级火箭的问题。后来还报告和讨论了卫星的通信和测控、卫星本体温度控制等各种科技问题。[③]

1961 年 7 月 7 日，在中国科学院举办的星际航行第二次座谈会上，赵九章作了《地球高层大气及外空空间的几个问题》的报告[④]，探讨了气象卫星、气象火箭的探测与应用。报告结束后，结合我国空间探测的实际情况，与会人员热烈讨论了一些相关的技术关键问题，探讨

---

① 顾吉环，李明，涂元季编. 钱学森文集卷1. 北京：国防工业出版社，2012：384–392.

② 科学时报社编. 让历史记住他们——中国科学家与"两弹一星". 裴丽生. 倾力"两弹一星"壮我国威军威. 广州：暨南大学出版社，1999：87.

③ 张劲夫. 我国第一颗人造卫星是怎样上天的？人民日报，2006–10–17（14）.

④ 刘登锐. 钱学森——中国人的骄傲. 中国航天报，2005–11–11.

可能解决的途径。[①]

前几场星际航行座谈会结束后，中国科学界产生了强烈的反响。科技专家们普遍认为，这样的座谈会非常有意义，应该坚持举办下去。由于前来参加星际航行座谈会的科技专家、科技管理干部在各自所擅长的学科领域里都是一顶一的学术领军人物，加之座谈会上讨论的又是"天上"的事情，因此有人就将星际航行座谈会戏称为"神仙会"。

1963年的一天，主管我国科技工作的聂荣臻元帅亲自莅临"神仙会"，认真听取了专家汇报和各位听众的意见。他提出："发射人造卫星问题，中央在考虑，你们也在积极行动，现在卫星问题已经成为中国政治的一个热点。我们准备要放原子弹，但是卫星比原子弹的影响可能还要大，它是洲际导弹成功的标志。我相信会成功的。不过发射卫星是一个大的系统工程，靠单枪匹马不行，要搞大的会战。"

在三年多的时间里，中国科学院共举办了12场星际航行座谈会。来自中国科学院多个研究所的二三十位专家出席了会议。中国科学院的领导人张劲夫、竺可桢、秦力生只要一得空就会前来参加。之后历次座谈会的论文被中国科学院新技术局整理成《星际航行科技资料汇编》，并由科学出版社于1965年汇编成册[②]。这本资料汇编在学术界和社会公众间产生了非常广泛的社会反响。

1963年2月，中国科学院成立星际航行委员会，由竺可桢、裴丽生、钱学森、赵九章、谷羽等组成，负责组织制定星际航行发展规划，安排预先研究课题。也在1963年，在聂荣臻主持下，中国制定我国第

① 吴阶平等主编，《赵九章》编写组. 赵九章. 贵阳：贵州人民出版社，2005：115.

② 中国科学院新技术局编. 星际航行科技资料汇编（第一集）. 北京：科学出版社. 1965.

二个科学技术发展长远规划——《1963—1972年科学技术发展十年规划》时，该委员会组织一批科技人员，研究和制定了星际航行方面的科技发展十年规划，以后若干年我国空间技术的预研工作得到协调发展。赵九章在这一规划的起草工作中担任主要负责人 [①]。

中国科技大学开设了多种与星际航行、空间科学技术相关的前沿课程，如钱学森亲自讲授《星际航行概论》、赵九章讲授《高空大气物理学》、陆元九讲授《陀螺及惯性导航原理》等。听过课的这些学生日后很多成为我国航天领域的科技骨干。

通过上述工作，中国科学院在人造卫星理论上已经有了比较充分的知识交流与人才储备，为中国日后正式提出人造卫星方案提供了良好的条件。

第十一章　空间物理研究

1957年10月4日，苏联第一颗人造地球卫星腾空而起，人类开始进入了"空间时代"的新纪元。人类第一次突破大气层的遮拦，从浩瀚的太空来探测我们居住已久的这颗星球，全世界的各个角落都随之震惊和兴奋。然而，对宇宙空间的认识却暴露出巨大的不足，人们

[①] 樊洪业主编. 中国科学院编年史（1949—1999）. 上海：上海科技教育出版社. 1999：146.

还并不清楚"空间时代"到底意味着什么，它又到底会给人类生活带来怎样的变化。当时全世界也只有少数战略科学家能意识到"空间时代"的重要意义及其对人类发展的深远影响。赵九章怀揣强烈的历史使命感，以近花甲之年再一次从事一个新领域的开创性工作，开拓了我国空间物理研究。

一、领导磁层物理研究

1956 年前后国际地球物理年中国委员会成立。竺可桢任主席，赵九章任委员。按照国际地球物理年火箭与人造卫星组的决定，利用人造卫星可以进行下列有关地球物理学的科学工作，包括地面观测工作（空气密度、地壳组成、大地测量），以及在卫星上进行的实验工作（卫星内部及表面温度的测量、气压测量、陨石微粒、紫外线辐射、宇宙线、电离层，以及高空地磁场的测量等）。从参与国际地球物理年开始，赵九章高瞻远瞩，逐步将一部分人员的研究方向转到空间物理，以此作为发射卫星的飞行环境基础。[①]

1957 年，苏联成功地发射了人造卫星，标志着人类进入了空间时代。赵九章"热烈地祝贺我们多年来渴望建立宇宙空间实验室来研究地球物理与天体物理之间的相关现象的梦想终于实现了"。要知道，过去人们只能通过观测地面上发生的物理过程来推测空间环境产生的变化，而现在则有可能直接在空间进行探测。现在"利用人造卫星，我们可以在高空大气层及星际空间观测从地面所看不到的自然现象，进行在地面无法做的实验工作。从而更充分地揭露在大气上层，在星

[①] 刘振兴. 我国空间物理的奠基者赵九章先生. 选自：曲克信. 辉煌的历程中国地球物理学会60年. 北京：地震出版社，2007：138–139.

际空间，在太阳和行星上所发生的过程"。[①] 全球最早发射的几颗人造地球卫星取得了一系列惊人的探测成果和新发现，人类的知识领域向宇宙空间大大地拓展。赵九章立即意识到，这一变化将为人类认识宇宙打开一扇全新的窗口，历史也正在赋予地球物理学这一学科一个崭新的发展机遇。刘振兴自 1957 年起成为赵九章的副博士研究生后，一直在恩师的指导下学习和工作，伴随着恩师经历了从气象学转向空间物理研究的全过程。

　　1958 年我国提出要搞自己的人造卫星后，年过半百的赵九章决心开创我国一个新的科学领域——空间物理。空间物理是自 1957 年人造卫星发射成功以来迅速发展起来的一门新兴交叉学科，在空间科学中的地位非常重要。它与固体地球物理学、大气物理学、太阳物理学和大气物理学等学科交叉，是关于人类认识、开发利用空间和维护人类生存环境的前沿科学。空间物理可分为日地空间物理与太阳行星空间物理两大部分。空间物理的分支学科包括：太阳上层大气物理、日球层物理、磁层物理、电离层物理和高中层大气物理。空间物理学是一门应用性很强的基础学科，它与空间技术的发展有相辅相成的关系。空间物理学是空间科学发展的先驱。通过卫星和宇宙飞船开展空间物理探测，从地面实验室扩展到空间这一天然实验室，可以极大开阔人类认识宇宙的视野，对了解地球空间环境和行星空间环境的变化规律，以及起源与演化历程有重要的科学意义。空间物理探测还可以为人类开发利用空间，以及维护人类生存环境提供科学依据和对策。[②]

　　当时赵九章就想到我国要和美国、苏联竞赛，发射自己的卫星的

①　赵九章. 苏联的人造卫星是在宇宙空间升起的一颗福星. 科学通报，1957（21）：657–659.

②　刘振兴. 中国空间物理学发展的回顾和展望. 学会，2000（01）：8–10.

话，就需要自己提出一套科学问题。由于国家保密性要求很严格，他们在 1959 年之后就很难和国防部五院接触，根本不了解我国运载工具的进展情况。赵九章感觉对电子技术是外行，认为自己还是要专心来研究物理为妥。因此，他逐渐把注意力转向空间物理。他认为，一旦火箭可以发射的时候，我们已经先走了一步，为我国探空提出科学方案做了储备工作。[①]

二、向高空大气和磁层进军

早在 1956 年，辛格已经根据斯笃默早期理论计算的结果，预报在地球磁场内可能存在辐射带，并预言用卫星可以研究辐射带。他的预言在 1957 年人造卫星上天之后，立即被苏联、美国两国探空观测所证实。空间辐射带的发现，是人造卫星上天以后在日地空间物理学科中的重要大事，对磁暴理论提供了一些新的线索，使磁暴理论处于一个新的发展阶段。

"大跃进"运动中，地球物理所六室的周炜、孙传礼等同志，在 1959 年初曾提出来要研究电离层骚扰预报，其中也提到磁暴现象可以作为预报电离层骚扰的一个主要指标。当时曾与邮电科学院拟订合同，共同来开展电离层骚扰预报。以后在学部规划及学部委员大会讨论基础科研规划时，都提到磁暴研究的问题。

1957 年赵九章应邀参加在日本举办的国际地球物理年会。后来 1963 年日本火箭专家、东京大学生产研究所夕川英夫教授到中国，赵九章邀请夕川英夫来中科院地球物理所，介绍日本发射小型火箭的经

---

① 赵九章. 1965年在地球物理所的汇报. 1968. 中国科学院档案.

验。[①] 在一次报告会上，他声称日本的火箭射程可达 2000 千米，可进入轨道。但是他说日本科学界如果提不出来新的科学问题，就不会把卫星送入轨道，因为重复性的工作是没有意义的，而且卫星花费巨大。赵九章内心表示赞同。[②]

考虑到磁暴是空间电磁现象一个综合过程，1959 年 12 月，赵九章选定磁暴现象作为空间物理研究的突破口，在地球所地磁研究室磁暴骚扰预报组的基础上，组建了以开展空间物理研究为目的的磁暴理论研究组，并亲自主持。我国地磁科学研究已经有几十年的历史，但主要是开展地面观测和观测资料的分析工作。赵九章利用多年把数理方法引进气象研究的成功经验，将数学物理引入到我国地磁学研究中，利用数理方法解释由观测资料发现的磁暴及其他扰动现象。

1959 年，他吸收著名科学家阿尔文教授利用地面实验室开展空间等离子体模拟实验的经验，筹建空间等离子体模拟实验室。这个实验室是在地球物理研究所大楼前面，是由一个自行车棚改建而成的。就在这一简陋的实验室中，以国际著名科学家阿尔文（Alfven,Hannes Olf Gosta，1908-1995）教授的等离子体模拟实验工作为基础，利用气体放电方法，开展探测磁扰动期地球辐射带变化的等空间离子体模拟实验。这一研究在当时属于国际前沿水平。[③]

1959 年，赵九章还在地球物理所二部时，同时和在第八研究室的刘振兴一起工作。他亲自组织学习班，和一些年轻人一同学习气体分子运动论和稀薄气体动力学等。先弄清楚气压计在稀薄气体中得以测

① 所史编委会. 中科院空间中心史（第一卷）. 空间物理所册，2003：175.
② 赵九章. 1965年在地球物理所的汇报. 1968. 中国科学院档案.
③ 巢纪平. 缅怀赵九章先生. 选自：中国地球物理学会. 辉煌的历程——回顾中国地球物理学会60周年专刊，2007：13.

量气压的物理过程，以后则注意研究苏联气象火箭压力和温度数据的换算方法。他还亲自授课，组织大家讨论，为研究高空大气物理和探测数据处理方法提供了良好的基础。刘振兴的副博士论文《流星和高层大气分子间相互作用的热力学和动力学过程》中利用稀薄气体动力学的方法，建立了一个新的流星理论，提出了一种新颖的气体动力学区域划分方法，这一研究成果受到我国知名力学家郭永怀研究员的好评，并在《中国科学》上发表了相关成果。

人造卫星上天不久的 1960 年，美国范阿伦（Van Allen）教授第一次发表了在地球周围存在辐射带的研究成果，并命名为"范阿伦带"。很快，辐射带研究一度成为国际上空间物理界一个最新、最活跃的研究领域。赵九章经常用这个例子来向同事们说明理论研究的重要性。毕竟在人类发射人造卫星的初期，苏联的空间技术水平在时间上是领先于美国的，苏联卫星首先进入辐射带，但当时苏联人将卫星进入辐射带的仪器计数率突然增加这一现象误认为仪器的故障。接着不久，美国的卫星也发现了同样的现象，他们结合高纬度区火箭试验中发现的类似现象，得出卫星仪器计数率的突增，是由于被地磁场捕获的带电粒子引起的，于是发现了地球周围稳定存在的"辐射带"，并用美国科学家范阿伦的名字命名为"范阿伦带"，抢得了发现权。

地球物理所磁暴组很快投身辐射带这一新领域的研究。当时国际上认为，在地球周围被捕获的大量带电粒子所形成的电流环，可在地面上产生磁暴。但是，对于带电粒子是如何进入捕获区的，捕获区又如何打开，以使粒子自由进出，这在当时是一个尚未解决的重要科学问题。

随着地球辐射带和太阳风的发现，赵九章灵敏地预见到磁层物理领域是一个很好的生长点。在他的领导和组织下，地球物理所建立和发展了磁层物理探测和研究。1961 年后，他把着眼点转向磁层物理。

在制定研究课题方面，他当时亲自主持磁暴组，选定了磁暴与辐射带问题，并由他亲自抓总。他认为，这是可以做一些论文的好题目，同时也可以了解空间的情况。他决心组织一个研究班子，做出一些成绩。

在赵九章的亲自主持下，该所成立了国内第一个磁暴研究组和等离子体模拟实验室，不久又成立了空间磁场研究组和宇宙线研究组，到了1964年，在上述几个研究组的基础上又成立了磁层研究室。

之所以选定磁暴作为研究对象，是因为他认为日地关系现象是复杂的，综合性很强，但是最关键的是磁暴过程，磁暴理论搞通了，其他相关现象都可以迎刃而解。他认为电磁现象是最本质的现象，抓住这个本质就可以进而推动其他业务组。把理论组搞好，就可以以此为核心，把地球物理所二部第十研究室（空间磁场研究室）组织成一个大的研究集体，来推动我国的空间物理学。另外三个组，除了红外组外，他要求太阳辐射组提出科学问题，研究大气的光化学反应。他支持从事只有长远目标，没有现实意义的基础理论研究。如果有任务，也是为了通过任务来带动学科，毕竟国家科委也曾说过"任务带学科"，他理解为任务是手段，学科才是目标。①

这一决定与赵九章当时的处境及其对自身学术生涯的考虑不无关系。他曾如此回忆："我从解放后到1956年底做的是组织工作，觉得这样下去不成，必须自己抓住一个题目或领域做一点科研工作。但'反右'以后，我所成立了地球物理所二部，我在那里初期搞了一些组织工作，并与刘振兴即八室搞气压量程及苏联测量温度的原理，那时我已看出二部主要的工具是电子学，而我对于这一套是一窍不通的。②"很多事情他插不上手。由于工作上看法的不同，二部有些党的负责人

---

① 赵九章. 1965年在地球物理所的汇报. 1968. 中国科学院档案.

② 赵九章. 我所做过的科研工作及组织工作. 1968年9月19日. 中国科学院档案.

认为他理论脱离实际。当时，很多地球物理所二部的工作由钱骥直接跟卫一清商量，不经过他就直接下达了，很多事情他根本不了解。T–7火箭发射，他也未能到现场，觉得组织可能不信任他，不如自动地早一点退出二部为妙。有一段时期，他就开始有意避免过问二部的工作，甚至于不到二部去了。他常善于自省，曾看到苏联赫鲁晓夫在20次党代会的报告中提到有一种人，一天也忙忙碌碌，什么事情全有他，但实际什么也做不成，当时他很警觉。在他看来，做科学研究的人不能脱离前线，不能在科学业务上有所贡献，有过硬的本事，总是不行的，想抓紧时间多做点研究。他觉得技术研发不是自己的专长，他又不能参与现场工作，也只好研究理论。

1960年4月，在上海召开中国科学院学部委员大会，根据中国科学院基本科学规划，有一条谈到太阳运动与日地关系的研究，其中有磁暴理论的课题。原来草拟的规划要8年才能完成，他当时在上海"大跃进"的气氛下曾提出要以两三年时间把磁暴理论逐步解决，这样就把原来的规划限期提早了六年。当时在大会上还受到了鼓励。于是他就把磁暴基本理论问题研究承担下来了。

回到北京后不久，1960年7月左右，赵九章主动向卫一清提出到五室去研究磁暴理论及开展模拟实验，卫一清一口答应，认为很好。因此，从1960年下半年起赵九章就退出了位于西苑的地球物理所二部[①]，到了原地球物理所老五室着力抓磁暴理论组的工作，与章公亮等人研究等离子体物理。他下定决心，跟大家一齐努力干好工作，将来发射科学卫星时，也好帮助提出科学方案。[②]

他自己先走一步，用半年的时间，与章公亮等人一起，全力学习

---

① 赵九章. 1965年在地球物理所的汇报. 1968. 中国科学院档案.
② 赵九章. 1965年在地球物理所的汇报. 1968. 中国科学院档案.

磁流体力学，并邀请和组织北京大学的一些教师、同学以及地球物理所五室同志，共同讨论日地空间物理、磁暴理论、磁扰电流体系等有关问题的情况，在边干边学中逐渐把空间物理的一个问题"磁暴理论研究"开展起来了。以后他对二部具体工作过问得比较少，二部的部务会也没有通知他参加。当时他在中国科技大学教书，对于当时二部的测风飞行试验以及二部与国防部八院的关系等，他知道的不多。有一年双方争执得十分厉害，矛盾很大，钱学森找到赵九章的家里，要他出面过问一下。赵九章后来听了钱骥的汇报以后，也就没有批评钱骥的协作工作。

赵九章一心想把磁暴组建成一个研究集体。起初，磁暴组由地磁研究室骚扰预报组的几位老科学家和大学生组成，大部分人对空间物理这一新兴领域还比较陌生。从 1961 年起章公亮、刘振兴、刘匡南、孙传礼、徐荣栏陆续加入，开展磁暴理论及实验室建设。以后又陆续来了濮祖荫、都亨、傅竹风、周国成、胡友秋等人。他还从地磁研究室仪器组调来几名中技生，帮助筹建等离子体模拟实验室。这样磁暴组就成了五室一个比较大的研究组，包括：理论组，章公亮负责；统计分析组，王双萍负责；以及模拟实验室，由徐荣栏负责。[1]

为了顺利在国内开拓这一新兴领域，赵九章亲临第一线举办了一个讨论班。在这个班里，赵九章把任务布置下去，请磁暴组的主要成员分工合作，每人负责教授一部分和自己本职工作相关的基础理论。赵九章亲自讲授刚刚自学的"宇宙电动力学"。徐荣栏当时刚工作不久，也被分配去介绍国外开展等离子体研究的情况。赵九章的讲授取得很好的效果。事后他才对徐荣栏说，宇宙电动力学也是在他准备讲课时才开始自学。可见他物理基础之深厚，对新生事物的领悟能力之强。

---

① 所史编委会. 中科院空间中心史（第一卷）. 空间物理所册，2003：134.

除了磁暴组以上成员外，赵九章还经常邀请外室的刘振兴、孙超、潘厚任、吴健征等，以及北大的濮祖荫等教研人员参加学术讨论，有时还请北大和中科大的优秀学生参加。到了中期，中科大的周国成和清华大学的秦国治也参加了磁暴组的工作，另外还从北大和中科大招进了都亨、傅竹风和胡友秋等研究生。一时间，磁暴组积聚了各类人才，成为一个能出成果的研究集体。①

为了保障磁暴理论研究出成果，地磁研究室党支部书记在全室号召以磁暴理论为纲。党支部书记结合自己参加张家口战役的亲身经历，宣传运用毛泽东思想去攻克磁暴理论研究中的堡垒。一时间，全室掀起了学习毛主席战略思想的热潮。赵九章也经常和大家一起学习毛泽东思想。②

赵九章根据空间物理本身的特点，提出"理论研究、地面观测、空间探测和模拟实验四条腿的研究方法"。因此他将磁暴组分成理论组、资料分析组和模拟实验室。在他的安排下，刘振兴、章公亮、徐荣栏、都亨、傅竹风、胡友秋和周国成等从不同的理论角度开展理论研究，安排陈志强、刘传薪、章公亮和都亨做有关日地关系资料分析的相关研究，徐荣栏、周国成和秦国治等利用模拟实验方法开展地球辐射带研究。为了开展资料分析工作，他不仅加强我国现有的地面观测台站及其观测资料的管理，另外还从国外资料中心进口大量的地磁和电离层的观测资料。

为了把握住这一学术机会，赵九章带领大家以"只争朝夕不负韶华"的态度，争分夺秒地开展磁暴理论研究，探索解决这个难题的途径。要避免重复性的工作，理论上有所创新的话，就必须在充分了解

---

① 所史编委会. 中科院空间中心史（第一卷）. 空间物理所册，2003：134.
② 徐荣栏. 和赵九章一起工作的回忆. 院史资料与研究，1992（6）：4.

国外进展的基础上，自己开始做理论，做模型实验，在前人已有研究的基础上，找寻自己的门路。所以在 1960 年下半年，赵九章就集合了北大一批同学助教，以及五室一部门同志，从学习等离子物理入手，然后再普查国外关于变化磁场各部门理论，他自己则以阿尔文等理论为基础，介绍了阿尔文的磁暴理论，并带领徐荣栏及中科大一些实习学生开始研究三度空间的阿尔文理论。经过一段失败后，转为磁暴时间外辐射禁区的变化，以后又由徐荣栏、周国成进行试验，继刘振兴、濮祖荫、都亨都做了一些工作。[①]

磁暴组每周组织一两次报告。为了拓宽大家的理论基础，邀请不同学科的科学家到磁暴组一起讨论，已成为惯例。例如请擅长研究流体力学的孙超介绍气体动力学中冲击波过程的理解；邀请中科院原子能所的何祚庥座谈，从自然辩证法、科学方法论指导科研，判断模拟实验在空间物理研究中的作用。考虑到空间磁场的行为近似一条弹性弦，邀请中科院力学所研究弹性力学的胡海昌座谈，从弹性力学的角度进一步了解高空磁场磁力线和弹性弦的关系。他们的报告座谈拓宽了知识、开阔了眼界，大大促进了理论研究的进展。赵九章认为，利用传统的研究方法，研究空间物理这门边沿科学只能得到一般的结果，要得到新结果，必须将其他学科的成果'移植'到空间物理研究中来。

赵九章废寝忘食地忘我工作，和年轻人看文献、推导公式，一旦有了新想法他就随时跟同事和学生们打电话，要大家到他的办公室讨论，有时去他家里。年过半百又有病的他，不顾自己有病的身体经常讨论到深夜。他有严重的失眠症，还有轻微的高血压，经常需要强撑精神。有时工作太累导致心绞痛复发，他也只是从口袋里拿出几粒药片应付一下。

① 赵九章. 1965年在地球物理所的汇报. 1968. 中国科学院档案.

从 1960 年下半年开始，赵九章撰写了等离子体物理讲义，作了七八次报告，还发动北大、地球物理所五室一些群众，把磁暴现象及存在的理论作了报告后，即把相关研究问题布置下去开展磁暴研究。通过辛勤地工作，还不到一年时间他们就取得了可喜的科研成果。1960 年 6 月，他和徐荣栏在《地球物理》杂志上发表了《地磁扰动期间史笃默捕获区的变化》一文。文章提出了在磁扰期间引起的地球磁场的变化可以使地球周围的捕获区打开，使大量带电的粒子进入到地球附近而被地磁场捕获。接着，进一步以这个结果为依据，开展了磁扰动期粒子运动区变化的模拟实验，其结果与理论非常一致。1962 年赵九章参加国际空间研究会议时，这些结果得到国际同行的好评。之后，章公亮、刘传薪、刘振兴、濮祖荫等共发表了近 20 篇论文。其中刘振兴和濮祖荫合作的《辐射带内粒子强度与能量之间关系》是通过全组三个星期的多次讨论才完成的。这一研究所得的曲线与苏联第二个、第三个卫星所得到的结果比较相似。①

1964 年，他和都亨合作发表《带电粒子穿入地磁场的一种机制》②，以两度空间双曲线磁场，对带电粒子的轨道进行初步计算，表明由于质子和电子的反射方向不同，在中性点附近可以形成由东向西的极化电场。在这个电场的作用下，带电粒子的飘移运动可以通过中性点穿入地磁层而被捕获。同年，他与徐荣栏、周国成利用在磁场中的辉光放电实验，合作讨论带电粒子在偶极磁场中的运动区域，以及在扰动磁场作用下，这些运动区域所产生的相应变化。③ 在他的带领下，磁

---

① 赵九章. 我所做过的科研工作及组织工作. 1968年9月19日. 中国科学院档案.

② 都亨，赵九章. 带电粒子穿入地磁场的一种机制（一）. 地球物理学报，1964（03）：201–210.

③ 赵九章，徐荣栏，周国成. 带电粒子在偶极磁场中的运动区域及其模型实验. 科学通报，1963（11）：56–57.

暴组的工作蓬勃发展，取得许多可喜成果。

功夫不负有心人。在国际地球物理年期间的 1960 年，中国学者提出了日地关系问题并开始相关工作，在上海召开了第一次日地关系学术讨论会。1962 年 8 月 28 日至 31 日，中国地球物理学会、中国科学院地球物理所，在西郊中关村地球物理所会堂联合举办了"第二次日地关系学术讨论会"，会议代表来自当时国内各个顶尖高校和研究机构，包括地球物理研究所、南京天文台、南京大学、北京天文台、北京大学、武汉测量地球物理所、武汉大学、邮电科学研究院和中国科技大学。[①] 8 月 28 日上午，赵九章致开幕词，表示这是国内一次大规模的交叉学科的讨论会，[②] 这次会议也堪称是磁暴组为主的一次成果汇报大会。他和顾功叙、朱岗昆、傅承义、戴文赛、龙咸灵与韦宝锷任会议执行主席。

日地关系是地球物理的重要学术问题。这次活动共有 67 个国家参加，共同对南北两极、高纬度地区、赤道地区和中纬度地区进行全球性的联合观测。许多学者，如瑞典的阿尔芬等做了许多工作，对日地关系有了推进。当时估计地球有捕获区存在，自从人造卫星上天后就证实了内外辐射带，近年来空间科学有了很大的发展，各国自己召集这类空间会议较多，出版的论文很多。本次日地关系学术研讨会目的是就这方面的工作进行交流，争取推动各科学间的互相渗透，逐渐将各科联合起来，争取在近年内很快达到或接近国际水平。

大会报告包含不同学科报告，如陈彪的《太阳物理的进展趋势》，

---

① 中国科学院地球物理所. 第二次日地关系学术讨论会批日程（会议代表学术报告）. 档案号：A004-20-002：4-11. 1962-8-31.

② 第二次日地关系学术讨论会（致开幕词）. 1962-01-01. 档案号：A004-208-003. 中国科学院档案馆.

王授琯的《射电天文学国际发展趋势》，朱岗昆的《太阳质子爆发的地球物理效应》，以及杨鉴初的《太阳活动与大气环流的关系》。大会以磁暴理论为主题。赵九章介绍了"磁暴理论的国际发展趋势"，并和徐荣栏一起作了《地磁扰动期间史笃默捕获区的变化》[①]的报告。濮祖荫、刘振兴、王六桥、章公亮、朱岗昆、徐元芳，以及都亨都各自汇报了磁暴及其理论问题的重要研究进展。在关于高层大气问题的讨论环节，周炜介绍了"电离层的直接探测与研究"等。[②③]

　　从 1960 年下半年至 1964 年，赵九章用了 2—3 年时间建立研究队伍、完成实验室建设，并率领团队取得了可喜的研究结果，发表了二十余篇论文。1963 年 6 月赵九章参加第四届国际空间研究委员会（COSPAR）大会，他把具有学术价值的《有关磁扰期间带电粒子在偶极磁场捕获区的运动及其模拟实验结果》和参加会议的代表进行交流。当时美国气象局国家气象卫星中心辛格教授认为这一工作很有意义。1963 年 11 月在"科学通报"发表题为"太阳风、外空磁场及低能带电粒子探测之进展"[④]的文章。1964 年《中国科学》英文版发表了题为"带电粒子在偶极磁场中的运动区域及其模型实验"[⑤]的文章。

　　赵九章从单粒子理论、等离子体动力论、磁流体力学、地磁场资

---

　　① 徐荣栏，赵九章. 地磁扰动期间史笃默捕获区的变化. 地球物理学报，1962（01）：12–21.

　　② 中科院地球物理所. 第二次日地关系学术讨论会（致开幕词）. 档案号：A004-20-003:11–15. 1962-1-1. 中国科学院档案馆

　　③ 第二次日地关系学术讨论会（代表名单）. 中国科学院档案馆，档案号：A004-208-001，1962-8-31：1–3.

　　④ 赵九章. 太阳风、外空磁场及低能带电粒子探测之进展. 科学通报，1963（11）：9–19.

　　⑤ 赵九章，徐荣栏，周国成. 带电粒子在偶极磁场中的运动区域及其模型实验. 科学通报，1963（11）：56–57.

料分析和模拟实验，多途径地研究了辐射带的动力学特征以及磁扰期间外来的带电粒子是如何进入地球附近的。都亨和赵九章利用刚起步的计算机技术计算了带电粒子在两维双曲线磁场中的运动轨道。计算结果表明由于质子和电子的反射方向不同，在中性点附近可形成东西方向和极化电场。在这个电场的作用下带电粒子的漂移运动可通过中性点从极尖区穿入地磁场而被捕获。[①] 这些课题是当时空间物理研究的重要课题。

赵九章于 1965 年以磁暴组的署名在《中国科学》英文版，发表了题为"辐射带结构的理论研究和实验模拟以及在磁暴时的变化"的文章，它是磁暴组这几年在空间物理研究方面具有开创性研究成果的概括。1965 年他出国访问，在瑞典等离子体物理研究所作了一篇总结性的报告《在磁暴期间用理论研究及模型实验来考察辐射带的结构及其变化》。回国以后，他把这一论文投到《中国科学》杂志，以中科院地球物理所及北大地球物理系联合小组的名义发表。[②]

1964 年第三研究组与粒子探测部门合并成第十研究室，赵九章担任室主任，章公亮、范天赐任研究室学术秘书，并由范天赐负责高层大气光学探测。[③]1964 年底至 1965 年初，二室为了决定科研方向，曾组织大家学习延安文艺座谈会上的讲话，并展开了大辩论。赵九章和磁暴理论组的同志都去二室参加了那一次讨论。在一个多月的学习中，磁暴理论组的研究被认为是违背毛泽东思想的，认为磁暴组的工作方式不是和工农兵相结合的，也不是为探空服务的。1965 年以后，赵九章停止了相关研究，逐渐把搞磁暴工作的人员，分别吸收到宇宙线组

---

① Heng Du. Jeou-jang Jaw. The Mechanism of Penetration of Solar Plasma into the Geomagnetic Field（Part I）. Chinese Journal of Sinica，1964（3）：1.

② 赵九章. 我所做过的科研工作及组织工作. 1968年9月19日. 中国科学院档案.

③ 所史编委会. 中科院空间中心史（第一卷）. 空间物理所册，2003：95.

及高空磁强组[①]，磁暴组的主要研究内容转向应用研究。

1966年"文革"初期，磁暴理论组和等离子体模拟实验室被看成是赵九章的"黑点"，一直处于瘫痪状态。1967年后，磁层物理的研究主要是为卫星研制任务提供空间环境数据，并进行卫星的空间粒子辐射地面模拟试验。直到1970年磁暴研究的全部设备被拆，已建成的实验室也彻底消失。刘振兴、徐荣栏、都亨、周国成和林桂桢等磁暴组的主要成员集中在磁层研究组，章公亮被调到宇宙线组，刘传薪、谢榴香和刘其俊被调到高空磁场研究组。为了能生存下去，人们不得不"联系实际"，有的人放弃了自己挚爱的专业，跑去做仪器设备、焊接电路板；有的被挂起来七八年之久；还有的转行去当行政干部，完全放弃了专业研究。

1968年夏，赵九章被迫"靠边站"，磁暴组与"501"合作，开展了我国第一颗人造卫星的空间粒子辐射地面环境试验。[②]

通过磁暴组的工作，赵九章培养了一批如刘振兴、都亨、徐荣栏、周国成、魏奉思等学科带头人。如今他们虽然大多已年逾古稀，仍然带领着一批年轻人活跃在相关领域研究的第一线。[③]

三、其他空间物理

因卫星与宇宙飞船的发射、运行与回落，弹道导弹的发射与命中，以及核爆炸的估算都需要大气参数，因此"581"组成立后，赵九章、

---

① 赵九章. 我所做过的科研工作及组织工作. 1968年9月19日. 中国科学院档案.

② 所史编委会. 中科院空间中心史（第一卷）. 空间物理所册，2003：137.

③ 吴智诚. 永远的纪念. 选自：中国地球物理学会：辉煌的历程——回顾中国地球物理学会60周年专刊. 2007：143–144.

卫一清与钱骥很快领导开展了平流层以上的大气研究和探测。

赵九章非常重视地球高层大气光学的探测研究。为开创这一研究领域，在赵九章的推动下，地球所成立了第三研究组，组长胡仁超。1960 年前后该组划归第八研究室，主要承担太阳 X 射线。为了加强这一领域的理论研究，赵九章还专门组织了"高层大气光化理论研究讨论班"，还把八组从事大气湍流的陈耀武调入三组，以加强理论研究力量。

1961 年 12 月 4 日，地球所二部正式成立第八研究室，即中层大气研究室，赵九章所长兼主任，下设测风、温压测量和大气光学三个研究组。[①] 1964 年 10 月，赵九章、钱骥、吴智诚应邀去 20 基地参观"东风二号"导弹发射后，赵九章、钱骥提出烟迹测风方法，并安排有关人员开展相关研究，到基地做试验[②]，从而为设计部门和试验靶场提供需要的精细风材料。地球所在经过仪器设备研制后，于 1965 年分两个批次进行导弹烟迹测风实验。实验成功后，将资料提供给了导弹基地。[③]

20 世纪 60 年代国外兴起了中高层大气反演方法研究，主要是为了解决利用卫星遥感仪器进行大气温度测量的问题。在赵九章的指导下，他的研究生王英鉴留意到这一发展，可惜因"文革"的影响而未能坚持下去。[④]

1961 年左右，赵九章为了参加国际地球物理年（IGY），促进空间物理的发展，专门打报告给周恩来总理，请求从日本购买全部电离

---

① 所史编委会. 中科院空间中心史（第一卷）. 空间物理所册，2003：77.
② 所史编委会. 中科院空间中心史（第一卷）. 空间物理所册，2003：79.
③ 所史编委会. 中科院空间中心史（第一卷）. 空间物理所册，2003：9.
④ 所史编委会. 中科院空间中心史（第一卷）. 空间物理所册，2003：105.

层和地磁观测记录的复印件。此事得到了周总理的支持，在国民经济极为困难的情况下，他特批 10 万美元专款，通过对华友好的岩波书店用胶卷复印了全部资料，分批寄到地球所。到了 1965 年底寄完了最后一批资料。全部几十箱资料，由电离层室保管。这些资料大大壮大了中国的空间物理地面观测站。[①]

四、空间物理学的应用

赵九章在开拓空间物理学科时，已经明确地预见到空间物理在航天领域和军事领域将会得到广泛应用。他在深入开展理论研究时，十分注意这些理论的应用前景，并进行全面布局。

1965 年之后，地球所空间物理的主要研究内容转向应用。"任务带学科，学科促任务"是当年提出的处理好"任务"和"学科"关系的口号。由于赵九章注重基础学科的研究，他认为"任务"会向"学科"提出许多新颖而实际的科学问题，促进学科向纵深发展。承担任务会比纯粹的学科研究得到更多的经费支持；反之，又能提出切实的办法去完成任务。通过"任务带学科"，既很好地完成了国家交付的应用任务，又有效地促进了空间物理学的学科发展。在导弹现象学、高空核试验等任务中，都显示出这一优势。在北极光和辐射带的实验室模拟中，需要一个空间较大的真空实验设备，因这一设备需用的经费多，迟迟不能落实。而在导弹和高空等离子体相互作用的研究中也需要相仿的实验设备。赵九章鼓励他的学生努力承担这一任务，他说："你用这个设备完成任务以后，就可以用来模拟北极光和辐射带了。"

---

① 吴阶平等主编，《赵九章》编写组. 赵九章. 贵阳：贵州人民出版社，2005：151.

1. 导弹再入大气层物理现象研究

20 世纪 60 年代初期，美苏两国开始发展各自的战略反导弹系统。1964 年赵九章对钱学森说："有矛就有盾，搞少数人，有饭吃，专门研究这个问题。5 年不行，10 年；10 年不行，15 年。总要搞出来。"这就是"640"任务。这项任务的基础研究部分，代号为"640-5"，主要是研究反导的空间环境背景，中科院的多个研究所承担了相关任务。

为了贯彻任务带学科的方针，地球所磁暴组承担了"640"任务，围绕导弹再入大气层的物理现象，负责空间环境及其与导弹的相互作用。远程导弹射程很远，其运行轨道的高度可达上千公里，要通过中高层大气、电离层和磁层底部。这些不同区域的空间环境与导弹相互作用，会发生光学、电磁波现象等不同类型的现象。根据这些现象可侦察对方的导弹在不同运行阶段所处的位置，从而提出反导的方法和措施。这对保障国家安全是十分重要的。

由于此探索性研究难度较大，又具有保密性，因此由赵九章亲自抓，并由顾震潮协助组织，先后参加人员近 20 人，主要进行了三方面工作：一是高速飞行导弹和等离子体相互作用的理论研究，以及导弹进入电离层和电离层等离子体相互作用物理过程的模拟实验；二是高速飞行导弹对无线电电波传播的影响，以及飞行过程中激发等离体波的理论研究和实验研究；三是从光学角度研究导弹飞行轨道在被动段中弹头产生的物理现象。[①] 赵九章组织高空大气和光辐射方面的人员，经过近一年的调研，完成了《反导弹防御与导弹现象学》的专题报告，

---

① 吴阶平等主编，《赵九章》编写组，赵九章. 贵阳：贵州人民出版社，2005：91.

相关工作成果都以论文报告形式提供有关部门应用参考。在赵九章审阅后送有关部门参阅。后来由于"文革"的冲击，这项工作未能进行下去。

苏万振1965年研究生毕业来中科院地球所工作，周炜按照赵九章的要求派苏万振参加此项任务，从文献调研入手。但由于保密，仅有国防科委提供的少量资料，据此整理出《导弹现象学概要》《高速飞行体与周围电离媒质相互作用》等初稿。1966年2月至3月间，苏万振跟随赵九章去八里庄参加一个任务研讨会，钱学森、郭永怀、孙湘、吕保维等专家到会，苏在会上提供一份《电离层尾迹的无线电散射》的调研报告。这次会上还决定中科院派两名年轻人到基地考察我国发射弹道导弹的再入现象，于是苏万振和物理所一位科技人员立即离会乘部队飞机去基地，目视和在雷达荧光屏前观测导弹弹头飞行落点情况，在基地将近2个月。电离层室还曾组织人员开始调研模拟实验工作。

2. 卫星环境辐射

为了知道卫星是否能经受住辐射带高能带电粒子的轰击，必须进行卫星空间辐射环境模拟试验。1967年6月，成立了"东方红一号"卫星辐射环模组，由刘振兴负责提供辐射带粒子通量、能谱和辐射剂量方面的辐射环模指标。那时非但没有现成的辐射带粒子模型可用，连国外相关探测数据也很零散，要提出较准确的辐射环模指标是很难的，刘振兴只能根据以前他在赵九章指导下做的辐射带变化理论和某些零星的探测数据来提出指标。他还到上海原子核所，利用加速器进行了东方红一号的辐射环境模拟试验。通过多次不同粒子通量和能量对不同元器件和材料的辐射试验，为东方红一号卫星的设计和研制提供了辐射环境依据。以后根据卫星总体部门要求，完成了内外辐射带和同步轨道区域的电子、质子和宇宙线粒子方面的数据收集和整理工作，为下一步的卫星设计和研制提供了空间辐射环境方面的依据。在此基础上编写了《人造地球卫星环境手册》的空间辐射部分。[1]

3. 高空核爆炸

赵九章在"两弹一星"——原子弹、导弹、卫星三个方面都积极主动地承担了有关空间物理的大量工作。1959年末美苏又竞相进行高空核试验。赵九章立刻敏锐地感觉到空间环境对核试验的威力及其传播都会产生重要的影响，空间物理将大有作为。他和核试验专家程开甲讨论以后，拟定了两方面的题目，一是利用高空核爆炸的地球物理效应来侦察核爆炸和确定爆炸的当量。二是高空核爆炸导致的空间环境的变化对杀伤力的影响程度。他立即布置开展工作。

为了了解高空核爆炸的电磁脉冲杀伤范围有多大，他指示学生调来上海佘山地磁台的记录和收集国外文献上发表的结果，从距离爆炸点数千公里之遥的佘山磁照图上看到有几厘米大明显的脉冲信号，当即决定开展高空核爆炸电磁脉冲产生和传播机理的研究。对核爆炸和高层大气、地磁场相互作用过程作全面分析，很快定性地解释了多种电磁脉冲产生的机理。应用磁流体波研究的学科基础，建立了电磁脉冲在高层大气和地磁场中传播的基本模式。

高空核爆炸会产生人工辐射带，从而严重影响空间环境。1962年美国的一次高空核爆炸产生的人工辐射带使四颗卫星很快失效，给空间环境造成严重的污染。赵九章要求他的学生充分应用单一带电粒子在磁场中运动的理论积累，研究人工辐射带的形成过程、强度的空间分布和消失过程。

---

[1] 杨连元. 55年国庆：京城涌动"国防情". 工人日报，2004-10-12.

4. 宇宙线空间物理

1958 年国际地球物理年期间，在时任中科院地球物理所所长赵九章和中科院原子能所所长钱三强的倡导下，将与粒子强度有关的宇宙线课题从原子能所移到地球物理所，8 名研究人员和两个宇宙线强度观测台站转交给地球物理所，之后在地球所地磁研究室成立了宇宙线研究组，由周志文任组长，受地磁室室主任朱岗昆直接领导。1961 年至 1963 年正式成立了高空宇宙线组，朱岗昆任组长，由黄永年负责开展星载闪烁谱仪的研制。原有的宇宙线组改成地面宇宙线组，张宝襄负责进行盖格计数管 T-7 火箭探测仪器的研制。高空宇宙线组成立后，赵九章、钱三强和张文裕都予以关怀，并亲自指导工作。1966 年地球所体制变化后，宇宙线研究划归中科院应用地球物理所。[①]

5. 空间环境与预报

赵九章非常重视卫星进入空间以后能否经受住恶劣环境的考验，这是保障航天事业发展的基本条件，他主动挑起这副担子，作为空间物理研究的一个重要方向。

1966 年 2 月至 1968 年 1 月，赵九章领导的应用地球物理所最有特色的工作是为"东方红一号"计算辐射带通量。他领导和开展了独具特色的"东方红一号"计算辐射带通量的工作。1966 年，在研制"东方红一号"的过程中，他已经注意到地球辐射带可能对人造卫星造成破坏的影响，应该在设计研制过程中考虑辐射防护的问题。为此专门组织了磁暴理论组的人员，计算"东方红一号"卫星在轨道上可能遇

---

① 所史编委会. 中科院空间中心史（第一卷）. 空间物理所册，2003：144.

到的高能带电粒子通量，作为防护设计的基础。

因为当时国际上还没有关于卫星辐射防护的先例，仅有学术刊物上的一些零散探测结果，所以"东方红一号"应该是国际上最早考虑并开展辐射防护的人造卫星之一。"文革"的艰难环境下，大家从收集探测结果开始，借鉴科学论文上的简单图表，利用理论研究掌握的带电粒子在磁场中的运动规律的知识，通过计算尺、手摇计算机和辅助图标等今天看来非常原始的工具，完成了浩繁的计算任务。在赵九章的带领下，刘庆龄、刘传薪、章公亮、周志文、徐荣栏、谢榴香、都亨、傅竹风、胡友秋、刘其俊等十余位科研人员参加过此项工作。

在"文革"中空间环境研究工作也没有完全停顿，1968年2月中国空间技术研究院（现中国航天科技集团公司五院）成立时，钱学森形象地称之为"红色预报员"，此为我国空间环境预报事业的源头。1972年前后，为了适应我国航天工程的需要，周炜组织许多科技人员编写了《人造地球卫星环境手册》，该手册在我国航天器设计中发挥了重要作用。[①]

正是赵九章这样周密的安排，在1958—1966年将近十年的时间里，空间物理学在"学科"和"任务"两方面相互促进、相得益彰。

---

① 都亨. 空间环境与预报. 来自所史编委会. 中科院空间中心史（第一卷）. 空间物理所册，2003：173.

第十二章　主持"651"设计院

　　1964 年，根据国内运载工具的发展，赵九章提出了开展人造地球卫星研制工作的建议。他对中国卫星系列发展规划和具体探测方案的制定，对中国第一颗人造地球卫星、返回式卫星等总体方案的确定和关键技术的研制，起了重要作用。

　　我国光学事业的重要奠基人王大珩院士认为："当年赵九章主持制订的我国第一颗卫星的研制方案计划和卫星系列规划设想既符合科学又切合实际，以后相当一段时期我们基本上是按照当初的计划设想进行的。"①

一、呈书总理上马卫星

　　1961—1963 年间，我国人造地球卫星进展缓慢，其中火箭和导弹的发射能力是关键环节。1962 年 3 月 21 日，中国自行研制的"东风二号"中近程弹道试验失败，人造地球卫星计划再次被推迟。经过多年坎坷艰辛的探索后，终于取得了喜人的重大突破，1964 年 6 月 29 日，中国第一次成功试射改进后的"东风二号"中近程地对地导弹。

①《赵九章》编写组. 赵九章. 贵阳：贵州人民出版社，2005：2.

　　苏联专家在我国导弹的早期研制过程中，曾经给予了一定的指导。在1960年苏联专家撤走后，凭借自力更生的精神，我国20基地的建设已颇具规模，导弹研制工作进展迅速。但是仍然面临着一些棘手的科技难题，迫切需要国内各个领域的科技专家前来筹谋划策。1964年10月下旬，赵九章、钱骥等几位科学家受国防科委的要求到酒泉基地参观，吴智诚随行。一同去的还有大地测量与地球物理学家方俊，他1961年起任中国科学院测量与地球物理研究所所长[①]，也曾在德国留过学，比赵九章大三岁，因此两人相谈甚欢。国防科委20基地对几位科学家的此次西行十分重视，派乔副参谋长专程赴北京迎接，并全程陪同。

　　他们原本计划乘飞机前往，在经历了因原子弹试验而导致的空中禁飞和四五天的等待后，几人改乘火车西行。列车顺利抵达兰州20基地后，又改乘一架空军运输机。20基地的司令员李福泽亲自来机场迎接，热忱地欢迎赵九章、方俊两位科学家所长参观指导。

　　科学家们在第二天即马不停蹄地开始了活动，参观了基地众多的设备、跟踪观测点和发射场等。这次赵九章他们参观了"东风二号"第二次发射试验，两次发射均圆满成功，准确命中目标地区。看完了发射试验，赵九章心情激动得难以言表，为我国导弹研制所取得的成绩由衷地感到喜悦，毕竟导弹研制的进展进一步推动了中国人造地球卫星计划的进程。在20基地参观期间，在基地举办的围绕导弹研制的座谈会上，赵九章与导弹研制人员充分探讨了国内导弹的下一步发展趋势，我国导弹作为发射人造卫星的运载工具的实际推力、控制能力以及所能承载的卫星重量，以及对导弹的跟踪测轨能力等内容。

　　参观持续了一个星期。在结束参观回到北京前，赵九章为基地人

---

　　① 沈江龙，姚国强编著. 湖州院士. 北京：方志出版社，2005：49.

员作了一场有关空间科学技术发展的报告。他配合幻灯片，精彩地阐述了国际上空间科学探测研究的动向，高空大气物理的发展、内外辐射带的发现，以及地球物理所的空间科学工作。赵九章虽然性格较为内敛，但每到作学术报告时却总能迸发出惊人的口才，他善于用精练而准确的语言，深入浅出地表达艰深的内容，令听者感到受益良多、如沐春风。基地的科技人员向赵九章强烈呼吁，希望我国能尽早考虑发射人造卫星。这与他内心的计划不谋而合。

1964 年 11 月初的一个晚上，钱学森应约来到赵九章位于地球物理研究所的办公室。钱见面就问他参观导弹基地有何感受。他回答说，真没想到导弹研制的进展快得出乎意料。我国就完全有可能在导弹的基础上研制出可以发射一百公斤左右人造卫星的运载工具。在卫星研制方面，我国已有 5—6 年的预研准备，具备了正式研制人造卫星的基础，有了这一可靠的运载工具，因此有把握再过四五年完成卫星研制。现在的关键一步是将人造卫星研制工作在国家层面正式立项。而要实现立项，就需要促使中央领导下定决心动员全国的科技力量开展卫星研制。赵九章认为钱学森说话比较有分量，希望钱学森能出来做工作，但钱学森讲话很谨慎，说："现在上面顾不过来"，如同他两年前所听到的一样。的确，当时从战备考虑，对国家的要紧事是要拿出真正能用的导弹来，搞卫星很难成为当务之急。于是，机缘巧合，历史把这个特殊的机会抛给了赵九章。

赵九章从基地回来后，精神一直处于某种亢奋状态。毕竟，自从 1957 年苏联第一颗人造卫星上天以后，他便将自己的主要精力从大气物理研究转向空间物理和空间技术研究。但是由于时代的局限，人造卫星研制一直只能局限于预研阶段。1964 年 10 月 16 日，我国第一颗原子弹爆炸成功。赵九章敏锐地觉察到，我国发射自己的人造卫星已是指日可待。回京后，他开始迫不及待地思考如何向高层反映自己的建议。根据钱学森反映的"上面顾不过来"，透露出中央高层对卫星的意义和作用考虑得还比较少。赵九章出于一位科学家的历史使命感和对国家科技发展的高度责任感，认为应该及早向高层领导人讲清楚我国发展人造卫星事业的必要性和现实可能性。确实 1958 年提出搞卫星是早了些，但经过这五六年的准备以及各方不间断的努力，我国科技界不论在火箭导弹研制还是人造卫星的预研上都做了不少工作，取得了相当大的进展。现在正式提出卫星应由国家立项，不仅是必要的，也是适时的。如再不及时立项，唯恐会错失历史良机。于是，内心坚定的赵九章几次找到钱骥和吴智诚，计划一起起草一份报告并向党中央汇报。赵九章明确提醒到，报告中过多强调卫星的科学意义未免有些书生气，很难引起各方关注。他认为，报告中应该说明，我国发展人造卫星事业，应以应用卫星为主，但更要说清楚人造卫星的国防用途。同时还要说清楚研制人造卫星与发展新技术和现代工业之间的紧密联系。报告的重点尤其要说清楚发射卫星与发射洲际导弹的关系，这次他到基地后更加深了这方面的体会。在赵九章的指示下，钱骥先打了草稿，然后赵九章逐句逐段修改。在 20 多天里，他几易其稿，终于得出了比较满意的一稿。

赵九章曾请示张劲夫副院长，可否在最高国务会议上向周总理提出积极开展我国人造卫星工作。张劲夫指示，出席最高国务会议的人员很多，不便涉及国家重大机密，赵九章就取消了做口头发言的打算。1964 年 12 月 22 日，赵九章又请示张劲夫，在这次最高国务会议上，周总理已经提到应当发展喷气技术，是否可以用书面意见提出开展人造卫星的建议？这样既可以保守国家机密，又可以借此机会向国家领导人提出这个重大科学问题，听取中央的指示。他请吴智诚同志把这一封信送至张劲夫处，一并附上给总理的书面建议的草稿。[①] 很快，这一想法得到了张劲夫的支持。

赵九章知悉，原子弹—导弹的研制试验工作均由周总理主持的中央专委抓总。1962 年成立的中央专委，负责原子弹和导弹这"两弹"的研制[②]，周恩来任主任，罗瑞卿任秘书长。他们就决定将报告直接呈送周总理，送总理的报告字要大一些，就请办公室的吕荣成抄写完毕后，再由赵九章签名。

第三届全国人民代表大会第一次会议于 1964 年 12 月 21 日至 1965 年 1 月 4 日在北京举行。会议主席团成员共 152 人[③]，其中含中科院代表 15 人，赵九章、王承书、王淦昌、严济慈、林兰英、顾震潮、彭加木，均为新入选主席团者。[④]赵九章作为我国杰出科学家的代表，受邀参加了此次会议。周恩来总理作了精彩的《政府工作报告》，报告共分三部分，一是调整国民经济成就与今后建设任务，二是社会主义革命与民主统一战线，三是关于外交方面问题。

会议期间，怀揣着给周总理信件的赵九章，精神一直处于一种兴奋激昂的状态，内心对我国人造卫星事业的发展信心满怀。在周总理作完报告的第二天，即 12 月 27 日，他把那封建议书亲自当面交到了周恩来总理手上。

这份只寥寥几千字的建议书，现在已成为我国空间科学技术发展

---

① 赵九章. 赵九章给张劲夫副院长的信，1964-12-22. 中科院档案.

② 后期中央专委也负责人造卫星的研制，中科院副院长张劲夫加入，负责卫星相关工作。

③ 中华人民共和国第三届全国人民代表大会第一次会议主席团和秘书长名单. 人民日报，1964-12-21（1）.

④ 樊洪业主编. 竺可桢全集第17卷·竺可桢日记六集. 上海：上海科技教育出版社，2009：18.

史上非常珍贵的史料。时隔半个世纪以后再重新来看这份报告，赵九章的真知灼见依旧闪烁着科技大家的智慧光芒。信中阐述了我国发射我国人造卫星的意义、技术途径和具备的条件，建议中央将研制发射人造卫星列入国家计划。报告中有理有据地提出 1969 年，即中华人民共和国国庆 20 周年前完全有可能发射第一颗人造卫星。如果不是1966 年开始的那场"文革"浩劫，赵九章的设想无疑是完全可能实现的。

赵九章给周总理的信中开门见山，一上来就明确阐述了发射第一颗人造卫星的重要意义。他从发射卫星和发射洲际导弹的关系、人造卫星是直接用于国防或服务于国防的、人造卫星的工作规模和尖端科学及工业的关系三个方面娓娓道来，阐述简明清晰。他还详尽地分析了发射人造卫星的一般技术途径，以及我国当前已具备的条件。周总理在接到赵九章的信后，很快批转聂荣臻副总理组织有关人员研究论证。

周总理收到赵九章的建议书后，十分高兴，他在开会的间隙与赵九章展开了愉快而简短的交谈。他对赵关于尽早发射人造地球卫星的建议予以肯定，并嘱咐他回去后在较短时间内拿出一份更为成熟的意见。赵九章铭记在心，他开始积极筹划如何开展人造卫星研制的具体方案。他和地球物理所的钱骥组织该所多个研究室的相关人员多次召开讨论会，探讨人造卫星研制的技术难点与对应的解决途径，然后由钱骥来负责分析汇总。在赵九章的心中，他谋划了一场更大的科技布局——组织各方面力量共同参与这一划时代的伟大工程。

1965 年 1 月 4 日全国人大三届一次会议刚结束，时任中国科学院自动化所党委书记兼副所长的吕强便前来找赵九章。赵九章意识到自动化所在卫星轨道测控与变轨方面具有雄厚的实力，仅仅两天后，1月 6 日，他与自动化所所长吕强一起向中国科学院党组郑重提交了一份更为翔实的报告，联名建议中国加速发展人造卫星研制工作的步伐。

赵九章写信给周总理建议我国上马人造卫星

这封联名信得到了中国科学院领导层的高度重视，院党组书记张劲夫和副院长裴丽生在阅读联名报告后，即刻将其批转给中国科学院星际航行委员会主任竺可桢，请他尽快阅毕处理。竺可桢看完报告后，欣然在文件上批复了"刻不容缓"四个大字。此后，在张劲夫、裴丽生、竺可桢的组织下，与人造卫星研制相关的专家很快对赵九章和吕强的建议书进行了热烈讨论，在此基础上，经过修订，形成了一份对中国科学院党组关于加快人造卫星研制的建议书，正式呈送给党中央。

几乎与此同时，中国航天事业的倡导者、国防部五院副院长钱学森也于1965年1月写出了一份建议书呈送给国防科委和国防工办。他在建议书中提出将卫星及其运载火箭的研制列入国家计划，并及早开展研制工作的建议。他建议：

"自苏联1957年10月4日发射第一颗人造卫星以来，中国科学院和国防部第五研究院对这些技术都有过一些考虑，但未作为一项研制任务。现在看来，弹道导弹已有一定的基础，如进一步发展，即能发射携带一起的卫星，计划中的洲际导弹也有发射人造卫星的能力。工作是艰苦复杂的，必须及早开展有关研究，才能到时拿出东西来。因此，建议早日主持制定研究计划，列入国家计划，促其发展。"

聂荣臻元帅在阅读钱学森的建议书后，作了如下批示：

"我国导弹必须有步骤地向远程、洲际和人造卫星发展，这点我一直很明确。人造卫星早就有过考虑，但过去由于弹道式导弹还未搞出来，技术力量安排上又困难，所以一直未正式提出这个问题。钱学森这个建议，请张爱萍总长邀请钱学森、张劲夫等有关同志及部门座谈一下，只要力量有可能，就要积极去搞。"

聂帅赞同这两个建议，并委托国防科委副主任张爱萍组织有关部门进行详细研究。①

3月6日，中国科学院召集相关研究人员参加会议，会上传达了周恩来总理关于中国科学院参加人造地球卫星研究工作的指示。3月11日，秦力生受科学院领导委托主持中科院卫星规划座谈会，赵九章在会上谈了我国人造卫星的方案设想。3月16日中科院党组扩大会议召开的人造卫星规划座谈会上，秦力生副秘书长指定力学所、自动化所、电子所和地球物理所这四个所组成一个小组，进一步讨论人造卫星规划以来，在3月下旬和4月，曾先后举行过十余次会议，定期集中开会，交流情况，讨论拟订的规划纲要意见，并报请党组审核。3月22日，

---

① 王文华编著. 钱学森实录. 成都：四川文艺出版社，2001：180.

再次举行卫星规划座谈会，会上多位科学家报告了基于各自调研工作而提出的人造卫星不同问题的初步设想方案，钱骥报告卫星本体设计及相关问题，自动化所屠善澄报告了卫星控制问题，电子学所魏钟铨报告了卫星跟踪问题，力学所眭璞如报告了运载火箭问题。经过座谈会，集思广益，形成了中国科学院推动卫星研制工作的一套比较完整的设想。

受聂荣臻元帅的委托，1965 年 3 月在张爱萍将军的主持下，国防科委就发射人造卫星的问题，约请张劲夫、钱学森、孙俊人、赵九章、吕强等 30 多位专家学者进行座谈。会上专家们一致认为，现在技术基础已经具备，研制和发射卫星在政治上、军事上和科技上都有重要意义，应该统一规划，有步骤地开展卫星工程的研制。

4 月 10 日，国防科委副主任罗舜初在旃檀寺 1 号又召集了张劲夫、张震寰、钱学森、赵九章、钱骥、四机部十院院长及国防科委机关的领导等，详细讨论了人造卫星的规划方案问题。赵九章对这次重要会议做了充分的准备，对发言要点早已胸有成竹，并嘱咐钱骥、吴智诚携带有关资料一同前往。在国防科委大楼的一间大会议室里，罗舜初一见面就熟络地握着赵九章的手说："赵九章同志，你好啊！搞卫星的事还要你多出点主意啊。"罗舜初对赵九章早已熟悉，早在赵九章从事海浪研究时，罗舜初就担任了海军副司令，二人早已有交集，建立了相互的信任与尊重。当时只要赵九章有什么事情找罗司令，都能得到很多支持。

会议由罗舜初主持，他说："去年 12 月赵九章同志给总理写了信，今年 1 月钱学森同志又给聂老总写信，都要求把卫星列项；中央专委要国防科委拿出一个意见并向中央专委汇报。"在罗舜初和张劲夫的举荐下，赵九章第一个作了会议发言。他在会上的发言持续了大概 30 分钟，就卫星方案设想进行了发言。他介绍了苏联、美国已发射卫星

的情况，并着重讲了讲我国发射卫星的目的、意义和任务，以及当前
我国已具备的条件。按照他的说法，在国庆二十周年前，最迟到1970年，
发射一个100公斤左右重的第一颗卫星是可能的。当然我们搞卫星还
有不少困难和薄弱环节。在当时情况下，苏联、美国对我们封锁禁运，
我们只能完全依靠独立自主、自力更生。随后他让一同前来的钱骥就
我国第一颗卫星的方案设想作了补充发言。钱骥发言后，赵九章继续
强调了一点，即目前人造卫星工作的关键一步是要提请中央专委批准
人造卫星研制方案，早日将卫星列入国家计划。张劲夫在会上介绍了
中国科学院几个与卫星研制相关的研究所围绕卫星研制已经开展的准
备工作。他也积极反映了科学家们强烈支持卫星早日上马的心愿和呼
声，当然其中要数赵九章最为积极。张劲夫认为，只要得到中央专委
批准，中国科学院承担我国第一颗人造卫星研制任务还是有工作基础
的，也有信心。[1]

4月29日，国防科委将会议核心内容和讨论意见进行汇总，提出
1970—1971年发射我国第一颗人造卫星的报告正式呈报中央专委。报
告中明确建议卫星工程总体及卫星本体由中国科学院负责，运载火箭
由七机部负责研制，地面观测、跟踪、遥测以四机部为主，科学院配合，
卫星发射场由国防科委所属试验基地负责建设。[2]国防科委向中央专
委提出在1970—1971年发射重量为100公斤左右的人造卫星的设想。[3]
这个报告经中央专委12次会议（5月）批准。

5月4日赵九章致信张劲夫副院长并党组：为进一步讨论人造卫

---

① 吴阶平等主编，《赵九章》编写组. 贵阳：贵州人民出版社，2005：125-126.

② 张现民主编.《钱学森年谱（上、下）》. 北京：中央文献出版社，
2015：310-311.

③ 王文华编著. 钱学森实录. 成都：四川文艺出版社，2001：180-181.

星工作中的计划及有关技术问题，提出意见以供四个所领导讨论时参考，拟成立一个人造卫星技术小组，各个所指定一人参加：力学所眭璞如、自动化所屠善澄、电子所陈芳允、地球物理所钱骥。[①] 因为在人造卫星工作中的科学技术问题需要大量的科研力量，赵九章向中科院党组请示增加更多的人员名额，并适当招聘北大地球物理系的毕业生。

中央专委接到国防科委的报告后，罗瑞卿受周恩来委托，邀请多位业内专家对该报告开展进一步的分析研究，研究结论是认为国防科委的报告切实可行。1965 年 5 月，中央专门委员会第十二次会议原则批准国防科委关于空间发展工作的报告，决定由中国科学院负责发射人造卫星的技术抓总和总体设计，由七机部负责运载工具研制工作，四机部负责地面观测设备研制，并责成国防科委组织协调[②]。当时出于对卫星研制任务要对外保密，取代号为"651"任务，寓意为周恩来批示赵九章亲笔来信的时间为 1965 年 1 月。自此卫星研发进入正式轨道。

二、编制卫星工作方案

在 1965 年，"651"任务经国家批准后，地球物理所二部的历史任务也已经完成，应当完全归并于"651"设计院。当时解肇元与卫一清的意见不主张地球物理所与"651"设计院合并，强调二部有液体探空火箭 T-7、科学探测卫星 2 号和科学探测卫星 1 号，以及"640-5"任务，要把地球物理所仍纳入地学口。关于解肇元反对地球物理所二部与"651"设计院合并一事，赵九章也是同意的。他认为如果单独成

[①] 赵九章. 赵九章致张副院长并党组的信. 1965年5月5日. 中科院档案.

[②] 徐庆祥. 中国科学院1965—1968年间对卫星任务的贡献. 院史资料与研究，1994（3）：18.

立一个研究所，既能为"651"任务服务，又可以自成一派学科体系，也是很好的，而中科院副院长裴丽生也完全支持不集中人力来搞"651"任务。中科院党组书记、副院长张劲夫则把院内主要力量集中于国防科委的"640-5"任务。[①] 此后，1966年原地球物理所"一分为四"，中科院在1966年2月正式成立应用地球物理所，赵九章兼任所长。后该所因体制调整归国家航天局，对外名称为空间物理所。

1964年赵九章把磁暴组、宇宙线组和高空磁场组合并为第十研究室（简称"十室"）。"651"设计院成立后，钱骥想把从事红外等工作放在"651"设计院的卫星工程总体组内，赵九章对此并不同意。他认为，十室是从事空间物理的，许多型号都要先做试验及理论研究，才能提出科学方案，为设计提供科学依据。如果放在总体组内，科学卫星不是重点，多年积累下来的高空物理现象这一部分研究力量就可能被挤掉。

为了落实中央专委的会议精神，推动人造卫星工作，中国科学院立即全面行动起来，在1965年5月31日由院新技术局副处长舒润达代表院领导组建由有关专家负责的卫星本体和地面设备、生物、轨道四个工作组：（1）卫星本体组，组长为解肇元[②]、杨嘉墀、方俊；（2）地面设备组由王大珩、陈芳允负责；（3）生物组则由贝时璋负责；（4）轨道组（原已成立）由数学所与紫金山天文台负责。卫星的名字采纳了

---

① 赵九章. 1965年在地球物理所的汇报. 1968. 中国科学院档案.

② 解肇元，山西赵城县人，生于1914年，1937年4月于太原参加革命工作，1937年10月加入中国共产党。1955年被授予中校军衔。之后转业，1960年6月到中国科学院地球物理研究所工作，1963年任该所副所长，负责地球物理所二部工作，1964年5月任地球物理所二部总支部书记，1965年任卫星设计院本体组组长，1966年2月任应用地球物理所副所长、临时党委。

何正华的建议，命名为"东方红一号"。[①] 还要求于 6 月 10 日前必须拿出我国第一颗人造卫星的方案设想和卫星系列规划的轮廓，还提出我国第一颗卫星应在 1970 年发射，卫星系列规划先考虑到 1975 年。国防科委当时将卫星系列分为试验卫星和应用卫星两大系列。中科院新技术局领导要求按照不同的维度要求编制卫星规划方案，包括型号编制；每个型号的目的、用途及测试项目；卫星本体内容；关键技术；重大措施条件，以及院外协作及要求。[②]

从 5 月 31 日到 6 月 10 日只有仅仅 10 天时间，如何完成如此艰巨的任务？自此，中国科学院各有关研究所的许多同志，立即投入了夜以继日的工作状态。赵九章和钱骥配合院领导负责全面组织工作，钱骥还亲自带领 18 位业务骨干定期开碰头会。虽然当时专门从事卫星研制的只有胡其正、潘厚任和何正华三人组成的卫星总体组，但凭借"581"组扎实的预研和准备工作，他们在 10 天内如期拿出了人造卫星规划设想和我国第一颗卫星的初步方案。为便于汇报，他们将卫星文字方案归纳成三张图和一张表：卫星外形图、卫星结构布局图、卫星运行轨迹图以及卫星分系统组成表。规划中的卫星为 1 米直径的近球形 72 面体。中国科学院对此组织了多次方案研讨。

为使全世界都能听到我国卫星的声音，卫星总体组何正华建议播放《东方红》音乐以代替卫星的无线电呼号，并与遥测信号时分串行播放。后来何正华建议："莫不如就叫它'东方红一号'吧！"赵九章支持他的这些建议。

---

① 樊洪业主编. 中国科学院编年史（1949—1999）. 上海：上海科技教育出版社，1999：157.

② 吴阶平等主编，《赵九章》编写组. 赵九章. 贵阳：贵州人民出版社，2005：128.

　　于是乎，卫星总体组怀揣着"东方红一号"卫星的初步方案和人造卫星规划设想，先后到位于文津街的中国科学院院部向院党组书记张劲夫详细汇报，后向国防科委领导罗舜初作了汇报。后来，由钱骥等人直接向周恩来总理汇报。据钱骥回忆，周总理仔细聆听了他的汇报，等得知他也姓钱时，还握着他的手打趣说："我们的卫星总设计师也姓钱，看来我们搞原子弹、导弹和卫星，都离不开钱啊！"

　　5月、6月中科院组织了一系列规划论证会议。7月1日，中国科学院向中央上报了《发展我国人造卫星工作规划方案的建议》，提出了中国发展空间技术的指导原则。中科院在拟定这一人造卫星规划时，谨慎考虑了当时美国对华技术封锁和1960年中苏关系交恶的国际环境，既对我国卫星研制的基础和发展潜力保持乐观，又充分遵循了科学技术发展的规律，力求积极稳妥地实现卫星研制的目标。这个建议论述了发射人造卫星的主要目的，"提出1966—1975年我国空间发展规划方案，并建议1970年左右发射我国第一颗人造地球卫星"。[1] 提出了10年奋斗和发展步骤，我国第一颗人造卫星可供选择的三个方案，卫星轨道选择和地面观测网的建立，以及重要建议和措施等5个问题。以附件的形式，呈报了国外空间活动及人造卫星发展概况，6种主要人造卫星的本体设计方案，以及人造卫星轨道设计方案三个问题。[2] 规划还非常注重发展应用卫星系列。

　　赵九章的脑海中满是我国的人造卫星事业。在向中央提交了人造卫星规划方案后，他并没有一丝一毫的停歇，很快想到下一步卫星具

---

　　① 徐庆祥. 中国科学院1965—1968年间对卫星任务的贡献. 院史资料与研究，1994（3）：18.

　　② 张劲夫. 我国第一颗人造卫星是怎样上天的？人民日报，2006-10-17（14）.

体研制时很可能面临技术工人不足的窘境。他深知必须具备很强的精加工能力才能开展高质量的实验和观测，从而获取重要数据来支持科学研究，因此，他素来对机械加工相当重视。为了解决技工缺乏的问题，在确定选择哪种方案前，他亲赴上海求援。①

1965年7月6日，赵九章带着中国科学院党组书记张劲夫给上海市委的信抵达上海，诚挚请求上海市委增援能从事卫星研制的技术工人。在他到达上海的第二天晚上，时任上海市委书记处书记、主管上海工业生产的马天水便前来赵九章下榻的锦江饭店会面。他说明来意，马天水表示一定支持。赵九章说可能有两种增援方案：第一种方案是选一个能做精密加工的、100人左右的工厂整体搬迁，转产搞卫星工程加工。第二种方案是从几个工厂中挑选一些符合条件，工种配套的技术工人，新组建一个工厂，专门承担卫星加工任务。需要先对有关工厂进行考察了解，才能确定选择哪种方案。在马天水的安排下，上海工业局领导计划安排几个相关工厂，请赵九章去考察。

随后几天内，赵九章被安排参观了缝纫机厂、钟表厂等工厂，中科院地球所吴智诚、机械结构组组长冯宗明随同考察。赵九章在考察工厂时态度非常认真，不忽略任何一个重要细节。有一天晚餐后，他开始拉肚子，夜里腹泻数次，被紧急送往附近的医院，后来查明是在餐厅用餐后出现的食物中毒。他连续住院四五天，不得不中止了工厂考察。

随后，北京科学仪器厂领导田巨生和中国科学院地球所领导解肇元以及陈建奎等去上海继续考察，并与上海市多次协商后，中科院从上海十多个相关工厂抽调工种配套的技术工人约180名，先行到中国

---

① 吴阶平等主编，《赵九章》编写组. 赵九章. 贵阳：贵州人民出版社，2005：129–130.

科学院北京科学仪器厂实习一段时间。1966 年 5 月起再将这些人安置到西安 112 工厂工作。

赵九章出院后，身体异常虚弱，但他还是坚持去看望了中国科学院地球物理所在上海曙光机械厂、电理仪器厂工作的科技人员们。他由衷感谢这些人为研制大型环境模拟设备作出的贡献，并对他们的成果表示祝贺。这些科技人员对于赵所长带病前来慰问深为感动，几年来坚持下厂，与工人配合，终于将设备研制成功。

1965 年 8 月 9 日、10 日，中央专委第十三次会议上原则上批准了中国科学院提出的《关于发展我国人造卫星工作的规划方案的建议》，同意第一颗卫星争取在 1970 年左右发射。确定国防科委负责组织协调，科学院可先按此规划开展工作。明确了人造卫星研制的工程技术抓总和卫星、运载火箭、测量、跟踪、遥测设备的研制，以及整个工程的组织协调等各项任务的分工 [①]；会上，中央专委对我国第一颗人造卫星提出的要求是：必须考虑到政治影响。因此，这第一颗人造卫星应该比苏联和美国的第一颗卫星更加先进，具体表现在要比它们的卫星重量要重、发射机的功率大、工作寿命长、技术新、听得见。此外，中央专委还确定了中国发展人造卫星的方针是：由简到繁，由易到难，从低级到高级，循序渐进，逐步发展。

为了落实上述指示，中国科学院裴丽生副院长很快于同年 8 月 17 日召集院内有关研究所的领导开会，商讨落实中央专委第 13 次会议精神，决定先成立三个组：1. 卫星任务领导小组，由谷羽任组长，副组长为杨刚毅、赵九章，共 12 人组成。2. 卫星总体设计组，由赵九章任组长，郭永怀、王大珩为副组长，共 11 人组成。3. 卫星任务办公室，

---

① 谢光主编. 当代中国的国防科技事业（上册）. 北京：当代中国出版社，1992：104.

由陆绶观任主任，办理日常工作。为了保密，中国科学院给这项任务起了个代号，考虑到总理对赵九章信的批示时间为 1965 年 1 月，中科院将此任务作为 1965 年第 1 号任务，故代号定为"651"。这也标志着，中国第一颗人造卫星正式进入工程研制阶段。

1965 年 9 月下旬，中国科学院在力学研究所礼堂连续召开了三次人造卫星的工程技术会议。张劲夫在会上号召大家从各个角度来谈论人造卫星的设计方案，中国科学院"581"组提出的设计方案获得了与会专家的高度赞同。紧随其后，中国科学院裴丽生副院长 10 月 19 日主持召开"651"会议的预备会议，在会上形成决定，较 8 月 15 日的分工有所变化：卫星领导小组组长由裴丽生担任，谷羽负责具体领导工作；卫星总体组由力学所党委书记杨刚毅、赵九章负责；卫星本体组由王跃华、钱骥负责；卫星地面组由吕强、王大珩、陈芳允负责。这样一场全国性的人造卫星方案论证便在组织管理上做好了较为充分的准备。

三、"651"方案论证会

1965 年 10 月，受国防科委委托，中国科学院在北京友谊宾馆组织召开了中国第一颗人造卫星总体方案论证会，又称"651"会议。

"651"会议在当代中国科技史上留下了浓墨重彩的一笔。会议从 1965 年 10 月 20 日起，一开始没想到会开那么长时间，也没定结束时间，大家白天开会讨论，晚上进行计算和论证，结果会议一直开到 11 月 30 日，总共历时 42 天。无论是时间上，还是规模和内容上都创下了历史纪录。后来参会专家回忆，这次会议是他们一生中参加过的会期最长的一次大会。出席会议的嘉宾有国防科委、国防工办、国家科委、总参、空军、海军、炮兵、一机部、四机部、七机部、通信兵部、邮电部、发射基地、军事科学院以及中国科学院共 120 余人参会。①

会议主持人是中国科学院副院长裴丽生。杨刚毅负责会议组织协调，赵九章负责会议技术抓总协调。会前在赵九章的主持下，钱骥和总体组做好了充分的技术准备和支撑工作。许多发言都预备好了书面材料，这些因素保障了会议的顺利召开。

大会上，中国科学院裴丽生、国务院国防工办副主任兼国防科委副主任罗舜初、国防科委副主任张震寰先后发表讲话。赵九章在会上介绍了中国第一颗人造卫星的总体方案，就过去工作、第一颗卫星的任务和条件、协作分工、会议开法等作了说明。钱骥报告了《我国第一颗卫星的本体方案（草案）》。王大珩、陈芳允也都作了相关的技术报告。七机部代表报告了运载工具方案设想；按照四机部建议，中国科学院代表报告了地面系统方案设想。

长达 42 天的会议上，代表们对关于第一颗人造卫星的重大问题开展了深入而谨慎的讨论。会上"确定我国第一颗卫星为科学试验卫星，主要为发展我国对地观测、通信、广播、气象、预警等各种应用卫星，取得基本经验和设计数据"。卫星上天后的具体任务包括测量卫星本体的工程参数，探测空间环境参数，以及奠定卫星轨道参数和遥测遥控的物质技术基础。大家都认为，中国第一颗卫星在重量、寿命、技术等方面，都要比苏联、美国第一颗卫星先进，并做到"上得去、抓得住、测得准、报得及时、听得到、看得见"。要慎重出征，努力做到一次成功。总体组何正华建议：第一颗卫星为一米级，命名为"东

---

① 张劲夫. 我国第一颗人造卫星是怎样上天的？人民日报，2006–10–17（14）.

方红一号",在卫星上播放《东方红》乐曲。①

这次会议非常成功。开会期间,周恩来总理和中央其他领导人还特别邀请全体参会代表齐聚人民大会堂小礼堂,一起欣赏了精彩的文艺演出。周总理鼓励大家要集思广益,积极为第一颗人造卫星方案的论证工作各抒己见,献计献策。

会议期间,赵九章废寝忘食地辛勤忙碌了40多天,白天参加大会、小组会。晚上又继续和钱骥、何正华、胡其正、潘厚任等人聚在房间里,一同回顾和整理白天会上提出的涉及"东方红一号"大总体和卫星本体的各种技术问题,计算有关数据。有时他还要在晚上临时与王大珩、陈芳允等顶尖专家们互相交换各自对某一问题的看法。裴丽生副院长也经常利用夜晚休息时间,找赵九章、钱骥研究白天会议上提出的问题,并传达上级的意见和指示。

赵九章本来就有心脏病,会议期间连续紧张的工作使他常常感到严重的心绞痛,为了不影响工作,他只是临时吃点药,稍微缓解一下后便又赶紧投入到繁忙的工作中去。每晚他都需要吃上几片安眠药方能入睡一段时间。

到了1965年10月22日,以赵九章为首的人员正式提出了卫星的总体方案。后来叶笃正曾提醒人们注意一个时间:从1964年12月到1965年10月短短300天左右的时间,完成了从人造卫星整体规划到卫星制造、火箭设计、卫星轨道、观测项目和地点跟踪等一系列的研究准备工作,可见工作强度何等的令人惊讶。可以想见身患心脏病的

---

① 张劲夫. 我国第一颗人造卫星是怎样上天的? 人民日报,2006-10-17(14).

赵九章在此段时间内是如何兴奋而忙碌。[①]

　　经过各方面的精心而密集地论证，会议初步确定了中国第一颗人造卫星的总体方案。会议确定中国第一颗卫星的性质为科学探索性质的试验卫星。最后归结的目标是 1970 年发射；卫星发射的总目标是要"上得去、抓得住、听得到、看得见"。"东方红一号"的命名、结构外形、主要指标以及播放《东方红》乐曲等也都得到了大会的高度肯定。

　　这次会议进行了深入细致的论证。最后产生了第一颗卫星总体方案、本体方案、运载工具方案和地面观测系统方案四个文件的初稿，还写出了 27 个专题论证材料等，共约 15 万字。基于这些非常详尽的关于人造卫星设计的方案和专题材料，科技专家们进一步系统阐明了发射人造卫星的复杂技术问题，并提出了需要集中攻克的一批关键性技术问题。会议取得很大的成功。这些成绩无疑是全国各个部门、各领域专家通力合作的智慧成果,同时也浸润着赵九章太多的呕心沥血。

　　值得一提的是，按照我国第一颗人造卫星的方案，卫星舱中安置的大部分仪器都是在探空火箭上经历过考验的，双频多普勒测速定位系统、信标机、播放《东方红》乐曲的线路等，也都是由中科院地球物理所二部研究出来的。

四、落实卫星总体和规划工作

　　"651"会议开过后，中国科学院立即组建了"651"设计院和"701"工程处。前者负责卫星本体的设计研制和总体协调；后者负责地面跟

---

① 叶笃正，周晓平. 赵九章先生给我们留下了什么样的宝贵财富. 高科技与产业化，2007，3（012）：20–22.

踪台站的总体设计和筹建。对"651"会上尚未论透的问题，持续进行了几个月的计算、论证和复审。

1. 成立"651"设计院

卫星论证会一结束，在报请聂荣臻元帅后，中科院立即组建卫星设计院。1966年1月25日中国科学院卫星设计院（代号"651"设计院）正式组建，公开名称为"中国科学院科学仪器设计院"，负责第一颗人造卫星总体方案的落实和实验室的筹建。[①]赵九章担任院长，杨刚毅任党委书记，钱骥等为副院长，他还负责"651"设计院的总体组。根据"651"会议精神，"651"设计院全面部署"东方红一号"卫星的方案设计工作，拟定各分系统的设计指标，并对分系统的设计和研制进行组织协调。"651"设计院的核心技术力量来自地球物理所二部第一研究室和力学所闵桂荣[②]负责的测控研究室，以及中科院华北办事处。成立了"东方红一号"总体组，胡海昌为组长，何正华为副组长，成员包括胡其正、潘厚任、陈宜元、周同灏、曲广吉等人。"651"设计院成立后，它不仅要完成自身工作，还要协助院领导做全院"651"系统的技术归口管理工作，与新技术局共同承担管理任务。

"为确保卫星的质量，总体组在1967年1月提出把'东方红一号'研制工作分为：模样、初样、试样和正样这四个阶段。各分系统首先制作实验线路，装出性能样机，证明技术上可行，生产上可能，由总

---

① 崔茹华，杨小林. 赵九章年谱. 出自中国科学院院史文物资料征集委员会办公室编. 院史资料与研究，2000（6）：38.

② 闵桂荣，工程热物理学及空间技术专家。1963年获苏联科学院动力研究所副博士学位。从20世纪60年代起，长期从事空间技术工作。开创了空间热物理分支学科，解决中国各类人造卫星的热控制等问题。1992年被选为国际宇航科学院院士，1994年被选聘为中国工程院院士。

体组指派验收组进行验收通过后出模样星。通过解决模样星总装试验出现的矛盾，确定协调参数，在此基础上拟订各分系统的初样研制任务书。用初样产品总装出考核卫星结构设计，热控制设计等的结构星、温控星等。通过试验，改进，再试验，再改进，直至达到设计要求。然后协调确定研制试样星以及正样星的技术规范。"

广大科技人员热切期盼着能亲手将第一颗人造卫星送上太空，各个热血沸腾，感觉有使不完的劲儿。在中关村科学城里，白天大家忘我工作，晚上科研大楼灯火通明，到处充满生机和活力。在各个分系统密切配合下，卫星研制工作取得了喜人的进展。

"651"设计院给中国科学院下属多个科研单位安排了200项空间技术预研任务，分发至全国各地的高校和科研院所。与此同时，七机部第八设计院也开始了运载火箭总体方案的论证和设计。中国医学科学院、军事科学院也按照卫星规划，开展了宇宙医学、环境工程的研究试验。当时卫星任务是绝密级任务，不过为了尽可能地发挥全国社会主义集中力量办大事的优势和充分调动各领域科技力量的积极性，中共中央决定通过采取全国大协作的方式，可持续地推动我国人造卫星系列规划工作。1965年年底，"651"设计院共提出了460多项研究专题，大到分系统，小到元部件，"东方红一号"卫星的工程研制全面铺开。①

从1965年起，赵九章就抓紧了卫星地面系统跟踪测量工作。1966年开始，中科院武汉测量与地球物理所等根据"651"任务的需要，精确测定了卫星发射场和欲建地面跟踪台站的地心坐标。在四机部和国防科委的支持下，1966年5月3日，"701"工程处正式组建，具体负责卫星地面观测系统的设计，观测站的选址、勘测和建设、观测人

① 柳志卿. 潘厚任回忆东方红1号研制历程. 国际太空，2010（04）：21.

员的培训，以及全国台站网的安装、调整和联系运行等。

2.运用卫星轨道计算选定多普勒跟踪测轨技术

测轨定轨和通信手段的落实也是人造卫星的重要内容。人造卫星升空后，对它在宇宙空间的位置和运行轨道要做到"抓得住，测得准，报得及时"。人造卫星升空后的地面跟踪测轨问题，即"抓得住"，是我国第一颗人造卫星的具体技术方案的重要问题之一。换句话说，人造卫星上天后，地面台站能非常有把握地进行跟踪，并及时地、精确地测量出卫星的运行轨迹，并向全世界发布卫星轨道预报。[①] 1965年10月由中科院主持召开的全国性的人造卫星方案论证会上，争论得比较突出的一个问题是卫星入轨后长期跟踪测轨究竟用什么系统。当时结合电离层探测，启动了无线电多普勒系统研究，为我国卫星的多普勒跟踪测轨网的建立提供了技术储备。当时科技界关于多普勒系统上没有取得共识，主要原因是这一方案尚不完善。如能解决卫星入轨后轨道数据的计算方法问题，即可成为一个独立的卫星定轨系统，突破我国卫星发射任务的一大难题。

我国发射卫星的地理条件比苏联、美国都差，可谓天大地小。具体而言，苏联境内的国土跨度将近180度，中国的国土跨度则仅有60度，我国第一颗卫星从酒泉卫星发射中心向东偏北发射入轨后仅几分钟就飞出国境，要经过110分钟再次飞越国境时才能再看到。当时美国已经在全球多处建有地面站，拥有极好的宇宙测算条件。而我国卫星轨道测算技术能力相当薄弱。对于中国发射的人造卫星，如果飞行第一圈"抓不住，测不准"，美国设在日本的地面站就会测出我国卫星的

---

① 张劲夫. 我国第一颗人造卫星是怎样上天的? 人民日报，2006-10-17（14）.

轨道，算出它经过各地的时间，并抢先发布。这在当时就是政治失误，造成不好的国际影响；从技术上看，也是一个很大的缺陷。[①] 因此，研制适合我国"天大地小"的测轨定轨设备，快速准确地测算出人造卫星的轨道非常重要。

赵九章深刻地意识到，人造卫星工程要上马，首先要把卫星运行的规律，卫星的轨道设计、计算、测量与预报，以及地面跟踪台站的布局等重大问题搞清楚。鉴于中国科学院以往已经围绕人造卫星开展了大量的预研工作，在国内处于领先地位，且各个研究所具有较为雄厚的科研实力，这一问题是可以解决的。那么，卫星入轨后长期跟踪测轨究竟采用什么系统？

当时国际上最好的跟踪测轨手段是比相干涉仪（也称大型高精度跟踪雷达）。这种测轨技术成熟，但地面建站要求高、投资大，且负责这一设备研制的四机部是否能研制出来，其研制进度又如何，人们还没有把握。另一技术手段是多普勒系统（也称无线电干涉仪）。这是国际上新兴的测轨方法，技术尚待成熟，优点在于机动灵活、投资少，但其可行性尚不能确定。

在这一方面，当时地球物理所二部电离层研究室的周炜及其团队成员在多普勒系统领域已有相关工作积累。他们在 1959 年到 1961 年间研究过美国白沙靶场使用的探空火箭测轨定位系统 DOVAP，在"和平一号"地球物理火箭探测工作的基础上，提出了一个设备最简单轻便、研制周期短、造价便宜的多普勒测速系统方案，证明了从一二百公里的火箭测轨延伸到卫星测轨在物理原理上是可行的。

中科院党组委派时任中科院副书记、副院长的裴丽生在院层面负

---

① 刘易成. 测轨法与我国卫星轨道的选择. 选自：科学时报社主编. 请历史记住他们——中国科学院与"两弹一星". 广州：暨南大学出版社，1999：296.

责"581"组的工作。他对多普勒系统方案相当重视,"651"会议前还曾亲自去周炜的实验室调查研究,并亲自去河北廊坊的电离层探测站进行调查,详细询问仪器设备情况。在他看来,多普勒系统方案是大胆而创新的,设备轻便、研制周期短,造价也便宜,需要进一步研究探讨应用于卫星测轨的跟踪精度。[①]赵九章针对这一情况果断地下决心,他迫切希望数学所能将轨道卫星设计与计算问题这一工作承担起来,先行一步。

潘厚任是中国科学院空间科学与应用研究中心研究员,从事太空科技工作几十载,包括我国首批箭载,星载太空探测仪的设计研制、卫星轨道计算;参加我国第一、第二颗人造卫星的总体设计和卫星系列规划制定;1968 年后任"东方红一号"卫星总体设计组副组长;曾受聘为国家科委空间专家组专家,开展了中美、中德太空科学与应用的合作交流。退休前为中国科学院空间科学与应用总体部副主任兼载人航天工程应用系统副总指挥。1957 年苏联第一颗人造地球卫星上天时,潘厚任正在南京大学数学天文系上学。系里教天体力学的易照华老师专门研究人造卫星的轨道力学,在 1958 年暑假指导两位天体力学的同学用光学观测的数据计算和预报苏联卫星的轨道,学天文的潘厚任经易老师同意后,一起学习轨道计算。1958 年 10 月,系里派潘厚任和一名同学到北京天文台协作设计火箭紫外探测仪,11 月加入"581"组。1959 年 8 月,正值毕业的潘厚任被正式分配到中国科学院"581"组搞卫星。[②]1965年 4 月 22 日,潘厚任正在中国科学院地球物理所工厂半工半研,突然接到电话通知,是赵九章所长要他当晚就到自己家去。到了赵所长家后,

① 吴智诚. 从"581"到"651"——中科院十年卫星创业摘记. 选自:岳爱国主编. 定格在记忆中的光辉七十年. 北京:科学出版社,2019:50.

② 柳志卿. 潘厚任回忆东方红1号研制历程. 国际太空,2010(04):19.

潘厚任看见数学所的关肇直副所长和栗柏新已经落座。赵九章言辞恳切地对大家说道："我去年年底已经写信给周恩来总理，说明我国着手研制人造地球卫星的基本条件已具备，建议把导弹打靶试验和卫星发射结合起来，可收一石两鸟之效。"略微停顿之后，赵九章情绪变得有些激动，他继续说道："现在周总理已指示要提出设想规划，我们从 1958 年开始，一直在盼着的这一天现在终于来到。但是，试想一颗几米尺度的卫星送上轨道后，如果不能紧紧抓住它，就像几公里外的一只苍蝇，如何去找它？因此，发射卫星，首先要把卫星运行规律、轨道计算、测量、预报以及跟踪站的布设等搞得一清二楚。科学院理当把此承担起来，先走一步。希望关所长立即组织人员落实此事。"赵九章又专门对潘厚任说："你是学天文的，又搞过卫星轨道，由你代表'581'组参加此项工作，并和数学所具体联系、协调。"[1]

　　听了赵九章所长的话，潘厚任久久不能平静，一种"天降大任"的感觉油然而生。早在 1958 年中国科学院组建"581"卫星小组后，他便开始从事人造卫星轨道计算研究。但由于"大跃进"运动等时代原因，这项工作始终没有在正常轨道上运行，也未取得较大进展，这对于科研人员来说无疑是内心的一种折磨。在赵九章家听完他的一席话后，潘厚任激动得久久未能入眠。第二天，他就被从"581"组五室的空间光辐射组调到一室，参加卫星总体组。[2]

　　于是乎，1965 年 4 月 2 日，赵九章亲自找到时任中国科学院数学研究所副所长的关肇直等人沟通交谈。这次赵、关谈话后不久，在关

---

　　① 科学时报社编. 潘厚任. 东方红1号卫星总体工作片段. 让历史记住他们——中国科学家与"两弹一星". 广州：暨南大学出版社，1999：270-271.

　　②《请历史主记住他们——中国科学家与"两弹一星"》（暨南大学出版社，1999：271）一书中与《赵九章》（贵州人民出版社，2005：127）说法不一致，本书采纳了后者的提法。

肇直副所长的具体安排下，以叶述武为主任的力学组很快转到卫星轨道的计算上来。后来关肇直又把从苏联学成回国的刘易成调来具体负责此事。不久，潘厚任建议，因为紫金山天文台（以下简称紫台）在小行星轨道计算方面有很好的基础，可考虑请紫台参加轨道计算工作，赵九章所长和钱骥欣然同意，并诚邀紫台前来北京参加该项工作。很快，中科院快速将"651"设计院总体设计组、紫金山天文台和数学所有关人员被集中到数学研究所，从1966年1月至3月间组织对多普勒跟踪系统的卫星轨道计算问题进行突击攻关。那一年夏天非常炎热，紫台张钰哲台长做完胃切除四分之三手术后没过多久，他还是坚持亲自率领赵先孜、张家祥等科研骨干前来北京，与赵九章和关肇直等商洽工作。[①] 这个由中国科学院将当时国内实力最强的科学家们聚集而成的任务组，深入细致地开展调查研究，为我国人造卫星上天的测轨、算轨、预报等实际工作打下了扎实的基础。

他们用计算所刚研制成功的109型、119型半导体计算机进行了100多机时的突击计算，利用计算机给出带随机误差的模拟跟踪数据进行算轨、定轨和星历预报，很快摸清了跟踪测轨仪器精度和测轨预报精度的对应关系；对全国布站和入轨点布站的最佳方案等，得到了完全肯定的结论。[②] 赵九章在审阅计算结果后，完全支持周炜提出用多普勒系统跟踪测轨方案的建议。

1966年3月，陈芳允、潘厚任向国防科委四局马副局长汇报了计算结果，在"701工程"论证会时最终敲定了方案。如此一来，这一

---

① 潘厚任. 东方红1号卫星总体工作片段. 科学时报社编. 让历史记住他们——中国科学家与"两弹一星". 广州：暨南大学出版社，1999：270-271.

② 潘厚任. 东方红1号卫星总体工作片段. 科学时报社编. 让历史记住他们——中国科学家与"两弹一星". 广州：暨南大学出版社，1999：273.

创新而实用的方案为整个卫星发射任务解决了一个关键问题，推动了地面跟踪台站的建设、卫星靶场选择等工作的及早进行，保障了中国第一颗人造地球卫星得以在预定时间内发射。1970 年 4 月 24 日，我国第一颗人造卫星上天，以多普勒测速仪为基础的地面观测系统成功、迅速地捕捉了卫星运行轨迹，并向世界发布了卫星轨道预报。改革开放后，多普勒测速定轨系统还在 1978 年荣获全国科学大会奖。事实证明，赵九章在众多科学问题上确实高瞻远瞩。老一辈科学家的远见卓识和果断决策，无疑在中国空间科技事业发展的关键阶段发挥了重要作用。

3. 制定卫星系列规划

1966 年 5 月 11 日至 25 日，中国科学院召开了卫星系列规划论证准备会。[1] 由赵九章主持制定中国卫星系列规划设想。赵九章在 1966 年 5 月 19 日报告了《对我国卫星系列规划的设想》[2]。他把整个卫星规划分为四个部分：（1）以科学试验卫星作为开始和基础；（2）以侦察卫星（特别是照相侦察卫星）为重点，全面发展军事应用卫星（如电子侦察、通讯、气象、核爆炸侦察、导弹预警、测地、导航等卫星，配成一个完整的体系）；（3）照相侦察卫星基础上发展载人飞船；（4）卫星的防御措施，必须使卫星拥有反干扰、反破坏等能力。[3] 他接着

---

[1] 徐庆祥. 中国科学院1965—1968年间对卫星任务的贡献. 院史资料与研究，1994（3）：18.

[2] 吴智诚. 赵九章与中国人造地球卫星. 选自中国科学院国家空间科学中心《赵九章先生纪念文集》编委会. 赵九章先生纪念文集，北京：科学出版社，2021.

[3] 吴阶平等主编，《赵九章》编写组. 赵九章. 贵阳：贵州人民出版社，2005：136.

简要说明了几种军事应用卫星的规划意见，不同类型的卫星的目的意义，主要技术问题以及发射时间等。

"651"设计院钱骥在卫星系列规划方案中论证了我国卫星发展应采取"以我为主，走自己的路"的指导原则，采取由易到难、由低到高，循序渐进、逐步发展的方针，首先以科学技术卫星开路，取得经验后再发展以返回式卫星为重点的应用卫星系列。[①]钱骥还报告了"发展侦察卫星的设想"；军医科学院贾司光报告了载人飞船在军事任务当中的作用；科学院心理研究所徐联仓介绍了发射宇宙飞船的初步设想；科学院数学研究所刘易成报告了关于我国人造卫星轨道选择问题。会议经过大会、小组会的讨论，最后商定卫星系列的重点和排队：侦察测地、通信、气象、载人飞船、导航。[②]在广泛讨论的基础上，会上制定了如下我国卫星系列规划设想，基本就是以赵九章关于人造卫星发展规划的设想制定的。[③]

"651"设计院成立，赵九章在抓紧"东方红一号"卫星工作的同时，也非常重视卫星系列规划工作的推进。特别是对规划设想方案中的侦察卫星，为了使它能及早上天，赵九章也作了周到的安排，组织力量加以重点落实。

为了制定出的应用卫星系列规划能够符合国家需求、解决实际问题，"651"设计院专门组织总体设计人员遍访全国各可能的和潜在的卫星用户，征询对我国卫星系列规划的意见和建议。测绘部门提出希望能利用卫星来解决大地测量精度问题，赵九章和钱骥等都非常重视

---

① 杨照德，熊延岭. 钱骥传. 北京：金城出版社，2011：200.

② 杨照德，熊延岭. 钱骥传. 北京：金城出版社，2011：200.

③ 崔茹华，杨小林. 赵九章年谱. 出自中国科学院院史文物资料征集委员会办公室编. 院史资料与研究，2000（6）：39.

这一问题。当总体组成员提出可用天文学的方法来解决时，他们都非常支持。当把设想方案的初步估算结果的报告交给他们看了之后，赵九章大加赞许，立刻说规划中的侦察卫星方案中应添加测地方案。

1966 年 5 月 5 日至 10 日，召开了我国卫星系列规划会议，钱骥首次提出将侦察兼测地卫星的方案作为我国卫星系列规划的重点，得到了与会领导和代表的肯定。会后，赵九章立刻从"651"设计院、自动化所和数学所抽调人员组成对地观测卫星总体设计组，经研究提出该卫星的最佳轨道是倾角为 98° 左右的太阳同步轨道。后来，受到"文化大革命"的影响，卫星系列规划的正式会议没有按期召开。

中科院院士王大珩曾亲身参与我国卫星研制工作，在赵九章领导的卫星总体设计组任副组长。他在不同场合的会议上说过："当年赵九章主持制订的我国第一颗卫星的研制方案计划和卫星系列规划设想既符合科学又切合实际，以后相当一段时期我们基本上是按照当初他的计划设想进行的。"[①] 这些都体现了赵九章及其同事们的真才实学和远见卓识。

在 1966 年 5 月召开的卫星系列规划论证会之后，中科院就按照发展规划向所属研究所下达预研课题。从 1966 年初开始，"651"设计院在赵九章和钱骥的主持下，开始探讨返回式对地观测卫星的方案，对其中几个关键问题进行了研究，包括卫星的轨道选择，确定观察兼测地的方案，回收方案的研究，以及姿态控制系统方案的研究等。1966 年 1 月，"651"设计院组织中科院力学所的吴成康等研究返回式对地观测卫星回收问题，于当年 3 月完成《我国第一个回收卫星技术途径初步调查的汇报材料》这一报告，还比较全面和深入地分析了

---

① 吴智诚. 从"581"到"651"——中科院十年卫星创业摘记. 选自：岳爱国主编. 定格在记忆中的光辉七十年. 北京：科学出版社，2019：39.

卫星回收过程中的气动问题，写出专题报告。上述方案曾向"651"设计院领导赵九章等人汇报，在 1967 年的返回式对地观测卫星方案讨论会上作正式报告。[①]

五、机构变更与卫星上天

1. 视察三线工程

在中苏交恶以及美国在中国东南沿海的攻势下，1964 年起中国政府以战备为指导思想，在中西部地区的 13 个省、自治区开始进行大规模国防、科技、工业和交通基本设施建设，特别是一些重大项目要尽量搬到三线去。1964 年 10 月，中国科学院在西安考察并选定了曹村一带开始基建，这是国家计委决定的重点工程，代号为"112"工程。当时是西安的头号工程，占地 20.7 公顷。[②]1965 年底，西安"112"工程即将竣工，按照原定计划，由地球物理所一部分机构和人员分离出去，搬迁至西安成立应用地球物理所。除此之外，中科院领导班子也曾设想把"651"设计院和北京科学仪器厂两个单位的全部或部分科技力量迁至西安，于是派出这两个单位的领导先行去西安进行调研，看是否有可能在"112"工程的基础上，继续扩大建设规模。

1966 年 1 月 6 日，中科院派赵九章和解肇元、王跃华、田巨生等去西安视察"112"工程进展，地球物理所二部从事空间环境模拟研究的曹大均担任赵的贴身秘书，操办他每天的行程安排和生活起居。起初，曹大均很紧张，不知如何与这样的大科学家相处。很快，他就发现，

---

① 所史编委会. 中科院空间中心史（第一卷）. 空间物理所册，2003：37-38.

② 中国科学院空间科学与应用中心. 中国科学院空间科学与应用中心所史（第一卷），2003：191.

赵九章身上一点儿也没有大科学家和领导的架子，更像是一位长者。当他跟曹大均说话或吩咐做什么事时，总是习惯用商量的语气，并告诉他缘由。[①]

他们一行人抵达西安后，陕西方面原本把他们安排住在丈八沟国宾馆，但赵九章得知后，认为国宾馆是招待外国元首和我国领导人的，他住不合适，一定让曹大均设法婉拒，要求改住人民大厦，说人民大厦的条件已经够好的了。后来，他们转而被安排在人民大厦的一个套间内。本来是曹大均和赵九章住在套间，但随同视察的还有地球物理所与卫星设计院的书记，二人作为局级干部被安排住在了前楼。赵九章觉得不妥，就和曹大均商量可否跟二位书记换一下，他们三人住在一起。此外，他还推掉了陕西方面给他特别安排的新进口小汽车，要曹大均给他联系安排三线工程"112"工程处指挥部的老吉普车。那辆旧吉普车车况不好，车开起来后震动得厉害，底盘又高，往往上下车的时候都要人扶一把，省领导和大家看到他非常不方便，都感到很不妥当，他自己却毫不在意。中科院西安分院院长时逸之和接待人员在私下感慨：没想到这么大的科学家一点儿架子都没有，如此平易近人。[②]

赵九章等逐一查看已建成的实验楼和厂房的质量和布局情况，慰问了地球物理所参加"112"工程的人员，并对他们的无私付出表示感谢。他感叹，在不到一年的时间内"112"工程已完成近5万平方米的工程建设，这实属不易。他对工程质量表示满意，但也发现一个大的

① 曹大均. 面对铜像的追思，选自：岳爱国主编. 定格在记忆中的光辉七十年. 北京：科学出版社，2019：101–103.

② 吴阶平等主编，《赵九章》编写组. 赵九章. 贵阳：贵州人民出版社，2005：132.

工程隐患，即"112"工程地址是在历史上发生泥石流扇形冲击面的中心，不宜大型建设。他亲自请地质专家考察，但基建已接近完工，最后只得加强泥石流的防护工程，以巩固工程质量。[①]

出于对我国人造卫星事业的重视和对科学家的尊重，西北局第一书记刘澜涛要接见赵九章，也通知了主管文教的中共中央西北局书记处书记胡锡奎，还有省委书记、省长、市委书记、市长、省军区司令和政委等地方党政领导。这种局面据说是前所未有的。

赵九章感到这肯定不是一般的礼貌性接见，为此，他对汇报做了周密细致的安排。他先是让曹大均找工程指挥部的工程师，绘制了卫星总体图、轨道运行图等五六张保密性大型图表。曹大均和两位工程师干了一个通宵才把图画完。赵九章对图表非常满意，可当他听说曹大均一晚上没睡，赶紧让他在自己床上休息。可曹大均刚睡下一小会儿，就被通知下午接见。赵九章不忍心地把他叫醒说"对不住了，你辛苦一下"，要曹跟西北局确认接见的地方是否有带支架的黑板来挂图纸。他还详细交代如何把图挂好，按照什么顺序挂。他又交代曹大均联系好电影放映地点、设备和一套播音系统，好向领导们播放和解说他们带去的一套发射探空火箭的纪录影片。他花了很多心思，那天下午用通俗易懂的语言，向各位领导们深入浅出地作了汇报。刘澜涛十分欣喜地表示："赵先生给我们作了一次十分生动的科学报告。"他当即要求西北局管辖下的地方各级政府要积极支持人造卫星的科研工作。[②]

细节之处往往最能体现一个人的闪光点，这一句话在赵九章身上很有说服力。赵九章在生活上一向节俭，但他对身边的工作人员十分

---

① 《赵九章》编写组. 赵九章. 贵阳：贵州人民出版社，2005：191.

② 曹大均. 面对铜像的追思，选自：岳爱国主编. 定格在记忆中的光辉七十年. 北京：科学出版社，2019：102.

大方。他感到司机一路开车很辛苦，还专门请司机师傅去看了场电影以表感谢。每次到西安，酷爱书法和诗词的他必定要去次碑林。那天曹大均陪他游碑林时，他一边非常仔细地欣赏那些碑刻国宝，一边感情投入地吟诵，还向曹大均分享和解释赵体书法的精妙之处。这个青年人才知道原来赵所长和赵孟頫都来自浙江吴兴（今湖州）。参观结束临走时赵九章还要买上一些字帖和石碑拓片回去。

赵九章喜欢音乐和诗歌，有天晚上他提出去观赏音乐舞蹈史诗《东方红》，曹大均陪同观看，发现赵所长看得非常投入，会随着音乐的节奏，将双手放在腿上轻轻打着节拍。看完之后，他还意犹未尽地聊了半天，说《东方红》音乐如何如何之好，催人奋发向上，他以后还要找机会再看看。

返回北京前，他听说陕西发掘了唐朝永泰公主墓。这座墓当时还没有对外开放，通过陕西省委交际处联系，专门安排他去参观了一下，他参观后感觉收获颇丰，兴致勃勃地谈起目前还没有保存壁画的科技手段，需要加以解决。他后来跟曹大均讲起，当他到达墓地时，惊讶地发现当地的县委书记和县长已在等候并亲自陪同参观，这让他内心很是不安，有点后悔提出参观的要求。

后来他们乘坐苏联伊尔 –14 飞机回北京，当从机窗望出去时，赵九章发现发动机一侧的板子在不断张合开闭，想起曹大均在航校学过飞机，就问他是什么原因。当得知这是气冷式发动机配合动作，控制通过的气流，以达到所需的温度时，他认真地说"原来是这样"。

赵九章乘的飞机到达北京机场已是深夜了，有两位中科院的工作人员跟他同机抵京。当时机场已没有汽车进城，见到有车来接赵九章，他们试探性地去问可否一起进城，赵九章当即答应，先让司机把这俩人先送回家，然后把陪同人员送回北郊，最后再送他回到中关村。

2. 中科院地球物理所一分为三

赵九章在先后领导中央研究院气象所和中科院地球物理所的 30 多年科研组织者生涯中，一心一意地推动球物理科学的发展。地球物理所从一个几十人的小机构，后来发展到几乎涵盖了地球物理全领域的千人大所。但他毫无私心，当国家需要或条伴成熟时，心甘情愿地将人员与机构一一分出。20 世纪五六十年代，地球物理所经历了剧烈的机构分化。为加强西部地区的气象和地震工作，1960 年地球物理所抽调一部分研究人员支援兰州，组建了中国科学院兰州地球物理所。这一时期，地球物理所除了多个研究室外，还有 8 个观象台、15 个地震台和海浪观测台等，还建立了"581"仪器厂配合人造卫星研制。

但很快，随着地球物理学研究领域的拓展，1966 年 2 月中国科学院决定地球物理所一分为三[①]，分出气象部分，成立大气物理所；分出高空物理，在西安成立应用地球物理所（1966 年 2 月—1968 年 1 月存续，后归属七机部，对外称空间物理所）[②]。为了支援"三线建设"，增强昆明地区的地震工作，将原地球所西南地震工作站独立，成立昆明地球物理所。这些机构分化奠定了今天中国的地球物理学格局，也造成了地球物理学研究力量的分散。

如上所述，地球物理所分为三个所后，地球物理所气象部分（即

---

① 据《竺可桢日记》，"1967年3月15日，赵九章来找竺可桢谈，告知地球物理所一分为三是卫一清的主张。赵本人认为大气物理与高空物理即应用物理不能分。至于地球物理所的地震部分大肆扩充，也是卫一清的主张。而且把'651'归院来办，于1965年批准时手又无办法……"来自：樊洪业主编. 竺可桢全集18卷·竺可桢日记十三集. 上海：上海科技教育出版社，2010：426.

② 曲克信. 光辉的历程——纪念中国地球物理学会成立60年. 选自：中国地球物理学会. 辉煌的历程——中国地球物理学会60年. 北京：地震出版社，2007：3.

地球物理所第二研究室）分为大气物理和高空物理两部分。二者是否全部移至西安秦岭边的问题曾让人颇为纠结。研究所最初主张大气物理部分留京，但后来又想到如高空物理移至西安，赵九章所长势必跟去西安，这样一来他就将脱离大气物理部分，所以又主张两部分一同移至西安。但主攻大气物理的陶诗言认为，这样做会使得大气物理部分脱离气象局，而天气部分非跟气象合作不可，所以主张大气物理部分不去西安，并就此事写信给竺可桢。叶笃正也建议大气物理部分留京，赵兼任所长。[①] 卫一清也认为，目前是战备时代，大气物理与高空物理不可分，同时有照顾赵九章所长之意。[②]

1966 年 1 月 27 日，竺可桢约赵九章继续商谈上述事宜：因为"651"任务高空物理须承担主要部分，而大气物理方面陶诗言不愿意去西安，愿意转到气象局，而叶笃正也趋向赞同陶诗言的意见。然而，赵九章却对恩师条分缕析了大气物理不得不去西安的理由。在他看来，当时对于控制天气的参数还不够明了，西安空气更清澈，可以更好地做出天气预告……计算弹道的精密要使空中没有片云，地球物理所承受了十项国防上气象的任务，而这对于天气预报的要求是极高的……陶诗言可以在北京气象局兼任职务，气候部分不再预备发展。在竺可桢看来，国家目前既以备战为主，则大气物理也势必要转移到西安。当时中国气象局饶兴屡次想把地球物理所大气物理部分吞并，因此赵九章更不愿意大气物理部分留京。竺可桢认为，中国科学院绝不会让大气物理划归气象局。[③]

① 樊洪业主编. 竺可桢全集18卷·竺可桢日记十三集. 上海：上海科技教育出版社，2010：18.

② 樊洪业主编. 竺可桢全集18卷·竺可桢日记十三集. 上海：上海科技教育出版社，2010：20.

③ 樊洪业主编. 竺可桢全集18卷·竺可桢日记十三集. 上海：上海科技教育出版社，2010：24-25.

1968 年中科院一大批参加卫星研究试制项目的科研机构及人员设备划归国防部门，成为后者组建卫星研究院和跟踪观测台网的重要基础。

中国科学院与国防部五院、四机部和全国许多部门、单位密切合作，卫星研制和地面系统建设不断取得进展。特别是"三年困难时期"过后，自动化所、电子所负责的卫星控制系统已经能实现连续通信，科学院的卫星研制也基本完成。1966 年 2 月中科院应用地球物理所（以下简称应地所）成立，赵九章兼任所长，解肇元任副所长。[①] 新所成立后很快制订了搬迁西安的计划。

正在这时候，我国于 1966 年 5 月发生了"文化大革命"，严重冲击了人造卫星工程。应用地球物理所的西安搬迁计划被搁置。在科研工作的正常秩序受到严重影响的情况下，为保证"651"任务的正常进行，院党委于 9 月 13 日向各有关所发出通知，对"651"关键性技术问题组织必要的人力进行工作，不可中断，千方百计地保证按原计划完成。12 月，周恩来、聂荣臻决定对"651"设计院及有关卫星工程的研究所、厂实行军管[②]，使得受到冲击的卫星研制在形式上有了一定的保障，中央很快抽调力量组建新的机构集中搞人造卫星。

在上海"一月风暴"的影响下，北京地区的"革命造反团"等组织，于 1967 年 1 月 24 日召开夺权大会，成立"中国科学院（京区）革命造反派联合夺权委员会"（简称"院联夺"），解散以张劲夫为首的科学院党委和科学院院务常务委员会，废除其一切权力。科学院的组

① 中国科学院空间科学与应用中心. 中国科学院空间科学与应用中心所史（第一卷），2003：195.

② 樊洪业主编. 中国科学院编年史（1949—1999）. 上海：上海科技教育出版社，1999：242.

织机构和科研活动陷入瘫痪。① 随之赵九章也被迫"靠边站"，造反派停止了他作为所长、"651"设计院院长的全部工作，他的助手钱骥也被"打入另册"。

在"大浩劫"的背景下，为保证队伍延续力量，聂荣臻于 1967 年提出《关于国防科研体制调整、改组方案的报告》，建议成立 18 个研究院，国防科研的体制调整正式实施。决定，"1968 年 3 月之后，科学院卫星研制科研队伍、试验基地、科研设施、工厂，以及研制任务一起交给了国防部门。" 1967 年 3 月 17 日，周恩来宣布对从事卫星研制的单位实行军事管制，11 月国防科委批准将"长征一号"运载火箭的研制交由七机部第一研究院。②

1967 年，中央决定组建中国空间技术研究院，由钱学森任院长。中科院新技术局本身及其从属的大批单位，从 1968 年 1 月起均被军管并纳入国防部门的相关研究院。1968 年 2 月，国防科研体制正式调整。国防科委最终决定，中科院新技术局系统承担卫星研制的研究所和工厂，包括人员、设备、房屋、资料全部移交国防科委。于是，中科院"651"卫星设计院、自动化研究所、力学研究所、北京科学仪器厂、应用地球物理所悉数划归国防科委。加上国防科研单位七机部第八设计院等划归第五研究院建制，再抽调七机部部分骨干③，正式组建"中

---

① 樊洪业主编. 中国科学院编年史（1949—1999）. 上海：上海科技教育出版社，1999：185.

② 1956年10月国防部五院成立。1957年11月16日—1964年11月成立国防部五院一分院，1957年11月16日，国务院任命钱学森为国防部五院院长兼一分院院长。1964年11月—1982年4月，国防部五院一分院改为第七机械工业部第一研究院。1982年4月，中央决定国家机关实行体制改革，七机部改为航天工业部，该院系又改为航天工业部第一研究院。

③ 中国空间技术研究院编. 天街明灯——中国卫星飞船传奇故事. 北京：中国宇航出版社，2009：21.

国人民解放军第五研究院"，常勇任书记，钱学森任首任院长，对外称呼中国空间技术研究院（现俗称航天五院，又名中国运载火箭技术研究院）。我国人造卫星研制工作改由钱学森、孙家栋总体负责。

中科院应用地球物理研究所划归五院后，部队番号为总字 815 部队 5 支队，代号为中国人民解放军第 505 研究所（简称 505 所）。据 1968 年 5 月统计，中科院划归空间技术研究院的研制队伍 6000 余人，千元以上器材 3000 余台，建筑面积 21 万平方米，占空间技术研究院各项体量的 75%。

这时候最重要的就是要建立卫星总体设计部。原总体设计组解散，人员分到各研究室。钱学森点将让 37 岁的导弹专家、时任国防部五院导弹总体设计部副主任的孙家栋负责组建我国第一颗人造地球卫星总体设计部。

钱骥也随同调到空间技术研究院工作。从赵九章 1950 年担任地球物理所所长起，钱骥就是他的得力助手，一直协助他负责制订卫星方案和卫星总体的技术工作，为第一颗人造卫星的研制做了大量开拓性的工作。在赵九章开始被批斗后，被迫"靠边站"的钱骥还能悄悄到图书馆查阅资料，用各种文字摘录了 5 万多张关于空间技术的文献卡片，研究空间环境背景，围绕思考我国空间技术的发展道路提出自己的建议，继续坚持赵九章未完成的事业。[①] 根据中国空间技术研究院的安排，钱骥被任命为卫星总体设计部主任，做了大量关于人造卫星的开拓性工作。

1969 年 10 月，林彪一号通令搞战备疏散，在工人宣传队和军队宣传队的组织下，仅用了一周时间，505 所人连同匆忙打包的物资一起于 10 月 30 日、31 日各乘一辆专列，仓促迁入西安"112"工地，与早些时候从成都迁入的五院 504 所共处一地。此后第一颗人造卫星的

---

① 林新杰主编. 飞天圆梦的航空航天彩图版，北京：测绘出版社，2013：17.

后续研制工作及"东风一号""实践一号""实践二号"的研制任务都是在西安进行的。[①] 迁西安后，505 所又改番号为兰字 846 部队。[②]

3. "东方红"卫星成功发射

体制调整结束后进入卫星研制的最后阶段，中关村科学城里，大家白天忘我工作，晚上科研楼里灯火通明，一派生机勃勃的景象。人们开始进行人造卫星方案复审。必须指出的是，截至 1968 年，在赵九章、钱骥主持下"651"设计院完成"东方红一号"的模样星、初样星（包括结构星、温控星、电性星等）研制，确定了地球物理所二部提出的以多普勒测速定轨系为基础的卫星地面观测系统方案、研制试样星和正样星的技术规范等，地面系统建设也初具规模。[③] 此后接替者在初样星基础上进行方案复审，初样星继续联试和改进完善，完成正样星。正样星与初样星基本一致，没有大的改变。

1970 年 4 月 24 日晚，"东方红一号"人造卫星发射成功，圆满实现了"上得去，抓得住，测得准，报得及时，听得到，看得见"和一次成功。5 月 1 日国际劳动节，北京天安门广场照例举办庆祝活动，按照计划毛泽东主席将要在天安门城楼接见各界代表。晚 9 时，当夜空中《东方红》乐曲的熟悉旋律穿透地球上空的时候，聚集在天安门广场的群众仰望星空，万众欢呼。很多长期参与并为之奋斗的科学家激动得热泪盈眶。"全国军民喜气洋洋，一片欢腾，满怀豪情地歌颂

---

① 中国科学院空间科学与应用中心. 中国科学院空间科学与应用中心所史（第一卷），2003：3.

② 1973 年五院体制改属七机部后部队番号撤销，名为七机部五院 505 所。

③ 《新中国超级工程》编委会. 举世瞩目的尖端科技. 北京：研究出版社，2013：30-31.

毛泽东思想的伟大胜利。"① 研制和发射"东方红一号"卫星的代表登上城楼，受到了毛泽东的亲切接见。那天，潘厚任在秦岭的一个山沟里，通过收音机收到了来自卫星上的《东方红》乐曲，《人民日报》《解放日报》联合发布了喜报。

"东方红一号"卫星直径约为 1 米，重量达 173 公斤，比苏联（83.6公斤）、美国（8.2 公斤）、法国（38 公斤）、日本（9.4 公斤）的第一颗人造地球卫星的重量总和还要重，卫星的跟踪手段、信号传递形式、卫星调控系统也都超过了这些国家第一颗卫星的水平。不过此时的"东方红一号"已经从赵九章设想的"科学实验卫星"完完全全转变成了在夜空中播放乐曲的"工程试验卫星"，不具备科学试验的功能。因为化学电池寿命有限，"东方红一号"卫星的设计工作寿命为 20 天。

我国第一颗人造地球卫星

① 社论. 欢呼　伟大领袖毛主席的号召实现了　欢呼　我国第一颗人造卫星发射成功. 人民日报, 1970-04-27（1）.

纺织女工在欢呼"东方红一号"卫星发射成功

这颗卫星在太空中飞行了 28 天后，与地面失去了联系，不过它至今仍在夜空中注视着我们。

不过令人遗憾的是，赵九章已于 1968 年 10 月 26 日被迫害致死，含冤去世。作为我国卫星事业的奠基人，为这颗卫星倾注了全部心血，却没有等到人造卫星上天这一永载史册的时刻。

赵九章去世后，科学实验卫星和返回式卫星的研制工作继续开展。在这两种卫星发射成功后，人们利用返回式卫星所获得的技术数据和资料为国民经济建设服务，为开展通信卫星研制准备条件。

《人民日报》《解放日报》联合发布喜报

第五篇
国际交流与学术传承

第十三章　互通有无

　　1960 年至 1965 年这一段时间或许是赵九章作为一个学者最为活跃的时期。他除了围绕第一颗人造卫星的预研，积极开展空间物理与气象卫星的研究外，还积极推动中国气象、中国地球物理两大学会的建设。作为一个高水平学者，他通过参加国内外学术会议，与同行进行学术交流，帮青年学者搭建沟通平台。他与瑞典学者、诺贝尔奖获得者阿尔文教授的学术交往，堪称一段佳话。此外，他积极参政议政，为国家和社会发展贡献力量。

一、学会建设

　　具备一个全国性的学会，并有规律地开展学术交流，是一个学科发展兴旺的重要标志。赵九章非常注意利用学会来组织国家气象学与地球物理的科学队伍。从 1958 年起，赵九章任中国地球物理学会理事长，1959 年 6 月任中国气象学会理事长。

1. 中国气象学会

　　1924 年 10 月 10 日，由蒋丙然、竺可桢等人发起，在青岛成立了中国气象学会，制定学会章程，创办会刊《气象学报》。新中国成立后，学会于 1951 年在北京重建，并在各地建立起气象学会分会。[①]同年 11 月 9 日，赵九章至鸡鸣寺中科院历史语言研究所开气象学会理事会，赵九章、涂长望、竺可桢等六人参加，将原有气象学会章程逐条加以修改：将监事取消，理事任期改为三年，每年改选三分之一。[②]1950 年，赵九章当选中国气象学会副理事长。[③]1951 年 4 月，当选中国气象学会第一届理事会常务理事，编辑委员会主任委员。1953 年 10 月 17 日，经竺可桢与高由禧、赵九章商谈，气象学会成立"学习平流动力学委员会"，顾震潮、叶笃正等五人为委员。[④]1953 年，赵九章任中国地球物理学会筹备委员会主任委员。

1954 年 8 月 17 日至 25 日期间，赵九章参加了中国气象学会在北京召开的第二次全国会员代表大会。这次大会以学习苏联先进的气象科学理论为主要内容。大会期间，曾先后听取了关于介绍苏联气象学说的专题报告，讨论了苏联 H.A.基培尔的平流动力分析的学说、苏联平流动力分析方法在我国应用的实例，苏联 H.E.柯钦的大气环流学说，以及苏联改造自然计划中的气候变更问题等。此外，大会还讨论了我国气象工作的发展方向以及气象工作在参加国家建设事业当中与各有关部门相互配合的问题。大会明确了气象学会今后的会务活动应当以学术活动为中心内容，对现行会章也作了一些必要的修改，并选出了竺可桢、涂长望、赵九章、张乃召等 23 人为学会理事。并推选竺

---

① 王顺桐.附录三全国性学会、协会、研究会简况.选自：沈其益，高镇宁.中国科学技术协会：附录.北京：当代中国出版社，2009：519.

② 樊洪业主编.竺可桢全集第 11 卷·竺可桢日记六集.上海：上海科技教育出版社，2006：564.

③ 赵九章.《干部履历表》（1964年）.中国科学院档案.

④ 竺可桢.竺可桢全集第13卷.上海：上海科技教育出版社，2007：26.

可桢为理事长，涂长望为副理事长。[①]

　　赵九章在会上作了报告，提到 1951 年气象学会重建以来共发表论文 100 篇，60% 是天气，10% 是理论，10% 是环流。质的方面，联系了实际，认识了天气演变与西藏高原对东亚大气环流的重要性，以及西北低压槽对寒潮天气的作用，台风预报也有所推进。1953 年起报告了雨量多少，1953 年起用苏联平流动力学方法做中期雨量预报，开始开展农业气象工作。他对当前气象工作提出了辩证认识，指出存在过去基础差、事务繁忙，许多人兼做行政工作，没有开展气象试验等问题。[②]

　　中国气象学会于 1958 年 8 月 5—12 日在青岛召开中国气象学会第二、三届理事会扩大会。竺可桢致开幕词，赵九章传达中国科学技术访苏代表团气象部分工作报告。会上修改会章，选举产生新中国成立后的第三届理事会及各机构成员，赵九章当选理事长。[③]

　　1962 年 7 月 3 日，他参加了中国气象学会第三届第 13 次常务理事会，地点在中科院地球物理所。赵九章、顾震潮、谢义炳等出席了会议，赵九章任会议主席。会上通过了中国气象学会第四届理事会候选人初步名单，赵九章位列其中；会上同意成立年会领导小组，成员有竺可桢、赵九章、卢鋈等。[④]同年 8 月 2 日至 8 日，他出席中国气象学会 1962 年年会暨代表大会，继 1958 年后再次当选学会理事长，

---

　　① 佚名. 中国气象学会召开全国会员代表大会学习苏联先进的气象科学理论. 光明日报，1954–09–01（02）.

　　② 樊洪业主编. 竺可桢. 竺可桢全集第13卷. 上海：上海科技教育出版社，2007：501.

　　③ 中国气象学会编. 中国气象学会史料简编. 北京：气象出版社，2002：31–32.

　　④ 中国气象学会三届13次常务理事会议纪要. 1962年7月3日. 中国科学院档案.

并致闭幕词。[①] 中国气象学会也成为赵九章与竺可桢等科学家经常商讨气象事业发展的一个平台。[②]

1963年赵九章与竺可桢等科学家进行学术讨论（桌子左侧左一为竺可桢，右侧右二为赵九章）

2. 中国地球物理学会

中国地球物理学会是新中国成立之前成立的 32 个全国性学会之一。1947 年，赵九章等在上海发起中国地球物理学会，并于同年 8 月正式成立，理事长为陈宗器。学会于 1948 年 6 月创办了学报，早期为英文版，1954 年改为中文版，1988 年起用中文、英文两种文字同时出版。赵九章对《地球物理学报》的发展投入了很多精力。他长期担任《地球物理学报》编委会，审查学报稿件。[③]

1948 年召开第一届年会，中国地球物理学会联合 10 个学术团体，

① 木一. 中国气象学会1962年年会暨代表大会简况. 气象学报，1962（4）：337-338.

② 杨达寿. 竺可桢传. 杭州：浙江科学技术出版社，2009：282.

③ 崔茹华，杨小林. 赵九章年谱. 中国科学院院史文物资料征集委员会办公室编. 院史资料与研究，2000（6）：38.

在南京召开了联合学术会议。理事会进行了改选，理事长为赵九章。[①]

1949 年，新中国成立后，中国地球物理学会进行了重建。1953 年，地球物理学会重建，挂靠于地球物理所，该所领导兼任学会主要领导，学会办公室和《地球物理学报》编辑部均纳入地球所编制[②]。

1953 年，赵九章任中国地球物理学会筹备委员会主任委员。[③]1957 年 2 月 5—9 日他出席中国地球物理学会第一次代表大会及中国科学院地球物理研究所学术委员会成立大会。

1957 年 2 月 5—9 日，中国地球物理学会第一次会员代表大会和中国科学院地球物理研究所学术委员会成立大会在北京联合举行。全国会员共有 141 人，与会会员代表 26 人，到会的学术委员 21 人。选举产生中国地球物理学会第一届理事会。赵九章当选理事长。大会收到论文 33 篇，其中气象方面 7 篇，地球物理 16 篇。[④]

普及地震科学知识是中国地震工作的重要任务之一。早在 1957 年中国地球物理学会第一次代表大会上，就把科普列入学会的工作计划；1959 年成立了地球物理科学普及委员会。1959—1960 年，组织了 10 次地球物理知识讲座，以高中物理教师为主要对象，普及地球物理知识。赵九章、李善邦、傅承义、秦馨菱、谢毓寿等科学家亲自讲授了"地球物理学的进展""地震灾害及其防御""地球的起源及其物理性质"

① 王顺桐. 附录三 全国性学会、协会、研究会简况 // 沈其益，高镇宁. 中国科学技术协会：附录. 北京：当代中国出版社，2009：519.

② 钱骥. 中国地球物理学会第一次代表大会与中国科学院地球物理研究所学术委员会成立大会. 地球物理学报，1957，6（1）：153-154.

③《中国科学家辞典》编委会编. 中国科学家辞典现代第5分册. 济南：山东科学技术出版社，1986：362.

④ 钱骥. 中国地球物理学会第一次代表大会与中国科学院地球物理研究所学术委员会成立大会. 地球物理学报，1957，6（1）：153-154.

科学家们参观中学生科技小组展品

等课程，受到群众欢迎。① 他还和科学家们一起去指导参观中学生科技小组的展品。

　　赵九章自己也很重视和支持科学技术知识普及活动。当时北京大学、清华大学、中国科技大学、北京农业大学、中国科学院等单位的许多教师和科学工作者，都担任了讲解员。② 著名的科学家钱三强、华罗庚、严济慈、赵九章都先后作过通俗的科学知识的报告。1964 年 2 月 9 日，我国一些著名科学家，包括侯德榜、周培源、茅以升、严济慈、钱学森、华罗庚、钱三强、赵九章、张钰哲、吴朝仁等，在北京和一千多名爱好科学的中学生举行了见面会，并参观中学生科技小组的展品。

---

　　① 卫一清. 学术活动与科学普及. 选自：丁国瑜，马杏垣，马宗晋. 当代中国的地震事业. 北京：当代中国出版社，2009：117–127.

　　② 新华社. 北京市科协等单位积极开展科普活动得到许多科学文教单位的支持，一些著名专家教授作过报告. 光明日报，1963–02–24（02）.

二、国际科技交流

新中国成立初期，在国外对我国进行技术封锁的国际环境下，赵九章仍然积极争取进行国际学术交流。

1. 国际地球物理年

"国际地球物理年"相对于它的前身"第一国际极年"（1882 年）和"第二国际极年"（1932—1933 年）来说，实现了由"极地"研究扩展到"全球"研究的飞跃。第一颗卫星发射之际，正是"国际地球物理年"（1957—1958 年）进行之时，共有 16 个项目，63 国参加，中国科学院于 1955 年夏参加，同年 6 月 30 日，中国科学院该年度第 29 次院务常务会议讨论通过"中国科学院国际地球物理年委员会"委员名单，竺可桢为主任委员，赵九章为副主任委员。[①]台湾自 1952 年起一直对国际地球物理年置之不理，到 1956 年底因了解到中国大陆参加才申请加入并得到批准。中国当时提出不应邀请台湾，之后因台湾加入而退出。

1957 年 2 月 25 日到 3 月 2 日，在东京召开了国际地球物理年西太平洋区域会议。这次会议由国际地球物理年日本国家委员会接受 CSAGI 的委托而筹备召集，目的是为了协商调整西太平洋地区各国际地球物理年参加国的科学计划 。我国的代表团由赵九章、涂长望、陈宗器、钱文枢、朱伯禄、李善邦 、李珩、谢毓寿等 8 人组成。我国代表团在会中、会外广泛地接触了日本及其他国家的科学家，相互了解情况 ，交换意见，增进了友谊。赵九章意识到，相对于我国，日本较

---

① 周航. 我国参加国际地球物理年的工作计划. 科学通报，1957（6）：185-186.

早开展了科学研究，有经验的科学家比较多，在地震学、工程地震学、地磁学、岩石磁性学、重力学、游离层等地球物理学科的分支领域做出了不少一流的工作。日本科学研究机构具备的非生产性投资较少，却非常擅长把大部分经费投入到关键性研究上，这种勤俭办学的精神值得我国学习。[1]

1957年7—8月，涂长望、赵九章访日。在参加日本地球物理学年会时，赵九章在日本气象厅作了《新中国的气象事业》《西藏高原对偏西风的影响》的报告。[2] 以后IGY改为IGG，1962年又发起了IQSY，时间为1964—1965年，63国参加10个项目，以交通、通讯的利用为主。1966年3月9日，中国地球物理年委员会在科学会堂会议楼召集会议，讨论如何解决电离层对短波通讯的骚扰，对于国防和国家建设的重要意义。因太阳活动直接引起电离层的变化，电离层的观测资料意向有赖于国外。此时美国、苏联对中国实施封锁，所以中国得自力更生。预测1967—1968年将出现太阳活动峰年，电离层将有反常现象影响短波的发射，所以要在短时期内开展电离层、太阳物理研究，为我国电通讯服务。竺可桢强调面对"美帝""苏修"的封锁，中国应该自力更生。赵九章到会发表了意见。[3]

除了与国际顶尖科学家的交往，赵九章的身影还活跃于与空间物理关系密切的国际组织。1958年在国际地球物理年的基础上，成立了以空间探测为主要研究手段的国际空间研究委员会（Committee for Space Research，COSPAR），为空间研究提供交流和国际合作的

---

[1] 赵九章. 国际地球物理年东京西太平洋区域会议. 科学通报, 1957（10）：312-313.

[2] 中国气象学会编. 中国气象学会史料简编. 北京：气象出版社, 2002：31.

[3] 樊洪业主编. 竺可桢全集18卷·竺可桢日记十三集. 上海：上海科技教育出版社, 2010：56.

场所。

1963 年 6 月 3 日至 10 日，受波兰科学院的邀请，赵九章和蔡翘、钱骥、杨南生、李一氓等作为观察员赴华沙参加国际空间研究委员会（COSPAR）会议第四次学术讨论会。看到此前曾到中科院地球物理所访问的苏联代表白拉刚拉伏夫（A. A. Blagoravov）见到中国代表不加理睬，而相反地美国代表卡里宁反而主动上前打招呼。[①] 可见政治关系影响了科学家之间的交往。赵九章还趁机拜访了他在德国留学的老师，并与老师夫妇合影。

2. 出访法国与瑞士

1962 年初，国际地球物理学委员会（Committee on International Geophysics）拉克赖维致信中国地球物理学会，邀请中方于 2 月底到巴黎开会，讨论 1964 年 4 月至 1965 年 12 月底的太阳平静年地磁、气象、极光、游离层等八项活动，这些科研活动本身具有一定的价值和意义。赵九章在 4 月 1 日召开的中国地球物理学会上参加了对此事的讨论，后来我方回复：如果台湾参加，我们就不参加，以避免"两个中国"。[②]

结束了对瑞典的访问后，赵九章等人在归途中经过法国、瑞士各住 10 日。1965 年 6 月 8 日，赵九章、蒋金涛率中国气象代表团访法。这次是应法国地球物理学会邀请，学会主席库隆亲自接待。赵九章与周炜等人参观了法国空间研究中心的大型环境模拟设备、真空设备及振动台等，还参观了法国科学研究中心有关空间探测方面的工作，还参观了法国气象研究部门的人工影响天气的试验设备，考察了其防雹中

---

① 樊洪业主编. 竺可桢全集第 16 卷. 上海：上海科技教育出版社，2009：565.
② 樊洪业主编. 竺可桢全集第16卷. 上海：上海科技教育出版社，2009：233.

心及机场的丙烷消雾装置等①，还去了法国西北部靠近英伦海峡的布勒斯特，那里有空间通信地面站。在那里，大约1962年，利用美国发射的第一颗实验通讯卫星，最早实现美国与欧洲的卫星通信。美国的地面站设在丹佛，而欧洲的站就设在那里。此外，他们还参观了气象卫星地面接收站。这些都给赵九章很深的印象，对日后的工作具有参考价值。

在巴黎，我国驻法大使黄镇设宴款待赵九章、周炜。宋之光等使馆高级官员都出席作陪。黄大使介绍了法国情况，大使馆非常希望科学家到法国科学教育机构访问，多吸收他们先进的东西为我所用。赵九章向他们介绍了国内科研方面的情况，还谈到了这次访问瑞典的见闻。世界科学技术发展很快，我国科学要搞上去，必须与世界多交流，要搞科技合作。当时，法国还处于对我国封锁禁运状态。二人以科学家的身份开展民间学术交流，还是很有利的。席间还谈了一些各国风土人情、趣闻轶事。这是一次外交家与科学家的交流。在此期间，使馆安排了参观正在举行的巴黎航空展览会，美国、苏联展出了在空间技术方面所取得的新成就。

赵九章直接负责接洽卫星信号自动跟踪接收设备及红外栅格光谱仪这一重要技术的进口，得到瑞士商赞处莫参赞杨专员、张济舟等人的支持。因这个栅格光谱仪与开展侦察卫星及气象卫星关系密切，借1964年在巴黎参加国际高真空会议之便，赵九章曾派地球物理所钱骥对这一技术做初步了解。1965年，他自己多次前往巴黎承担制造这一光谱仪的工厂，了解了这种仪器的性能——这一栅格光谱仪的分辨功能比一般红外光栅光谱仪高300—500倍。利用这种仪器可以对火箭导

① 王鸿生著. 领军科学家钱三强钱学森赵九章. 北京：中国科学技术出版社，2013：360–361.

弹喷漆及其他红外发射源（高炉、工业基地）扫描分辨出一般工业及导弹。赵九章回国后立即成立专门小组，并请周总理核批，报经中央专委核准，并办理进口手续。1965 年 9 月 2 日，他特意写信嘱咐田犁春经理，请他关注并落实地球物理所派人到巴黎该仪器工厂实习安装并验收一事。[①]

6 月 16 日，赵九章乘飞机先到日内瓦，在总领事馆住了一晚，然后乘火车来到了瑞士首都伯尔尼。参观了离伯尔尼约 100 公里处的瑞士电信局和所属的一电离层观测站。我国驻瑞士大使李清泉会见并宴请赵九章与周炜。瑞士风景如画，他还见到了从非洲来到伯尔尼公干的黄华大使。

在瑞士二人还去了工业城市苏黎世与历史悠久的苏黎世理工学院，进行了气象研究方面的学术交流，这里出过一些世界一流的科学家。6 月下旬赵九章、周炜圆满完成了出访任务回到了北京。

3. 其他国内外交流

1960 年 3 月 22 日上午，在中科院院部召开《自然科学理论研究的三年规划纲要和八年设想》（草稿）讨论会，赵九章应邀出席。[②]1960年至 1965 年，是赵九章逐渐退出地球物理所二部，开展磁暴理论研究的时期，当时"651"任务尚未开始。在这一段时间，赵九章的学术、社会活动大放异彩。

1960 年初，日本气象学会数值预告国际会议组委会主席正野重方博士，写信邀请中科院地球物理所赵九章所长、叶笃正与顾震潮参加

---

① 赵九章给田犁春的信，1965年9月2日. 中科院档案.
② 中科院党组致赵九章的邀请信. 1960年3月17日. 中科院档案.

1960 年 11 月 7 日至 13 日在东京召开的"数值天气预报国际会议"。[①]
赵九章有着很高的政治觉悟，他认为由于日本国内情况，以不参加为
宜，并请示中科院联络局。联络局同意该所以赵九章所长名义婉拒。[②]
赵九章遂于 6 月 10 日给正野重方去信婉言辞谢，"但遗憾的是岸信介
政府依附美帝国主义，违反中日两国人民共同安全利益的政策，阻碍
了我们的接触，我们对此极为遗憾"。[③]

　　1961 年 3 月 16 日，中国代表团赴印度新德里出席世界和平理事
会会议，廖承志、刘宁一为团长，成员有周培源、赵九章、赵朴初、
金仲华、区棠亮等。[④] 这一年的 4 月，赵九章还参加了中国科学技术
协会 1961 年全国工作会议。11 月 7 日，他应邀参加国家科学规划委
员会专业组组长会议，讨论 1963–1969 年技术科学发展规划。

　　1962 年 1 月 29 日，赵九章参会讨论科学规划委员会地学小组的
发言稿。物理学出身的他，在前一日讨论的结果上扼要简明地概括出
地球物理和大地测量的要点。他这一高超总结概括能力得到了竺可桢
的赞赏，后者在日记中写道："我总以为学地学者重于描述，很难叙
出重点，而学数理的人，却能画龙点睛地提出一片纷纭中的灵魂来。"[⑤]
5 月 26 日，赵九章参加中科院基础科学地学组各组长会议，为制定
《1963 — 1972 年科学技术发展规划》的地学学科规划做准备，中科院

　　① 中科院地球物理所. 日本国际数值预报会是否参加请再考虑核示. 档案
号：Z376-145-003：16-20. 1960-05-30. 中科院档案馆.

　　② 中国科学院联络局. 日本回复情况复议国际数值预报不参加为宜. 档案
号：Z376-145-004：21：1960-06-07. 中国科学院档案馆.

　　③ 中国科学院联络局. 复正野重方博士来信. 档案号：Z376-145-005：
22-27. 1960-06-10. 中国科学院档案馆.

　　④ 沈江龙，姚国强编著. 湖州院士. 北京：方志出版社，2005：46-47.

　　⑤ 樊洪业主编. 竺可桢全集第 16 卷. 上海：上海科技教育出版社，2009：192.

学部、教育部及多位专家出席会议。地学学科规划将地质、地理、海洋、古生物、地球物理（和大气测量）及地球化学等六组作为第二级，小组规划以小组学科为基础，提出中心问题。而计划则要在第一级学科做。[①]

1962年3月，聂荣臻在广州主持召开了全国科技工作会议（又称"广州会议"），赵九章参加了会议。周恩来在会上作了《关于知识分子问题》的重要报告。陈毅在会上明确宣布，要为知识分子"脱帽加冕"，重新肯定了我国知识分子的绝大多数已经是属于劳动人民的知识分子，而不是属于资产阶级的知识分子。这个报告极大地激发了赵九章和钱骥等科技工作者的爱国热情，大家将无尽的热情投入到了科研事业上。

1962年的钱骥与赵九章（右一）[①]

1962年4月12日至5月2日，赵九章率钱骥、史长捷参加意大利米兰召开的原子能与星际航行科学讨论会，参加其中的高空探空会议，世界航空专家、空气动力学家冯·卡门（Theodore Von Karman）

① 樊洪业主编. 竺可桢全集第16卷. 上海：上海科技教育出版社，2009：270.

等人均未到。他了解到日本方面，现在已经能放火箭至六百公里，不久可至一千公里。此次开会多少有宣传作用，但意大利人正在积极准备上天。会后到瑞士参观，由田黎春经理招待，参观了电影经纬仪的工厂，赵九章非常感慨，又看了几家火箭制造公司。[①]后来，他们又到苏联参观五一节红场阅兵式，参了苏联宇宙航行馆展出的宇宙火箭、星际航空站及探测仪器等。

　　1962 年 6 月 9 日，中央气象局局长涂长望病逝，这位对赵九章了解颇深的生前好友在离世前曾力荐赵九章担任自己的接班人，继任气象局局长。但赵九章心里想的是一心一意从事科研，因此对中科院党组讨论他的就任事宜时，曾明确表示不愿去任。[②]1962 年 6 月 16 日，赵九章和竺可桢等人前去五塔寺参加中央气象局涂长望的公祭。到会者有习仲勋副总理、李维汉部长、中科院院长郭沫若等。[③]

　　1963 年，阔别已久的大学同学久别重逢，令赵九章分外开心。1963 年，在清华大学 33 级同学及留学班毕业 30 周年之际，大家提议举行校庆日返校聚会。经与学校联系，学校欢迎校友们参加 1963 年 4 月 28 日的学校五十二周年校庆纪念日，约定将工字厅作为聚会地点。赵九章和王竹溪、傅承义几个在北京工作的同学热心担当起组织者和联络人的角色。他们在年初向散落在天南海北的同学们一一去函通知，告知聚会事宜。由于接连不断的政治运动及工作、人事调动，许多同学失去了联系，就连在北京工作的同学的机关地址都不了解。他们在去信中随请同学们予以协助，告知尚保持联系的其他同学的工作单位

---

　　① 樊洪业主编. 竺可桢全集第 16 卷. 上海：上海科技教育出版社，2009：270.

　　② 吴阶平等主编.《赵九章》编写组. 赵九章. 贵阳：贵州人民出版社，2005：52.

　　③ 樊洪业主编. 竺可桢全集第 16 卷. 上海：上海科技教育出版社，2009：285.

和地址，然后再顺藤摸瓜地去联系。① 聚会那天同学们欢聚一堂，也许是他仅余的人生中最快乐的日子之一。

因漆克昌②负责综合考察委员会的事情已极其忙碌，不愿意再兼顾中国科学院地学部副主任。赵九章在地球物理所的管理工作已经非常忙碌，还要开展科研工作，因此当中科院副院长竺可桢提议让他兼任这一职务时，他并未同意。③

北京科学讨论会主会场

1964 年 8 月 21 日到 8 月 31 日，在北京举行了为期 11 天的"1964年北京科学讨论会"。会议由中国科学技术协会和世界科学工作者协会北京中心共同发起召开。亚洲、非洲、拉丁美洲、大洋洲各个国家和地区的科学家共 367 人参会。会议共收到自然科学和社会科学各方面的论

---

① 赵九章关于组织1963年同学聚会的往来信件与便签. 中国科学院档案.

② 漆克昌（1911—1988），1957年后，先后任中国科学院自然资源综合考察委员会副主任、主任兼党委书记。

③ 1964年1月15日，地质所侯德封所长来找竺可桢，谈到地学部事宜。竺可桢觉得地学部无人负责管理。因漆克昌负责综合考察委员会的事情已极其忙碌，不愿意再兼顾。所以竺主张请张文佑兼任副主任。侯认为张兼任也可，但张与尹均为地质，无人管到地球物理和地理。竺提到当初他"已提议由赵九章兼，但未得同意"。详见樊洪业主编. 竺可桢全集17卷·竺可桢日记十二集. 上海：上海科技教育出版社，2009：16.

1964年赵九章（右三）所长会见参加北京国际科学讨论会的日本气象专家后合影（右起为顾震潮、叶笃正、赵九章、日本学者、陶诗言与周秀骥）

文299篇。这是新中国成立以来举办的第一次大型国际性的学术会议。[1]中国派出了由61人组成的中国科学家代表团，赵九章位列其中。[2]毛泽东主席同党和国家其他领导人接见了全体科学家并合影留念。通过这些国内外学术活动，国内地球物理科技人员与国际同行构建起了良好的沟通平台，有助于缩短中国地球物理学研究与国外的差距。

三、参政议政为国献言

赵九章对中国科技事业的付出得到了社会的肯定。他也获得了很多参政议政的机会，曾担任九三学社的要职。在1950年参与了南京科

---

① 邓楠主编. 发展与责任 中国科协50年. 北京：中国科学技术出版社，2008：79.

② 新华社. 参加一九六四年北京科学讨论会中国科学家代表团组成名单. 人民日报，1964–08–12.

学界致电杜鲁门抗议无理由扣押中国科学家的活动。[①] 他还曾受邀参加毛泽东主席召集的最高国务会议，担任全国政协常委和全国人大代表。这些都彰显了党和政府对他的信任和支持。不过他曾两次申请加入中国共产党却未能如愿。

1. 九三学社

九三学社的前身为"民主科学座谈会"。抗日战争时期一批进步学者以民主、科学为宗旨，在重庆组成"民主与科学座谈会"，表明继承发扬五四运动的反帝爱国传统、提倡民主科学精神之志。1945 年 9 月 3 日，是日本投降签字的日子。"民主与科学座谈会"举行会议，有人提议，为纪念抗日战争的胜利，应把"座谈会"改为九三座谈会，得到一致赞同。1946 年 5 月，九三学社正式成立。推举褚辅成、许德珩、税西恒、潘菽、涂长望等为常务理事。

1951 年 3 月，赵九章经由潘菽介绍加入九三学社，任九三学社南京分社理事[②]。1951 年 9 月 16 日，赵九章出席九三学社邀请中国科学院第 2 次扩大院务会议的科学界人士举行的"科学与政治"座谈会。后来他还担任过九三学社第三、四、五届中央委员会委员等职。[③] 九三学社办有内部刊物《九三中央社讯》，赵九章曾多次发表文章。1957 年赵九章任九三学社中科院委员会主席至去世。

---

① 南京科学界致电杜鲁门抗议无理由扣留我国科学家. 科学通报，1950（7）：457.

② 九三学社举行"科学与政治"座谈会. 科学通报，1951（10）：1091.

③ 章震越. 赵九章. 选自：王樵裕编. 中国当代科学家传第1辑. 北京：知识出版社，1983：178–180.

2. 两次申请入党

20 世纪五六十年代，国内接连不断的政治运动让赵九章饱受思想的洗礼，他从一个政治热情不太高的党外人士，逐渐变成积极靠近党组织的入党积极分子，曾两次郑重地向中国科学院院党组提出入党申请，因为种种原因而未能加入，这或许是他后半生心中莫大的遗憾，甚至隐痛。

在"双反"运动中赵九章做了一些检查，接受了一些批判，当时张劲夫对地球物理所的批判会还进行了赞扬。1954 年 5 月，赵九章当选全国政协委员，还参加了 1954 年 12 月 21 日至 25 日在北京举行的中国人民政治协商会议第二届全国委员会第一次全体会议。1957 年赵九章从日本回来后，正是"大鸣大放"的时候，他主动要求入党。为了向党表示自己的忠诚，以及党领导科技事业的信心，1957 年 5 月 14日，他还曾在《人民日报》上发表文章《为全面发展中国科学而努力》。文章指出，"解放后八年以来，中国科学事业有了飞跃的发展。作为一个中国自然科学工作者，在旧社会里为了推进科学事业，曾经度过艰苦的岁月……深切体会到，只有在中国共产党的领导下，中国科学才会全面地发展，并能于较短时期内，在科学的主要方面赶上世界先进的水平。"[1] 1957 年 8 月左右，在中国科学院所召集的座谈会上，科学家们对民盟右派分子所提出来的反党反社会主义的科学纲领，进行了严正的批判；对曾昭抡、钱伟长的反党活动做了揭发。这一次座谈会后的 8 月 14 日，赵九章在《人民日报》上发表文章《只有共产党才能真正保护科学家》，认为解放后，在党的领导下科研人员在研究助手、工作时间和行政工作方面，较之解放前都大为改善，认为"我

---

[1] 赵九章. 为全面发展中国科学而努力. 人民日报，1957–5–14（7）.

们还必须时刻依靠党，时刻不放松我们的政治学习和思想改造，把残存于我们头脑里的右倾思想清洗掉"。[1]这些行为都说明，他是积极向党靠拢的。

后来反右运动开始，等到了要院党组批准的时候，中科院副院长裴丽生要他出来，在九三学社做反击"右派"的工作时，他第一次表示不干，第二次接受了裴院长的指示。心里"由于我有旧社会的经验以及过去的历史和地位，使我在政治上有自卑感。这种自卑感横隔在我与党之间，阻碍了我和党进一步的接近；同时也阻碍我在政治思想上的前进。由于我有这种不自然的情绪，我总觉得党对我这样的人，在政治上是不会寄予期望的。"[2]他自认为入党应该是奢望了，院党组是不会通过的，只好出来。他心里也一直认为，"学术成绩是研究人员的王牌，掌握了这张王牌，作出大的贡献以后，再提入党的问题"。他1957年"双反"运动以前的思想，一直是"先专后红"的。[3]所以，这次入党就不了了之了。

3. 活跃于全国人大和政协

在某种程度上，赵九章在政治上始终有种自卑感，同时他又在思想上感受到党对他的信任和组织的关怀。如他在一份自述中所言，"历史是已经存在的事实不能更改，而时代则向前不断地推进，生活于这个社会中的人，又必须不断地向前"。1954年，"九三学社"对本社参加第一届全国人民代表大会的"九三"代表举办欢送活动，许德珩、赵九章、茅以、周培源和严济慈等参加了活动。1958年1月24日至2

---

[1] 赵九章. 只有共产党才能真正保护科学家, 1957-8-11（7）.

[2] 赵九章. 努力改造，突破科学跃进的第一关. 人民日报, 1958-3-11（7）.

[3] 赵九章. 1965年在地球物理所的汇报. 1968. 中科院档案.

1954年"九三学社"欢送参加第一届全国人民代表大会的"九三"代表
（前排左六许德珩，二排左六赵九章，右二茅以升，三排左一周培源，右一严济慈）

月12日，在空间物理所高级研究人员思想批判会上，赵九章做了思想检查，到会同志对他提出了各种批评意见，他也从个人与集体的关系等方面做了自我省察。

1959年赵九章当选全国政协常委，1959年1月顺利当选为第二届全国人民代表大会代表。这一年的4月15日，他还参加了由毛泽东主席召集的第16次最高国务会议。会议就全国人大二届首次会议、全国政协三届首次会议的议程和主席团交换了意见，讨论了国家机构领导人员候选人和政协全国委员会领导人员候选人名单问题。他当面聆听了毛主席关于国际形势、国内形势，以及西藏问题的讲话，内心是喜悦而自豪的。[1]

1959年8月29日，中国科学院在北京举行研究人员集会，传达了

---

[1] 新华社. 毛主席召集第十六次最高国务会议. 人民日报，1959-04-16（1）.

最近举行的最高国务会议和人大常委会扩大会议的主要内容，动员科学工作者坚决响应党的号召，反"右倾"、鼓干劲、开展增产节约运动，继续实现"大跃进"。地球物理研究所所长赵九章说，去年在党的总路线的照耀下，实现了史无前例的"大跃进"。"大跃进"的各项数字，粉碎了国内外敌对分子对党的污蔑。在"大跃进"中，新的学科开展起来了，新的研究所建立起来了，其中有些已经取得了进展。这是党的总路线和"大跃进"的形势促成的。这位年逾半百的科学家表示，还要再努力二十年，用一年等于五年的速度和干劲，把一切精力贡献于党的科学事业。[1] 这次集会由中国科学院副院长张劲夫主持。张劲夫最后在会上发言。他勉励科学工作者要以实际行动来响应党的战斗号召，反对"右倾"，鼓起干劲，开展增产节约运动，继续实现"大跃进"！

1960 年，赵九章参加了民主党派的"神仙会"，并作发言。1960年 7—9 月，中国国民党革命委员会、中国民主同盟、中国民主促进会、中国农工民主党、中国致公党、九三学社六个民主党派的中央委员会扩大会议在北京召开。

在 1958—1964 年间，赵九章曾四次出国。当时正值中苏关系破裂，国家经济增长遭遇严重挫折，赵九章亲身感受到了我国在石油、原子能等领域的巨大发展，他的政治信念并没有动摇。在 1961 年，正值党的四十周年之际，他庄重地第二次提出了入党申请。申请经过了中国科学院有关部门的审核调查，最后只剩下中央批准的手续了。但是他觉得自己还不够"红"，只管业务不问政治，需要继续提高自己。[2]

他于 1964 年 11 月当选第三届全国人大代表，12 月 18 日赵九章

---

① 新华社. 科学院研究人员集会响应党的号召　实现科学工作继续大跃进　科学工作者纷纷表示要贡献自己的全部精力和技能. 光明日报，1959-08-31（03）.

② 赵九章. 1965年在地球物理所的汇报. 1968. 中科院档案.

再次受邀参加了最高国务会议[①]，并作了发言。最高国务会议对国家
重大政治事务和社会事务进行讨论和协商，它是国家最高层面决策者
议政的一种重要形式，也是执政党与参政的党（后来定为参政党）议
政的一种重要形式。回家后他告诉家人，他聆听了毛泽东主席、刘少
奇主席、周恩来总理等共产党和国家领导人的讲话。当他听到刘少奇
主席说"现在请赵九章同志发言"时，他的心情非常激动。他在会上说：
"在研究所里，我是属于老一代的，但在这儿，我是年轻人。回去后，
我一定要把年轻人的干劲带回到所里。"果然，会议结束后他工作起
来更加有劲，如初生牛犊一般不知疲倦。尽管因为心脏病经常发生心
绞痛，他也全然不顾，坚持每天工作到深夜。[②]

　　赵九章积极地参与了学解放军、学大庆活动，地球物理所面貌发
生很大变化。在他的组织领导下，该所选出了红专榜样顾震潮，表扬
了周秀骥、邓镇昆等八人，全所召开庆功大会，请张劲夫副院长来作
报告，发动大家向空军学习。吴蓉璋从中国科大毕业后在赵九章的办
公室工作，她去参加"四清运动"时被下放到安徽肥西馆驿公社。赵
九章回信热情地鼓励她：努力向农民学习，在阶级斗争中锻炼自己，
改造自己，有了"红"的基础再来带动"专"。希望她在下放中成为
一名富有革命锻炼的成熟的青年，未来更好地开展科学工作。还叮嘱
她有功夫多温习英文。[③]

　　1964 年 12 月 21 日至 1965 年 1 月 4 日，赵九章还参加了第三届

---

　　① 1964年有两次最高国务会议，分别是12月18日和12月30日。赵九章1964年
12月27日呈信给周恩来总理建言人造卫星上马，信中提到该年度参加了最高国务
会议，所以赵参加最高国务会议的日期应更早些，则应为12月18日那次。

　　② 赵理曾. 父亲赵九章带给我的点点滴滴. 选自：国家地震局地球物理研究
所. 地球物理研究所建所35周年纪念文集（1950—1985年续集），1986：20.

　　③ 赵九章给吴蓉璋的信. 中科院档案.

全国人民代表大会第一次会议。在给吴蓉璋的一封信中，他热情地分享了自己参加人大会议的感受：听到中央首长及各个战线上来的英雄、劳模的报告，深深为我国这几年来的胜利和英雄们的事迹所感动，受到了很大的教育。他身旁的两位，一位是由中印边境来的战斗英雄，一位是从福建海防战线 15 年来坚持守卫在第一线的女民兵队长，他们的英雄事迹使他钦佩，也使他惭愧："我深深感到我革命化不够，几年以来，只重视专业不重视政治……在参加这一次革命化大会，团结的大会以后，我觉得必须要努力改造，才能做好科学工作，带好无产阶级的接班人。"① 他还曾任第二届全国政协委员，第三届全国政协常务委员。

1965 年 1 月 3 日，赵九章当选为第三届全国人民代表大会常务委员会委员（任期 1965 年 1 月—1975 年 1 月）。8 月 6 日参加第三届全国人民代表大会常务委员会第 14 次扩大会议。

"在其位，谋其政。"身为全国人大常委的赵九章，积极参政议政。1965 年 10 月 25 日，经中国人民政治协商会议全国委员会常务委员会第三次会议决定，赵九章担任孙中山诞辰百年纪念筹备委员会委员。1965 年 2 月 9 日，赵九章和竺可桢、郝桐生、施汝为、陈世骧等赴越南大使馆，提出声援越南抗击美国侵略书。当日上午和下午的游行队伍各 10 万人。②

赵九章一度非常关心太阳能的利用问题。1966 年 4 月 8 日，中国科学院致函赵九章，对王淦昌、赵九章在全国人大三届一次会议上关于充分利用太阳能的提案予以答复。告知该方案已由国务院交中国科学院

① 赵九章给吴蓉璋的信. 中科院档案.
② 樊洪业主编. 竺可桢全集第17卷·竺可桢日记六集. 上海：上海科技教育出版社，2009：18.

办理。并指出：关于充分利用太阳能的问题，是一项有意义的探索性的研究工作。特别是西北地区的太阳能如果能充分加以利用，对于发展西北地区的经济会有很大帮助。目前中国科学院尚无研究这个问题的研究机构，新增加机构、设备和人员暂时也有困难，拟在今后制定科学技术发展规划时统一考虑安排。[①] 虽然赵九章的这一方案未能马上落实，却体现了他作为一代大科学家关心国计民生的社会责任感。

四、参与制定"十二年科学发展远景规划"

从 1955 年末至 1956 年 8 月，国务院科学规划委员会组织制定了"十二年科学发展远景规划"，他被安排参加了中心组工作，主持了海洋气象组的规划制定。在长达十个月的时间内，赵九章一直认真参与。

1955 年 10 月 25 日，赵九章被聘请为中国科学院海洋生物研究室学术委员会委员。在著名科学家竺可桢的建议下，把"中国海洋的综合调查及其开发方案"列为 1956—1967 年第 7 项国家重点科学技术项目，并明确规定：中国海洋事业的发展，应密切结合生产实践和国防建设的需要，为这些部门服务；其发展途径，应从海洋综合调查开始。这就是我国第一个海洋科学规划，也称"十二年海洋科学远景规划"。

"十二年海洋科学远景规划"是在我国著名的老一辈科学家李四光、竺可桢、童第周的倡议下，由赵九章、曾呈奎、赫崇本、毛汉礼、朱树屏等老一辈海洋专家组成的国务院科学规划委员会海洋组负责起草制定的。教授一起制定我国第一个海洋科学规划，即"十二年科学发展远景规划"。同年 7 月 24 日，赵九章被聘请为国务院科学规划委

① 崔茹华，杨小林. 赵九章年谱. 出自中国科学院院史文物资料征集委员会办公室编. 院史资料与研究，2000（6）：38-39.

员会海洋组组长。主要任务是进行中国近海综合调查，并由军、地双方联合组成国家科委海洋组，主持全国的海洋科技工作。该规划共有4个中心课题：1.进行中国近海综合调查；2.建立水文气象预报系统；3.进行有关海洋生物资源的调查研究；4.开展有关国防、交通的海洋问题的研究。

1958年9月，一大批海洋科学家云集青岛，来自海军、中央气象局、中国科学院、水产部、山东大学、厦门大学和华东师范大学等60多个单位的科技人员共同协作，靠4艘护卫舰改装的简陋调查船，先后完成了渤海、黄海、东海和南海的海洋普查。

概括起来，赵九章在我国海洋科学发展中开展了三件事：一是主持制定了中国第一个海洋学科学规划；二是启动了海洋调查；三是开展了海浪研究。

"海洋方案"共有四个中心议题：一、进行中国海洋综合调查；二、建立海洋水文气象预报系统；三、进行有关海洋生物资源的调查研究；四、开展有关国防、交通的海洋学问题研究。这四个中心议题对中国海洋学的发展都具有深远意义，涉及区域广阔，在中国一万八千多公里海岸线上一字排开了一个巨大的战场，是一项规模浩大的系统工程。这个规划中的"海洋方案"，经过在会上反复讨论和补充修改后，被列为国家科学技术总任务的第七项。

1956年在党中央及国务院指导下，组织了制定"十二年科学发展远景规划"。赵九章曾参加中心工作小组，历时半年。要制定这样一个全面的科学规划，仅靠科学家来做是难以完成的。毕竟随着现代科学的发展，科学研究已高度的专业化。科学家长年累月钻研自己专业，难以从全局上权衡本学科和其他学科的中心问题。1956年在制定"十二年科学发展远景规划"的初期，中国科学院曾请300多位各科专家来拟定本学科今后的科学中心问题。赵九章当时提出长期数值预告研究这一专题，建议运用近代电子计算机，通过天气方程组的数值积分来做长期的天气预告，把气象学从经验描述性的学科，转变为有数理基础的严谨学科。他认为这是气象科学上的一个革命。[①] 不过，个别学部所提出的问题竟达数百个，头绪繁复，重点不突出。后来在党中央领导下，国务院科学规划委员会提出"重点发展 迎头赶上"的方针，结合国家重大任务及基础学科的发展，统筹全局地提出了五十七项任务。继而，依据这些重要任务再提出中心问题和必要的措施，有条不紊地完成了我国科学远景规划的任务。这件事情让赵九章非常感慨。

为了协调全国各相关单位的科研力量，推动"海洋科学远景规划"的顺利实施，国家科委曾聘请部分海军单位的领导和海洋学专家成立了国家科委海洋组，罗舜初任组长，裴丽生、律巍、高墨华、蒋金涛任副组长，毛汉礼、刘好治、刘宠光、朱树屏、孙自平、邱秉经、赵九章、张文治、张玺、郭德文、曾呈奎、赫崇本为组员。1959 年底，国家科委海洋组设立办公室，负责处理日常工作。另外，在海洋组下设了 7 个专业组，包括海洋物理组、深海远洋组、海洋水文气象组、海洋化学组、海洋生物组、海洋地质地貌组、海洋仪器组。从 20 世纪 50 年代后期到 60 年代前期，国家科委海洋组担负着领导、协调和组织实施全国"海洋科学远景规划"的职责，在海洋组的领导和主持下完成。国家科委海洋组领导和组织完成了几次大规模的海洋调查研究活动，推动和促进了我国海洋科学技术的进步。

后来，赵九章又受邀参加了《1963–1972 年十年远景科技规划》。1963 年 9 月 10 日参加了规划小组对于《总论》三稿的讨论。

---

① 赵九章. 在科学研究工作中必须接受党的领导（20 世纪 60 年代在民主党派"神仙会"上所作的报告）. 1960. 中科院档案.

五、与阿尔文的莫逆之交

赵九章很早就对阿尔文教授的等离子体物理研究非常关注。在他的领导下，1959 年起中科院地球物理所就已借鉴阿尔文的等离子体模拟实验工作，开展磁扰动期地球辐射带变化的等空间离子体模拟实验研究。

汉尼斯·阿尔文（Hannes Alfvén）是瑞典著名物理学家，他发现磁力线和导电流体一起运动的现象，提出冻结磁场理论；提出带电粒子在磁场中运动的引导中心理论；发现在等离子体中有一种波动，后来称之为阿尔文波，其传播速度称之为阿尔文速度；提出磁暴和极光理论；宇宙线的起源理论等。除理论工作外他还开展了空间等离子体模拟实验。后来，还因在磁流体力学方面的基础研究工作和发现，以及在等离子物理中的有效应用，与路易斯·奈尔（Louis Néel，1904—2000）分享了 1970 年诺贝尔物理学奖。他曾担任瑞典科学咨询委员会委员、瑞典皇家科学院和工程科学院院士。

第三次国际地球物理年较之前两次，因阿尔文等许多学者的工作，在日地关系上有了推进。当时估计地球有捕获区存在，自人造卫星上天就证实了内外辐射带，近年来对空间科学有了很大的发展，各国自己召集了较多的空间会议，出版了很多论文。

1963 年 2 月，经赵九章、卫一清倡议，中科院地球物理所向中科院计划处递交《拟邀请瑞典皇家理工学院阿尔文教授访华的请示报告》，还建议：

因阿尔文的专业与地磁台关系密切，拟主动安排阿去北京地磁台参观……如不能安排他去地磁台参观，则不拟邀其来访。①

为了确保阿尔文能被顺利邀请来华，赵九章还亲笔在 1963 年 3 月 13 日的报告草稿上批注"阿尔文的工作与原子能所、力学所从事等离子体物理部分有关，来华对交流学术有利"。②

中科院很快对请示报告作出反馈，决定以中科院秘书长杜润生的名义邀请阿尔文在 1963 年九十月来华开展一个月的讲学活动。阿尔文很快收到了来自中国的邀请信，对中科院表示感谢，并提出要带夫人一起访华。

至于阿尔文来华报告的内容，赵九章和地球物理所的领导班子从本所的实际研究需要出发提出建议。他们注意到阿尔文曾在意大利瓦伦纳恩举办的费米国际物理学校（International School of Physics "Enrico Fermi"）作过《等离子体物理学》（Physics of Plasma）的报告，认为这一内容对地球物理所正在开展的工作会提供启发。不过当时遇到的一个棘手的问题是，这一报告尚未公开出版。但地球物理所仍希望阿尔文能提供这一报告或间接由驻瑞大使馆代购该报告。后来，在阿尔文教授抵达北京之前，赵九章已经收到了来自阿尔文的国际邮件，里面装着他在中国的讲座材料与一本他刚出版的新著《宇宙电力学》。在专著的第一页阿尔文教授还亲笔书写了"赵九章教授、中国科学院地球物理研究所、北京一九六三年九月"几个稚嫩的中国字。虽然中文书法水平一般，但人们一眼就看得出来，阿尔文确实有心提前做了准备。

① 拟邀请瑞典皇家工业大学阿尔文教授访华的请示报告. 1963年2月6日. 中华人民共和国外交部档案馆，110-01578-04.
② 拟邀请瑞典皇家工业大学阿尔文教授访华的请示报告. 1963 年 2 月 6 日. 中科院档案馆，Z376-183-001.

赵九章命人将报告材料分发给本所磁暴组的研究人员，让大家提前阅读，为聆听阿尔文教授的报告认真做好准备。那时候正赶上我国乒乓球健儿获得世界冠军，他鼓励大家积极向刚刚取得世界冠军的乒乓球选手那样，告诫大家"科研工作要和打乒乓球一样为祖国争光"。[①]

阿尔文夫妇于 1963 年 9 月 20 日到达北京，进行为期一个月的访问。他在华期间的行程充实，内容丰富，包含讲学、参观和游览诸多内容。他在北京大学、地球物理所、复旦大学、南京大学和中科院南京紫金山天文台，各作了题为"磁流体力学在物理学及天文学中的重要性""空间等离子体物理的近代发展"和"磁流体力学与太阳系的起源"的三场报告，并进行座谈。[②]

阿尔文访问中科院地球物理研究所时，一进场就看到三楼礼堂里已经坐满了人。大家都满心期待地前来聆听这位世界著名科学家的报告。除地球所各个研究室的有关研究人员外，中国科技大学地球物理系的学生也来了不少。阿尔文作报告时，赵九章亲自做翻译。

赵九章的临场发挥和随机应变能力使得当天的报告会取得了很好的效果。当阿尔文教授向听众询问，到底有几位能不用翻译就听懂他的报告时，只有寥寥数人举手。为了避免场面尴尬，赵九章反应敏捷，他指向前排的几位老科学家说："中国人比较谦虚，你看坐在前排的几位老科学家都没有举手。"言下之意，学识渊博的老科学家们都没举手表示，年轻人也不好表现得太积极。

当天下午，阿尔文教授与磁暴组的科研人员进行了小型座谈。首

---

　　① 徐荣栏. 和赵九章先生一起工作的回忆. 院史资料与研究，1992（06）：11.

　　② 张烁，尹晓冬. 瑞典物理学家汉尼斯·阿尔文1963年访华始末. 科学文化评论，2019，16（02）：63.

先大家对上午的报告提出问题，阿尔文教授做了解答。接着由徐荣栏和都亨介绍他们在开展带电粒子在偶极磁场和中性线磁场中运动的有关工作。在介绍过程中阿尔文不断地提出问题，讨论气氛很活跃。在与陪同人员的交流中，他对中国科学家的工作、教育与政治生活情况也表现出了极大的兴趣，甚至问郭沫若、杜润生、赵九章等科技管理人员是否入党。

座谈会之后，赵九章带着阿尔文教授参观等离子体模拟实验室。当时正开展的辐射带模拟实验是在阿尔文不久前开展的实验的基础上进行的，因此他特别感兴趣。阿尔文离开地球物理所之前表示，"我很高兴能和中国年轻科学工作者一起讨论问题"，他对此次访问非常开心。[①]此后，阿尔文夫妇又访问了上海、浙江、南京等地，进行报告、座谈和游览。

阿尔文非常希望通过个人渠道，增进中国与瑞典科学界之间的交流。鉴于在与赵九章主持的地球物理所工作的科研人员们交流时，中方曾表示对等离子体枪实验非常有兴趣，希望他能帮忙获取一些材料。阿尔文一回国就认真搜集材料，1963 年 11 月 4 日将等离子体枪实验的论文单行本邮寄出来，一并附上给赵九章和顾震潮夫妇的感谢信，给赵九章的用的是英文；由于顾震潮曾在瑞典留学，他给顾的信用的是瑞典语。

给赵九章的信中，阿尔文写道：

亲爱的赵教授：

　　附上我们关于等离子体枪实验的所有出版物。如果你想详细了解

① 徐荣栏. 和赵九章先生一起工作的回忆. 院史资料与研究，1992（06）：10–11.

相关实验，请你告诉我。我和我的妻子非常感谢你和你的同事给予我们的友好接待。

希望很快就能再次见到你！

此致

汉尼斯·阿尔文 [①]

赵九章 1963 年 11 月 22 日给阿尔文的复信中，希望他能寄来等离子体枪和可用于高速摄影机的克尔盒（Kerr Cell）快门。后来阿尔文确实提供了协助。之后，1964 年 3 月 19 日，赵九章致函联系我国中科院长春光学与精密机械研究所所长、光学专家王大珩，请协助研制克尔盒快门的试制。王大珩将此项工作交给中国科学院光学精密机械研究所西安分所进行，并将信函转交西安分所负责人龚祖同。[②] 经赵九章与龚祖同联系，以瑞典进口相机作为样机，在后者的协助下研制出了克尔盒高速摄影机。[③]

阿尔文 1965 年 2 月 5 日写信邀请赵九章访问瑞典。赵九章于同年 3 月 25 日给阿尔文回信，表示非常高兴能有机会再次访问瑞典。同年，他受邀访问法国、瑞士两国。赵在回信中提出，他计划在 5 月 15 日到达斯德哥尔摩，6 月初离开瑞典。在这期间将访问瑞典科学院和斯德哥尔摩皇家技术学院等离子体物理研究所，并分别作题为"中国科学院地球物理所有关地球物理和气象的研究状况"和"辐射带结构及其在磁扰期间的变化的理论研究和模拟实验"的学术报告。信中还提到，

① 张烁，尹晓冬. 瑞典物理学家汉尼斯·阿尔文1963年访华始末. 科学文化评论，2019，16（2）：68

② 王大珩给地球物理所所长赵九章的信. 中科院档案.

③ 龚祖同给着赵九章所长的信. 1964年4月25日. 中科院档案.

他 1937 年访问瑞典水文气象服务中心期间，曾跟随 T. 贝吉隆教授学习，希望这次能有机会见到瑞典气象学者和老师、老朋友，同时可以介绍有关中科院地球物理所在气象方面的研究工作。

按照访问计划，在地球物理所周炜随同下，5 月 12 日赵九章二人起程去瑞典，并于 5 月 14 日抵达瑞典。他们乘图 –104 客机先到莫斯科，在此候机停留 2—3 日。候机期间，他们到苏联展览馆观看了宇航员加加林乘坐的飞机座舱，拍摄了再入、降落、宇宙飞行员服和座舱设备。[①] 之后再乘麦道 DC–10 客机飞斯德哥尔摩。到瑞典后，由阿尔文亲自开车到机场迎接，下榻于一家苏联领导人赫鲁晓夫访问时曾住过的高级宾馆。

抵达瑞典当天，赵九章一行人就兴致勃勃地前去参观了瑞典皇家科学院。遗憾的是，他们错过了北极光的观测时间。5 月 26 日瑞典皇家科学院开院士会议时，赵九章受邀出席，并被安排在贵宾席就座。他简要地介绍了中国科学院的科研情况，着重阐述了中国在地球物理学和气象学方面的成就，并表达了两国应加强学术交流的愿望。简短而精彩的讲演使院士们增进了对陌生中国的了解。赵九章落落大方的学者风度和诚挚的语言，受到院士们的欢迎。

赵九章在斯德哥尔摩参观了阿尔文在瑞典皇家技术学院一个研究所内的等离子体实验室。在这里赵九章作了题为"带电粒子在磁场中的运动区"的报告。在报告中他介绍了利用研究带电粒子在地磁偶极磁场中的运动区，讨论了带电粒子如何被捕获在地球磁场中形成辐射带，并和模拟实验的结果相比较。阿尔文主持了几次讨论会，就辐射带等离子体、模拟实验等当时属于世界前沿的课题进行了深入讨论。赵九章与他们畅所欲言，讨论得很融洽，大家都感到很有收获。

---

① 崔茹华，杨晓汝. 赵九章年谱. 见中国科学院院史文物资料征集委员会办公室. 院史资料与研究，2000（6）：36.

斯德哥尔摩环境优美，具有北欧风情，文化氛围很浓。在这里阿尔文一直担当了"司机"的角色，对赵九章车接车送和陪同参加活动，尤其邀请赵九章到自家吃饭就有四次，他夫人亲自下厨。阿尔文的夫人是一位教育学家，他们有两个女儿。父母培养了她们独立冒险的精神，在高中读书暑假期间，都曾单独驾驶帆船由瑞典到英伦岛旅游。这种独特的教育方式也影响了赵九章日后的育儿观。

阿尔文还开车陪赵九章去斯德哥尔摩以北约一百多公里参观一座古城堡，以及东方博物馆等多家博物馆。那里展出了20世纪20年代瑞典学者斯文·赫定等从中国带回去的许多来自我国新疆、西藏等地的佛像、瓷器、画卷等宝贵文物。赵九章看得饶有兴趣，也深深感叹旧中国贫穷落后，任人宰割，我国珍贵文物散失太多。他还由瑞典气象局局长亲自陪同参观了瑞典气象局，该单位恰恰是他在德国留学期间到此实习三个月的地方。此外，还参观了地球物理仪器设备厂。

一周以后，他乘火车北去约200公里外的乌普萨拉大学气象系访问。赵九章在会上作了中国气象学方面的报告，还会见了老一辈科学家T.贝吉隆和H.科勒（H. Kohler）等。气象系原主任贝吉隆曾是赵九章在瑞典实习时指导老师。

赵九章还专门去拜访老师贝吉隆夫妇。这位74岁的老人家，对三十年前的中国学生的到访非常高兴，亲自开车接送他，带他一边游览以前学习和生活过的地方。两人相见分外高兴，回忆起二三十年前的往事，感到十分亲切。老师还亲自接赵九章回家做客，师母为招待往日的学生而忙碌。当年这位来自东方的青年，没有少到老师家品尝师母的厨艺。今日再度登门，自然分外惊喜，年事已高的师母仍尽情款待。周炜用相机记录下赵九章与老师、师母亲切相聚的美好时刻。

赵九章参观了乌普萨拉大学的地震台，该台仪器设备非常先进，许多是美国提供的，这个台是进行核试验侦察的地震台，它发布的测量结果具有权威性，因为它的设备属于当时最先进之列。赵九章参观后，印象非常深刻。几日后，赵九章继续乘火车北上，来到距斯德哥尔摩一千多公里靠近北极的基律纳（Kiruna），这里是瑞典钢铁基地，矿藏非常丰富，矿石品质优秀，含铁约70%—80%，年产量约千万吨钢。赵九章在此坐车一直到采矿的现场参观，也参观了占地极大的精选铁矿工厂，但只看到很少的几个工人在现场，工作效率之高可见一斑。赵九章访问的目的地是极地研究所，5月底6月初，这里夜晚12点仍然见到太阳。极地研究所对极区现象进行广泛的研究。赵九章参观了地磁台、电离层台和探空火箭发射场等，这里的设备仪器都是世界一流水平的，在极区这是难得的观测场所，取得的资料也是非常宝贵的。各国有不少访问学者在此学习。赵九章在这个所作了有关磁暴方面的报告。

在极地研究所约一周后，返回向南，来到瑞典西海岸的哥德堡，在此参观了正在建造的万吨级的大型船只。他在访问哥德堡大学时见到了他的老朋友、电波传播的权威学者瑞德贝克教授。他感谢瑞德贝

1965年赵九章访问瑞典时与老师贝吉隆夫妇合影

1965年赵九章（右一）访问瑞典时与气象学家贝吉隆夫妇在一起

克对中国的帮助，也希望日后双方在电离层、电波传播领域进行交流。周炜和赵九章都作了学术报告。之后，他们由斯德哥尔摩转机经捷克布拉格，来到了法国，时间已经到了 1965 年 6 月上旬了。

　　“文革”十年期间的 1972 年，徐荣栏在干校劳动时，偶然有一天在《人民日报》上瞥见阿尔文教授再次到北京访问的消息。事后，他得到消息说阿尔文教授当时提出想见赵九章和他的研究组。事不遂人愿，当他获悉赵先生已离开人世，他生前组建的研究组已经迁移到外国人不能去的“三线”地区时，他非常失望，一时说不出话来。[1]

---

　　① 徐荣栏. 和赵九章先生一起工作的回忆. 院史资料与研究，1992（06）：1–10.

第十四章　人才培养

　　赵九章既是一位科学家，又是一位教育家。他深知壮大地球物理的科研队伍需要培养吸收更多的新鲜"血液"和人才。在几十年的科研生涯中，他始终对教育特别是高校科技人才的培养十分重视，在教书育人上付出了异常多的心血，希望多多培养出对国家和社会有益的优秀人才。

一、组织高校授课

　　当年上大学时清华名师们对赵九章的谆谆教诲影响了他的一生，导师们高尚的人格情操和高风亮节深深地影响着他的一生。他无形中继承了老师们循循善诱的优良传统。在培养人才的途径和方式上，赵九章一方面在全国选调新的学术带头人，组建新的研究机构；另一方面在中国科技大学等高校创建遥测、遥感、大气物理等全新的专业，并亲自讲授空间物理学。

　　1938 年赵九章自德国学成归来后，在清华大学和西南联大任教。他不仅热爱教学，也善于教学。由于知识渊博，思维清晰，讲课深入浅出，他的课程深受学生们欢迎。他被调去中央研究院气象研究所任职后，仍然在中央大学气象系当兼职教授，讲授"动力气象学"课程。

1947年赵九章与中央大学气象系毕业生合影（赵为前排左一）

曾在他名下受教的学生众多。

　　1950年后，由于科研任务和领导职责繁重，他不得不缩减了亲自给学生讲课的时间。但是他内心仍然牵挂着教育进展。作为中国科学院地球物理所所长，他始终心心念念要给中国培养出一流水平的地球物理学人才。

　　1953年，赵九章请傅承义和曾融生去北京地质学院，筹建地球物理探矿教研室。他们不仅给学生上课，还要负责培训教师，直到1956年培育了三届物探专业的学生，教师队伍成长起来，教材和实验设备完善以后，才放心地回来。① 在赵九章的建议下，1956年地球物理所又与北京大学物理系联合开办"地球物理专门化"，由傅承义兼任教研室主任，由北大王子昌任副主任。傅承义、曾融生等8名专家还受邀在北大建立地球物理实验室，开设地球物理学、地震学、重力和物

---

　　① 陈洪鹗. 深切缅怀大地球物理科学泰斗赵九章. 国际地震动态，2007（08）：9.

理探矿等课程。1958年地球物理专门化的毕业生徐荣栏等6人被分配到地球物理所工作。到1965年，北大地球物理专门化的毕业生累计137名。

除了积极推动在高等院校创设地球物理系外，赵九章还积极壮大科研机构的力量。1956年10月23日，他致函中国科学院生物地学部，提出筹建中国科学院武汉地球物理研究室的方案。

二、创建中科大应用地球物理系

由赵九章率先倡议并一手创办的中国科技大学应用地球物理系，为新中国地球物理事业的人才培养发挥了重要作用。解决中科院的人才奇缺问题是这所大学成立的重要背景。20世纪五六十年代，国家实施"十二年科技规划"，遇到了科技人才短缺的"瓶颈"，尤其是核物理、计算机、半导体等新兴尖端科技人才严重缺乏。伴随着新中国科技事业的快速发展，中国科学院也急需优秀的科研后备力量。赵理曾记得父亲说过，诸如北大、清华等一流大学的毕业生还没毕业时就已被安排留校了，不会进入毕业分配名单，父亲称之为"拔青苗"。[1] 1958年"大跃进"开始后，随着全国教育领域出现的"大革命"和"大发展"，为了缓解各研究所培养对于后备人才的燃眉之急，中国科学院掀起了大办大学和中等科技教育的热潮。[2] 在这一情况下，1958年春天，吴有训、严济慈、钱学森、华罗庚等著名科学家倡议，集中科学院雄厚的科学家力量和研究所优越的科研条件，创办一所新型的社

---

① 方黑虎，张志辉. 赵九章与中国科学技术大学地球物理系——赵理曾研究员访谈录. 物理通报，2012（12）：112-115.

② 编辑委员会. 中国科学院六十年（1949—2009），2009：80.

会主义大学。1958年6月，中共中央批准了关于中科院创办一所新型大学的报告。《人民日报》等中央媒体称中国科大的成立是"我国教育史和科学史上的一项重大事件"。[①]学校坚持"全院办校，所系结合"，形成"红专并进，理实交融"的校风，培养出了一批掌握国家重要的、急需的空白和薄弱新兴技术的高质量人才。时任副总理的聂荣臻曾大力肯定了中科大办学体制的创新。

中国科大地球物理系的创建颇经历了一番波折。学校筹备设立12个系。当时1958年的招生简章发出去的时候，还没有准备招收地球物理方向的学生。赵九章为此强烈建议郭沫若校长和聂荣臻元帅，一定要在原来12个系的基础上增设13系——应用地球物理系，认为这个非常重要的学科急需培养尖端人才，这一建议得到中科院领导的批准。

问题是，提议出来时1958年的高考填报志愿工作已结束，如何招募生源一下比较棘手。赵九章和地球物理所党委书记、副所长卫一清等人找到了四川省，最后直接从四川省选拔了一批学生去就读中科大地球物理系。第一批学生中就包括四川省省长李大章的女儿。由于中科大1958级地球物理系学生生源全是四川，当时大家把十三系戏称"川系"。该系的川妹子多才多艺，给整个校园带来了不少生机。[②]

1958年9月20日，中国科技大学正式成立。原定设12个系，为推动地球物理学服务于国家重大需求，赵九章建议设立第十三系——应用地球物理系。赵九章牵头组建了该系，并设立空间物理专业、大气专业和遥测专业，并挺身自荐，兼任中科大应用地球物理系首任系

---

① 赵如江. 三个创新三级跳——中国科技大学创新发展纪实. 人民日报海外版，2001-01-09.

② 方黑虎，张志辉. 赵九章与中国科学技术大学地球物理系——赵理曾研究员访谈录. 物理通报，2012（12）：112.

主任[①]，卫一清、张秀峰为副主任。赵九章带头编写了应用地球物理系第一批招生简章，详细介绍了地球物理系 3 个专业的内容与学科发展趋势。他强调说，地球物理科学具有新的生命力，中国地壳结构复杂，还有青藏高原这一特殊结构，这门科学在今后国家社会主义建设中将发挥重要作用。如果有足够的干部从事这项工作，中国地壳物理学有能力在 20 世纪六七十年代里走在世界前列。中国科技大学应用地球物理系的任务之一就是培养这方面的研究干部。[②]

他主持制定了该系的发展规划。应用地球物理主要利用地球物理学的理论和方法来研究地球物理场和地球物质的物理特性与人类生存环境（包括天然和人工环境）之间的相互关系。[③] 根据他的意见，应用地球物理系设四个教研室，高空大气物理教研室主任由赵九章自己兼任，气象教研室主任为顾震潮，地震教研室主任为傅承义，遥测遥控教研室主任为秦馨菱[④]。赵九章认为这一方向对卫星发射、雷达探测等远距离的探测非常重要。1960 年又决定设立地壳物理专业。

按照中国科大"全院办校、所系结合"的办学方针，相对应地，中国科学院地球物理研究所由中国科技大学应用地球物理系来负责筹建。1960 年 4 月，赵九章在上海开会期间写信给同学们，鼓励他们要勇于进取，发挥斗志，克服各种困难，在学业上作出好的成绩，向"五一"

---

① 赵理曾. 父亲赵九章留给我的点点滴滴. 选自：国家地震局地球物理研究所. 地球物理研究所建所35周年纪念文集（1950—1985年续集），1986：19.

② 方黑虎. 赵九章与中国科学技术大学. 李家俊，张克非主编. 中国大学校史研究. 天津：天津大学出版社，2018：463–468.

③《地球物理学进展》编辑部. 地球物理学进展. 2013（01）.

④ 秦馨菱（1915年10月17日—2003年12月5日），出生于山东潍县（今潍坊）。地球物理学家、地震学家、地球物理勘探家、应用电子学家，是中国地球物理勘探事业的开拓者，曾在中国科学院地球物理所、地球物理所二部工作，并长期在中国科技大学执教。1980年当选为中国科学院学部委员（院士）。

献礼。

　　赵九章请来中国科学院的名师大家，包括多位学部委员（后改称院士）为应用地球物理系的同学们传道授业解惑。他请来严济慈学部委员讲授"电磁学"和"电动力学"，请陈芳允学部委员讲授"无线电"，请钱临照学部委员讲授"光学"。[1]

　　他还积极组织地球物理研究所的一批科学家讲授"高空大气物理学"课程。这门课由不同的老师分工合作，老师们轮流讲述一个或几个部分。每位老师授课时都结合自己正在开展的课题，这样一下子就把这些求知若渴的学生们拉到科研的最前沿。赵九章亲自担任大气振荡和高空大气中潮汐现象的主讲。尽管每年的讲课时间不长，只有几个星期，但他"透过现象看本质"，将各种知识融会贯通并灵活运用的特质令学生们印象深刻，深得学生爱戴。他有心脏病，不得不带着药来上课。有一次心脏不舒服，上着上着课就停下来一会儿，助教帮他拿水吃药，待缓解后他就继续上课。

1958年，赵九章与中国科大学生在一起

　　[1] 方黑虎. 赵九章：言传身教薪火传. 选自方黑虎，丁毅信，丁兆君. 永恒的东风中国科大故事. 合肥：中国科技大学出版社，2018：113.

为了广泛收集改进学校教学工作的有益建议，1962 年 10 月 19 日下午在中关村召开了"地球物理系兼职教员座谈会"，到会兼职教师 38 人，由赵九章主持。他首先高度肯定了科大应用地球物理系的学生水平，表示"科技大学需要办下去，在广州会议上我也是主张办的一个……而且，一定要办出特色来。通过这四年我们取得了不少的经验教训，今后就能更好地来办这个系……今年进行全国的科学规划中，大部分基础学科科学的生长基础也都在科学院，承担国家科研任务的都在科学院的几个大所。而我们的学校又是'全院办校、所系结合'的。这样就比较容易把学生带到科研工作的第一线中去，这样培养出来的学生就会比别的学校更有特色一些"。

关于应用地球物理系的特色，卫一清说："地球物理所的'三化'（物理化、新技术化、工程化）的实现，即是 13 系的特色。"[①] 关于课程内容，赵九章提出，"专业课中，也是要把基本的东西先讲好。专业课内容讲系统的研究工作而不是文献综述，使毕业生能初步接触到第一线的工作，就可以更好地表现出我们的特色来。"他鼓励老师在课堂上做表演，让学生从感性认识到理性认识。关于教学与科研的关系，他强调，"教学工作队所内的研究人员不仅是输出，还有反馈作用，对研究工作有好处。整理出来有系统。教学相长……认为教书是损失这种看法是不对的。"在他看来，"办这个（地球物理）系是有历史作用的，将来会影响到半个世纪。"[②] 在他和同事们的精心培养下，地球物理系培养出了一届届毕业生，这些学生日后在国家地球物理事业的发展

---

① 赵九章. 一九六二年下半年九个研究所的科学家对科技大学教学工作的座谈会意见. 中科院档案.

② 赵九章. 1962年秋兼职教员座谈会发言记录之四——地球物理系兼职教员座谈会记录. 中科院档案.

1964年赵九章（后排右四）、王淦昌（后排右三）与中国科技大学学生在一起

上发挥了积极作用。

　　1965 年 1 月 30 日，中国科技大学又举办了兼职教师座谈会，以征求兼职教师对教育改革的意见。在座谈会上有人提出培养通才的问题，赵九章表示反对，认为现在不是 18 世纪，不应培养通才，而更需要专才。关于地球物理系专业、专门组及课程设置问题，他认为注意人才培养要满足当前的需要。他说："地球物理学科和国防、国民经济建设有密切关系，是热门不是冷门。遥测专业和地壳物理专业可以年年办。高空大气物理和大气物理专业可以轮流办。"他还特别注意加强学生们的动手能力，指出过去在国外学识光学时，教师给八个题目，学生自己动手动脑，找资料、找仪器、动手设计、调试，收获就比较大。他还说，大元帅不是学了书法就成了大元帅的，而是打仗打出来的。[①]

　　赵九章在清华大学、南京大学及中国科技大学的教学中，逐渐写

---

　　① 赵九章. 1965年1月30日兼职教师座谈会的情况报告. 中科院档案.

出了理论气象、大气物理及高空大气物理的讲义。由于国内空间物理学科刚刚起步，还没有一本适合从事空间物理研究工作者和高校有关专业师生学习的参考书，赵九章就带领地球物理所的同事们，亲自编写《高空大气物理学》讲义。后来，在这本教学讲义的基础上，他组织编写《高空大气物理学》著作，让王水协助他参加高空大气结构部分的工作。为了保证书的质量，他要求对每个公式都仔细验证，对每篇参考文献都仔细查阅。为了完成这项任务，王水花费很多时间在中国科学院图书馆查询、苦读。有一次，王水在一篇德文文献面前一筹莫展，只好向赵九章诉苦。赵九章严肃地讲："你能看懂俄文，又能看懂英文，应当可以阅读德文文献。回去翻译出来给我。"王水认真翻译了出来，唯恐译稿多处词不达意。后来赵九章在百忙之中帮他作了仔细批改，并鼓励他多学几门外语。[①]

　　科学出版社本打算正式出版这本讲义，分成上、下两册，系统地

赵九章主持编写的《高空大气物理学》课程讲义（图片来源：中国科技大学）

① 中国科学院院士工作局编. 科学的道路（下）. 上海：上海教育出版社，2005：965–966.

叙述高层大气中的各种物理过程、基本理论和研究方法。这本书的上册由科学出版社于 1965 年 5 月正式出版。赵九章亲自编写了绪论、高空大气结构、日地物理部分章节和空间探测技术，并对全文文字作了修改。特别是在绪论中，他阐述了大气物理的研究对象、发展历史和研究方法。该书不仅可供高等院校有关专业师生阅读，对于相关专业领域的研究者而言也是一本非常难得的绝佳参考书。[①] 他与中科院地球物理所及中国科技大学许多同志合作写成《高空大气物理学》教材。上册出版后获得了 1800 多元的稿费，他托同事统计各个参与人所写的字数及绘图员所绘的图，按照合理的比例给予报酬。他当时得到了 900 元稿费，却全部交给了地球物理所的会计，他的理由是这本书是他在工作的时候写的，不应该再收取稿费。至于其他的同志，他不勉强他们也按照这种做法来，可以自己决定和支配。[②] 不幸的是，《高空大气物理学》下册由于"文革"的影响停止出版，导致书稿散佚。[③]

除此之外，1956 年他还出版过《地球物理学中的几个科学问题》[④]，对这门学科做了深入浅出的科普。

赵九章对于教学工作有自己的心得。他一直强调要打好基础课，不同意把地球物理只作为单纯描述性的学科，要求这一学科的学生们要具备很好的数理基础。他认为数学物理基础和无线电技术对应用地球物理系的学生非常重要，要求学生必须学深学透。二女儿理曾是中国科技大学地球物理系第二届学生，亲身感受到了父亲在中科大地球

---

① 杨海波. "所系结合"是办好大学的一种重要途径. 人民教育，1980（1）：36.

② 赵九章. 我所做过的科研工作及组织工作. 1968年9月19日. 中科院档案.

③ 王铮. 最近颁发的"赵九章科学奖"是什么样的奖项？中科院官方微信公众号"中科院之声". 2017-11-08.

④ 赵九章. 地球物理学中的几个科学问题. 北京：科学普及出版社，1956.

《高空大气物理学》（上册）封面

物理系建设中的指导性作用。

赵九章对应用地球物理系的教学坚持数理化和新技术化，他认为数学物理基础和无线电技术对应用地球物理系的学生非常重要，必须学深学透。赵理曾清楚地记得之前系里学生的基础物理课大部分都是和物理系一起上的。1959年至1961年间，在受到"反右倾"运动的影响后，中科大对一些基础课进行了教改，很多学校都将"普通物理"和"电磁学""电动力学""力学""理论力学"等课程打通了合并授课，物理课程深度下降，中科大也这样改了。应用地球物理专业一些课程的深度大大削减。① 学完之后，赵九章认为学生们的学习效果欠佳，不能达到预期目标。他让大四学生和低一届的物理系学生一起重听严济慈讲授的"电动力学"课程，还请数学教研室为十三系学生重开"数学物理方程"，从而夯实了这些学生的物理基础。

他秉承恩师叶企孙在清华大学提倡的"理工会通，动脑又动手"的教育理念，注重培养学生们理工结合的能力和创造力。在理曾上大学五年级上学期时，还专门在空间物理方向的学生的实验课上，安排他们自己试制一些小型电子仪器，如宽带放大器、收音机等。② 通过

---

① 李家俊，张克非主编. 中国大学校史研究. 天津：天津大学出版社，2018：464.

② 赵理曾. 父亲赵九章留给我的点点滴滴. 选自：国家地震局地球物理研究所. 地球物理研究所建所35周年纪念文集（1950—1985续集），1986：21-22.

这些学习和锻炼所积累起来的数理基础，让这些学生们在日后的工作中受益匪浅。有些学生甚至在大学阶段就发表了高水平的研究性论文。

除了重视学生要打好专业课基础外，赵九章非常重视培养学生理工结合的能力。由于空间物理专业比较偏理，1963年赵九章还亲自为空间物理专业的学生开设"无线电技术"的实验课，为学生提供自己动手制作一些电子学仪器，如收音机、宽带放大器等仪器设备的机会。经过理论课程和实践课程的有效结合，该系同学的数理基础都比较好，还有一定的动手能力。这些学生在走上工作岗位几十年后，更深刻地体会到了赵九章如此进行课程安排的深意，愈加体会到理论和实践的结合对研究工作的重要性。这些高校毕业生大多成为地震各领域的学科带头人和骨干。

应用地球物理系的首届毕业生周国成在他大学四年级时，被分配到中国科学院地球物理所做毕业设计（毕业论文）。在指导老师赵九章的指点下，他开展了大量科学试验，查阅了丰富的文献，在半年后写出了毕业论文。赵九章在仔细阅读后写道："这篇论文有内容，结果也比较有创造性，特别是用禁区来研究带电粒子在环境中的运动，并用模拟实验把它表现出来，是有学术价值的，可以在学报上发表。""这次在波兰开会，曾将此文的实验结果与美国科学家奥斯卡·辛格（Oscar Singer）讨论，他亦认为很有意义。"在肯定这篇论文的优点时，赵师也提出原文不够简洁，建议周国成和一起参与这项研究工作的助理研究员徐荣栏合作，将文章篇幅缩减后尽快投稿，以防被国外同行抢先。不久，《磁场中带电粒子的区域及其模型实验》一文以英文发表在《地球物理学报》上。[①]

---

① 方黑虎，丁毅信，丁兆君. 永恒的东风　中国科大故事. 合肥：中国科技大学出版社，2018：114.

　　除了呕心沥血培养学生外，赵九章还特别注重提高系里青年人的科研能力。他秉承教育与科研相结合的理念，提出研究所和学校的人员可定期轮换，以促进教学与科研共同发展。后来成为中科院院士的王水 [①] 于 1961 年从南京大学气象系毕业，被分配到中科大应用地球物理系任助教。当时，中科大刚刚建校三年，中国科学院一大批著名科学家亲自到校讲课，并兼任校、系各级领导职务。他幸运地得到赵九章先生的亲自指导。王水第一次到赵九章家拜访时，先生见到他后的第一句话是"你的身体很好嘛"。一下就拉近了他和先生的距离，简洁明快地确定了他的研究方向。王水在读大学时期，各种政治运动频繁，又赶上国家经济困难时期，影响了课程学习。工作之后，他深感自己理论基础的不足。因此，除每学期承担不同课程的教学任务外，还旁听了大量物理系和力学系许多著名科学家所讲授的课程，并系统地阅读一些名著。总想将学科基础打坚实之后才好去搞研究。为此，赵九章曾多次毫不客气地批评他："你想当个教书匠吗？"他教导王水，不要为读书而读书，而要结合科研工作来加强基础。为此还给王水安排了具体的科研题目。结合我国当时核试验的项目，他让王水跟他从事"点源爆炸波"的研究，讨论非均匀、半无限空间的全球 Cauchy-Poisson 问题。他亲自安排研究计划，到地球所图书馆为王水查找文献，并要求王水每周向他汇报。有一次，王水因有其他事情，未能按时到他家中，他就打电话到系里询问王水为何未去。他还要求王水定期参加地球所一些研究小组的学术活动。1965 年秋天，学校安排王水到北

---

　　① 王水，1942 年 4 月出生于江苏南京，1961 年毕业于南京大学气象系，分配到中国科学技术大学任教至今。1978 年评为副教授，1985 年晋升教授，1986 年被批准为博士生导师，1993 年当选为中国科学院院士。曾任中国科技大学理学院中国地球物理学会理事长，中国空间科学学会常务理事，国际科联（ICSU）日地物理科学委员会（SCOSTEP）学科代表，主要从事空间物理领域研究。

京顺义县农村参加"四清"运动，此项研究未能最终全部完成。1966年底，王水去看望他时，他还提起这项工作，可惜这时已不能正常地从事教学和科研了。[1]

在王水看来，在赵九章亲自指导下工作和学习的四年，对他后来的科研成长及做事做人都产生了重要影响。先生将一本1937年购于德国柏林的经典著作《Modern Analysis》送给他，这本书为他解答了许多数学上的问题，一直被他珍藏在书架上，令他时时感受到恩师的期望。后来，王水也以同样的方式不断关心和支持青年一代科学人才的成长。

三、 培养地球所研究生

赵九章十分重视对研究生的培养。1956年1月，中共中央召开关于知识分子问题的会议。1月14日，周恩来代表党中央在《关于知识分子问题的报告》中郑重指出，要"集中最优秀的科学力量和最优秀的大学毕业生到科学研究方面"。[2]新中国成立后设立了研究生制度，中国科学院从1955年开始招收研究生，1966年停止招生，之后直到1977年底才重新恢复。[3]

赵九章在1956年招收了在职研究生刘振兴，此后1963年至1964年他以地球物理所的渠道招收了都亨、王英鉴、朱广瑞、傅竹风和胡

① 中国科学院院士工作局编. 科学的道路（下）. 上海：上海教育出版社，2005：965-966.

② 周恩来. 关于知识分子问题的报告. 见中共中央文献编辑委员会编：《周恩来选集》下卷，北京：人民出版社，2004：162-163.

③ 樊洪业主编. 中国科学院编年史（1949—1999）. 上海：上海科技教育出版社. 1999：242.

友秋这五名研究生。此外，北京大学送来了 3 个研究生代为培养。他培养研究生的办法不同于过去一个研究生单独做一个题目的办法，而是送到各培养单位，跟着大家一起工作。① 在 20 世纪 50 年代末期受到"左"的思潮冲击，几近夭折。在这种严酷的条件下，他顶住压力，在困境中坚持将这些研究生培养下来并正式毕业。

刘振兴是赵九章在新中国成立后培养的第一位研究生。1955 年 9 月，刘振兴从南京大学气象系毕业后，被分配到中国科学院地球物理所做实习研究员。1956 年，国家提出了"向科学进军"的口号；同时开始施行副博士学位制度。刘振兴深受鼓舞，他在 1956 年 10 月顺利通过全国副博士统考，1957 年 3 月被录取为赵九章教授和朱岗昆教授的副博士研究生，学制 4 年（1957 年 4 月到 1961 年 5 月）。从此，他遇到了一位对他一生产生重要影响的恩师。刘振兴很早就听说赵九章先生对学生要求很严格，他当时已是地球物理所所长和中国科学院的学部委员（后改称院士），因此刘振兴这个毛头小伙子心里对赵师既尊敬又有点畏惧。当他 1957 年 4 月中旬被赵九章叫到办公室谈论研究生学习规划时，看到的是一位平易近人的长者。与赵师的第一次谈话莫不如说是导师对新生的一次面试。赵师问他：你来到研究所后都做过什么工作？为什么要做副博士研究生？对研究生阶段的学习和研究有何想法？感兴趣的科学问题是什么？当刘振兴回答了上述问题后，赵师并没有过多地评论，只是非常和蔼地对他说：科学研究最重要的是一个"新"字，每次研究一个学术问题的时候，都要通过阅读文献，对前人已经进行的工作有较深入的了解。② 更重要的是进行独立思考，

---

① 赵九章. 我所做过的科研工作及组织工作. 1968年9月19日. 中科院档案.

② 吕新初. 科学为生产跃进再跃进——记国务院科学规划委员会第五次会议. 科学通报，1958（7）：202-204.

不能一味地崇拜权威，要找出过去工作的局限性和存在问题，并较前人在某一方面有所推进。

至于如何选论文题目，赵九章告诉他，希望由他先提出选题的想法，再找老师把关，看看该题目是否具备发展前景、科学价值，以及应用价值。在谈到基础课学习时，赵师认为研究生要注重打好基础，这就如同打井和盖房一样，井口不大，自然就难以挖出深井，地基不牢，房屋就盖不高。为了帮助刘振兴打好数理基础，赵九章让他到清华大学去听力学专家郭永怀讲授的流体力学课程，还让他去好好学习 S.查普曼和 T.G.考林的著作《非均匀气体的数学理论》(力学名著译丛)[①]，这些都对刘振兴以后的科研工作产生了深远的影响。[②]

在刘振兴看来，赵先生虽是大名鼎鼎的学术权威，却完全不以权威自居。赵师无论对同事还是年轻人都谦和有礼，对他自己不很擅长的学科领域，总是虚心请教有关专家。刘振兴在读副博士期间，在研究陆面蒸发和径流问题时，赵九章说他自己对径流方面不熟悉，于是特意写了一封介绍信，介绍刘振兴去清华大学请教水利系的黄万里教授。后来，当刘振兴用稀薄气体动力学方法去研究流星问题时，赵师又说：这方面的问题他不了解，要把刘振兴介绍给中科院力学所的郭永怀和林同骥先生，让郭先生指教他，并亲自帮他联系好。[③]经过近两年的努力，刘振兴用稀薄气体动力学方法，完成了题为"流星与空

① [英]S.查普曼，T.G.考林. 非均匀气体的数学理论. 北京：科学出版社. 1985.

② 刘振兴. 我国空间物理的奠基者赵九章先生. 选自：中国地球物理学会 主编. 辉煌的历程——中国地球物理学会60年. 北京：地震出版社，2007.

③ 刘振兴. 回忆恩师赵九章. 出自樊洪业主编. 院史资料与研究，2006 (6)：74.

间大气相互作用"的副博士学位论文，并得到了郭永怀的好评。[①] 赵先生的严谨、谦逊的治学风格对刘振兴留下了深刻的印象，对他以后的科研工作产生了重要影响。

赵先生对研究生培养很重视理论与实践相结合。1957年，刘振兴通过全国统考被录取为地球物理所所长赵九章的副博士研究生后，他最初的选题方向为近地层大气湍流结构特性。[②]1958年4月中科院组织了一个固沙队，专门考察西北的风沙问题，包括生物组、土壤组、地理组和气象组。考虑到刘振兴的研究方向，赵九章告诉他说："做理论工作，要有实际观察的基础，请你去考察一下我国西北的风沙问题，对你研究近地层湍流问题是有帮助的。"在赵师的鼓励下，1958年5月，刘振兴参加了固沙队并被分配到气象组。先是进行艰苦的路线考察，接着是定点考察。他被分到来到背对沙丘、面对黄河的中科院宁夏中卫沙坡头固沙站。在这次实地考察的基础上，他阅览了该站积累数年的风沙观测资料，认识到风沙与近地层湍流有密切关系。他将资料分析与理论相结合，研究了沙的传输过程，以及在不同风力风向下，不同大小不同高度的沙丘的移动速度和移动距离等运动规律。在45天内他写出了两篇重要论文《我国西北沙的传输》，以及《在风力作用下沙丘移动的规律性》。

回到地球物理研究所后，刘振兴将这两篇论文交给老师审阅。赵九章看过后认为不错，有理有据，将这两篇文章推荐到当时的《科学记录》刊物上发表，不仅为我国的固沙工作作出了重要的贡献，在国际上也引起了较大的反响。这是我国第一次对西北的风沙问题进行观测和理论相结合的研究，对当时的固沙工作有一定的帮助。事实证明

①丁兆君. 太空"弈星"刘振兴. 中国科学报，2015-04-03（3）.
②丁兆君. 太空"弈星"刘振兴. 中国科学报，2015-04-03（3）.

了赵师的教诲的正确性和必要性，也正是通过这次考察，刘振兴深刻地领会到了科研工作中科学实验与科学考察的重要性。

赵先生在研究生培养中很重视学术交流。他不光提倡导师和研究生之间要经常讨论，也强调与周围的同事时时交流学术观点。他认为，在讨论中各抒己见，可以相互启发，开阔思路。不要怕提出的意见不对。在刘振兴看来，赵九章的指导不仅帮助奠定了他一生的研究基础，也推动他在科学思想、研究方法、三严学风和科学道德方面均有增益。日后，他也用赵先生的办法来指导他自己的研究生 [①]，力争培养出高水平的科学人才。

几十年来，刘振兴在赵师奠基的磁层物理和太阳风领域扎扎实实地工作，取得了一些创新性的成果，包括地球辐射带理论，太阳风湍流结构，木星磁层盘模式，极光区粒子加速，磁层亚暴过程和提出了涡旋诱发重联理论等，于 1995 年当选为中科院院士。

都亨 [②] 对恩师赵九章也一直念念不忘。1960 年他从北京大学地震专业毕业，留校做高层大气专业的研究生。1961 年的一天，教研室通知他，赵九章答应做他们的研究生导师，但是要先面试。他忐忑不安地推开了赵师办公室的门，看到傅承义等几位老先生已经坐在沙发上。地震学这门课是他在"大跃进"运动中学的，基础没有打好，当看到地震学专家傅承义时，他回答问题时非常紧张，丢三落四，明显感觉

---

① 童光来. 刘振兴 梦想是让"双星"上天. 北京科技报，2004-02-04（A6）.

② 都亨，男，著名地球物理学专家，现任中国科学院空间科学与应用研究中心副主任、研究员，世界数据中心中国中心空间科学中心主任。从1960年开始从事空间物理及空间环境等领域的研究工作，对太阳风进入磁层的机制、空间环境与航天器的相互作用、空间环境模式、"大气一号"气象卫星、"实践四号"科学卫星等重大项目的研究获得重要成果。

到评委们的不满。但赵九章还是宽厚地说："今天只是看看你的条件，重要的是今后好好努力。"之后，他被录取为赵师的研究生，这次难得的机会令他深受鼓舞。

当时都亨的"关系"还留在北大，不必到地球物理所上班，赵师规定他每星期到他的办公室或者家里汇报一次学习心得。最初几次，他的学习进展不明显，汇报内容也较为杂乱。赵师会在耐心听完之后，简洁明快地帮他理出头绪。几次反复以后，都亨渐渐摸索出一些查阅资料、追踪课题、归纳整理的方法，还概要理解了空间物理的几个焦点问题。

赵九章向来不喜欢给研究生直接指定论义题目，相反，他倾向于采用"放羊"式教学法。他往往根据研究生们在汇报中提出的问题，引导学生逐步深入，水到渠成地形成论文题目和内容。后来都亨在指导年轻人时，才逐渐体会到赵先生的良苦用心。

赵先生十分重视将新的技术引入研究工作之中。都亨的论文核心是用数值方法来对一组常微分方程进行积分。他利用计算尺、手摇计算机等简单计算工具作了初步的计算后，得出的结果显示有望得出符合预期的结果。电子计算机当时刚刚兴起，非常笨重，一台计算机占了几间大屋子。都亨做好了"埋头苦干"的打算，赵九章却坚决要求他利用中科院计算所刚建的"103"机进行数值计算，并亲自给计算所所长写信申请机器时间。在老师的要求下，都亨不得不从二进制入手学习计算机的编程。后来赵九章向计算所所长申请了"104"浮点机上一小时的机器时间。为了保证一次计算成功，他还请地球所内专门从事天气数值预报的计算机专业人员帮助核对程序中的字符与纸带的穿孔。都亨非常"时髦"地在同行中运用计算所刚刚研制完成的"104"浮点机完成了数值计算，只用了40分钟机器时间。他连夜把结果标在坐标纸上，惊喜地发现结果十分理想，第二天就向赵先生"报喜"。

都亨进入论文撰写阶段后，每次稿子退回来了，虽然没有提出任何批语和申斥，但见满纸上都是老师用娟秀的字迹密密麻麻做的批改。细细读过老师的批改后，他发现稿子篇幅缩短了，立论和推理层次也更加清晰了，甚至连虚词、标点都一一作了改正。

赵九章对他带的研究生要求很高，要求他们必须有自己独立的题目。傅竹风是北京大学毕业的，1963年被招收为赵九章的研究生。赵九章把在集体讨论中当时认为最重要的问题"带电粒子在磁球层表面的穿透问题"交给傅竹风去做。这个问题在物理上是不稳定的，要求计算出由于磁边界的不稳定过程所引起的带电粒子的穿入。后来在计算机上排列的程序也非常复杂，花了一千多元的运算费还不能很好地解决问题。[①] 但这种紧密追踪国际学术前沿，努力做出世界一流水平的学术成果的精神让傅竹风受益匪浅。

赵先生特别注重结合自身经历，在实践中培养和考察学生的科研素质，用"边干边学"和"随碰随补"的办法进行继续学习和知识积累。他非常重视学生的成绩排名。徐荣栏在中国科技大学地球物理系任教期间，赵九章要系里定期提供学生成绩排名单给他看。他还常常叮嘱徐荣栏要定期接触学生们，特别是名单上排名靠前的优秀学生，了解这些学生的思维方式与解决问题的能力究竟如何。

1964年春节，中国科技大学设宴招待中国科学院在该校兼职授课的老师们。徐荣栏正好坐在了严济慈副校长边上。当严老通过交谈得知徐在该校地球物理系空间专业任教时，随口说道：这个班上有个叫胡友秋的学生是他教过的最好的学生。赵九章当时坐在二人对面，恰好听到了这句话，便很关切地打听起这个学生的情况。第二天，赵九章还特意打电话给徐荣栏，嘱咐他仔细考察胡友秋，并通知系里安排

---

① 赵九章. 1965年在地球物理所的汇报. 1968. 中国科学院档案.

他去地球物理所的磁暴组做毕业论文，以更加深入地了解他的科研潜质。后来做毕业论文期间，胡友秋表现出了扎实的数理基础与勤学、善于思考的精神。值得称赞的是，他在扎实工作的基础上发现当时的国际地球物理学会主席、国际知名地球物理学家查普曼教授的文章中有一些错误，并进一步完善了此人原来的观点。赵九章觉得胡友秋是一个难得的可造人才。后来胡友秋报考了赵九章的研究生，虽然考得不是很理想，但赵还是把他作为第一候选人，吸纳到自己所带的磁暴组研究集体中。[①] 在研究生院学习期间，赵师安排胡友秋读一本关于等离子体物理的外文专著，还让这些研究生参加磁暴组的学术讨论会。当时磁暴组的办公室位于北京祁家豁子，赵师和这些学生都住在中关村，两地相隔十里之遥。每次学术讨论会，赵九章务必参加，还一并接上胡友秋和他 1963 年招收的研究生傅竹风一起。学术讨论会不拘形式，气氛活跃，老师和学生畅所欲言，各抒己见，交流研究成果，得到了很多启迪和鼓励。当时磁暴组的成员，后来都成为活跃在日地空间物理研究前沿的骨干力量。后来胡友秋成为一名杰出的科技工作者，长期担任中国科技大学空间科学与地球物理系主任，提出了太阳物质理论等高水平的科研成果。胡的发展证明了赵九章的眼光之准。胡友秋本科毕业于中国科技大学地球物理系后，于 1964 年被录取为赵九章的研究生。

赵九章先生还常请有关专家为几位研究生专门介绍科研方法，他每次都坚持认真旁听。研究生们受益匪浅，也深深体会到导师的良苦用心。先生还时常叮嘱他们要从科研前沿中的原始问题入手，深入钻研，做出开创性工作。先生教给他们的治学方法，在胡友秋日后的科研教

---

① 徐荣栏. 和赵九章先生一起工作的回忆. 院史资料与研究，1992（06）：13–14.

学工作实践中，一直起着指导作用。

正是恩师几十年前引导胡友秋走上数值模拟研究之路。当时磁层物理的一个关键问题是：太阳风等离子体究竟是如何穿越磁层边界，进入磁层内部的？赵九章敏锐地抓住了这个问题，让胡友秋与师兄开展数值模拟研究，他自己提供协助。当时中科院计算所有一台全电子管的计算机，速度为每秒十万次。计算程序需写成由 0 和 1 组成的编码序列，再通过穿孔纸带输入机器。运行计算时，用户必须始终站在计算机控制台前操作。就这样，胡友秋和师兄一道校对穿孔纸带，边上机操作，边分析计算结果，得到了一些有价值的结果。"文革"结束后，傅竹风和胡友秋重操旧业，各自开展空间等离子体数值模拟研究的科研和教学，并合作编写了一本专著《空间等离子体数值模拟》[1]，并于 1995 年出版。

钱家栋曾任中国地震分析预报中心研究员。他对恩师赵九章有两个印象最深刻：一是严格，二是创新。1964 年 8 月，钱家栋从北京大学物理系固体地球物理专业毕业，毕业前想报考赵九章"磁暴理论"方向的研究生。报名时他发现赵师要求的考试科目中有"大气物理"一科，但是这门课他在北大时从未学过，感觉备考压力很大。一天，他和学友赵仲和到赵师家拜访，赵九章热情地欢迎这些年轻人报考他的研究生。几分钟后，钱家栋和同学们提出"大气物理"课程的准备问题，请赵师明示一份参考书目。这时赵师严肃地予以回绝，并说如果把书告诉他们的话，就等于把题目也告诉了，要他们自己去找书看，之后就不再说话。几个学生一下子紧张得不知如何是好，只得迅速告辞。有幸的是，钱家栋克服了困难，在 1964 年考取了赵师的研究生。录取

---

① 傅竹风，胡又秋. 空间等离子体数值模拟. 合肥：安徽科学技术出版社. 1995.

后再见面时，赵师和蔼可亲地为他未来的学习做出了详细安排，与之前的严厉形成了鲜明的反差。

现在非常流行的"半研半读"的研究生培养方式，早在赵九章培养钱家栋时就已采用。钱家栋之前报考的研究方向是"磁暴理论"，满脑子想的是如何读文献、搞计算和作论文，后来赵师却派他去卫星环境模拟实验室，要求他大部分时间在实验室跟着做实验，每周只花两天时间在专业学习上。他思想上想不通，对于在实验室能学到什么感到困惑。有一次他向赵师汇报了自己的想法。老师没有批评他，而是告诫他，要重视学科的交叉融合、处理好理论研究和实验的关系，要重视在实验中的实际工作的锻炼，结合研究工作的需要进行学习，卫星环境模拟实验室是一项十分重要的工作。一席话化解了钱家栋的疑虑，使他以积极的态度投入实验研究中。

为人谦逊是赵九章留给学生们的一个深刻印象。除了虚心推荐学生们向数学家华罗庚、空气动力学家郭永怀等各路名家学习，在他任地球物理所所长期间曾担任过所长办公室秘书的吴智诚记得，有时他还不耻下问，向刚毕业的大学生请教，如请学电真空的年轻同事给他讲电真空方面的问题，请学天文的给他讲有关天体物理方面的问题等，在他身上很好地彰显了"三人行必有我师"的风范。由于他的高尚人品和学风，大家也尊重他，因此他与各方面的科技专家都保持着良好的关系。[①]

---

① 吴智诚. 永远的纪念. 选自：中国地球物理学会.辉煌的历程——回顾中国地球物理学会60周年专刊，2007：144.

四、倡建首个研究生院

赵九章在中科院地球物理所的研究生培养实践，促使得他很早就对研究生培养问题很关注。小女儿理曾记得，有次父亲和她一起散步时，曾提起过中西方大学学制的差异。父亲说起，西方大学本科学制一般是四年，基础课和知识面比较宽。只有到了研究生阶段才分专业。而我国本科学制是五年，还有些学校甚至是六年制，专业过于细分，还分专门化。相比之下，他更欣赏西方那种模式①。他也希望能为推动中国教育事业的发展出力。

中国科学院从 1955 年开始正式招收研究生，1955 年、1956 年这两届尝试性的研究生招生顺利完成。但是其研究生培养工作均在中国各个研究所完成，缺乏统一的培养大纲，会产生各个所的基础课教学质量参差不齐等情况。出于为国家培养优秀科技人才的使命感，他在头脑中酝酿出创办研究生院的想法。

1957 年 6 月，中共中央在全国范围内开展了反右派运动，中科院是这场运动的重点单位之一。当时"副博士"研究生制度受到猛烈的批判，成为"理论脱离实际"、走"白专道路"的反面典型，导致报考研究生的人数大幅度减少。1958 年"大跃进"开始后，在"左"倾思想干扰下，中科院研究生教育已名存实亡，甚至停止了研究生的招生。②

1959 年 3 月，赵九章与蒋南翔联合向国务院建议恢复研究生培养制度，要求研究生公开招生，批评了分配研究生的办法。中科院许多

---

① 方黑虎，张志辉. 赵九章与中国科学技术大学地球物理系——赵理曾研究员访谈录. 物理通报，2012（12）：113.
② 张藜等. 中国科学院教育发展史. 北京：科学出版社，2009：28.

所的副博士研究生计划停止进行。在赵九章的坚持下，原定空间物理
所的副博士研究生计划照常进行，在 1961 年按期毕业。[①]1960 年中国
科学院恢复了研究生的招生。1961 年 10 月《光明日报》曾在头版介
绍赵九章、叶笃正两位导师在地球物理所培养研究生的经验与效果。
在这篇文章中，记者报道了赵九章对研究生制度之于培养科技人才的
重要性和恢复研究生制度的意见。

　　1962 年赵九章在广州会议上说："培养科学干部的关键在于公开
招收研究生……公开招收可以把全国优秀人才集中起来，否则容易糟
蹋人才。"在 1962 年科学院召开的招生委员会会议上，赵九章提出，
研究生招进来之后，若基础课不扎实，做研究的后劲是不足的，必须
要集中一年来学研究生的基础课；科学院应当办研究生院，让他来负
责研究生的基础课教学。[②]从 1962 年起中国科学院招生工作由教育部
统一安排，中国科学院于同年 6 月 9 日决定撤消 1958 年已停止工作的
研究生招生委员会，同时成立研究生委员会。

　　1962 年 10 月 12 日，赵九章给中科院党组书记和副院长张劲夫，
以及中科院副秘书长兼中国科大党组书记郁文写信，建议在中国科技
大学创办研究生院。他建议为了全面统筹中国科学院研究生的招收与
培养，更有效地培养青年科学工作者，应当总结各研究所培养研究生
的经验，以准备在中国科技大学成立研究生院。他对筹备研究生院做
了深思熟虑的准备："苏联科学院在 1929 年开办了研究生院，对研究
生的培养考核有一定的办法，我院又办有科技大学，将来亦必要逐渐

　　① 刘振兴. 回忆恩师赵九章. 出自樊洪业主编. 院史资料与研究，2006
（6）：76.

　　② 熊卫民. 中国科学院教育史上的几件大事——马先一教授访谈录. 中国科
技史杂志，2009，30（2）：166.

加重研究生的培养。在我院开办研究生院之前，是否可以参考苏联的一些办法，考虑我院及科大的具体情况，做好准备。"[1] 他还曾就研究生入学试题、研究生课程讲授、研究生毕业考试及论文答辩等方面提出了具体建议[2]：

关于考研究生的命题，一般课程的命题应适合大学学习情况，但他因考虑到中科院各个研究所的科学家对大学的课程情况不够熟悉，在各自拟定基础课程试卷时难免会难易程度悬殊，于是建议"除专业课程应由导师负责外，其余外文，高等数学，基础理论物理（如四大力学），请科技大学有关专业负担"。关于课程讲授，他认为在研究生到院以后，"有关研究专题的基础知识的补充，自应由各所负责，但并非本所专长的课程，如地球物理所有些研究生须补习空气动力学、等离子体、泛函分析、湍流理论等，除向北大有关系旁听外，是否可请科技大学考虑此事，就科大各系专业课程并与有关所联系，开放各所自己开设的研究专题讨论班（如目前力学所的超音速空气动力学），逐渐在科大组织协调之下，开办研究生课程"。而关于毕业考试及论文答辩，他建议"研究生毕业考试及论文答辩，各所组织考试委员会时，应请科技大学有关系及学校业务领导参加"。"这几年过渡时间，请院党组转请科技大学总结各所培养研究生经验，为科大开办研究生院做准备。"张劲夫在收到赵九章信后感到此事很重要，请中科院副院长吴有训批示。10 月 23 日，吴老又转请郁文考虑，最后由中科大副院长武汝扬具体筹办。

---

① 朱清时. 中国科学技术大学编年史稿. 合肥：中国科学技术大学出版社，2008：44.

② 高雅丽，陈欢欢. 新中国首个研究生院的前世今生. 中国科学报，2018-9-17（4）.

　　1963 年 5 月 31 日，赵九章偶然看到美国《1962—1971 气象及空间物理规划》，其中对于美国在那十年内如何培养高级科学研究人员，提出了详细的规划。对方提出了气象方面 900 个博士，高空物理方面 100 个博士的总体培养数目，还分配到各大学及研究单位逐年完成。对此，他感到中科院培养高级科研人才一事非常紧迫，再次致信中科大副校长武汝扬："为了更好实现党中央出人才、出成果，我院自应发挥我们的潜力，多快好省地培养出一批科学骨干。"[①]

　　他提出了更为深思熟虑的建议。他认为，中国科技大学开办五年来，已逐步建立了教学基础。学校本身具有很好的科研优势，一是较多的科学家从事科研第一线工作，二是各所都有国家的重点研究单位，有较好的大型实验设备。因此，需要将科研与教学相结合，在日后的高年级教学中予以体现。另外，也应考虑美国一流大学的情况，如加州理工学院、麻省理工学院、普林斯顿大学等。这些学校的人才培养重点日益转向研究生院。他建议中国科技大学逐渐把重点放在研究生院，成为我国培养研究人员的一个中心。[②]

　　考虑到中科院成立研究生院事关重大，非短期可以解决，赵九章建议在地球物理系内先试办研究生班。该所当时有研究生 9 人，1963 年暑期后新招 6 人，共 15 人，组成研究生班。为发挥研究所和学校的共同优势，新招收的研究生于 9 月入学后即被安置到中国科技大学进行为期一年的研究生基础学习，由该校代为解决外语及有关基础课程的开设和旁听等问题，地球物理所负责解决某些专业的课程和专题报

　　① 吴阶平等主编，《赵九章》编写组. 赵九章. 贵阳：贵州人民出版社，2005：147-148.

　　② 方黑虎. 赵九章与中国科学技术大学. 李家俊，张克非主编. 中国大学校史研究. 天津：天津大学出版社，2018：463-468.

告。这种所系共同负责试办研究生班，为组建研究生院积累了一些经验。鉴于赵九章提出的"目前导师带研究生的负担，主要在于外语，以及必要的专业及基础学科，如能由科大统一解决，既有利于研究生的正规的学习，也可以节省出导师的大量时间，更好地发挥导师的力量，增加研究生的名额"。①6月5日，武汝扬提出处理意见，请中国科技大学党委书记刘达、副校长华罗庚、严济慈一同考虑此事。刘达表示，"赵九章同志的意见很好，值得我们重视，研究生院的考虑尤为重要。"此后，1964年2月，中国科技大学召开党委扩大会议，决定在北京中关村代中国科学院开办研究生院。②

在赵九章的推动下，1964年5月，地球所开始招收空间物理专业的研究生，研究方向为"磁暴及日地空间相关现象的理论研究"。1964年9月中国科学院依托中国科学技术大学一分部成立了中国科学院研究生院③，专门承担京区各所研究生的哲学、外语和其他公共基础课的学习与前期生活、学籍与政治思想工作的管理工作。④研究生院坐落于中关村中国科学院计算所南楼，但"中国科学院研究生院"不是独立法人，其行政工作由中国科技大学中关村代管。⑤

在他的关心下，下属于中国科学院地学部各个研究所的研究生单

① 吴阶平等主编，《赵九章》编写组. 赵九章. 贵阳：贵州人民出版社，2005：147-148.

② 方黑虎. 赵九章：倡建中国第一所研究生院. 选自方黑虎，丁毅信，丁兆君. 永恒的东风　中国科大故事. 合肥：中国科技大学出版社，2018：109-112.

③ 郑晓年，黄文锐. 中国科学院研究生教育工作的回顾与评价. 中国科学院院刊，1989（3）：234-237.

④《中国科学院六十年（1949—2009）》编辑委员会. 中国科学院六十年（1949—2009），2009：71.

⑤ 熊卫民. 中国科学院教育史上的几件大事——马先一教授访谈录. 中国科技史杂志，2009，30（02）：167.

独成立研究生班，地学部各研究所的学生是三班，放在中国科技大学一分部，以利于学生的全面培养与成长。赵九章的二女儿赵理曾是中国科学院研究生院（1964 年入学）的第一批学生。学生们可以在该校选课，也可以在北大选课。学完基础课和外语后再回所里作论文。为了尽快提高他们的英语水平，赵九章特别委托地球物理所翻译曾令森等人任英语老师，教师们自编教材，开展研究生英语教学改革试验。赵九章后来又专批了一台短波收音机，帮学生们锻炼听力。老师们在教学时注意加强对学生的基础语法训练。赵理曾记得，老师让他们学习 Nature 和 Science 上一些有难度的评论文章，让学生们得到了很好的科技英语训练。另外，所里统一开设一些近代地球物理分支的基础课程。赵九章非常重视对学生进行实践锻炼。研究生赵仲和在中科大一分部学习期间，导师就安排他跟着早一届的李嵩生一起进行研制试验。[1]

到了 1964 年夏，在中科院计算所大楼成立了中国科技大学研究生院。1955 年至 1966 年赵理曾和同学们一道参加了"四清"运动，在农村锻炼了一年之后，1966 年回京。[2]1964 年和 1965 年两届，中科院研究生院共有近 300 名研究生。1966 年"文革"爆发后，研究生院停办。[3]但是这几年的工作为 1978 年中国科学院研究生院的正式建立奠定了基础。

1997 年，中国科学技术大学给赵九章铜像筹备委员会的贺信中专门提道："赵九章先生还为我校创立我国第一个研究生院作出了积极

---

① 赵仲和. 赵九章先生倡导成立研究生院. 选自：纪念赵九章百年诞辰专辑. 中国地震学会，2007：21.

② 方黑虎，张志辉. 赵九章与中国科学技术大学地球物理系——赵理曾研究员访谈录. 物理通报，2012（12）：113.

③ 张藜等. 中国科学院教育发展史. 北京：科学出版社，2009：28.

努力，为我校和国家的高层次人才培养作出了重要贡献。"① 这从一个侧面证明了赵九章推动创立建立我国研究生院的远见卓识。

五、在工作中发现人才

赵九章的选才育才思想并非仅限于系统教育。理曾曾多次听父亲的朋友提起过："你父亲最大的特点是强烈的事业心和'爱才'。"②赵九章在清华大学的导师叶企孙要求教师们既要教学又要做科研，要把培育人才放在首位。赵九章不忘导师教导，虽然专职科研，他除了在科学领域不断开拓并作出卓越贡献外，还不遗余力地发现和培育人才。在他的精心选拔和培育下，研究所在不同年代人才辈出。

赵九章培养人才有几个特点：一是团队思想，他认为团队里需要汇聚各种人才，才能大有作为，既需要做仪器的，也需要搞理论的；既要有中科院的，也要有海军的、交通部的。二是不拘一格。不论学历和专业，只要肯学习、肯钻研的，都是可造之才。三是形式开放，既要请外国专家来华讲学，还要不断派人出国学习。四是要有严谨的学风，要求做出的工作不能有瑕疵。

赵九章积极督促青年科技人才的成长，为我国地球物理、气象科学事业储备人才，其中不乏一批极其突出的人才，陆续成为中国科学院院士、中国工程院院士。

赵九章常说：搞工作一个人不行，要在一个具有共同语言的研究集体中热烈讨论和争论，要发挥集体的力量。我们的理论工作中的不足，

---

① 中国科技大学给赵九章铜像筹备委员会的贺信. 赵九章纪念册，1997.

② 赵理曾. 父亲赵九章留给我的点点滴滴. 选自：国家地震局地球物理研究所. 地球物理研究所建所35周年纪念文集（1950—1985续集），1986：22.

最好是在我们研究集体内得到发现，不能让外国人发现我们的错误。

他非常重视对研究集体的建设，在地球物理所大力推动建立各个学科的研究集体。在一次全所会议上，他说："科研工作要出成果，出高水平的成果，必须抓研究集体，要有一组人可以做研究，如我带人搞磁暴，带人搞暖云机制，叶笃正带人搞大气环流。"

1. 破格提拔

他对于人才培养的观点非常独特，例如，"宁可少培养一些，也要培养出一些权威。与其培养一百个普通大学生，还不如培养一两个专家"。"你们科大出来的，十个当中有一个拔尖的，能独当一面，提出和解决重大科学问题就不错了，其余九个中有两个较好的。在这个人指导下做助手工作，剩下七个做一些辅助性工作。"

与此同时，他在培养人才方面向来是不拘一格。除了通过高校培养人才外，赵九章还特别重视从工作中发现和培养人才。理曾记得许多熟悉父亲的朋友曾跟她讲过父亲是如何爱才："对于有才华的青年，不管他们的出身、学历，只要在某些方面有专长，父亲总是那么关怀、爱护他们，为他们创造必要的条件，汽车司机、普通工人都不例外。"[①]只要是爱学习、肯钻研，赵九章都发自内心地尊重，会毫不吝惜地去培养。在中科院地球物理所的科研人员中就有不少这样的范例。

20世纪50年代，党中央号召要推进国家工业化和培养大量建设人才。1951年4月，还在南京的中国科学院地球物理所招考了一批上海的高中生到所内做练习生，其中就有后来的中国科学院院士周秀骥、

---

① 赵理曾. 父亲赵九章留给我的点点滴滴. 选自：国家地震局地球物理研究所. 地球物理研究所建所35周年纪念文集（1950—1985续集），1986：22.

中国工程院院士许绍燮 [1]，以及原上海市地震局研究员级总工程师张奕麟等人。张奕麟院士曾回忆说："我这一生要感谢赵所长，没有他的培养就没有我的今天。虽然张奕麟和许绍燮不是直接跟着赵所长工作的，但赵九章所长还亲自带我们去拜师。"

曾庆存 1961 年从苏联科学院获得副博士学位后回国，主攻大气动力学、地球流体力学、数值天气预告理论等。赵九章慧眼识珠，关照一定要千方百计地把曾庆存要到地球物理研究所来工作。曾庆存来所后一度身体不好，他又关照所里给予特殊照顾。

张奕麟到地球物理所工作后，学习很努力。他带这两个年轻人去找南京工学院电子工程系主任吴大榕教授，请此人安排他们听课。赵所长还要求他们做习题，参加考试。在南京工学院听课一年多，他们增长了很多知识，工作水平大有提高。张奕麟 1951 年当练习生，1952 年成了技术员，他和许绍燮 1956 年一同被破格升为工程师。

许绍燮认为赵九章所长的培养使他终生难忘。他在南京工学院听陆钟祚教授的电路设计课，为他打下了无线电方面的基础，对以后设计电子地震仪很有帮助。他还到南京大学听光学、电磁学方面的课。当时赵九章、李善邦先生对他们要求很严，白天工作晚上学习，星期天上午还学习，只有星期天下午可以玩一会儿。钱骥是地球物理所的业务秘书，还叫许绍燮协助他管理器材。为筹建地震观测记录的授时钟，他和同事们到市场去收集材料，研制了一种补偿摆。经过设计调试，他们顺利使得时钟一天（24 小时）误差为 0.5 秒，解决了地震仪器测量的计时问题，受到赵所长、李先生等的赞扬。许绍燮在日后的工作中也学赵所长，对学生和合作伙伴要看准，要尽力帮助，使带领的人

---

① 方黑虎，张志辉. 赵九章与中国科学技术大学地球物理系——赵理曾研究员访谈录. 物理通报，2012（12）：113.

尽快成长，使工作集体很快提高水平。

20世纪60年代初搞原子弹试验时，需要地震方面参与工作，任务交到赵九章所长那里。赵九章与卫一清书记决定成立七室，由傅承义任室主任，许绍燮任室副主任，张奕麟也参加。他们在外文资料有限的情况下，经过调研提出了技术方案。赵九章亲自主持每场情况保密性的进展汇报。他们感到赵所长的意见既符合国家任务的要求，又符合技术实际情况，工作起来更有信心和把握。后来，在赵九章的指导下，他们较好地完成核试验方面的任务。

林庭煌在大学念了四年物理，但对地球物理不甚了解。1955年，他调入地球物理所。赵九章了解到他的专业后，说道"搞地震就要学习物理"，鼓励他努力学习提高。林庭煌感到赵所长平易近人，对青年人寄予厚望，从此他买了不少基础书和专业书，制订了学习计划，还学习俄文。平常坚持白天工作晚上学习，打好基础。他后来成为中国地震局副局长，这些都对他日后从事的地震科技管理工作有很大的裨益。

郭增建后来担任前兰州地震研究所所长[1]。1953年，他分配到中国科学院地球物理所（尚在南京）从事地震研究工作。1954年初，他到该所在北京北魏胡同的地球物理工作站工作，当时赵九章所长也在那里。那年2月，山丹发生了大震，赵所长很着急，通知下面立即组织考察队。考察队组好后，他随同去了现场。那年夏天长江发生了百年不遇的大洪灾，大雨下了50多天。赵九章所长见到那些年轻人后很沉重地说：长江雨还在下呀！他们理解赵所长作为气象学家的忧民之心。赵所长很关心年轻同志。有一天，郭增建有事在中关村公共汽车

---

[1] 高由禧. 纪念兰州地球物理研究所成立三十周年. 西北地震学报，1989（2）：1–3.

站等公共汽车进城，赵所长的小车路过这里，停车对他说："郭增建同志，你要进城吧？来坐小车。"于是郭增建就乘所长的车进城了。这件事郭建增一直记在心上，当时赵所长是国内外知名学者，又是综合研究所所长，对下面无名小卒却如此关心。

陈建奎、王宝根、秦国泰这几个当年没什么学历，做着普通杂务工作的小青年都爱学习、肯钻研，具备了赵九章喜欢的特质。在赵所长的关怀和悉心培养下，他们日后都成长为高级别专家，时刻不忘赵先生的培养和教诲。

1947年，时年17岁的陈建奎刚从苏北宿迁县农村出来，经亲戚介绍到南京成贤街中央研究院的宿舍院子里当工友，每天看门打扫庭院，帮科学家做些杂事。在陈建奎眼里，科学家们平时都很少和工友说话。有一次，他和工友们在院子里拔杂草，有一位科学家走出家门，对他们说道："天太热，你们要多喝点水，干一会儿要休息一会儿，不要中暑了。"几句话一下让人很舒爽。他从工友处得知，说话的人就是气象研究所所长赵九章。后来，当赵九章得知陈建奎因为家穷只上到初小四年级时，他鼓励小伙子抽空多学点文化，不懂就问别人，包括赵太太和他的两个女儿。在后来的接触中，他发现赵太太很乐意帮助工友们，两个女儿对工友们也都很礼貌。

1950年地球物理所成立，陈建奎被调到地球所的工厂，跟着老师傅白天学钳工，晚上上夜校，补习从小学到初中的课程。1954年全所由南京搬迁到北京，他又学习电视大学的课程。几年后，他已成为水平高超的机械工。由于政治条件好，刚解放他就成了工会积极分子，随后又加入了青年团，1954年又光荣入党。鉴于研究所需要提高加工精度，赵九章给清华大学张维副校长写信，推荐陈建奎去清华大学光学系学习精密机械，主攻材料与工艺。他一再嘱咐陈建奎不仅要学好专业知识，还要学好工艺，提高加工水平。1961年到1965年，陈建奎一直脱产在清华大学上学，每学期赵九章都要查问他的学习成绩。学成回所后，他长期从事技术工作，日后成为精密机械方面的专家，还做过地球物理所工厂厂长，担任过北京科学仪器厂的高级工程师。[①]

　　孤儿王宝根的例子也非常有说服力。穷苦出身的他，父母早亡，自小没有学文化的条件12岁就当学徒工，学习汽车修理。1953年上过一段扫盲班，1953年入青年团，1954年入党，1954年12月中科院人事局到上海去招收汽车司机，18岁的王宝根被录用了，1955年5月他被分配到地球物理所为赵九章开车。他珍惜这么好的环境，每次送赵所长出去开会，他都利用等车时间在车里学文化。晚上还专门准备一盏灯来看书。赵九章见这位年轻小司机不仅开车当心、稳妥，非常熟悉汽车修理，还这么爱学习和钻研，因此非常喜欢他。期间赵九章还专门找了两个人为王宝根辅导文化课。20世纪60年代初，赵九章在地球物理所二部筹建空间光辐射研究室，他曾通过王大珩的安排，派王宝根等人到长春光机所学习多层镀膜等工艺技术。[②]

　　每到寒暑假，学生探亲回家，王宝根是孤儿，无亲可探。赵九章就告诉他回所探亲。每次回北京，赵九章都找他谈话，了解他的学习情况，看到赵宝根在学习上能跟上进度就会很高兴。赵九章认为北京工业学院的基础课和光学、电学水平都比长春光机学院要好，1960年又写信给北京工业学院刘副院长，让王宝根转学该校"军事工程光学系"学习。他还要求王宝根从二年级学起，和1959级的学生一起上课，到了1964年，王宝根顺利取得毕业文凭。

①　吴阶平等主编，《赵九章》编写组. 赵九章. 贵阳：贵州人民出版社，2005：151-152.

②　潘厚任. 王老与我国空间科学事业. 选自：宣明主编. 王大珩. 北京：科学出版社，2005：101.

王宝根毕业后，赵九章又让他回到中科院地球物理所，安排他到自己身边工作，并给予亲切指导，让他到光辐射实验室参加光谱仪设计工作，从事小型"红外干涉光谱仪"的研制工作。后来因工作出色，王宝根担任了工程组组长。就这样，一个半文盲的孤儿，在赵九章的悉心关怀下，经过八年的脱产学习和多年科研的磨炼，成长为我国研制太空红外探测仪的先驱者之一。

年近古稀的王宝根曾感慨地说："我这一生的成长完全归功于党恩和师恩。一是要牢记党恩，没有解放、没有党的教育，不会有我的今天。二是要感谢赵所长的栽培之恩。"

2. 提携后辈

赵九章深知，要攀登世界科学高峰，非一己之力所能完成，往往需要庞大而精干的科研队伍。他"爱才如命"，对有才华的年轻人给予特殊的培养和照顾。很多被赵九章关爱和提携过的晚辈，时隔多年之后，对恩师赵九章总是难以忘怀。

赵九章很关心青年人的学习提高。中国科学院国家空间科学中心原党委书记吴智诚在 1956 年 7 月被调到地球物理研究所，担任所长办公室秘书工作。当时 20 岁出头的吴智诚只有高中学历。赵九章看吴酷爱学习，认真说道：只要用心想学，中国科学院念书的机会是很多的，并亲自写信推荐吴智诚去北京大学联系旁听，参加学术讨论会。为了给吴智诚创造出更多的学习时间，他还减少了自己交派给吴智诚的行政性事务，嘱咐道："我这里事情不多，你抽时间可以去听听课"。当时地球物理研究所还办有"俄语训练班"，由外籍老师授课，赵九章也让吴智诚去学习。那段时间吴边工作边学习，每周有一半时间去听课，这些学习经历对其日后的工作帮助很大。1958 年 10 月，吴智诚被调到"581"组，负责科研计划的具体管理工作。赵九章担任"581"组的科研业务领导，吴一直在他的手下工作，深深感受到了赵先生的爱国精神、远见卓识、渊博知识，以及高尚的学者风范。[1]

1962年，濮祖荫[2] 毕业于北京大学地球物理系空间物理专业后，留校做青年教师。他当时在地球物理系地球物理教研室讲授磁流体力学，并参加磁暴的研究工作。赵九章1958年建立了中国空间物理这个学科后，于1960年后在中国科技大学建立空间物理专业，并于1962年在中国科学院地球物理所成立磁暴研究组。濮祖荫在中国科技大学旁听赵九章主持讲授的高空物理这门课。课上徐荣栏老师讲到一个问题，濮祖荫忽然有些想法，就写了篇比较简短的论文交给徐老师。赵九章看到这篇论文后，把濮祖荫叫到办公室，表示他对这个问题很感兴趣，鼓励这个年轻人继续做下去，并邀请他参加自己领导的磁暴小组。濮祖荫事后回忆，赵九章先生是他科研之路的启蒙者，他正是在赵九章的引领下踏入了空间物理的大门，开启了最初的科研工作。[3]

1966年春节，濮祖荫和爱人结婚。当时应用地球物理研究所已从地球物理所分离出去，专门做空间物理。当时计划把这个所搬到西安，

---

① 吴智诚. 永远的纪念. 选自：中国地球物理学会主编. 辉煌的历程——回顾中国地球物理学会60周年专刊，2007：144.

② 濮祖荫，教授，博士生导师，是我国"双星计划"发起人之一。1962年毕业于北京大学地球物理系。1979—1982年赴美国加州大学洛杉矶分校地球与空间科学系访问研究。1990后年多次赴德国马克思·普朗克学会高空物理研究所访问研究。1991年起任北京大学教授，1993年起任博士生导师。1996年至2003年任北京大学地球物理系空间物理教研室主任。2009年当选国际宇航科学院（IAA）空间科学部通讯院士。2012年，获得美国物理学会AGU年度国际奖。2014年当选为IAA空间科学部正式院士。

③ 中国科学技术协会主编. 中国科协学科发展研究系列报告 中国地球物理学学科史. 北京：中国科学技术出版社，2012：265-266.

赵九章得知濮的未婚妻在西安，就问他有何长远打算，是否愿意到应用地球物理所工作。濮回复说他愿意调到西安。1966 年上半年，赵九章果真找到北京大学地球物理系主任，要求把濮调到西安。5 月"文革"开始了，科研工作陷入停滞，调动一事也不了了之。他被批判为"修正主义苗子"，遭受到猛烈批判，内心很受打击，感觉科学梦想就此崩溃。好在赵先生在他心里留存的希望之火没有熄灭，他后来重振士气，科研上成果丰硕。一直到晚年他还经常感叹，倘若赵先生还在，有他作为引路者和开拓者，中国的空间物理事业恐怕发展得比现在要好得多，他们及下一代年轻人也会成长得更快。①

谢永丰是 1956 年分配到所里参加海浪电子仪器工作的见习员，参加工作两个月，右脚肿痛难忍，无法下地走路，经医生诊断为"丹毒"，每天需打针敷药。第二天早晨，他刚架起双拐，宿舍同志准备扶他去医务室。赵九章却亲自把他的诊断书拿给医务人员诊断，并安排医务室每天来他的宿舍进行治疗。何鹤芳是负责研制波谱分析仪的青年骨干，工作很出色，生病住院后，赵九章很着急，多方托人帮助医治。亲自到海淀医院看望，并找当时的院长商谈治疗方案。有一位实验员因病不能上班，赵九章就特地到集体宿舍去看望。一位科大的女同学因家境贫寒，赵九章就将女儿的新棉衣送给她。当时中国科技大学的校址离中关村很远，为了让几位学生参加磁暴组的学术活动，赵九章还特地派车接他们。办公室一位工作人员生小孩了，赵九章就嘱咐夫人吴岫霞去买只鸡回来，亲自洗好送上人家的门。

在经济困难时期，他体谅国家之艰，主动为国分忧，嘱咐夫人每月节约出 15 斤粮票上交。研究所的科研人员徐荣栏和爱人都是爱国华

---

① 刘振兴，濮祖荫. 我国磁层物理研究的进展和展望. 地球物理学报，1997（S1）：9-20.

侨，承担着繁重的科研业务。1962 年，徐的女儿小燕幸出生，但他妻子患有心脏病，临产时又出现难产情况，小婴儿的体质非常虚弱，直到产后两周，还一直放在医院的保温箱里。后来婴儿出院后，妈妈却没有奶水。当时什么营养品也买不到，孩子的抚养成了大问题。那时国家照顾特级老科学家，特供给赵九章 2 瓶牛奶。那时赵九章自己身体比较虚弱，自家两个年幼的女儿也需补充营养。但是，当他知道小燕幸的事后，二话不说，坚持让妻子每天把特供牛奶送给小燕幸。结果后来他自己患了浮肿病，两条小腿肿胀严重，走路都很困难。他这种心中只有他人，没有自己的品格的确让人钦佩。

叶世源 1960 年从苏联学成回国后，却突然患了一种奇怪的病，几乎导致瘫痪。赵九章非常关心他的治疗问题。有一次，他放下手头工作，专门同党委书记卫一清一起研究了一个多小时。叶世源治病需服用的药，街上买不到，他便亲自嘱托全国人大常委会去设法弄到。后来他还决定让叶世源去上海治疗，又请裴丽生副院长交代上海分院给予特别照顾。[①]

为了纠正以往"大跃进"运动，以及"反右"斗争扩大化在科技发展过程中的错误，促进科技事业的健康发展，1961 年上半年，国家科学技术委员会党组和中国科学院党组制定了《关于自然科学研究机构当前工作的十四条意见》（以下简称《科研十四条》）。《科研十四条》提出，要整顿科学技术工作的规章制度，保证科学技术工作的正常秩序。第一条规定，"提供科学成果，培养研究人才，是研究机构的根本任务"。第二条还提到，要坚决保证科学研究工作时间，规定每周至少有六分之五的时间从事业务工作。1961 年 7 月 19 日，

[①] 陈洪鹗. "大地球物理学"的创导者和开拓人——赵九章. 当代中国的地震事业. 北京：当代中国出版社，1993.

经中共中央批准，《科研十四条》在全国试行，地球物理所的科研秩序有了很大程度的改观，赵九章感到由衷的高兴。

而科研机构要出成果、出人才，办法就是出论文、举行考试和选拔人才。选择优秀学生做研究生，或者挑选重点培养的对象。在系统地学习理论的前提下，参加研究集体，做出成绩。赵九章是"论文、考试、破格提拔"的坚决执行者，他要求申请助理研究员必须考试，经他手直接破格提拔的有孙超，后来还有巢纪平、周秀骥。①

在 1962 年参加广州会议时，陈毅代表党中央对知识分子实行"脱帽加冕"，科研工作逐渐走到正确的轨道上来。

---

① 赵九章. 1965年在地球物理所的汇报. 1968. 中国科学院档案.

第六篇

科学精神永存

第十五章　永远的遗憾

在那场史无前例的浩劫中，赵九章先生不幸遇难。但他崇高的爱国精神、对祖国科学事业的热爱一直被历史铭记,激励着一代代年轻人。

一、壮志未酬身先逝

赵九章曾经有一句名言："通向人类真正的伟大境界的通道只一条苦难的道路。"这句话更多是指科学研究之路。不过，他无论如何也想不到，难以想象的厄运会突然降临到我国人造卫星研制事业，更是给他的个人命运带来了灭顶之灾。庾信的《哀江南赋》中的"日暮途远，人间何世；将军一去，大树飘零"曾经是他最喜欢的诗句。他曾说,有人说他活不过六十岁,不料一语成谶。当他被迫离开这个世界,还不到六十一岁。①

1957 年的反右运动被严重扩大化了，导致一大批人被错误地扣上了"右派"的帽子。他们被强制下放，接受劳动改造，身心受到了非常严重的损害，给党和国家造成了严重损失。但是，时任中科院副院长的张劲夫在非常困难的条件下敢于担当，冒着政治风险，向毛泽

---

① 赵燕曾. 缅怀与纪念. 见樊洪业主编. 院史资料与研究, 2000（6）：86.

东主席进言：中国向科学进军，要靠科学家。经过毛泽东首肯后，张劲夫向邓小平汇报，9月8日中共中央发出《关于自然科学方面反右派斗争的指示》。这一指示保护了科学院系统的一大批科学家免受冲击[①]。赵九章在反右运动中也受到保护。他曾态度积极地写过："要做到思想跃进，要做好科学家的思想改造，就必须在科学家中贯彻党中央指示的'团结批评团结'的公式，要使科学家相互之间做到思想见面，把心交给组织……要以社会主义思想来改造资本主义个人主义思想。"[②]

"1966年5月至1976年10月的'文化大革命'，使党、国家和人民遭到建国以来最严重的挫折和损失。"[③]中国科技事业进入十年动荡时期，不仅中科院的卫星研制与地震研究部门被迫离开中科院，也给中国地球物理学科的发展带来断崖式打击。

1966年6月，正当赵九章全身心投入到我国卫星研制任务中，卫星研制在各方面均取得很大进展时，他为各方面都取得很大进展而由衷地欣慰。但进入6月后，"文革"开始，"四人帮"的魔爪很快蔓延到全国各个角落。王锡鹏、范天赐、赵子善等人就提出，"地球物理所是赵家天下，卫家党"，"赵九章是七分政治，三分业务的政客"等谬论，进行煽动，将斗争矛盾指向赵九章。6月18日应用地球物理所一部分人借院领导组织麦收劳动、阻止群众参加"文化革命"为由故意挑事，在所内非法撬取保险柜，控制交通工具、通信设备和监控

[①] 樊洪业主编. 中国科学院编年史（1949—1999）. 上海：上海科技教育出版社，1999：84-85.

[②] 争取科学工作的大跃进——记中国科学院研究所所长会议. 科学通报，1958（6）：164.

[③] 中华人民共和国年鉴编辑部编. 中华人民共和国年鉴2015年总第35期，中华人民共和国年鉴社，2015：34-36.

保卫干部，此事件被称为"应地所事件"。6 月 22 日，张劲夫向时任中科院副院长、"中央文革小组"组长的陈伯达汇报应地所等单位的运动情况时，陈伯达责令张劲夫反击，科学院党委即组织工作组在 6 月 24 日进组地球所，对王锡鹏等实施行政看管。后来陈伯达又伙同戚本禹，将王锡鹏和国家科委的张本树立为"造反标兵"。7 月 30 日在人民大会堂召开的万人大会上，张本、王锡鹏被指使在会上控诉国家科委和中国科学院镇压群众、破坏"文革"。陈伯达当时表示肯定和支持。会后，针对科学院党委与"应地所事件"，形成了对立的看法，科学院进入了持久的动乱状态。[①]

1966 年 9 月 7 日，周恩来总理来到中国科学院参加万人辩论大会。他来到这里，是为了改变中科院的混乱局面，保护参与卫星研制的科研人员，让几乎中断的人造卫星研制事业得以继续。他在会上提到《人民日报》的社论《抓革命、促生产》发表（简称"九七"社论）。他强调，不能在进行"文化大革命"当中，使我们最紧急、最需要的业务受到影响。周总理的讲话暂时平息了盲目的革命浪潮。

但可惜这种情况并没有持续多久。很快，铺天盖地的大字报和数不清的批判会让卫星研制工作彻底进入瘫痪停滞状态。1966 年 10 月，赵九章"靠边站"了[②]，他被要求不停地写检查。那个时候他虽然觉得群众运动有些过火，但心里还不以为然，仍一有空就抓紧时间继续思索我国空间物理和空间探测的科学问题。

为了做好人造卫星的跟踪测量准备，1966 年成立了"701"工程处，

① 樊洪业主编. 中国科学院编年史（1949—1999）. 上海：上海科技教育出版社. 1999：183.

② 选清，柳刚. 问天之路　中国航天发展纪实. 上海：上海交通大学出版社，2018：224.

陈芳允参加了相关的电子工作。他记得，大约在 1966 年夏秋之交的一个傍晚，他出家门散步，迎面碰到赵九章和其他几个人。陈芳允在清华大学物理系读书时，正在该系担任助教的赵九章曾辅导他们做实验，二人相识。赵九章对陈芳允说："我们搞卫星，无线电非常重要，这是重要的一环，卫星发出去后就看你们的了。"陈芳允在"701"工程处工作不久后，便被国防科委的基地接管了，后来又到陕西某地工作，因搞设备和设站，再也没见过赵九章，但先生的一番话令他记忆犹新。[①]

尽管时局混乱，赵九章仍岿然不动，"在其位谋其政"，履行好分内之责。他于 1958 年当选了中华人民共和国成立后的中国气象学会第三届理事会（1958—1962 年）理事长[②]，并继任调整后的第十八届理事会（注：1962—1978 年）理事长。自涂长望去世后，饶兴夫妇把持中央气象局，并打算把中国科学院气象部分也纳入该局。赵九章表示反对。《气象学报》暂时停刊。[③]

中央气象局在"文革"中形势比较严峻。1966 年 12 月 14 日，赵九章与叶笃正、陶诗言去竺可桢处讨论大气物理所的去向问题。三人反映中央气象局局长饶兴曾尝试把赵九章和陶诗言打成"反社会主义"。赵九章认为，大气物理所的高空物理将随"651"去国防部门，但大气物理是否要合并气象局一事需要慎重。叶笃正、陶诗言等如果去国防部门，就会立刻被饶兴评为"反党、反社会主义"。竺可桢提出，中科院的范围要缩小，但理论工作还是要做的。[④]

---

① 科学时报社编. 让历史记住他们——中国科学家与"两弹一星". 裴丽生. 倾力"两弹一星"壮我国威军威. 广州：暨南大学出版社，1999：313.

② 中国气象学会史编著. 中国气象学会史. 上海：上海交通大学出版社，2008：259.

③ 樊洪业主编. 竺可桢全集第18卷. 上海：上海科技教育出版社，2010：147.

④ 樊洪业主编. 竺可桢全集第18卷. 上海：上海科技教育出版社，2010：267.

　　1967 年初，中科院党组被诬陷为"张劲夫反党集团"，赵九章一向尊敬的张劲夫、裴丽生等院党组领导人垮台了，运动愈演愈烈。赵九章在应用地球所的处境急转直下。赵九章被强行加上一长串莫须有的罪名，随后被取消了应用物理所所长、"651"卫星设计院院长等职务。1967 年 3 月，竺可桢跟赵九章夫妇见面时，获悉应用地球物理所已经被造反派夺权，但赵九章尚可参加业务小组。[①]1968 年 5 月成立了"批赵联络站"，从 5 月下旬开始，在应用地球物理所、地球物理所、大气物理所三个研究所轮番对赵九章进行批斗，或者挂牌陪斗，并将他赶至应用地球物理所十一室小楼楼道中进行监视，迫使其打扫卫生，检查交代。1968 年 5 月，第一波军管组进驻应用地球物理所，组长为宋英，副组长为马子笾。"7 月 3 日，科学院革命委员会宣布全面开展清理阶级队伍工作。赵九章一手创建的磁暴组研究集体被解散，剥夺了他从事科研工作的一切权力。在'清队'中，科学院许多知识分子和干部被立案审查，遭到非法监禁、残酷折磨、刑讯逼供。当时，科学院京区职工总数 9279 人，被群众专政和隔离审查的 881 人，其中被定为敌我性质的 102 人。"[②]同年 9 月起应用地球物理研究所被革委会接管，成员为赵子善、宋英和范天锡。[③]

　　据驻所第一位军管组组长宋英说，国防科委副主任罗舜初曾对各研究所的军管组交代：对有贡献的科学家要保护。他还特别点名要保护赵九章，要讲政策。这位军管组组长进所一年，一次也没有敢找赵九章谈过话，也没有太放肆的举动。赵九章作为全国人大常委，收到

　　① 樊洪业主编. 竺可桢全集第18卷. 上海：上海科技教育出版社，2010：419.

　　② 樊洪业主编. 中国科学院编年史（1949—1999）. 上海：上海科技教育出版社. 1999：192.

　　③ 中国科学院空间科学与应用中心. 中国科学院空间科学与应用中心所史（第一卷），2003：195.

了"庆祝中华人民共和国国庆节筹备工作领导小组"的通知，邀请他
10 月 1 日下午 8 时在天安门广场凭请柬上天安门城楼观看国庆晚会。
在 1968 年之前他曾连续 17 次受邀参加"十一"国庆典礼上登上天安
门城楼。

　　时任副主席林彪在天安门城楼上发言结束后开始庆祝游行，赵九
章亲眼看见了这一震撼人心的壮观场面。首先是五万解放军海陆空军
队，之后是 15 万至 20 万的工农业单位队伍，继而是一二十万大中院
校的学生方队，最后是文艺团体的节目游行，包括《沙家浜》《红灯
记》等，最后是体育队伍。游行持续了两个小时。在天安门城楼上来
自中科院的全国人大常委郭沫若、范文澜、王淦昌、赵九章、童第周、
叶渚沛、贝时璋、林兰英、华罗庚、赵忠尧、竺可桢和吴有训都到了。
游行结束后，毛主席亲切地向群众挥手。赵九章内心感慨万千，决心
尽最大努力为祖国科技事业发光发热。①

　　不过他还是能够继续参加正常的学术活动，并表达见解。1967 年
11 月 3 日中科院内 24 个单位联合起来成立了体制联络站。11 月 4 日，
赵九章前去中科院化学所经济楼参加科学革命联络站座谈会。以往参
加者限于竺可桢、吴有训、侯德封和柳大纲，赵九章是第一次参加该会，
谈论全国科研体制问题，包括国家科委、国防科委和中科院之间分工
与合作。赵九章重点介绍了苏联科研体制的状况以供借鉴。他提到苏
联地球物理所和地矿部分不能合作，存在很大的矛盾，而在莫斯科的
三个海洋研究所中，两个属于科学院，一个属于气象部门，合作也不

---

　　① 樊洪业主编. 竺可桢全集第 18 卷·竺可桢日记六集. 上海：上海科技教育
出版社，2010：606.

顺畅。[①]

1967 年 11 月 11 日，中国科学院开会讨论科学院注重基础理论问题，刘岳、侯德封、赵九章、郭永怀、张强星、吴有训、竺可桢和化学方面两位同志参会。吴有训谈基础理论，说物理学注重理论而轻视实验，对于发展基础不利。赵九章提到理论和实用脱节的现象，比如 1969 年将是太阳辐射最高年，相应工作应该关注到这一热点。竺可桢提到陈伯达认为科学院应做综合性的、长远性的和探索性的工作。[②]他还经常参加总体组的政治学习，关心"东方红一号"卫星的进展。[③]

1967 年 11 月，中科院内开始批判资产阶级学术"权威"。赵九章习惯了埋头科研和教学，面对天下大乱的局势，他变得非常不知所措。被污蔑为"反动学术权威"的赵九章开始接受批斗，劳动改造……一名造反派甚至公然按照上级指示强行住进赵九章的家中，监视他们的生活起居。

1968 年 1 月，国防科研体制开始进行大改革。当时赵九章、钱骥主持的我国第一颗卫星的初样星已经完成，赵九章却被无端停止工作。虽然人们在卫星总重的增减，星上仪器的多少，以及仪器壳上的毛主席语录是否要去掉等问题上有所争论，此后接替者进行方案复审后继续进行正样星研制，正样星与初样星基本一致。

1968 年，国防部五院空间物理所（505 所）军管小组与革委会成立了由章公亮负责的（前期）赵九章专案组，先后参加专案组的人员

① 樊洪业主编. 竺可桢全集18卷·竺可桢日记十三集. 上海：上海科技教育出版社，2010：638.

② 樊洪业主编. 竺可桢全集18卷·竺可桢日记十三集. 上海：上海科技教育出版社，2010：647.

③ 潘厚仁. 东方红1号卫星总体工作判断. 科学时报社编. 让历史记住他们——中国科学家与"两弹一星". 广州：暨南大学出版社，1999：275.

多达 32 人之多。

　　关于赵九章 1928 年底被关进浙江陆军监狱，后转送反省院前所办手续的细节，一直被造反派揪住不放。但他始终有一个信念，认为中央了解他，周总理和聂荣臻副总理了解他，新中国成立后他为人民做过有意义的工作，党和人民不会忘记他。"文化大革命"以来的 1966 年、1967 年，中央也总把天安门观礼票发给他，国防科委领导人三令五申要对他采取保护措施，在他"靠边站"的情况下，聂荣臻召开有关会议时还让他去参加。一次在朋友家里叹气北医三院的大夫不肯给他开安眠药时，他爽朗地大笑起来，说："医生想到哪里去了，真是荒唐！"这件事情给朋友留下了深刻的印象。

　　到 1968 年 3 月 9 日他还参加了太阳活动峰值年电离层及太阳物理研究工作会议。在 1968 年 4 月聂荣臻自身处境困难之后，赵九章的处境也每况愈下。造反派挖出赵九章是国民党元老戴季陶的外甥，早年还曾担任过戴的机要秘书。戴的名言"举起你的左手打倒帝国主义，举起你的右手打倒共产党"，被毛泽东的《中国社会各阶级的分析》所引用，戴季陶因此成为中国大陆人人皆知的"国民党右派"。虽然戴季陶 1949 年自杀，其子戴安国之后逃往港台，与赵九章已十几年没有联系过，这种亲戚关系也成为他的罪证。

　　所里贴出的大字报和红卫兵小报上赫然污蔑赵九章是"叛徒""特务""反动学术权威"。二女儿赵理曾听到后非常震惊，一脸认真地回家问父亲是否出卖过同志。赵九章说，他从来没出卖过人。他告诉理曾："我是在 1928 年 3 月被捕的，是在组织被破坏的末尾被捕的人，我没有出卖人，倒可能是被别人出卖的。"

　　4 月 18 日、5 月 11 日和 12 日，张嘉佑等人三次抄了赵九章的家，抄走他的全部存款、部分现金、相册、照片、首饰、笔记本、资料、著作并手稿、信笺、书刊和证书等，并向他二女儿施加压力，要求与其父"划清界限"。1968年4月中旬，一张大字报把赵九章的大女婿陈章昭从山西揪了回来。5月，在所谓"纪念大气所革委会成立半周年大会"上，把他打成"现行反革命""反动学阀赵九章的大驸马"，挂黑牌、游街和毒打。紧接着，5月16日在王锡鹏主持的"应地、地球、大气三所联合纪念《五·一六》通知发表两周年大会上"，把赵九章和陈章昭等几十人揪上台，挂黑牌，"坐飞机"，会后还被押着在街上示众。这是赵九章被首次揪上台批斗，自那天起，对他的残酷批斗开始络绎不绝。[1]。之后，又以"三反分子"的罪名，将赵燕曾进行隔离。二女儿理曾1967年10月初结婚，因没有住房，婚后和父母住在一起。所以每次抄家她和丈夫都"陪绑"，他们二人的物品也未能幸免。

随着造反派对赵九章的批斗升级，应用地球物理所的造反派勒令怀孕七个月的理曾和她的丈夫张肇西两天内必须搬出赵九章夫妇的住所，搬到集体宿舍；应用地球物理所派出李国平等人搬进赵家，孤立和监视赵九章。在得到这一勒令的当天半夜，张肇西偷偷地敲开了岳父赵九章的卧室门，询问他们应该如何对待这一勒令。没想到赵九章心力交瘁而无奈地告诉女婿："你们搬出去吧，要好好地照顾莉莉。"张肇西问："那么您呢？"得到的回答是："你们放心！中央了解我，周总理了解我，我对国家是有贡献的。"张肇西又追问了一句："周总理了解您？"赵九章又重复了一遍："是的，他了解我。"他认为，他已经把解放前的历史问题向组织说清楚了。理曾和丈夫"遵循勒令"住进了集体宿舍。[2]

在那个混乱的年代，野心分子猖狂进攻，造反派掌权人物利令智

① 吴阶平等主编，《赵九章》编写组. 赵九章. 贵阳：贵州人民出版社，2005：171-172.

② 吴阶平等主编，《赵九章》编写组. 赵九章. 贵阳：贵州人民出版社，2005：172-173.

昏，被愚弄的群众被煽动起泛滥的革命热情，大字报铺天盖地。不过，1968年"五一"，赵九章依然收到了天安门观礼的请柬，这无疑对备受磨难的赵九章带来了莫大的安慰。根据中科院空间科学中心研究员徐荣栏的回忆，那次"五一"节登上天安门城楼以后，赵九章的心情还是比较开朗的。在他看来，这是中央和周总理就要解放他了，因为中国要发展人造卫星离不开钱学森和他赵九章。他还在发言中说，现在他年纪大了，也不想当首长了，但是可以利用英文好这一优势，可以给同事们翻译、查资料等。这说明当时他还是非常希望用自身的知识继续为国家服务，对未来有信心。但同时，这位专注科研的大科学家又不知运动到底还会演变到什么样子。

他的处境开始变得越来越糟糕。不仅家被抄了，工资也被扣发，每月只发30元生活费勉强维持一家人的生活。他的大女婿陈章昭和大女儿赵燕曾也以莫须有的罪名先后被抓进"专政队"。后来，造反派把他从办公室赶出来，他的办公桌被搬出办公室，放在大门口走廊上。年迈的赵九章经常无奈地坐在一个破旧的小木箱上，蜷缩在一只稍大点的木箱上当桌子，费力地写着莫须有的"认罪书"。

理曾见到敬爱的父亲身心都备受摧残，处境已经非常艰难了，她气愤地对父亲说："你以后退休吧，什么事也别干了，种种花，打打太极拳多好。不做事的人没罪，干事的反而有罪，何苦呢！……"父亲听后，微微一笑，反过来安慰女儿说："我可以不当什么'长'。但我一定要工作，至少我还可以带领年轻人查阅资料，当好他们的顾问。"时隔多年，父亲当时的音容笑貌一直留在她的脑海中。她深知，父亲是多么盼望中国能有自己的卫星啊！[①] 他对科研事业也无比地眷

---

① 赵理曾. 父亲赵九章留给我的点点滴滴. 选自：国家地震局地球物理研究所. 地球物理研究所建所35周年纪念文集（1950—1985续集），1986：21.

恋，还有很多重要的事情要做。

虽然赵九章被完全剥夺了从事科学研究工作的权利，被逼迫着在人来人往的走道里写检查，他心头挂念着研制第一颗卫星的同事们，十分关心他们和第一颗卫星的命运。在自己身陷绝境时还生怕卫星技术总体负责人钱骥因他受到牵连而影响第一颗卫星的进程，他托人悄悄送出纸条，希望钱骥能抓紧工作，并告知他有关卫星研制的进展情况。可惜，虽然近在咫尺，他却一直得不到任何回复，这令他非常痛苦。[①]为了保住他同他的研究集体花费几年心血撰写的《高空大气物理》下册手稿，他在一旁无人的时候，偷偷地把它用报纸包一包交给他的亲密学生徐荣栏同志，示意他要好好保存下来，免得落入魔手。

有次他还悄悄问潘厚任工作进展怎样，迫于形势，潘只好简短地回答了一句"还好"。他偷偷地问过他的学生邓镇昆："运动还得搞多久？"邓安慰他说："管他搞多久，横竖后期总会落实政策的！"他长叹一声说："不去考虑落实政策，能做点工作就行！"赵九章乐观的言论招致了几个造反派的不悦，有人甚至公开扬言，"看你国庆的时候还能不能登上天安门？"

1968 年 5 月 15 日，五室勤务组勒令赵九章检查与群众隔离，并把他的"认罪书"写成大字报。1968 年夏，赵九章被押送到北京郊区的红卫大队参加麦收劳动。那时他还没有被批斗，只是在衣服上缝了一块写有"反动学术权威"的白布。同年 6 月，赵九章惊闻火箭金属材料研究专家姚桐斌被活活打死。从那时起，他罹患上了异常严重的失眠症，精神状况每况愈下。

1968 年 8 月，赵九章接连写了几份检讨和自己的大字报，一份是《我在科研路线及培养干部道路上所犯的错误》，以及《"581"成立后原

---

① 林新杰主编. 飞天圆梦的航空航天彩图版. 北京：测绘出版社，2013：16.

地球物理所二部参加或主持的外事活动》，以供大批判之用。①

1968 年 9 月，首都工人、解放军毛泽东思想宣传队（简称"工军宣队"）进驻科学院，开始工人与军人参与领导中国科学院的特殊时期。②第一波军管组撤走，前任军管组组长宋英也被调走；第二波军管组入驻 505 所，项英为组长，马兴周为副组长，形势继续恶化。③新组长来自空军，放手支持造反派胡闹。根据《竺可桢日记》1968 年9 月 1 日记载，竺可桢已知蔡邦华和赵九章被中科院"大众批斗，仅领取生活费用，这样看来是敌我矛盾"。④

其实，令赵九章和所有人都万万没有想到，甚至生前永远都不曾知道的是，9 月 21 日应用地球物理所（当时已划归国防科委编制）革命委员会常务委员会叶文学主持召开了常委会讨论，通过了由徐春生起草、叶文学修改的《给总理、中央文革的报告》⑤，报告中声称："赵九章系历史上一贯反动，学术上徒具虚名民愤极大的资产阶级学术'权威'"……"赵还有里通外国和特务的重大嫌疑"，"并坚决要求取消赵九章的国庆观礼资格"。这份报告由刘西尧转交给周总理。随信还附上了三个附件，称赵九章作为"死不悔改的反动学术'权威'，推行修正主义科技路线，严重卖国罪行和里通外国，是特嫌。"内容无不颠倒黑白，上纲上线，用心险恶。

① 赵九章. 我所做过的科研工作及组织工作. 1968年9月19日. 中国科学院档案.

② 樊洪业主编. 中国科学院编年史（1949—1999）. 上海：上海科技教育出版社，1999：242.

③ 中国科学院空间科学与应用中心. 中国科学院空间科学与应用中心所史（第一卷），2003：195.

④ 樊洪业主编. 竺可桢全集第19卷. 上海：上海科技教育出版社，2010：204.

⑤ 应地所革委会. 给总理、中央文革的报告. 1968年9月21日. 中科院档案.

赵理曾回忆，在姚桐斌被打死后，能不能继续收到国庆观礼请柬，被父亲视为判断中央是否信任他的重要信号。一转眼，1968年国庆节就要到了。鉴于他当年收到了党中央寄送给他的"五一"节观礼请柬，他日思夜想地虔诚期待着也能收到"十一"的国庆观礼请柬。在他看来，只要能受邀到天安门观礼，说明党中央和政府依然信任他、挂念他，他受到的所有委屈也就都值得了，就有盼望。这是他的最后一线希望。9月底的最后两天，赵九章再三叮嘱老伴，一定不要出门，会有人给他送请柬来。可是老伴左等右等，始终没有等到那张珍贵的请柬。10月1日，赵九章终究没有登上天安门观礼，他心中仅存的一点希望也彻底破灭了。

至于赵九章为什么没有收到观礼票，一种说法是研究所革委会给周总理的信起了作用，中央没有发下来观礼票；如果观礼票发下来了，赵九章的名字就会见报，但是在报上刊出的国庆观礼代表名单上没有他的名字；另一种说法是票发下来了，被空间物理所的人给扣住了。后来根据王锡鹏的回忆，因赵九章去世前，应用地球物理所已划归国防科委，并实行了军管，但观礼票一类活动仍需通过科学院系统下发。院革委会按规定将观礼票即时转发给了该所军管会。

10月4日至5日，空间物理所遣送赵九章参加周家巷大队秋收时，赵九章被带去监督劳动，在背上挂有白布条，写着"反动学阀赵九章"，组织社员在地头多次进行批斗，并由赵九章专案材料的保管者张嘉佑负责监视，还受到十一室勤务组组长的训斥。10月19日所革委会又决定，"批判赵的'三反'言行和他的修正主义科研路线"，为此加紧了对赵的批斗。

根据赵理曾回忆，在那些天里，除了"文斗"外，还有"武斗"。从早到晚一天三个单元，在西苑、中关村、北郊三个地方，轮流批斗父亲。参加批斗会的人三班倒，而父亲却一直得不到休息。她当时在西苑的批斗会上，看到父亲脖子上挂着写有"叛徒""特务""反动学术权威"的大牌子，弯腰"坐飞机"，还不时有造反派上台，使劲按父亲的头。父亲已过60岁，原来就常腰痛。看着父亲在上面受苦，她的心在哭泣，却不能做任何事。有时挂在父亲脖子上的牌子换成铁丝挂的小黑板，时间长了，铁丝能勒进肉里去。每次批斗回家，父亲腰痛难忍，母亲也只能一边心疼地揉眼泪，一边用艾火给他熏腰……时隔多年，每当想起这样的情景，她心里都非常难受。

　　每天他都被造反派压着在大街上示众。跟随赵九章多年的邓镇昆记得，当时赵九章体弱多病，行走起来极为吃力。但造反派毫不留情，想尽办法折磨他。日子在一天天的煎熬中度过，他内心深处一直坚信，党中央和国家领导人相信他，记挂着他，不会如造反派所言那样把他当成"罪人"。对党的知识分子政策，他依然怀着一丝希望，希冀有一天党中央能采取行动。赵九章一句怨言都没有。

　　有一次批斗会结束后，都亨走在去公共汽车站的路上，看见老师也在缓步独行，手里还拎着那块白天被批斗时挂在胸前的"资产阶级大学阀"牌子。在"文革"环境下，他看到恩师被批斗，在现场也不好说什么，但在心里却很担心老师会不会对学生的不管不问有什么怨言。赵九章平静地和他打招呼，对"文革"或"批斗"只字不提，而是主要关心两项工作，一项是导弹飞行现象学，一项是高空核爆炸效应。他亲切地问都亨这两项研究工作进展如何，工作上是否有什么困难。事实上，"文革"开始后，这方面的工作就因时局混乱而无法继续开展了，都亨不敢直接说出事实，怕先生伤感，于是显得支支吾吾。赵九章敏锐地意识到了这一点，临别时还耐心叮嘱他："这些工作一定要坚持到底，将来一定会是有用的。"[1] 这个场景在多少年后一直

---

[1]《赵九章传》编写组. 赵九章传. 北京：科学出版社. 2020：179.

被都亨记在心里。这位身处逆境的老人，置个人利益和安危于不顾，一心挂念祖国的科研事业和年轻一代的前途命运。

那段时间，想必赵九章内心是无比孤独的。过去他担任地球物理所所长时，可以与各种领导人无话不谈，遇到问题时也都能达到及时和有力的帮助。可是现在，老领导们自己都被打倒了，苦不堪言。自己的同事、学生们也迫不得已地纷纷站出来"揭发"自己莫须有的罪行。就连自己的女儿、女婿都被关进了牛棚、被抄家，甚至不能见面。就连到了家里，也有造反派在家里实时监视他们的言行。

"文革"开始时邓镇昆已经跟随赵九章工作了十几年，赵九章对他是非常信任的，有一日利用一次打开水的机会悄悄找到他，要他帮忙查找故友、时任外交部部长乔冠华的电话。一来是想请老友施救，二来渴望知道那个年代党对知识分子的政策是否有什么新动向。赵九章本来记得那四个数字的电话号码，可是遭受造反派长期折磨后，他怎么也记不起来了。几次抄家，那个本子早已经不知踪影。邓镇昆费了九牛二虎之力，还是怎么也没有找到乔冠华的联系电话。他怕伤赵先生的心，就在家里躲避，不敢去见赵先生。可是后来有一天，二人还是碰面了。那天，赵九章刚一见到他，眼睛都亮了。但是，当被告知没找到电话号码时，先生的眼神里的光泽褪去了，动弹不得。

从那以后，赵九章彻底沉默不语了。他本就非常严重的失眠症愈加严重，经常一个人半夜爬起来，绕着院子来回踱步，心思凝重 。[1]有一次邓镇昆夜晚亲眼看到赵先生，一边呆呆地望着天上的星星，一边痛苦、寂寥地流着眼泪。

10 月 17 日，赵九章专案组决定对赵的"反动言行及执行修正主

---

[1] 胡平. 人造卫星之父赵九章、航天材料专家姚桐斌之死. 青岛新闻网/青岛报纸电子版，2012–10–29.

义科研路线的罪行"进行全面批斗。10月19日，国防部第五研究院
505所新革命委员会开始批判赵九章的"三反"言行和他的修正主义
路线，并继续调查他的"特嫌和里通外国嫌疑"。

　　1968年，国庆节之前大大小小三十余次批斗，他都没有丧失信心，
认为他是人民内部矛盾，中央是信任他的。从1951年起，他曾应邀参
加了17届国庆观礼，1968年国庆节是他第一次没有能上天安门，在
10月20日他交的一份思想汇报谈到对他触动很深的五大问题：自从
19届国庆以来他的思想受了很大震动。一是他未能如以往登上天安门。
二是国庆前夕专案组对他的审查。此外，他对突然被派去参加"三秋
劳动"思想准备不够。多重事件对他的内心产生了很大的震动。据中
国科学院档案，他当时的心态如下："我必须主动追忆，主动交代才
能得到再教育的机会，否则只能成为专政的对象。出路虽然也是有的，
但是和人民内部的再教育是大不相同了。"[①]

　　此后，10月23日、24日、25日对赵九章进行了残酷的连续批判。
23日下午第一次进行群众审批，有三个研究室的群众参加，约一百多
人，时间约两个小时。当天晚上，所斗批管组及专案组五人对赵九章
进行了谈话。赵表示他主要问题是认识问题，有些是立场问题，下去
可以继续交代。24日下午由几个研究室的勤务组和群众代表及专案组
共约15人要求赵进一步交代材料。[②]

　　连续高强度的批斗让赵九章已处于绝望无助的困境。他多年的心
脏病也更加严重了，经常感到心绞痛，必须靠不断吃药来维持生命。

---

　　① 关于赵九章同志在"文革"中被迫害致死情况的报告（1985年1月8日），
中国科学院档案.

　　② 关于赵九章同志在"文革"中被迫害致死情况的报告（1985年1月8日），
中科院档案.

本来就有心脏病的他，那时候吃了安眠药也整夜睡不着，白天还要继续经受残酷折磨。他曾悄悄地问过一位下属："运动什么时候才算完呀？"那位同志回复说："谁知道呢！"精神和肉体的严重摧残，被批斗后浮肿的双腿，扭伤的腰板，都使得他苦不堪言。

10 月 25 日上午，以两个研究室为主的群众审批会上，60 余人参加。下午赵九章在单位的表现未出现异常，照常打扫卫生、独自伏在研究所走廊里的一张桌子上写交代材料。专案组还陪同武汉宋侃夫专案组对赵九章进行调查，通过他了解宋侃夫 1928 年由浙江陆军监狱转到苏州反省院的政治历史问题，后他还答应为宋写旁证材料。调查中也联系到他 1928 年在杭州被捕后，经其姨夫戴季陶保释出狱时是否履行手续、签过字等情况。当天晚上他的材料没有写完自行回家。①

根据妻子吴岫霞回忆，丈夫在 10 月 25 日晚上回家后表现得有些紧张，思想上想不通，说："我交代了，群众不相信怎么办？"他或许想了很多，祖国的空间事业刚刚开始，人造卫星的发射准备仍需抓紧，空间物理研究工作已停顿两年多，模拟实验室的仪器怕已掉满灰尘，自己的学生也都七零八散……为科学奉献，报效祖国的强烈愿望被遏阻，他无法把握自己的命运和追求，只能用彻底离开无声地抗议。②

---

① 根据也曾进入反省院并被保释出来的王振青说，他在反省院中曾被要求填写一张印好的"反省表"，上面有"共产主义不适合国情""阶级斗争是病态"等印好的字句，须在各条的字句之后填写"承认"二字，要签名盖右手食指印，再由家属用"铺保"负责签订保书，领出反省院。出去后如有人担保，则可免去以后的行踪报告，恢复完全自由。

② 陈洪鹗. "大地球物理学"的创导者和开拓人——赵九章. 当代中国的地震事业. 北京：当代中国出版社，1993.

10 月 25 日晚，他在中关村家中写完生前最后一次思想检查，之后一次性默默服下平时攒下的几十粒安眠药，无声地躺在了床上……10 月 26 日清晨 6 点 45 分，老伴敲赵九章卧室的门，却再也敲不开，他住在妻子卧室的内套间，一般情况下不反锁。住同一套间的同所职工闻声前来，踢门而入，发现赵九章在床上呈侧卧状，身上还有微温。造反派故意拖延了对他的营救时间，直到中午才送去医院。

"将军一去，大树飘零。壮士不还，寒风萧瑟。"赵九章生前最喜欢的便是庾信《哀江南赋》中的这一句诗词，但孰料一语成谶。61岁的他没有留下任何遗言，愤然离开了人世，骨灰不知撒向了何处。

一代科学巨星含冤而死，无疑是中国科学界的悲哀。面对如此令人心痛的场景，中科院造反派居然还污蔑先生是"自绝于人民"。这是在颠倒黑白，扭曲历史。

1968 年 10 月 27 日下午的中关村大操场上，竺可桢正在参加科学院首都工人、解放军毛泽东思想宣传队和革命委员会庆祝毛主席视察科学院十周年的活动，得消息说赵九章忽于昨日去世。他听后大为惊愕，近年来的确听说赵九章在研究所内受批斗，但向来认为是由于历史问题，不知何故至此。[1]熟悉竺可桢的人都知道，他为人遇事理智冷静，凡事不喜形于色，所以就是在那天的日记里提到爱徒赵九章去世一事，也着墨不多。但有一次，茅以升和邹树文去看望竺可桢，竺非常气愤地讲起涂长望和赵九章的悲惨遭遇。他大声斥责那些诋毁科学与新中国成立 17 年来科技成就的谬论。临别之前他对两个老友说：只有科学技术才能给中国带来光明和希望。[2]

---

① 樊洪业主编. 竺可桢全集19卷·竺可桢日记十四集. 上海：上海科技教育出版社，2010：249.

② 杨达寿. 竺可桢传. 杭州：浙江科学技术出版社，2009：283.

噩耗很快传到当时主管国防科委的罗舜初那里，周总理得知赵九章去世后惊愕而悲愤，未发一言。他也许是用无声来表达对残害国家科学精英的抗议。许久之后才慨叹一声："没有保护好赵九章呀！"周总理和罗舜初要求中科院立即写一份报告上来。可是那时候中科院是造反派在掌权，天下大乱，全国人民都在遭受苦难。若要找出元凶，谁都可以不负责任。结果赵九章的死因从未被认真追查过，也没有什么善后措施。令人惊讶的是，在赵九章去世后，竟然还有揭发材料送到 505 所文革组。

1970 年 4 月 24 日，我国第一颗卫星发射成功，这是我国历史上的一件大事。虽然赵九章 18 个月前已被迫害致死，但他对我国人造卫星事业的贡献应被永远铭记。

1972 年，诺贝尔奖奖金获得者、著名的瑞典等离子体物理和天体物理学家阿尔文第二次来中国访问。他一下飞机就要求探望老朋友赵九章。陪同人员不敢告诉他实情，只好佯称赵先生因心脏病已过世。他又要求访问赵先生的研究集体，而这个集体早已被解散，人员都迁到不允许外国人访问的秦岭山下。阿尔文感到万分惋惜和失望。1981年初当阿尔文得知徐荣栏在美国亚利桑那大学访问时，便邀请徐荣栏到他所在的加州大学圣地亚分校工作一段时间。

"文革"期间，中科院在北京地区的 180 多位高级科学研究人员中，有 80% 受到各种非常严厉的批判、打击和迫害。[1]

---

① 孙伟林，孟玮. 忆全国科学大会前前后后——原国家科委副主任吴明瑜一席谈. 民主与科学，2008（01）：4.

二、正义的到来

"亲人或余悲，他人亦已歌。"赵燕曾记得，爸爸去世后，家里的顶梁柱倒了，妈妈的世界也一下子崩塌了。昔日那个温暖的家也一下子破碎了。昔日童年里那幅温馨惬意的画面也不复存在了。

丈夫去世后，笑容从吴岫霞的脸上一下消失了。身心的折磨令她仿佛一夜之间衰老了十岁，长时间黯然神伤，以往健康的身躯也憔悴不已，看着令人心疼……直到几年后，在赵九章的老师竺可桢先生的追悼会上，吴岫霞方能"名正言顺"痛快大哭了一场。直到 1971 年，根据中央 1971 年 12 号文件精神，中国人民解放军 505 所对赵九章问题作出了审查结论，认为其问题的性质被定义为"人民内部矛盾"。赵九章家被抄物资归还给家属。[①] 按照中央统战部军管会 1971 年的指示精神，后来经 505 所研究决定，给赵九章的妻子吴岫霞每月 50 元生活费，并安排住房。[②]

在赵九章去世后，有多位到国内访问的美籍华人要求探访赵九章的家属。美籍中国气象学教授过小岚来中国访问，曾准备去赵家里探访，因时间安排未能成行。经国务院批准，美籍中国空间及气象科学家张捷迁教授于 1973 年 8 月来中科院大气物理所短期工作半年，曾两次提出要求去探望赵九章家属。党中央当时提出了"大做美籍华人工作"的指示，考虑到赵九章在美籍中国科学家中关系较多，影响很大，

① 中共第五零五研究所党核心小组. 关于对统战对象赵九章抄家物资处理意见报告. 1971年9月23日. 中国科学院档案.

② 中共第五零五研究所党核心小组. 关于对统战对象赵九章家属生活安排意见的报告. 1971年9月23日. 中国科学院档案.

安排了探访。①

在经过了十年漫长的精神煎熬后，吴岫霞终于等到了1976年"四人帮"被粉碎的喜讯。她在报纸上看见一个个曾被冤屈的科学家平反昭雪，亡夫赵九章的事情却迟迟没有音信，于是，她患上严重的失眠症，情绪急躁，说话不停，眼睛呆滞。女儿们带她去看病，被诊断为反应性精神病……

1978年党的十一届三中全会召开，我国的科研工作又回到了正确的轨道上来。3月召开的全国科学大会上，邓小平同志深刻地阐述了"科学技术是生产力""知识分子是工人阶级自己的一部分"等重大而深远的论断，之后党和国家开展了大刀阔斧的"拨乱反正"工作。中科院院长郭沫若热情洋溢地宣告"科学的春天到来了！"

"文革"阴霾结束后，许多正直的人，包括一些著名的老科学家，以及赵九章生前教过的学生们，都情不自禁地想起先生。人们怀念他为科学事业不屈不挠、攻坚克难和勇于创新的精神。每当遇到棘手的难题时，常常情不自禁地会想到"假如赵先生在世就好了"。很多人也在热切关怀着赵九章先生的冤案，纷纷向中央反映情况，要求给赵先生平反昭雪，恢复名誉。时任中国科学院的领导方毅、李昌同志等也亲自向中央反映这一情况。1978年，经邓小平亲自批示，中国科学院为赵九章等"文革"期间受迫害而死的科学家们平反昭雪。

1978年，中国科学院政治部出具了"关于赵九章同志的审查结论"。其中阐明：

---

① 中国科学院大气物理研究所. 张捷迁要求探访赵九章家属事. 文书档案：A004-55-010：53. 1973-10-30. 中科院档案馆.

　　"无产阶级'文化大革命'中，对赵九章同志的历史进行了审查，经查证，与赵九章同志历次交代相符，仍维持'一般的政治历史问题'的结论。赵九章同志对伟大领袖毛主席亲自发动的无产阶级'文化大革命'运动是热烈拥护、积极参加的。但是，由于林彪、'四人帮'及其党羽破坏'文化大革命'，及党的知识分子政策，他们置国防科委领导对赵九章同志采取保护措施的指示于不顾，对赵九章同志进行了诬陷和残酷迫害，扣上'叛徒、特务、反动学术权威'等大帽子，进行轮番批斗，并将其子女也打成'反革命'，进行隔离审查，使赵九章同志的身体与精神受到严重摧残和打击，被迫致死。赵九章同志在科学工作中，重视基础理论的研究，重视科研工作为国防建设和国民经济建设服务。他是一位中外知名的科学家，是我国气象科学、地球物理科学和高空物理学的优秀组织者和领导者。他对我国的科学事业作出了重要的贡献。赵九章同志是受林彪、'四人帮'及其党羽迫害致死的。决定对赵九章同志给予平反、昭雪，恢复名誉。建议撤销一九七二年十二月十二国防科委党委'关于赵九章同志问题的结论'。"①

　　同年 3 月 16 日，中国科学院在北京八宝山革命公墓，为被林彪、"四人帮"一伙迫害致死的著名地球物理学家赵九章和著名数学家熊庆来分别举行了隆重的骨灰安放仪式，并为他们平反昭雪恢复荣誉。熊庆来 1921 年到 1937 年，他先后在南京东南大学、北京清华大学、昆明云南大学三校创办数学系，培养了很多数学人才。著名的数学家华罗庚，物理学家钱三强、严济慈、赵九章等，都是他的学生。熊庆

---

　　① 中科院政治部. 关于赵九章同志的审查结论. 档案号：Z376-239：46-50，中科院档案馆.

来 1957 年从法国回国以后，虽然已经年老体弱，但是仍然坚持做数学研究工作和培养新生力量，并且不断地作出贡献。[1]不料他却在"文革"中因受迫害而去世。悼词中充分肯定了赵九章对国家科技事业的卓越贡献和人们对他的尊敬与爱戴。骨灰盒内尸骨无存，仅仅装着赵九章生前最为珍爱的一方砚台。当时空间物理所在远离京城的秦岭山下，没能参与，但著名学者和政要人物参加了仪式。

仪式由著名的科学家周培源主持，胡克实代表中科院党组致悼词。郭沫若、方毅等送了花圈。"文革"中刚解放出来的政要张爱萍、方毅、张劲夫、裴丽生、郁文、李昌、秦力生、胡克实等领导都来了。著名科学家周培源、许德珩、童第周、茅以升、赵朴初、钱学森、钱三强、钱伟长、王淦昌、朱光亚、严济慈、华罗庚、贝时璋、彭友今、任新民、柳大纲、张文裕、赵忠尧等都参加了。赵九章的书法老友赵朴初也参加了，并为签名册的封面书写了"赵九章同志骨灰安放仪式签到簿"。加上赵九章生前的学生、朋友等，共 400 余人参加了仪式。赵忠尧先生的女儿、中科院高能所赵维勤女士后来回忆说："赵先生的会开得最好，赵九章的大女儿赵燕曾发言时，很多老先生都流泪了。"[2]为赵九章恢复名誉这一举动，为中国科学院在全院落实政策，为在"文革"中受迫害致死的 229 人平反昭雪、恢复名誉开了路。[3]

在经历了痛苦的丧夫之痛后，吴岫霞身心受到严重摧残，在丈夫平反三年后，她于 1982 年 1 月 31 日因患肺心病去世，终年七十岁。直到 2008 年，赵九章的家人对夫妇二人在昌平陵园进行了"合葬"。

---

① 新华社. 首都著名科学家欢聚政协礼堂贺老数学家熊庆来四十年来的卓越贡献. 1962-09-05（01）.

② 摘自罗福山手稿. 赵先生铜像迁怀柔园区三周年.

③ 龚育之主编. 3月16日 赵九章、熊庆来等骨灰安放仪式在北京举行. 中国二十世纪通鉴（1961—1980），2002：1188-1189.

这对感情深厚的伉俪终于在地下重新相聚了。因为先生的遗体不知所踪，骨灰盒中放的是赵先生用过的砚台等物。建立合葬墓后的第一个清明节，"九三学社"中科院分社十二支社（主体是国家空间科学中心人员）要前去扫墓。本来只是九三学社的一项群体性活动，结果扫墓那天去了很多老同志，就连刚入职的小同志们也自发前去悼念，反映出大家对赵先生的怀念和敬仰。时至今日，赵九章之死对后世是一种警醒，促使我们认真反思。

第十六章　人今犹在

　　《百家讲坛》2019 年 17 期刊登了《叶企孙：钱学森都是我的学生》一文和《老年文摘报》2020 年 8 月 3 日和 6 日刊登了前文的摘要"大师们的老师——叶企孙"，谈到"两弹一星"23 位元勋中，13 位与叶有师承关系，9 人是他的弟子，由他送去美国学习的钱学森成了"中国导弹之父"，送去德国学习的赵九章成了"中国卫星之父"。

一、追授"两弹一星"元勋

　　人民没有忘记那些为国家作出历史贡献的人！

　　1985 年 12 月 25 日，中国地震局地球物理研究所召开建所 35 周年纪念大会时，隆重表彰和缅怀了已经谢世的赵九章、陈宗器、李善邦等老一辈科学家们对该研究所、对我国科学技术事业发展的卓越贡献。[①]

　　1985 年 6 月 15 日，中国科学院将"'东方红一号'及卫星事业

---

　　① 苏公望. 回顾瞻望团结进步——记地球物理研究所建所35周年纪念大会. 选自：国家地震局地球物理研究所. 地球物理研究所建所35周年纪念文集（1950—1985续集），1986：2.

的开创奠基工作"组织申报国家级科技进步奖，后来"尖兵一号"可返回卫星和"东方红一号"卫星于 1988 年荣获国家科技进步奖特等奖，赵九章的名字列首位，这也是该奖项的特等奖首次颁发。在申请材料中可看到这一项目列出了八名重大贡献人员中，赵九章位列第一。在他之后的名单为钱骥、钱学森、王大珩、陈芳允、关肇直、谷羽、陶宏。申报时列出了五条他的主要贡献：1.适时向中央提出建议，使卫星事业得到及时和顺利的发展。2.主持卫星总体方案的制订和实施。3.即时组织了测轨、选轨工作，赢得了时间，节省了资源，提高了水平。4.主持制定了卫星系列规划，为卫星的长远发展打下了基础。5.开创和主持我国卫星前期准备工作。同年，赵九章曾主持的"尖兵 1 号返回卫星和东方红一号卫星"获国家科技进步国防专利特等奖。[①]

1988 年 1 月 3 日，赵九章及其研究集体获国家科学技术委员会宋健签发的"国家自然科学奖"三等奖。12 月 7 日，为纪念赵九章先生逝世 20 周年，中国科学院大气物理所、空间科学与应用中心、地球物理研究所和国家地震局地球物理所联合举行"缅怀卓越科学家赵九章教授报告会"，会场设在他亲手创建的北京中关村原地球物理所三楼礼堂。会上，老一辈科学家和他的学生们会聚一堂，缅怀他的丰功伟绩，研究他的学术思想，学习他的优良学风。大家内心都觉得，虽然先生离开了，但他为祖国科技事业无私奉献的精神永存。[②]

邓小平说："如果 60 年代以来中国没有原子弹、氢弹，没有发射卫星，中国就不能叫有重要影响的大国，就没有现在这样的国际地位。"

————————

① 罗福山. 人造地球卫星事业的奠基人——记著名科学家、九三学社原中央委员赵九章. 选自：岳爱国主编. 定格在记忆中的光辉七十年. 北京：科学出版社，2019：39.

② 陈洪鹗. 深切缅怀大地球物理科学泰斗赵九章. 国际地震动态，2007（8）：4-11.

国家没有忘记这一辉煌成就背后无私奉献的科学家们。1999年9月18日，在庄严雄伟的人民大会堂里，中共中央、国务院、中央军委隆重举行大会，为23位对"两弹一星"作出突出贡献的科技专家，颁发"两弹一星功勋奖章"。作为当之无愧的获奖者之一，赵九章的卓越功绩永载共和国史册。[1] 在授勋那天，赵九章、钱骥、郭永怀、姚桐斌、王淦昌等已故专家的亲属被安排在人民大会堂会场前排就座。[2] 中科院院长路甬祥代表

赵九章纪念邮票

党和国家对赵九章进行追授，赵理曾代表亡父接受奖章。这充分说明，党和人民没有忘记他！

中国邮政于2014年10月16日发行《中国现代科学家（六）》纪念邮票1套6枚，每枚面值1.2元，包括王淦昌、赵九章、郭永怀、邓稼先、朱光亚、王选六位科学家。

为了缅怀本校地球科学系创系主任赵九章，中国科技大学地球和空间科学学院还设立了"中国科大赵九章·侯德封大师讲堂"，邀请了多位国内外知名专家学者前来讲座，传承和发扬大师们为祖国科技事业无私奉献、刻苦钻研的精神。

二、被命名科学奖

"新竹高于旧竹枝，全凭老干为扶持。""赵九章优秀中青年科

---

① 周继厚."两弹一星"勋章. 中国商报，2003-07-10.
② 杨照德，熊延岭. 钱骥传. 北京：金城出版社，2011：296.

学奖"就恰恰承载着赵九章先生对中国地球物理科学的未来及青年创新的殷切期望。

1985 年，中国科学院地球物理研究所召开建所 35 周年纪念大会时，隆重表彰了赵九章先生一生对我国科学技术事业发展的卓越贡献。1988 年 12 月 7 日，为纪念赵九章先生逝世 20 周年，中国科学院大气物理研究所、空间科学与应用研究中心、地球物理研究所和国家地震局地球物理研究所联合在原地球物理所三楼礼堂举行"缅怀卓越科学家赵九章教授报告会"。[①]"青年兴则国家兴，青年强则国家强。"会上决定，由赵九章先生创办的地球物理所发展而成的现在四个研究所，联合建立赵九章中青年科学基金会，设立"赵九章优秀中青年科学工作奖"。

1989 年底，空间科学与应用研究中心的吴智诚和卢毓明来到了中国科学院大气物理所，商议为赵九章设立奖励基金之事，得到了大气物理所的积极响应，同时又与中科院地球物理所和国家地震局地球物理所协商同意。

"赵九章优秀中青年科学工作奖"于 1990 年正式创立，这一奖项以赵先生的名字命名。上述四个所共同筹集 10 万元人民币作为第一笔基金，建立了"赵九章优秀中青年科学工作奖"委员会，负责筹集奖励基金和评奖工作。委员会主任由 4 个发起单位轮流担任，每 2 年轮换 1 次，奖励基金每两年颁发一届，用于奖励我国在大气物理学、地球物理学和空间物理学领域从事基础研究、应用研究和开发研究中作出贡献的优秀青年科技工作者。申请人年龄在评奖当年的 10 月 15 日之前未超过 45 周岁（10 月 15 日是赵先生生日）。

---

① 陈洪鹗. 中国当代地球物理学的开拓者——赵九章. 国际地震动态，1992（1）：22–25.

　　1999 年 12 月，科学技术部颁令要求所有社会力量设立的奖项都要重新登记审核批准。因银行降息，"赵九章优秀中青年科学工作奖"基金原有 20 万元本金的利息无法保证评奖工作继续运行。如筹不到款基金只能自行解散。四个发起单位协商筹款，时任空间中心党委书记卢毓明被委派负责筹款。基金得到了社会各界支持。赵九章的两个女儿赵燕曾、赵理曾拿出 5 万元，香港赛霸集团林文震捐赠 50 万元，中科院地质与地球所所长丁仲礼个人出资 2.9 万元，中科院上海技术物理所和长春光机所各捐 15 万元，4 个发起单位共追加 23 万元。半年时间基金扩大到 156 万元。①

　　2002 年 9 月，经国家科学技术奖励工作办公室审核批准，"赵九章优秀中青年科学工作奖"更名为"赵九章优秀中青年科学奖"，还进一步完善组织机制，设立了理事会、监事会和办公室，聘任了评审专家委员会委员，重新制定了奖励条例和评奖办法。② 基金挂靠在中科院空间中心，本奖每两年评选一次，面向全国。评奖学科在原有 3 个学科基础上增加了空间探测学科。奖励那些在基础性科学研究工作中有新的科学发现或者在理论上有创新，对推动本学科的发展有积极的意义，并在国内外重要学术刊物上公开发表了具有高水平的学术论文；或者在观测手段和实验方法中创造性地解决了重大的技术难题，或在重大科技项目中起到关键作用，对学科的发展作出了重要贡献的优秀科研工作者。③ 根据网站资料显示，2003 年举行了重新登记后的首届评奖活动，6 人获奖。

　　①《赵九章》编写组. 赵九章. 贵阳：贵州人民出版社，2005：177–179.

　　②《赵九章传》编写组. 赵九章. 北京：科学出版社，2020：182.

　　③ 国家科学技术奖励工作办公室主办. 中国科学技术奖励年鉴2016年下. 中国科学技术奖励年鉴编辑部，2016：899.

在社会各界的大力支持下，赵九章奖奖励基金运行良好。空间科学中心大气物理所、地质与地球物理所、上海技术物理所、长春光学精密机械与物理所、中国地震局地球物理所、香港赛霸公司以及赵先生亲属等单位、企业及个人都是该奖项的倡议者。香港赛霸公司董事长林文震先生从建奖伊始，就一贯支持，1999年起多次慷慨捐赠，共计数百万元，用于支持空间科学的发展。[①]赵先生的遗作《高空大气物理学》（上册）已于北京大学出版社再版，家属将稿酬全部捐赠给了赵九章奖的基金。

30年来已有百余位中青年科学家获此殊荣。这一奖项在大气物理、地球物理、空间物理与空间探测学科领域的中青年科学家中引起热烈的反响，培养了一批优秀的空间科学领军人才、青年学科带头人和科技骨干，得到了社会的广泛认可与支持。

随着我国航天事业和空间科学研究的快速发展，赵九章先生的影响也逐渐走向国际科技界。2006年，由中国科学院和COSPAR（空间研究委员会）[②]执行局联合设立了CAS/COSPAR赵九章奖（Jeoujang Jaw Award），它是COSPAR的8个奖项之一，每两年颁发一次，双数年颁发。CAS/COSPAR赵九章奖是以中国科学家命名的第一个重要国际科学奖项。这一奖项旨在奖励为空间科学技术研究作出了杰出贡献，创立和推动了新的研究分支，以及组织了新的空间科学探测计划的科学家。中科院空间科学与应用研究中心主任吴季表示，这一奖项的设

---

① 《赵九章传》编写组. 赵九章. 北京：科学出版社，2020：181–182.

② 国际空间研究委员会（COSPAR），于1958年10月成立，附属于国际科学理事会（International Science Council），致力于在共同合作的基础上，为了共同的科学目的，向世界科学团体提供研究各类卫星和空间探测器的方法。中科院国家空间中心是COSPAR中国委员会的挂靠单位。COSPAR各奖项是为了奖励全世界在空间科学方面作出重大贡献的科学家。

立不但体现了国际空间科学界对中国空间科学近年来快速发展的关注，还特别体现了国际空间科学界对赵九章先生所开创的中国空间科学和卫星事业的认可。[1]2018年第37届世界空间科学大会上，中科院国家空间科学中心主任王赤受COSPAR中国委员会主席、中科院副院长相里斌委托，代表中国科学院向著名宇航员、俄罗斯航天局载人航天部门负责人Sergey Krikalev颁发了2018年度CAS/COSPAR赵九章奖（CAS/COSPAR JEOUJANG JAW AWARD）。[2]

三、竖立铜像

　　关于中国科学院空间科学中心为赵九章先生竖立铜像之事，罗福山既是见证人，又是关键参与者之一。在罗福山看来，赵先生铜像的竖立过程是从下而上的行动，开始于民间。但如果没有院士老先生支持和参与，没有时任空间中心党委书记卢毓明和原任书记吴智诚的大力支持，没有上下结合，单是民间行动很可能不了了之。铜像的顺利落成体现了大家对赵九章先生深切、崇高敬意。

赵九章铜像

　　罗福山遂与赵九章先生的母校清华大学物理系的虞昊教授商量，二人很快共同起草了为赵先生竖立铜像一事而征求院士签名的《倡议

　　① 许永建. 第44届COSPAR大会将在雅典召开. 空间科学学报，2021，41（04）：691.
　　② 2018年度CAS/COSPAR赵九章奖在世界空间科学大会上颁发. 国家空间科学中心微信公众号. 2018-07-17.

书》。为慎重起见，他们还分别请曾担任过赵先生秘书的吴智诚和赵先生的学生刘振兴、杨俊文先生修改了《倡议书》草稿，后又将修改稿分送王大珩、叶笃正和秦馨菱三位院士审查修正。坚立赵九章铜像的目的，如后来树立铜像的建议书中所言，"学习先生非凡的业绩和爱国主义精神，教育后人，学习他治学严谨、不断开拓、无私奉献的崇高品德，激励后人，以他为榜样，走科学兴国的道路"。

以下是倡议书的全文 [①]：

为赵九章院士竖立铜像倡议书

赵九章院士是当代杰出的科学家、教育家、卓越的科技工作组织者、我国人造卫星事业的主要倡议者和科技方案的主持人、我国空间科学的开拓者和空间探测技术的先驱、我国现代大气科学的奠基人之一。赵先生热爱祖国，热爱人民，为人正直，不谋仕途，把毕生精力贡献于我国的科技和教育事业。赵先生的一生是光荣而伟大的一生。

在抗战最艰苦的岁月里，赵先生从德国冲破险阻回到祖国，投入抗战第一线，为我国空军创建气象站，培训了大批空军气象人员，为抗日救国作出了贡献。

赵先生在我国率先把数学物理方法引入气象学领域，是我国动力气象学的创始人；倡议和组建联合天气分析预报中心和资料中心，提出很多研究方向，培养了一批有名望的科技人才，为我国天气和气候预报的现代化和业务化奠定了基础。

赵先生高瞻远瞩，在筹备国际地球物理年时，就注意到卫星在科学研究和应用上的前景对中国发展的深远意义，竭力开创空间科学和

---

① 巢纪平. 缅怀赵九章先生. 选自：中国地球物理学会. 辉煌的历程——中国地球物理学会60年. 北京：地震出版社，2007：103–104.

空间探测技术的研究，积极培养这一领域的人才；后又及时向中央建议研制我国自己的人造卫星；获批准后，迅速组建人造卫星设计院，制定卫星研制规划和我国第一颗人造卫星的总体方案。1968年2月前，"东方红一号"的"模样星、电装星、结构星、温控星"等原型星研制全部完成，为我国人造卫星按时发射和一次升空成功奠定了很好的基础。

赵先生一贯提倡科研与教育相结合。在清华和西南联大任教时，兼任清华航空研究所研究员；任中央研究院气象所所长时，兼任中央大学教授。解放后，在主持大气、地球、地震、海浪、空间学科与应用等多领域的研究工作时，倡导并促成实行研究生制度；中国科技大学创办后，提出所系结合并创建地球物理系，亲自兼任系主任。赵先生授课自编教材，把他优良的数理基础，渊博的知识贯入当代新的学科领域而传授于学生。现在赵先生的学生遍布于各个学科领域，桃李满天下，很多人已是院士或学科带头人。

为纪念赵先生非凡的业绩和爱国主义精神，教育后人，学习他治学严谨、不断开拓、无私奉献的崇高品德，激励后人，以他为榜样，

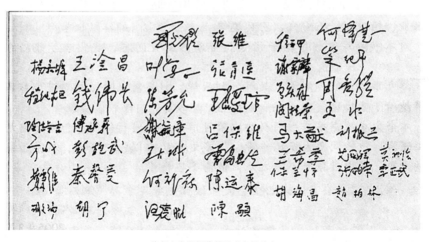

为赵九章竖铜像倡议书上的签名

走科教兴国的道路，为此，我们倡议为赵九章先生竖铜像。

（钱伟长等 44 人签名）

在时任空间科学中心党委书记卢毓明和原党委书记吴智诚的积极推动下，工作进程大大加快。《倡议书》拟好后，即开始征求院士签名。在请院士签名的过程中，罗福山、虞昊、吴智诚、卢毓明、徐荣栏等做了不少组织联络工作。

王淦昌等 44 位著名科学家在为赵九章竖立铜像的《倡议书》上签名。其中有 42 位院士：刘光鼎、王绶琯、艾国祥、叶笃正、彭桓武、王大珩、张维、何泽慧、傅承义、马大猷、秦馨菱、何祚庥、黄秉维、曾融生、陈运泰、赵柏林、谢毓章、杨嘉墀、程绳枢、陶诗言、谢家麟、周秀骥、巢纪平、曾庆存、陈芳允、王希季、胡宁、黄祖洽、程开甲、汪德昭、张青莲、陈颙、胡文瑞、胡海昌、李正武、王淦昌、钱伟长、王大珩、何泽慧等。参加签名的院士中，就有 7 位是"两弹一星功勋奖"获得者，如王淦昌、彭桓武、陈芳允、程开甲、王大珩、王希季、杨嘉墀，约占 23 人中的三分之一。

王淦昌老先生系赵九章在清华大学的老师，罗福山和虞昊教授首先拜访了王淦昌老先生，想请王老担任赵先生铜像筹委会主任。王老看了《倡议书》后，很高兴地签了名，还回忆了他与赵九章在科研交流中的往事以及他的科研开拓精神。但是，当提议请王老担任筹委会主任时，王老婉言谢绝，说他年纪太大了，推荐请时任全国政协副主席、年轻且办事能力强的钱伟长担任。后来钱先生一听说是王老交办的事情，很痛快地答应了，只是把自己名字签在了老师王淦昌的后面。这些签名的院士们并非各个与赵九章相熟。他们对立铜像的爽快支持说明了赵先生崇高的学术名望和社会影响，不仅在老一辈的科技界中，在他的学生中得到敬重，在熟不相识广大知识分子中也依然如此。

　　建造赵九章先生铜像的费用全部来自赵九章先生生前的同事、好友、学生以及有关人士自愿捐款和筹集。秦馨菱院士第一个捐款。其后，参加捐款的多达154人和10个集体，共计46万元。除铜像、文集、纪念册费用外，剩下20多万元全部转入了赵九章先生名下的"赵九章中青年科学奖"。

　　肖像雕塑大师程允贤欣然同意做赵先生铜像的雕塑人。吴智诚领罗福山等先后参观了清华大学蒋南翔和叶企孙先生及地质部李四光先生的铜像供参考，反复筛选铜像座的式样和材料选择，最后选定采用印度红石材。[①]

　　此倡议由中科院正式报告中央，1997年3月29日中共中央办公厅发文同意在中国科学院空间科学与应用研究中心大院内竖立赵九章铜像，经费自筹。此后成立了由钱伟长任主任的赵九章铜像筹备委员会和筹委会联络组，负责筹集经费、制作铜像和赵九章90诞辰的各项纪念活动。消息传出，各个不同科学领域的许多著名科学家和科技人员踊跃捐款，不到2个月，个人和各单位的捐款达46万元。

　　1997年12月8日上午，中国科学院举行座谈会，缅怀赵九章，一些德高望重的科学家在中科院会议室相聚，他们从自己的亲身经历，缅怀赵九章在大气、海洋、空间和地球物理等方面的贡献，赞扬赵九章的爱国精神、崇高品格和高风亮节。

　　主持座谈会的中科院副院长陈宜瑜院士对赵九章的业绩给予了高度评价，他还说："赵先生提倡的数理化、新技术化、工程化的方向很有远见，至今对我们的科研工作仍有指导意义。赵先生对交叉学科非常重视，倡导相关学科的综合研究，这也是我们科学院发挥多学科综合优势的重要问题。"张厚英、都亨、卢毓明、吴智诚均参加了座谈会。

[①] 赵九章铜像筹委会联络组编. 赵九章纪念册. 1997：46.

　　1997 年 12 月 17 日，在北京国谊宾馆举行了"赵九章铜像揭幕式暨赵九章诞辰 90 周年纪念会"。在主席台就座的有科学家钱伟长、郁文、郭传杰、王大珩、叶笃正、陈芳允、程开甲、张维、马鹤年、何永年、高湘宁、李祖洪等。前来出席会议的著名科学家有何泽慧、彭桓武、马大猷、王绶琯、秦馨菱、曾融生、陶诗言、巢纪平、周秀骥、刘振兴、黄秉维、陈运泰、叶铭汉、谢毓章、朱岗昆、谢毓寿、保宗悌、章震越、杨国桢和著名雕塑家程允贤等出席。来参加大会的还有赵九章铜像筹委会委员、各单位领导、各方面科技工作者、赵九章的同事、学生、亲友等。500 余与会者将大厅挤得满满的，不少人只能站着。中科院张劲夫副院长身体不好，发来了贺电。

　　纪念会由中科院党组副书记郭传杰主持，全国政协副主席钱伟长和王大珩院士为铜像揭幕。面对赵九章神采奕奕的座像，全体起立向赵九章铜像三鞠躬，这深情的三鞠躬包含着对这位科学巨星的无限哀思，深深的敬意和无限的遗憾，他走得太早了，这是我国空间事业的

中科院院士秦馨菱和其他院士在赵九章院士塑像前合影

巨大损失。

会上钱伟长院士致辞："……他的功绩在我的心中绝对泯灭不了。今天有这么多人来出席这个会，这么多人来怀念他，这就是赵九章对我们国家贡献的证明。"郁文讲话中指出："我和大家一起来表达对赵九章先生的崇高敬意和深切怀念。……他不仅是一位高瞻远瞩、勇于开拓创新的杰出科学家，还是一位杰出的教育家。他的学生满天下，许多人现在已成为院士、有关学科的带头人。"

叶笃正院士、中国气象局副局长马鹤年、原国家地震局副局长林庭煌、西北核技术研究所所长李真富、中国空间技术研究院常务副院长李祖洪先后发言，他们用亲身经历、事业的发展、生动的事例深切缅怀赵九章的丰功伟绩。

原中科院副院长、党组书记张劲夫发来了贺信："……赵先生热爱祖国，拥护党、拥护社会主义、一切从国家利益出发。他为人正直，热心培养青年、善于团结科学家一道工作。这次由44位著名科学家联名倡议为他塑造铜像并得到中央批准，这不仅说明党和国家对他的高度评价和尊重，同时也说明赵先生受到他的同事们、学生们的爱戴，在大力提倡科教兴国、提倡社会主义精神文明的今天，这是一件有意义的事。"中国科技大学也发来贺信。

时任清华大学校务委员会副主任的张维院士代表清华大学参加会议，会后他激动地对虞昊说："赵九章在好几种学科上都有建树，在科技领域他是一位难得的帅才。将才易遇，帅才难觅！而叶企孙却培养出一大批帅才：王淦昌、赵九章、钱三强、钱伟长……"[1] 会后，《赵

---

① 虞昊. "三化"是创新型人才的必需——纪念赵九章院士百年华诞. 物理通报，2008（3）：2.

九章纪念文集》和《赵九章纪念册》也得以出版。[1]

　　赵先生铜像随所迁移怀柔两周年后，"九三"中科院十二支社和中国气象局支社联合到怀柔"中科院国家空间科学中心"，瞻仰了赵九章先生铜像。赵先生昔日同仁、中国气象局首任局长涂长望先生的女儿涂多彬女士也前去瞻仰。

　　说起倡议竖立赵九章铜像的起因，罗福山提到，"我们七八十岁的老人，在一起闲聊时，有时无意之中又谈起赵先生了，我们都活到八十多了，赵先生六十一岁就走了，太可惜了，要是多活十几年二十年，我们所的情况就不一样了。的确，赵先生走得突然，走得太早。他的死对国家，尤其对我们所，是无可挽回的损失。他有渊博的知识，有顾全大局又有开创的科研思想，他时常提醒科技人员：'科研要急国家之所急，还要先走一步，为国家长远需要早做准备。'他人走了，把渊博的知识带走了，但他的科教兴国遗志没带走，为国为民的敬业精神没有带走，他在科技界的名望和影响还在，人民对他的崇敬将是永远的，永远怀念他、纪念他！"

　　赵九章先生的铜像原来安放在位于中关村的中国科学院空间科学中心科研楼南楼大厅中央。2008 年是空间中心建所 50 周年，空间科学中心将赵九章铜像迁至九章大厦。2016 年 9 月 26 日，中科院国家空间科学中心怀柔总部园区正式落成启用，同一天，赵九章先生的铜像也从中关村园区正式迁移到了怀柔园区科研主楼一楼，供后代学人瞻仰。[2]

　　2010 年 7 月 1 日正值中国共产党建党 89 周年纪念日，中国科学院地质与地球物理研究所也举行了赵九章先生、侯德封先生铜像落成

---

① 虞昊. 赵九章铜像的来历. 党史博览，2004（7）：26–27.

② 万合利编，李文山主编，刘波副主编. 世纪华årå纪念河南大学建校100周年书系　百年学人. 开封：河南大学出版社，2012：43.

揭幕仪式。中国科学院副院长丁仲礼、中国科学院资环局局长范蔚铭出席揭幕仪式，地质地球所党委书记李广山主持仪式。中国科学院副院长丁仲礼发言道："能够为两位先生竖立塑像，是我们这一代人的荣誉。希望大家以两位先生为榜样，学习他们追求真理、敢为人先的科学精神，学习他们平易近人、朴实无华、实事求是的做人品格，学习他们心系地球科学发展的情怀。开拓创新，奋勇拼搏，踏实苦干，团结进取，为建设一流的研究所作出贡献。"侯德封先生的孙女侯湛、赵九章先生的女儿赵理曾分别即席发言。地质地球所叶大年院士、滕吉文院士、姚振兴院士、刘嘉麒院士等科研人员和研究生近百人出席了揭幕仪式。[1]

四、百年诞辰纪念

2007年是赵九章先生百年诞辰，这一年关于他的纪念活动络绎不绝。4月，美国马里兰大学荣誉教授、中科大"大师讲席·赵九章讲席"教授吴京生[2]支持该校设立"赵九章奖学金（暂名）"，并向该奖学金一次性捐款10万元人民币，与其他方面的款项共同构成"赵九章奖学金"，用于奖励品学兼优的学生。[3]

9月22日，九三学社北京市委员会、中国地震学会、中国地理学

[1] 易善锋. 侯德封始任中国科学院地质研究所所长的时间. 矿物岩石地球化学通报，2015（02）：451-452.

[2] 吴京生，国际著名的等离子体物理学家，长期从事空间等离子体物理研究。1929年出生于江苏南京，1953年获台湾大学学士学位，1959年获普林斯顿大学博士学位，1969年至1995年任马里兰大学物理科学和技术研究所教授，1995年起任该校荣誉教授兼资深研究员。

[3] 杨达寿等编著. 浙大的学子们. 北京：中国经济出版社，2008：188.

会等联合举办了"纪念赵九章先生百年诞辰座谈会"。9 月 25 日，中国地球物理学会在北京举办"中国地球物理学会成立 60 周年暨纪念赵九章先生诞辰 100 周年"纪念活动，与会科学家以不同的形式深情追忆和缅怀了赵九章院士。9 月 26 日上午，纪念赵九章先生百年诞辰——赵九章教育思想座谈会在清华大学举行。赵九章先生的弟子和亲属，还有先生曾经工作过的中科院、中国科技大学等单位代表，以及清华大学部分师生出席了座谈会。清华大学校长顾秉林院士首先作了题为"像赵九章先生那样重才善教培育英才"的发言。赵先生不同时期的学生代表们也深情回忆了赵先生当年的亲切教诲，以及如何在他的引导下走上了科学之路。

中科院院士、中国"双星计划"首席科学家刘振兴说，在 50 年前赵先生就特别强调科技工作的"创新"意识，在科学思想、研究方法和科学道德方面，赵九章为学生们从事科学研究奠定了重要的基础。中国科学院院士、中国气象科学研究院名誉院长周秀骥说，赵先生的精心培养决定了自己一生的科学生涯。他从赵先生那里学会了，应用最基本的物理原理去观测、分析大自然的现象；采用最先进的科学技术方法和手段揭示大气物理学的本质这样一些治学方法。陈建奎、徐荣栏、都亨、濮祖荫、任丽新等也纷纷畅谈了对赵先生教育思想的感悟。赵九章先生次女赵理曾女士出席了座谈会并讲话。[①]

10 月 29 日上午，中国科学院举行大会，隆重纪念赵九章先生的百年诞辰。全国人大常委会副委员长、中国科学院院长路甬祥出席大会并发表讲话。赵九章百年诞辰学术纪念活动筹委会的相关单位领导、筹委会委员，赵九章先生亲属、生前好友、同事及首都科技界代

---

① 钱锡康，解红岩. 赵九章教育思想座谈会在我校举行. 新清华，2007-9-28（2）.

表 500 多人出席了会议。清华大学物理系教授张双南在大会上获得了
2007 年度"赵九章优秀中青年科学奖"。

　　王大衍院士、叶笃正院士相继发言，怀着仰慕与缅怀之情追忆了
赵九章先生的一生，高度赞扬他在气象、大气物理、地球物理、卫星
等领域所作出的杰出贡献。张人禾代表"赵九章优秀中青年科学奖"
获奖者表示，要学习和继承好老一辈科学家的精神和传统，为攀登科
学高峰作出不懈的努力。

　　2007 年，在首都科技界举行的纪念赵九章先生百年诞辰纪念大
会上，国际小行星中心和国际小行星命名委员会批准将中国科学院紫
金山天文台于 1982 年 2 月 23 日发现的、国际编号为七八一一号的小
行星命名为"赵九章星"，并于会上向赵九章先生的亲属颁发了"赵
九章星"命名证书和照片。值先生百年诞辰之际，"赵九章星"的命
名，既是国际社会对赵九章先生所获成就的充分肯定，也是人们对赵
九章先生最好的纪念与缅怀。[1]2007 年 11 月 14 日，国务委员刘延东
给九三学社中央发来贺信，祝贺"赵九章科学奖"设立与"赵九章星"
正式命名，"这不仅是我们国家和赵九章先生本人的光荣，也是广大
民主党派成员的光荣，是九三学社的骄傲"。[2]2008 年，赵九章先生
的家人为赵先生和夫人吴岫霞在昌平陵园建合葬墓，骨灰盒中放的是
赵先生用过的砚台等物。每年的清明节，中科院九三学社十二支社和
空间中心的同志们都会一起去给赵九章先生扫墓。

　　2020 年是我国第一颗人造地球卫星"东方红一号"成功发射 50

---

① 佚名. 小行星的命名. 今日中国：中文版，2008.
② 刘延东就设立"赵九章科学奖"与命名"赵九章星"给九三学社中央的贺
信. 2007年11月14日，中国科学院空间科学中心退休研究员罗福山老师提供贺信
复印件。

赵九章先生家人将赵九章先生"两弹一星"功勋奖章赠予空间中心

周年。10月15日，我国人造卫星事业的倡导者和奠基人之一赵九章先生"两弹一星"功勋奖章捐赠仪式在中国科学院国家空间科学中心举行。捐赠仪式上，赵九章先生家人将赵九章先生"两弹一星"功勋奖章赠予空间中心。[①]

中科院党组成员、副秘书长周琪宣读了中科院院长、党组书记白春礼的书面致辞。白春礼在书面致辞中表示，"东方红一号"卫星的成功发射，揭开了中华民族探索宇宙奥秘、和平利用太空、造福人类社会的序幕。追溯半个世纪前的激情岁月，正是以赵九章为代表的老一代科学家对空间科学的求真执着和科技报国的家国情怀，才使得《东方红》乐曲响彻太空。

中科院空间中心主任王赤对赵理曾致以崇高敬意和由衷感谢。他

---

① 丁佳. 赵九章"两弹一星"功勋奖章捐赠中科院空间中心. 中国科学报，2020-10-15.

说，赵九章先生关于中国发展人造卫星事业的规划和设想几乎就是中国航天 60 多年自主发展的缩影。王赤代表空间中心郑重承诺，不仅要把这枚无比珍贵的奖章作为空间中心的"镇所之宝"珍藏，还要将其作为传承和弘扬科学家精神的生动课堂，教育和激励广大科技工作者，继承和发扬赵九章等老一辈科学家胸怀祖国、服务人民的优秀品质，弘扬"两弹一星"精神，秉持国家利益和人民利益至上，肩负起历史赋予我们的科技创新重任，勇攀空间科技高峰，在人类探索太空的征途中，不断作出新的贡献，树立起新的丰碑。[①]

第十七章　学术传承

　　历史的车轮滚滚前进，科学研究事业也似乎有一种不可抵挡的朝向。"文革"结束后，赵九章的后辈们在他开拓的空间物理学的基础上，不断开拓创新。长江后浪推前浪，如今他当初的学生们都年事已高，甚至不在人世。但他们播下的学术种子已经撒遍中华大地，一代代新生力量逐渐成长，使得我国空间物理事业和空间科学事业飞速发展，逐渐赶超世界先进水平。

---

　　① 丁佳. 赵九章"两弹一星"功勋奖章捐赠中科院空间中心. 中国科学报，2020-10-15.

一、重整旗鼓继续前进

1966 年，地球物理所一分为四。即在陕西成立应用地球物理所与大气物理所，在云南昆明成立昆明地球物理分所，以及在北京原地球物理所所址成立地球物理所。各所均直接由院领导管理，归口新技术局。这些机构中一批有成就的科学家都直接或间接受过赵九章的指导。[①]

1966 年从中科院地球物理所分离出去而组建的大气物理所，已经成为我国大气科学基础研究的最高学术研究机构，聚集了一批科技英才。……大气所目前已发展成为涵盖大气科学领域各分支学科的大气科学综合研究机构，代表我国大气科学基础研究的水平。

赵九章生前在气象科学领域悉心培养出的"'叶顾陶杨'四大金刚"，后来成为气象科学的领军人物，带领中国大气科学研究事业跟随世界脚步。叶笃正先生获得 2005 年度国家最高科技奖。2005 年中科院为叶笃正九十华诞的举办庆祝大会上，叶笃正致辞："一个科学工作者，一生的经历就好像是一出戏……这台戏的成功，不是一个人的成绩，而是大家的，是包括'叶顾陶杨'在内的一个科学群体的成绩。"[②] 当年共同经历的那段激情燃烧的岁月，以及后来结出的累累硕果，都体现了他们对赵九章的研究集体制及为科学事业无私奉献的认同与追随。

受"文革"的影响，国内科研队伍出现了断层，人才奇缺。这些年轻的科研人员基本都是大学本科毕业以后就直接开始了一线科研工

---

① 云南省地方志编纂委员会编. 云南省志卷3　地震志. 昆明：云南人民出版社，1999：535.

② 吴彤等著. 领袖科学家王大珩 叶笃正 刘东生. 北京：中国科学技术出版社，2012：166.

作，纵然对未来抱有很多梦想，但是哪里敢想过闯到国际上去。赵九章生前提出的希望他们在国际舞台上做出一番成果，让他们觉得遥不可及。濮祖荫的脑海中经常回忆起当年赵九章先生邀请、瑞典等离子体物理学家和空间物理学家、阿尔文教授来中国访问一事。后来他深深理解恩师积极拓展科研人员的国际视野的苦心，逐渐立下了远大的科研目标。众多的科技人员在先生精神的鼓舞下，不断向科技高峰前进，推动了中国科技事业大跨步的发展。

为加强地震监测预报工作，1971 年 8 月国家地震局成立，由中科院代管。同年 9 月地球所划归国家地震局，由地震局和中科院共同管理。1975 年 12 月，国家地震局改由国务院直属，地球所脱离中科院。1978 年，地球所一分为二，直接从事地震预测相关部分划归国家地震局，更名国家地震局地球物理所；其他人员及研究室（组）重建中科院地球所 [1]。此后，地球物理所在体制上相对稳定。[2]

2000 年以来，空间科学与应用研究中心自主提出了一系列空间科学计划，包括地球空间双星探测计划、国家重大科技基础设施项目子午工程和中俄联合探测火星计划"萤火一号"等。2011 年 6 月，中国科学院批准成立国家空间科学中心（简称空间中心），牵头负责中国科学院空间科学先导专项的组织与实施，2015 年 6 月经中央编办批复同意正式更名。

---

[1] 根据中国科学院"创新工程建设"的需要，1999年原中国科学院地质研究所与地球物理研究所整合，成立中国科学院地质与地球物理研究所。

[2] 1998年，国家地震局地球物理所更名为中国地震局地球物理所。1999年，原中科院地质所和原中科院地球物理所整合为中科院地质与地球物理研究所，现在是目前中国国内规模最大的综合性地球科学研究机构。

二、空间"三步棋"

在苏联人造卫星上天以后，凭借着渊博的学术和极其敏锐的学术洞察力，赵九章很快意识到，卫星的上天将对人类宇宙空间研究、气象学大有裨益，并进而对各国的经济和国防建设，以及人类的生产和生活方式改变都发挥重要的影响。

赵九章在思考的科学领域注意到争夺外层空间的新动向，具体包括三个方面：一是如何实现卫星上天，也就是卫星技术本身，也可称之为"空间技术"；二是卫星上天后对宇宙空间研究的影响，也就是"空间科学"；三是在上述两方面的基础上发展"空间应用"。赵九章思考的三大领域，实际上也是他要部署的"三步棋"。"空间技术"是空间时代的基础，有了它人类才敲开了空间的大门。赵九章在抓第一步棋的同时关注第二步棋——"空间科学"和第三步棋——"空间应用"。

科学家们利用空间与地面完全不同的环境条件进行科学实验，是空间时代为人类科学研究带来的又一个重大的机遇，赵九章积极支持利用探空火箭进行了"小狗上天"的实验，成为后来空间科学的又一个重要方面。

空间科学一方面依靠空间技术而发展，另一方面也向空间技术提出各种要求，推动它的发展，并且在更好地掌握空间环境状态后，为空间技术的发展提供有利条件。赵九章曾经对二女儿理曾说过："空间物理不单只是一门学科，它要依赖空间技术的发展。但反过来，空间科学的发展，又会推动空间技术的发展。"他还举例说，以什么态度发射卫星就必须考虑到地球高层大气、地磁场、辐射带等周围环境的影响。[①]

同时，赵九章还看到了空间技术将在人类生活的各个方面发挥重大作用，"空间应用"具有十分广阔的发展前景。于是将空间光辐射研究组转到红外大气吸收光谱等研究方面，进而组建空间应用队伍。选择人造卫星居高临下的优势，在军事侦察、气象观测等方面极具应用前景的对地观测作为切入点，并且凭借他本人在气象学方面深厚的造诣，以及发挥地球物理研究所汇聚的大气和气象研究人才的背景优势，以气象应用为突破口，集中力量酝酿气象卫星方案，开展红外波段电磁辐射在大气中传输等基础性研究工作，拟定我国气象卫星的发展规划。

赵九章当年关于"空间科学—空间技术—空间应用"的"三步棋"，虽然均属起步阶段，研究规模均比较小，但体现了他的真知灼见。现代军事的进程也证明了老师当年的远见卓识。在当今国际全球竞争中，早已形成陆、海、空、天四位一体的战场，空间已经成为"兵家必争之地"，控制空间、利用空间是现代军事首要的任务。赵九章生前曾选定的课题，在后来的"星球大战""导弹防御"计划中居于核心地位，至今仍然有着极强的生命力，为许多国家军方所关注。

在经历了将近半个世纪的风风雨雨以后，2000年中华人民共和国国防科学工业技术委员会发表我国第一份关于航天的"白皮书"中，明确了全面发展空间技术、空间应用、空间科学是国家的航天政策，"国家通过宏观调控引导中国航天活动的发展方向，统筹规划空间技术、空间应用和空间科学的发展"。这更加体现了赵九章当年战略部署缜密而有远见。

---

① 赵理曾. 父亲赵九章留给我的点点滴滴. 选自：国家地震局地球物理研究所编. 地球物理研究所建所35周年纪念文集（1950—1985续集），1986：21.

三、空间环境探测

　　赵九章当年的研究生都亨曾任我国国家空间碎片行动计划的首席科学家。虽然他在赵先生直接指导下的学习和工作时间只有八年，但恩师的教诲令他受益终身。每次想起赵先生在"文革"中的含冤去世，他的内心都非常难过，感慨赵先生的过早去世无论对国家、对地球物理所，乃至他自己这个赵先生的研究生而言，都是莫大的损失。

　　1978年我国实施改革开放政策，科学的春天再次降临，科学家们终于有机会继续从事他们心爱的科学研究。不过，都亨反而变得非常彷徨，无所适从了。赵先生高瞻远瞩，总能帮助研究生们挑选到极其重要，又跟国民经济和国防建设紧密相关的研究课题。如果赵先生健在，他可以一直在这棵参天大树下安心从事学术研究。经过几年无助、彷徨的自主探索，他意识到，我国航天事业的需求为空间环境科学发展的根本动力，毕竟先生之前就曾教导他们，任务带学科，从国家的需要去找项目，从任务中去找课题。后来，他在国家高技术计划"863"的支持下，潜心推进赵先生早期开创的空间环境研究。在他和国内同行的共同努力下，我国空间环境研究形成了从理论到实验、从基础研究到实际应用、从机理分析到对策措施全面展开的稳定局面，为我国航天事业的发展发挥了重要的支撑作用。

　　2005年，国家重大科技基础设施项目——东半球空间环境地基综合监测子午链（简称子午工程）经国家批准正式立项。该项目沿东经120°子午线附近，利用北起漠河，经北京、武汉，南至海南并延伸到南极中山站，以及东起上海，经武汉、成都，西至拉萨的沿北纬30°纬度线附近现有的15个监测台站，建成一个运用地磁（电）、无线电、光学和探空火箭等多种手段，连续监测地球表面20—30千米以上到几百公里的中高层大气、电离层和磁层，联合运作的大型空间环境地基监测系统，以研究空间环境灾害性天气变化规律，为满足我国航天、通信、导航和国防等领域的空间天气预报和服务的需求。[①] 子午工程由中国科学院牵头，教育部、信息产业部、中国地震局、国家海洋局、中国气象局等共同建设，建成空间环境监测、数据与通信、研究与预报三大系统。

四、空间物理新征程

"文革"期间磁暴组受到破坏性的冲击，造反派拿所谓的"修正主义科研路线"做幌子，对这支不可多得的研究队伍进行严酷冲击，活生生把赵九章兢兢业业一手创建和培育出来的磁暴组及其模拟实验室给搞垮了，磁暴组的研究局面完全崩溃。

"文革"结束以后，科学的春天到来了，科技人员们如同久旱逢甘霖一般，迫不及待地恢复了心心念念的科研工作。赵九章的弟子和带过的科研骨干，围绕赵九章提出的解决太阳粒子进入近地空间的物理过程以及对地球磁场的扰动，重整旗鼓继续前进。

1975 年，在徐荣栏、宛振福和王栓荣等人的努力下，等离子体模拟室逐渐恢复，开展了等离子体在中性线磁场和地球辐射带的模拟实验。美国亚利桑那大学范章云回国访问期间还参观了这一实验室。[②] 徐荣栏继续用粒子动力学方法解决磁尾粒子进入近地球空间问题；都亨正在开展空间环境与空间应用研究；胡友秋仍在等离子体动力学基

---

① 魏奉思. 东半球空间环境地基综合监测子午链的回顾. 选自：中国地球物理学会主编. 辉煌的历程——中国地球物理学会60年. 北京：地震出版社，2007：294–296.

② 所史编委会. 中科院空间中心史（第一卷）. 空间物理所册，2003：137.

础上，开展空间等离子体数值模拟等等。[①]

　　刘振兴仍用磁流体动力学方法开展磁层顶的磁重联研究，以解决太阳风粒子是如何进入磁层中的问题。他在 1975 年提出了"太阳风、磁层、电离层和上层大气耦合及其低层大气影响"的学术论点，事实证明，这一论点恰是 20 世纪 90 年代日地物理研究的一个主流方向。

　　特别值得指出的是在开展磁暴理论的开始，赵九章发现粒子在对流电场的作用下向地球方向运动是解决粒子进入地球附近的重联机制，但阿尔文当时只是计算粒子在赤道面上的二维问题，考虑到带电粒子在阿尔文层附近的积聚使它们沿磁力线进入到地球大气层形成极光。赵九章认为阿尔文从二维问题推广到三维问题的方法不能令人信服，他要求徐荣栏努力尝试从三维问题进行计算，由于当时计算技术的限制徐荣栏算不下去。时隔 40 多年，徐荣栏的学生李磊计算了粒子在电场作用下的三维运动，说明它的确是解决粒子进入近地球的很好机制。[②] 这种继续不是一种简单的复原，而是一种学术继承和创新，是在赵九章生前提出的学术框架内的扩展和延伸。后来者的研究是在现有新技术条件和新研究成果上的学术创造，充分利用了计算机模拟技术和国际先进的探测资料，取得了国内外瞩目的学术成果。

　　1982 年，刘振兴根据"旅行者号"飞船的探测数据，建立了一个新木星磁盘模式。他在这一模式中首次考虑了木星等离子体的不同转速和磁盘的波状结构，明确阐释了木星等离子体片厚度的变化规律，以及诸物理量的分部特性。后来 A. J. Desserler 教授在他主编的由剑桥

————————

　　① 吴阶平等主编，《赵九章》编写组. 赵九章. 贵阳：贵州人民出版社，2005：102.

　　② 吴阶平等主编，《赵九章》编写组. 赵九章. 贵阳：贵州人民出版社，2005：102-103.

大学出版社出版的《木星磁层物理》将这一模式称作"刘氏模式"。1987 年以来，刘振兴创建并系统发展了涡旋诱发磁场重联理论，这种新的磁场重联理论得到国际空间科学界的肯定。在这一基础上，中国科学院空间科学与应用研究中心已经和欧洲空间局 Cluster 科学数据系统建立了良好的科学合作。相关成果在 1993 年获得中国科学院自然科学奖一等奖。

徐荣栏的"中性片模式"被收集在美国宇航局数值中心网上。刘振兴、徐荣栏还先后获得国际空间研究委员会 COSPAR 科学奖。赵九章在 1963 年曾出席的 COSPAR 大会 2006 年首次在北京召开，已成为国际宇航科学院院士的徐荣栏被推选为这一届大会的科学委员会主席。

时至今日，赵九章最早建立的这支团队已经在中国科学院国家空间科学中心发展壮大，在太阳风能量传输到磁层的过程，日地关系和地磁分析，磁尾粒子的动力学过程等方面，以及应用现代新的计算和模拟技术上取得了令人振奋的成果。倘若赵先生在天有灵，一定会欣喜地看到中国空间物理学事业正在实现他生前的夙愿。

五、空间科学卫星新发展

赵九章对发射空间科学卫星来开展空间科学探测非常重视，强调要在空间科学研究中拓展国际合作。

1957 年苏联第一颗人造卫星上天时，他就马上意识到人造卫星将给空间环境探测带来宝贵的发展机遇，并力促将空间科学探测使命赋予我国第一颗人造卫星，但后来因"文革"影响，这颗卫星实际上只是技术卫星。

赵九章曾总结过 20 世纪五六十年代国际空间探测历史中的经验与教训，明确指出："空间探测必须与科学问题联系起来，必须有一个明确的科学问题，磁暴组不仅要出文章，更重要的是要承担今后为中国科学卫星提出科学问题的重担。"[①] 他经常提到，虽然苏联在60年代初期，其探测技术领先于美国，首先探测到太阳风等重要的科学现象，但由于苏联没有很好地将其探测结果与科学研究联系起来，缺少科学问题本身的研究，因此虽然苏联发现了这一重要的科学现象却没能作出重大科学发现，但美国却对此作出了科学解释。赵九章提出的科学卫星要有明确的科学目的，这一思想对后来我国科学卫星的发展有很大影响。

中国也发射过实践号科学卫星，在通信科学、气象卫星等卫星上也曾搭载过一些空间探测仪器，但是在空间科学探测上取得的效果一般。徐荣栏认为："造成这种结果的原因很多，重要的一条就是领导人的思想上缺乏重视空间探测的科学目的性，科学家与领导干部之间在思想上存在一定的距离。"科学家一方偏重科学目标，往往提出一些脱离了国家经费实力与基础条件的科学探测设想，而领导干部为了养活和维持研究队伍和技术力量，有时候会在有限的技术和经费条件下匆忙上马。[②]

刘振兴当年被赵九章比喻为足球队中锋，鼓励其到国际舞台去"比武"，后来果真被遴选为中国科学院院士。20世纪90年代开始，他尽全力去实现恩师关于开展国际合作和发射科学探测卫星的遗愿。在他的努力下，中国第一个科学卫星计划——"双星计划"顺利实施。

根据国家的需要和国际发展趋势，刘振兴于1997年1月正式提出了地球空间双星探测计划（简称"双星计划"），立即引起了国际空间物理学界的关注。欧空局派出了以科学项目主任为首的代表团，于

---

① 徐荣栏. 和赵九章一起工作的回忆. 院史资料与研究，1992（6）：9-10.
② 徐荣栏. 和赵九章一起工作的回忆. 院史资料与研究，1992（6）：10.

1997 年 11 月访问了中科院空间中心。双方签署了合作的议定书。"双星计划"包括近地赤道卫星（探测 1 号，TC-1）和极区卫星探测 2 号（TC-2），运行于近地磁层重要活动区。这两颗卫星与欧空局 Cluster 的 4 颗卫星密切配合，首次形成了地球空间的"六点探测"，成为 21 世纪初期国际上在地球空间的主要探测计划之一。2001 年 7 月 9 日，中国航天局与欧洲空间局在巴黎正式签署合作协议，启动该计划，这是首个由我国提出的空间探测国际合作计划。

根据双方合作协议，由刘振兴担任中方首席科学家，成立了中国 Cluster 数据和研究中心及中国 Cluster 科学工作队。通过合作，中方可获 Cluster 4 颗卫星的科学数据。第一颗 TC-1 卫星和第二颗 TC-2 卫星分别于 2003 年 12 月 30 日和 2004 年 7 月 25 日成功发射。两颗卫星运行正常，双星上的 16 台科学仪器工作正常，双星和 Cluster 协调很好，已获得大量科学数据，同时还获得了 Cluster 4 颗卫星的大量科学数据。"双星计划"开了空间科学卫星系列的先河，让中国在空间科学领域在国际上有了一席之地。"双星计划"作为中国空间科学的里程碑，2010 年获"国家科学技术进步奖一等奖"，同时，"双星计划"和"星簇计划"的团队获得国际宇航科学院"2010 年度杰出团队成就奖"。

"双星计划"成功后，空间科学家们一直呼吁国家实施空间科学卫星计划，无奈因社会经济条件不成熟而搁置。中科院于 2011 年部署了空间科学先导专项，开启了中国空间科学卫星的新时代。空间科学先导专项一期顺利发射了暗物质粒子探测卫星（DAMPE）"悟空号"，中国首颗专用微重力实验卫星——"实践十号"返回式科学实验卫星，中国第一个空间天文卫星硬 X 射线调制望远镜卫星"慧眼"，以及世界首颗量子科学实验卫星"墨子号"。这些科学卫星催生了中国科学家不断发表重要成果。空间科学先导专项的实施也提高了我国空间探测技术，锻炼了科技队伍，在一定程度上提高了我国在国际空间物理学界的地位。

中国政府于 2001 年首次发布《中国的航天》白皮书，指出航天事业包括空间科学、空间应用和空间技术三个方面。赵九章先生生前关注的空间科学在进入 21 世纪后，成为中国航天的正式领域，呈现出多元发展格局。

我国科学家利用返回式卫星完成一批微重力科学的空间实验，效果良好。中国于 1992 年启动的载人航天工程，在工程筹划时已考虑到了空间科学的需要，同年组建了中国科学院空间科学与应用研究中心，管理载人航天工程的科学应用。利用载人航天工程的应用系统开展空间科学研究也取得了巨大进步。

2004 年中国正式开展完全自主实施的月球探测工程启动以来，中国陆续发射了嫦娥一号、二号、三号、五号 T1 试验器和四号任务，晋身国际月球观测的重要队伍。

国际竞争的演变也使得中国政府意识到太空是未来增长和竞争力的重要推动力。2016 年 5 月 30 日，"科技三会"召开，习近平总书记在"为建设世界科技强国而奋斗"的重要讲话中，强调"必须推动空间科学、空间技术、空间应用全面发展"。国务院 2016 年印发的《"十三五"国家科技创新规划》指出，要开展依托空间科学卫星系列的基础科学前沿研究，取得重大科学发现和突破，空间科学卫星系列首次被写入国家五年规划。2019 年 10 月在厦门召开以"发展空间科学，建设航天强国"为主题的第一届中国空间科学大会，标志着中国空间科学学术共同体的规范化。

国际空间站项目自启动以来，一直将中国排除在外，直到近年来，中国科学家团队才获得了极其有限的在国际空间站进行搭载实验的机会。当前载人航天工程进入第三阶段。2016 年 9 月 15 日发射的"天宫二号"（TG-2）是真正意义上的小型空间实验室，装载了空地量子密钥分配试验、空间冷原子钟等 14 项空间应用载荷，开展了地球观测和空间地球系统科学、微重力基础物理等多项实验。"天宫一号"和货运飞船"天舟一号"（TZ-1）也都开展了空间科学项目。

中国在 2024 年之后，将成为唯一在轨运行的空间站。中国希望借助于空间站，在空间科学领域获得若干具有国际影响的重大发现，进入世界先进行列。[①]"嫦娥四号"探测器于 2019 年 1 月 3 日在月球背面预选区着陆，搭载沙特、荷兰、德国和瑞典四国科学家研制的科学载荷并获取探测数据。中国火星探测计划 2016 年 1 月立项。2020 年 7 月 23 日，中国火星探测器"天问一号"在文昌航天发射场由长征五号遥四运载火箭发射升空，成功进入预定轨道。"天问一号"计划于 2021 年 2 月到达火星，实施火星捕获。2021 年 5 月择机实施降轨，着陆巡视器与环绕器分离，软着陆火星表面，火星车驶离着陆平台，开展巡视探测等工作。中国还计划在月球的南极地区建立科学研究站，并在 10 年内建立自己的精密大型太空站，并向小行星、木星甚至天王星发送探测器。

赵先生生前的愿望正在逐步实现。在细数共和国空间科学的这些辉煌的成就时，我们仿佛看到赵九章先生灿烂的笑容正在浩瀚的宇宙空间弥漫……九泉之下，他定然非常欣慰。

---

① 王海名，王海霞，杨帆，吴季. 载人航天、嫦娥工程及其他空间重大工程将产生重大突破. 中国科学院院刊，2013，28（5）：637-639.

结语

　　他是共和国科技事业发展史上一位难得的帅才，是当代杰出的科学家、教育家、卓越的科技工作组织者。赵九章先生是一位全方位的科学家。他的研究水平之高，研究范围之广，对我国科学事业的推动作用之大，在中国科学史上以至人类科学史上有着显著的地位。他对科学事业，对培养青年人有着无限的热情。他的一生是为我国气象学和地球物理学发展及中国人造卫星的开创作出了重大贡献的一生，是不断开拓空间物理学等新的学科领域，鞠躬尽瘁地推动科技事业发展的一生，是光荣而伟大的一生。他虽已离去半个多世纪，但他那崇高风范和卓越贡献是留给我们一笔弥足珍贵的科学财富、文化财富和精神财富。

科研服务于国家需要

　　在他看来，地球物理学有其作为一门学科的固有规律，在国民经济和国防建设领域也有广阔的发展前景。因此，在发展地球物理学时，他注重遵循科学的内在规律，潜心进行基础研究，但他还没有把它作为与外界隔绝的"象牙塔"，而是一贯以国家需要为科研的出发点，时时刻刻考虑正确处理好任务和科学的关系，让研究成果为国民经济和国防建设服务。

赵九章十分重视气象学的现代化建设，促进气象科学的发展。他的论文《信风带主流间的热力学》首次真正把数学和物理学引入到气象学，以动力气象学理念解决气象学问题。20世纪60年代以来，气象科学研究及时满足了国民经济和国防需求对气象科学越来越高的要求，这些都显示出赵九章先生作为一名战略科学家高远的目光和开拓创新精神。

新中国成立初期（1949—1955），在赵九章的领导下，中科院地球物理所紧密联系实际，分别与军委气象局、农业科学院、海军部合作，在中央气象局成立了联合资料中心、联合天气分析及预报中心，在农业科学院成立了农业气象组，与海军成立青岛海浪台。此外各个部门开始准备建设，急需大量地震资料，特别是1953年我国"一五"计划时期开展大规模基础建设项目。国家计委城市建设局要赵九章提供各基地的地震烈度资料。这一时期，地球物理所在李四光与赵九章的领导下，短时间内整理出来古代地震资料。

中科院国家空间科学中心原党委书记吴智诚曾给赵九章当过一段时间秘书，他对赵九章有句精练的评价："只要是国家需要的，他就去做。"赵九章一生都在响应国家的召唤，不断开拓新的学科领域。

新中国成立后不久，赵九章就听到中央领导同志的不少报告，报告中号召"科研结合生产 理论联系实际"，他内心很受触动。新中国成立初期，我国天气预报的技术力量薄弱，气象业务刚起步，他主动提出以人力、物力支援军委气象局。赵九章与涂长望携手，组建了"联合天气分析预报中心"与联合资料室，调配一批中高级研究人员及新中国成立前所收集的一套最完整的气候资料及一批收报器材到中央气象局。在党的领导下，这两个组织曾为新中国气象事业的建立作出重要贡献。这段合作经历至今在我国气象界传为佳话，充分体现了赵九章、涂长望两位科学家的高瞻远瞩。

几十年后，回望历史发展，傅承义在缅怀赵九章所长时不禁感叹，"将气象研究所扩展为地球物理所是他的创见"。① 他无愧是我国现代地球物理科学的开拓者，对地球物理研究所如何发展提出了"物理化、工程化、新技术化"的口号，推动地球科学加速向现代科学迈进。他在1952年就组建成立了海浪组并开展工作，开辟了我国海洋研究的新领域。

勇于开拓新领域

他是我国空间科学的开拓者和空间探测技术的先驱、我国现代大气科学的奠基人之一。

不断开拓新领域，需要的是锲而不舍地精心学习新知识。对于他不熟悉的学科，他总是心甘情愿地从头学起。当他开展磁暴理论研究时，他带领学生们一起学习磁暴理论的专著和文献，以及与此相关的磁流体力学激波理论。当开展高空大气物理的火箭和卫星探测方法时，他首先自己学习气体分子运动论和稀薄气体动力学，再讲授给学生们。他这种学而不厌，活到老学到老的精神，使他不断开拓新的学科领域。②

他生前创建了我国第一个磁层物理研究室，第一个行星际物理研究室，第一个空间环境模拟实验室，第一个卫星遥测遥控研究室……

他对交叉学科非常重视，倡导相关学科的综合研究，这也是中国

---

① 中国科学院地球物理研究所名誉所长傅承义在建所35周年纪念大会上的讲话. 选自：国家地震局地球物理研究所. 地球物理研究所建所35周年纪念文集（1950—1985续集），1986：12.

② 刘振兴. 回忆恩师赵九章. 出自樊洪业主编. 院史资料与研究，2006（6）：75.

科学院发挥多学科综合优势的重要问题。[①]

淡泊名利　甘于奉献

赵先生热爱祖国，热爱人民，为人正直，不谋仕途，把毕生精力贡献于我国的科技和教育事业。

赵九章对物质和名利都不看重，不愿意担当政府官员，他的心思都在科研事业上。1961 年 12 月中央气象局局长涂长望病重，想在离世前为国家气象局物色一位科学家来当自己的接班人。他在病床上给时任国务院副总理邓子恢写了一份报告，推荐赵九章日后继任气象局局长。1962 年 6 月 9 日，涂长望病逝。之后，国务院相关领导曾征询过中国科学院的意见，并动员赵九章调任。中科院党组还曾讨论过赵九章前去任职中央气象局局长一事。赵九章将毕生心血奉献给了气象事业，还曾不遗余力地推进中国科学院地球物理所和气象局的合作，但是专门让他去当"局长"，却非他心头所好。时任中科院党组成员的李德仲亲身参加过中科院党组会有关上述事宜的讨论会，对赵九章本人不愿去就任一事印象颇深。多年以后，李德仲多次说道："赵九章才是一位一心从事科研的真正科学家，他不愿去做官。"[②]

赵九章为大气科学新局面的开拓作出了重要贡献。也正是在他的指导下，顾震潮等开展了数值预报等工作。不过，赵九章 1964 年曾在《科学报》上发表《向顾震潮同志学习》一文，并亲自题写标题，积

---

① 虞昊. "三化"是创新型人才的必需——纪念赵九章院士百年华诞. 物理通报，2008（3）：1.

② 吴阶平等主编，《赵九章》编写组. 赵九章. 贵阳：贵州人民出版社，2005：52.

极肯定顾震潮是一位红专并进的科学家，值得大家学习的典型。他还特别提到顾震潮"从1955年起，又开创了我国的数值预告、人工降水、云雾物理及雷电研究。他不断地开辟新领域，又不断地培养了一批又一批的气象科学工作者，并且在每项新领域内，他都做出了高水平的研究工作"。这一件事体现了赵九章提携同行和对后辈的宽广胸怀。[①]

人造卫星事业的开创者

他是我国人造卫星事业的倡导者和奠基人之一，为我国国防科技和人造卫星事业的发展作出了重要贡献。

从1957—1958年的国际地球物理年开始，他就注意到了人造地球卫星对于科学研究和应用的潜在意义。在1957年苏联发射了第一颗人造地球卫星后，他以渊博才学和远见卓识，适时向中央提出建议，促使卫星研制列入国家计划，成为我国人造卫星事业的主要倡议者，并积极倡导空间科学与空间探测技术研究，培养人才。后来，主持讨论和制定了我国第一颗卫星方案制定并组织实施的科技方案，特别是卫星轨道的测轨方案等，这些方案符合国情，节约了时间，还降低了经济成本。他还主持制定了我国卫星系列发展规划；组织开展我国卫星研制的前期准备，开展大量卫星课题预研。这些工作为我国第一颗人造地球卫星的发射，以及卫星事业的长远发展打下了坚实的基础。

赵九章除了积极进行空间探测的领导，还十分关注空间科学的研究。他十分强调：空间探测必须与科学问题本身联系起来，必须要有明确的科学目的。他亲自组织和领导磁暴理论组，带领一批年轻科研人员向空间物理的国际前沿进军。他强调，磁暴组不仅要出文章，更

---

① 赵九章. 力争上游红专并进. 科学报，1964-04-11（3）.

重要的是要承担今后我国的科学卫星提出的科学问题。

甘做青年引路石

赵九章爱才人尽皆知。他在有限的一生中孜孜不倦、不拘一格地选拔和培养优秀人才。他做人低调，平易近人，毫无保留地把自己的知识和经验传递给青年人，甘心为青年人做引路者和铺路石。

早在 1938 年他在昆明西南联大授课时，其授课便深受学生们喜爱。后来 1944 年他调至中央研究院气象研究所工作后，还在中央大学兼任教授。新中国成立后，在中科院地球物理所担任所长期间，他不仅以研究生导师的身份培育出了刘振兴、都亨等多名研究生，还有教无类，不拘一格培养和选拔出了众多气象优秀人才。1958 年中国科技大学成立后，他创建了中国科技大学地球物理系，主动担任创系主任，网罗名家大师授课，并主动承担了较为繁重的授课任务。此外，他还积极倡导中科院建立研究生制度。

他教书育人，桃李满天下，培养了一批学科带头人，如刘振兴、都亨、叶笃正、顾震潮、周秀骥、巢纪平、曾庆存、胡友秋、傅竹风等。几十年后，学生们依然感叹恩师对自己科研生涯的深远影响。依然健在者虽年逾古稀，仍然带领一批年轻人活跃在研究第一线。赵九章爱才惜才，对有才华的年轻人给予特殊培养和照顾，帮助他们在科技领域尽可能地发光发热。

大女儿燕曾记得，"很少听到父亲论断他人的不是，却常常听到他对长辈、同辈和年轻人的热烈的赞扬。记不清多少次，听到他欣喜地谈到某某年轻人做出了好成绩，或者谈到他与国内外名家洽谈，送有才华的人去进一步深造"。①

　　三年困难时期，他宁肯自己得浮肿病，也要把国家提供给特级科学家的牛奶送给下属徐荣栏家的新生儿。他用中国乒乓球运动员得世界冠军的例子来激励磁暴组的科技人员。"我们也要培养几个种子选手到国际舞台上进行比武"，"科研工作和打乒乓球一样要为祖国争光。你们这些人要有当冠军的气概！"②

重视创新

　　赵九章的一生体现了锲而不舍、开拓创新的科学精神。他非常强调学术要创新。在他亲自指导的磁暴理论组的学术研讨会上，他总是启发大家提出新想法和概念。20世纪60年代初，他们开展了地球辐射带变化理论和太阳风粒子如何通过磁层顶进入磁层的研究，这些提法时至今日也是较为前沿的问题。③

　　他坚持自己的科研原则。在"大跃进"时期，他曾说出："大跃进光凭热情不讲科学，一哄而上，重量轻质"，认为党的领导、行政领导与业务领导应有已分界线。在"任务带学科"的大背景下，他则不合时宜地提出"任务是手段，学科是目的"。他在言传身教的过程中，把一丝不苟、认真务实的精神也进行了传递，教育了青年一辈如何做人，如何做学问。

① 赵燕曾. 缅怀与纪念. 见樊洪业主编. 院史资料与研究，2000（6）：86.
② 徐荣栏. 和赵九章先生一起工作的回忆. 院史资料与研究，1992（6）：11.
③ 刘振兴. 回忆恩师赵九章. 出自樊洪业主编. 院史资料与研究，2006（6）：76.

人民没有忘记

然而这样一位卓越非凡的科学家却含冤自尽，留给世人无尽的遗憾。

时光荏苒，赵先生去世至今，转眼已半个多世纪。每每想起他，人们唏嘘不已。共和国的历史也会铭记他在开创、推进、领导、规划我国卫星研究、地球物理学科发展中的卓越贡献。

仰望天空，先生已化作宇宙间的一粒尘埃，守望着这片土地。可以告慰赵先生的是，我们的地球物理事业已经取得了长足的进展，取得了很多有中国特色的在国际上有重要影响的科研成果。

赵先生虽然离开了我们，但他的精神时刻激励着我们。他所具有的爱国敬业、胸怀祖国、放眼世界、不断开拓、无私奉献的精神，依然是年轻一代科研工作者学习的楷模，是鼓舞我们不断进取的精神财富。先生永远活在我们的心中，为后人敬仰。在新时代，我们更应大力弘扬赵九章先生攻坚克难、敢于创新、科技报国的精神，为推动祖国科技事业的繁荣昌盛而奋斗。

主要参考文献

一、著作

1. 赵九章铜像筹委会联络组. 赵九章纪念册. 中科院印刷厂，1997.

2. ［苏］勃林斯基（Н.А.Белинский）等撰，管秉贤译. 海浪预报. 北京：科学出版社，1954.

3. 中国科学院秘书处编辑. 学习苏联先进科学：中国科学院访苏代表团报告汇刊. 北京：中国科学院，1955.

4. 中国近代科学论著丛刊气象学编写委员会. 中国近代科学论著丛刊　气象学（1919—1949）. 北京：科学出版社，1955.

5. 竺可桢日记（1—5 卷）. 北京：人民出版社，1984.

6. 中央研究院总办事处秘书组. 中央研究院史初稿.1988：375.

7. 竺可桢传编写组. 竺可桢传. 北京：科学出版社，1990.

8. 中科院军工史办. 中科院国防科学技术丛书——人造卫星卷，1990.

9. 科学时报社编. 请历史记住他们——中国科学家与"两弹一星". 广州：暨南大学出版社，1999.

10. 巩小华. 中国航天决策内幕. 北京：中国文史出版社，2006：150，156.

11. 卫一清，丁国瑜主编. 当代中国的地震事业. 北京：当代中国出版社，1993.

12. 陈洪鹗，许瑛. 中国当代地球物理学的开拓者. 北京：北京地震出版社，1994.

13. 张建伟，邓琮琮. 中国院士. 杭州：浙江文艺出版社，1996.

14. 叶笃正主编. 赵九章纪念文集. 北京：科学出版社，1997.

15. 刘红年. 大气科学概论. 南京：南京大学出版社，2000.

16. 当代中国两弹一星事业大事记（征求意见稿）. 两弹一星历史研究会 .2012.

17. 温克刚主编，谢世俊著. 涂长望传. 北京：当代中国出版社，1997.

18. 裘国庆. 国家气象中心 50 年. 北京：气象出版社，2000：17.

19. 林家治. 科学巨匠吴有训. 石家庄：河北教育出版社，2000.

20. 苏云峰. 从清华学堂到清华大学（1928—1937）. 北京：生活·读书·新知三联书店，2001.

21. 宋健. "两弹一星"元勋传·赵九章下册. 北京：清华大学出版社，2001：15.

22. 中国科学院空间科学与应用中心. 中国科学院空间科学与应用中心所史（第一卷），2003：219.

23. 所史编写组. 中科院大气物理所所史. 北京：科学出版社，2003.

24. 张国华主编. 北京高等学校百年科技发展. 北京：北京工业大学出版社，2003.

25. 章震越. 缅怀恩师赵九章先生，选自中央大学南京校友会，中央大学校友文选编纂委员会. 南雍骊珠 中央大学名师传略. 南京：南京大学出版社，2004：380.

26. 周恩来 . 关于知识分子问题的报告，见中共中央文献编辑委员会编：《周恩来选集》下卷 . 北京：人民出版社，2004：162-163.

27. 吴阶平等主编，《赵九章》编写组 . 赵九章 . 贵阳：贵州人民出版社，2005.

28. 王鹏飞 . 建国前后气象工作钩沉 . 风雨征程——新中国气象事业回忆录第一集 . 北京：气象出版社，2006：26.

29. 彭光宜 . 我心目中的"联心". 风雨征程——新中国气象事业回忆录第一集 . 北京：气象出版社，2006：199.

30. 冯秀藻 . 军委气象局成立前后 . 风雨征程——新中国气象事业回忆录第一集 . 北京：气象出版社，2006：12.

31. 樊洪业主编 . 竺可桢全集第 8 卷·竺可桢日记三集 . 上海：上海科技教育出版社，2006.

32. 樊洪业主编 . 竺可桢全集第 10 卷 . 上海：上海科技教育出版社，2006.

33. 吴增祥 . 中国近代气象台站 . 北京：气象出版社，2007.

34. 樊洪业主编 . 竺可桢全集第 12 卷 . 上海：上海科技教育出版社，2007.

35. 张藜等 . 中国科学院教育发展史 . 北京：科学出版社，2009.

36. 中国空间技术研究院编 . 天街明灯——中国卫星飞船传奇故事 . 北京：中国宇航出版社，2009.

37. 李慕南 . 科学家成才故事 . 沈阳：辽海出版社，2010：152-153.

38. 樊洪业主编 . 竺可桢全集第 19 卷·竺可桢日记六集 . 上海：上海科技教育出版社，2010.

39. 樊洪业主编 . 竺可桢全集第 9 卷 . 上海：上海科技教育出版社，2006.

40. 樊洪业主编 . 竺可桢全集第 11 卷·竺可桢日记六集 . 上海：上海科技教育出版社，2006.

41. 中共中央党史研究室 . 中国共产党历史·第 2 卷（1949—1978）. 北京：中央文献出版社，2011：685.

42. 杨照德，熊延岭 . 钱骥传 . 北京：金城出版社，2011：296.

43. 陈云峰 . 云卷云舒　黄土松传 . 北京：中国科学技术出版社，2015：46.

44. 方黑虎，丁毅信，丁兆君 . 永恒的东风　中国科大故事 . 合肥：中国科技大学出版社，2018：113.

45. 中国科学院国家空间科学中心，《赵九章先生纪念文集》编委会 . 赵九章先生纪念文集 . 北京：科学出版社，2021.

46. 杨达寿 . 竺可桢传 . 杭州：浙江科学技术出版社，2009：282.

47. 樊洪业主编 . 中国科学院编年史（1949–1999）. 上海：上海交通大学出版社，2018.

48. 迮清，柳刚 . 问天指路　中国航天发展纪实 . 上海：上海交通大学出版社，2018.

49. 国家地震局地球物理所 . 地球物理所建所 35 周年纪念文集（1950–1985 续集）. 1986.

二、论文

1. 赵九章 . 活动中心之形成与力管场之关系 . 气象学报，1947，19（1–4）：1–13.

2. 赵九章，陶诗言 . 大气环流的统计研究 . 气象学报，1949（20）：5–13.

3. 国立中央研究院气象研究所刊印 . 竺可桢先生六旬寿辰纪念专

利.中华民国三十八年五月.

4. 赵九章.总路线与地球物理研究所的工作.科学通报，1954（8）：37-39，40-42.

5. 赵柏林.摩擦层中湍流系数.气象学报，1956（3）：195-218.

6. 赵九章.中国地球物理学会第一次会员代表大会开幕词.地球物理学报，1957（01）：1-8.

7. 李希泌.才干堪推第一流（纪念涂长望同志）.中国科技史料，1982（3）：36.

8. 朱抱真.评"稳定的和不稳定的斜压行星波"的研究.气象学报，1985（4）：495-500.

9. 本刊编辑部.生理学家鲁子惠.世界科学，1985（7）：9-10.

10. 陶诗言，王昂生，黄美元.中国气象界的功臣——顾震潮教授.中国科技史料，1985（4）：41-47.

11. 本刊编辑部.生理学家鲁子惠.世界科学，1985（7）：9-10.

12. 田彩凤.叶企孙与清华.清华大学教育研究，1988（2）：75-78.

13. 本刊编辑部.缅怀卓越科学家赵九章教授报告会.地球物理学报，1989（2）：242-243.

14. 叶笃正.怀念我的老师赵九章先生.中国科学院院刊，1989（3）：280-282.

15. 陈洪鹗.中国当代地球物理学的开拓者——赵九章.国际地震动态，1992（1）：22-25.

16. 胡学文.新中国气象第一人（二）.贵州气象，1994（2）：48-49.

17. 丁继武.中国科学院院士陶诗言.新疆气象，1998（2）：59-60.

18. 崔茹华，杨小林. 赵九章年谱. 院史资料与研究，2000（6）：7.

19. 赵燕曾. 缅怀与纪念. 见樊洪业主编. 院史资料与研究，2000（6）：85.

20. 虞昊. 赵九章铜像的来历. 党史博览，2004（7）：26-27.

21. 叶笃正，周家斌，纪立人. 为我国地球物理科学发展立了大功的人——纪念赵九章先生和卫一清同志. 辉煌的历程——回顾中国地球物理学会60周年专刊.2007（09）：36-137.

22. 管秉贤. 深切缅怀著名海洋学家、我国海浪科研事业的开拓者和奠基人赵九章先生. 海洋科学进展，2006（03）：277.

23.陈洪鹗. 深切缅怀大地球物理科学泰斗赵九章. 国际地震动态，2007（8）：4-11.

24. 虞昊. "三化"是创新型人才的必需——纪念赵九章院士百年华诞. 物理通报，2008（3）：3.

25. 黄涛. 战略科学家是如何炼成的——以钱学森为例. 中国科学基金，2010（2）：87-90.

附录一 赵九章先生重要文稿

关于发射人造卫星致周恩来总理的一封信

总理：

在最高国务会议和人民代表大会上，听到您的说明和报告，感到无比的兴奋，在全国开始出现社会主义革命和社会主义建设新高潮以及全世界出现一片大好形势的今天，我国人民面临着更加光荣重大的任务。作为一个科学工作者，愿尽我一切力量，响应党的号召"我们必须打破常规，尽量采用当代世界的先进技术，向60年代和将来到的70年代赶上去"。

我国第一颗原子弹的爆炸成功，标志着我国科学技术开始飞速前进的新阶段。今后为了建立我国核武装完整体系，必须加速我国洲际导弹的研制配合国家这一个重大任务，我谨愿就发射我国人造卫星问题，向您陈述我的一些看法和建议，请您参考。

一、发射卫星和发射洲际导弹的关系

根据几年来苏、美两国发展洲际导弹的过程看来，苏联在卫星成

功发射以后的一年多，才以洲际导弹向太平洋打靶；美国在 1958 年发射卫星时，他们的远程导弹还没有过关。这不仅是试验运载工具的推力，还有其比较深刻的原因。远程导弹和人造卫星进入轨道之前的无线电导航设备基本上是一样的，由控制卫星进入轨道的精确度，就可以衡量洲际导弹打靶时落弹点的精确度。卫星进入轨道的一些偏差，并不妨碍卫星的运转，但它既可以改进洲际导弹控制系统提供试验数据，又可以避免在地面试射洲际导弹的一些暂时的困难。由于远程导弹射程较远，一般都要超出一个国家范围，落弹点的偏差必须有可靠的把握才能进行试射。以我国幅员来说，即使把发射阵地设在国境的最西端，到东北边境或西沙群岛的距离都不过四千多公里 。如果采取东北弹道，就要经过蒙古人民共和国而向西沙群岛发射，要经过人烟稠密地区的上空，且着弹点的观测还有许多不便之处 。即使这些问题可以解决，也不可能解决洲际导弹全程打靶问题 。因为洲际导弹打靶，还有两个复杂问题：一个是向远离我国的太平洋海区打靶，要有强大的海军配合行动；另一个是要解决导弹重返大气层问题。当然这两个问题 ，我们必须解决。无论这两个问题是否解决，都可以发射卫星，并可以先走一步，把无线电导航、轨道试测及计算地面跟踪等科学技术系统建立起来，这并不妨碍我国洲际导弹进展，相反的两者是相辅相成的。

二 、人造卫星是直接用于国防或服务于国防的

从美国和苏联已发射的卫星的情况来看，人造卫星是直接用于国防或服务于国防的。有些探测项目，一时还不能直接用于国防，只是附带做做而已。苏联发射的人造卫星，在 1962 年以前，似乎对在国防上的应用，注意不够 。1962 年以后，就大力发展人造卫星在国防上的

应用，自宇宙卫星系列起，他们就没有发表探测的项目，但从这些人造卫星的轨道情况看来，大部分是适合于侦察地面情况的。从他们发表卫星气象学论文看来，他们在这方面的水平并不落后于美国。就美国发射的卫星来说，至今年 11 月份为止，据不完全统计，因有些秘密卫星没有公布，共计发射了 288 个，成功 228 个。直接用于国防的，在发射成功的 228 个中为 174 个。直接用于国防或服务于国防的卫星中，包括美国公开宣称的秘密卫星（绝大多数用于侦察核爆炸和导弹发射）和间谍卫星等。有些卫星如气象卫星泰罗斯（已发射了 8 个）雨云（已发射了 1 个），观测全世界的云量、温度分布及气象情况，本身就是美国全球战略的一个工具。一旦有战事发生，美国就可以利用卫星系统及全球海底电缆的通讯工具，把全球气象情报掌握起来加以保密。而在这一系列的卫星上，还载有拍摄地面设备的照相机，更可以直接用为侦察的手段了。不属于上述一类的卫星，也还是和国防有关的，如太阳观测卫星（OSO），地球物理观测卫星（OGO），看来好像是为了纯科学目的，其实这些人造卫星都需要高度精确的姿态控制技术作定向无线电发射及特殊照相，也可以应用于国防。此外，这些卫星中也可能载有未公布的仪器，从事秘密工作。

有些卫星，如探险者系列（共发射了 34 个，成功 24 个），表面上看来，也好像是为了纯科学目的，探测高空辐射带、高空磁场等等，其实探测辐射带的仪器和探测核爆炸后产生的放射性粒子的仪器，原理是一样的。由此可以说，所有的人造卫星，几乎都是与国防有关的。

三、人造卫星的工作规模和尖端科学及工业的关系

人造卫星的工作规模是非常大的，综合性是非常强的。配合原子

能、导弹事业发展，可以更全面地推动各种尖端科学和工业的发展。首先是地面观测设备，除了和导弹有相同的要求外，还须发展灵敏度更高、距离更远的雷达设备，高速的电子计算机，各种特殊的讯号收发技术，如气象卫星中的图片收发技术。这就推动无线电、自动控制等尖端科学和工业的发展。其次是卫星制造本身，对半导体阳能电池、超小型无线电部件、防护辐射的材料，以及地面对高空环境的模拟进而可以供研究反导弹之用，红外部件和各种特殊探测大都可用于国防仪器等尖端科学研究都提出了较高的要求。还有更多的方面，这里不能一一列举。要使这些工作达到能发射卫星的要求，需要有一段相当长的时间，如美国的高空环境模拟实验室，从设计到设备制成运转的周期，一般要四五年。因此，我认为从现在起，抓这一工作，已是时候了。

我国尖端科学力量已有相当规模，1958 年以来，在总路线光辉照耀下，中国科学院成立了一批与新技术有关的研究单位，一支科学技术队伍已经成长起来。从 1960 年起，我们和五院合作，已成功发射了一批气象火箭，取得高空风及温压资料，在探空技术上，取得一点初步成绩。但这仅是我国空间研究的开始，我们还必须再接再厉，努力取得更多的成绩，为我们国防多做一些工作。从备战的观点来看，我国必须进一步准备发射侦察卫星、通讯卫星、气象卫星等工作。这是我国科学上继原子弹之后的又一个重大任务，由于您在最高国务会议上，曾提到要尽快解决运载工具问题，由于人造卫星和洲际导弹有密切关系，它的发射可以配合洲际导弹的发展，本身又可以为国防服务，并带动我国尖端科学技术，我特向中央领导提出这个建议。如果中央领导决定了发射卫星的计划，在国防科委及国家科委的领导下，军民合作，大力协同，像 21 号任务那样，把科学院、有关院校及工业部门的力量组织起来，相信一定可以提前完成国家这一项重大科学任务，争取在建国周年前放出第一个人造卫星，并把我国尖端科学技术带动起来。

以上所陈，是否有当，敬请批示。

此致

敬礼

赵九章敬启

1964 年 12 月 23 日

附录二 赵九章学术年谱

1929 年 22 岁

8 月 考入清华大学物理系，9 月入学。

1933 年 26 岁

8 月 清华大学本科毕业。

9 月 由清华大学理学院院长叶企孙留任清华大学物理系助教一年。

9 月 在杭州与吴岫霞举行婚礼。

1934 年 27 岁

参加清华大学第二届庚款出国留学考试，被清华公费留学录取。

10 月 到南京中央研究院气象研究所，在竺可桢指导下实习。写作论文《中国东部气团之分析》。

1935 年 28 岁

4 月 7 日 在南京召开的中国气象学会会议上，涂长望担任《气象杂志》的总编辑，赵九章被聘为特约编辑。

7 月 赴德国柏林大学学习。师从气象学家费克和德芬特教授，攻动力气象学、高空气象学和海洋动力学。

论文《中国东部空气团之分析》发表于当年《国立中央研究院气象研究所集刊》。这不仅是他第一篇学术论文，也是我国分析东亚气团的第一篇论文。

1936 年 29 岁

6—9 月　作为戴季陶的随从秘书，一同赴欧洲考察。

1937 年 30 岁

完成论文《信风带主流间的热力学》。

在《气象学报》上发表论文《理论气象学之研究与天气预报》。

1938 年 31 岁

9 月　完成博士学位论文《关于湍流风落分布参量的确定》。获博士学位回国。

10 月　任西南联大理学院地质地理气象学系及（清华航空研究所）航空工程系副教授，两年后任教授。同时在国立清华大学航空工程研究所开展"航空气象之研究"。

11 月　与李宪之共同筹备高空气象站。

1939 年 32 岁

8 月　北京大学地质地理气象学系与清华大学航空工程研究所联合在云南嵩明建立了嵩明高空气象台，赵九章被任命为台长。

1940 年 33 岁

8 月 6 日　任中央研究院第二届评议会评议员。

1941 年 34 岁

3 月 5 日　抵达重庆北碚中央研究院气象所，告知竺可桢清华大学高空研究所可自制气压表，教员待遇提升。

3 月 6 日　与竺可桢、涂长望等赴缙云山及温泉。

3 月 7 日　在气象学会理事会后，受邀演讲"海洋气团登陆后之稳定状态"。

3 月 12 日　应允竺可桢可至中央研究院气象研究所工作，但目前不能离开崇明气象台。

1942 年 35 岁

发表论文《通过交换作用冷、热气团的退化》《讨论摩擦层中随高空变化的规律》。

1943 年 36 岁

3 月 10 日　竺可桢请赵九章到气象研究所。因不舍离开嵩明气象台，竺嘱咐日后合适时间再来。

5 月　经王信中、姚从吾介绍，再次加入国民党，但没有担任工作。1944 年到中央研究院后未登记而自动退出。

完成论文《摩擦层和风的日化变化随高空变化的理论》。

1944 年 37 岁

1 月　竺可桢推荐赵九章任中央研究院气象研究所代所长，很快得到中央研究院批准。

4 月底　由昆明迁去重庆北碚上任。

5 月 1 日　正式在中央研究院接气象所代所长，处理全所事务。

5月5日　经中央研究院学术审议会审议，论文《东亚之大气涡旋》荣列中央研究院自然科学类第二奖。

8月　主持气象研究所编辑出版《中国气象资料·温度篇》《中国气象资料·云雾篇》《中国气象资料·日照云雾篇》及各种气候图志。

12月　在《气象学报》发表论文《非恒态吹流之理论》。

1945 年 38 岁

5月15日　在气象研究所第五次学术讨论会上作《大气扰动方程》学术报告。

9月18日　本来当日将与王仲济被派赴上海和南京接收中央研究院及日本留在上海的自然科学院所。因患心脏病不能前往。

10月1日　在重庆的美军总部希望中国能够短期内在航空委员会成立一个统一的气象机构并组成一个全国气象情报网，并召集气象专家开会商讨。竺可桢、赵九章、吕炯、黄厦千、涂长望、朱国华、朱炳海等应邀参加。

12月14日　竺可桢致函赵九章与吕炯，邀请二人明年赴英出席在伦敦召开的国际气象学会。

是年　主持"东亚大型涡旋运动之研究""北半球活动中心气压梯度之分析"等多项研究课题，并完成《半永久性活动中心的形成和水平力管场的关系》等多篇论文。

1946 年 39 岁

1月1日　国民政府公布获"胜利勋章"公务员名单，中央研究院共95人榜上有名，赵九章名列其中。1948年10月7日，国民党总统府颁发勋章。

1月9日　中央研究院会同教育部、中央气象局商定派赵九章及气象所研究员兼中央气象局顾问涂长望出席当年2月25日在伦敦召开的国际气象会议。

1月14日　赴英国出席在伦敦召开的国际气象会议，3月结束。期间赴瑞典讲学。

2月25日　在国际气象会议上当选为国际气象委员会出版及文献委员。

4月　应邀赴美国访问讲学，访问芝加哥大学等地。12月回国。

是年　提出"行星波（长波）不稳定概念"，引起国际气象学家的重视。

组织绘制1945年1—12月雨量、湿度图13幅，及四季气旋频率图4幅，为水利委员会整理统计全国各地之雨量及温度记录，绘制全年及各月雨量及温度图，为粮食部抄送全国各地之雨量数据。

是年　完成论文《活动势力中心之形成与水平力管之关系》《极面波动之研究》《水汽蒸发公式》《关于蒸发方程注释》《推后气压场与气压预报》《大型涡旋运动与远东天气》。

1947年 40岁

1月　被任命为中央研究院气象研究所所长，兼任中央大学气象系教授，主讲动力气象学。

年初　计划并推动中央研究院气象研究所的研究方向向着整个地球物理学扩展。在本年度第一次院务会议上提出物理所地磁台划归气象研究所议案，经批准后，气象研究所接收物理研究所地磁部分。

是年　发表论文《风流的不稳定性理论》，并与顾震潮一起完成论文《蒸发方程及其新解》。

7月2日　气象学会召开理事会，投票选举下届理事和监事，他和吕炯被投票推举为中央研究院院士候选人。

1948 年 41 岁

3 月 6 日　在中央大学气象系举行气象所的本年度第四次学术讨论会上作《三度空间之旋风波动论（一）》学术报告。

3 月 13 日　在中央大学气象系举行气象所本年度第五次学术讨论会上作《三度空间之旋风波动论（二）》学术报告。

4 月 14 日　在气象所本年度第八次学术讨论会上作《三度空间之旋风波动论（三）》学术报告。

6 月 17 日　出席气象学会理事会。

年底　参加伪中央研究院京区安全小组委员会。

12 月　为保证气象所的气象资料和珍贵图书免于战火，气象所将各项资料、图书、仪器与档案等，分装 213 箱迁运上海。员工和家属于 12 月下旬抵达。办公家具及气象台观测仪器仍留南京，留 5 人在南京维持日常气象观测。

1949 年 42 岁

4 月 13 日　在气象研究所本年度第 7 次学术讨论会上作《中纬度带状大气环流之稳定度》学术报告。

5 月 11 日　在气象所演讲"大气在高空十二公里的运行"，提出"北半球与南半球高纬度为涡度恒定带，而赤道至南北纬卅度则为涡度通量恒定带"。此说可以改正罗斯贝之前学说所不能解释之处。

5 月　常与竺可桢商议气象所拒迁台湾之事。

6 月 9 日　在上海参加中央研究院建院 21 周年纪念大会。

6 月 12 日　上海科学工作人员协会会员大会，听陈毅市长讲述科研人员工作的弊端，勉励为民众谋利益。

6 月 16 日　竺可桢约黄宗甄、冯德培及赵九章诸人，讨论 8 月 20 日北京举行之科学会议事。

6月24日 在中央研究院中全国科学会议筹备人员集会谈话，之后上海被邀请出席科学会议人员会议。

7月2日 至科学社参加科联欢送北上参加科学会议筹备会人员。

7月5日 随竺可桢等27位代表赴北平出席全国自然科学工作者代表大会的筹备会。

7月8日 赵九章与竺可桢赴中山大学，黄厦千召集气象系同学开欢迎会。竺可桢与赵九章致辞，并提出问题讨论。

7月9日 参加南京研究院接管点收结束讨论会并致辞。

7月14日 参加气象学会理事会。

7月19日 在北平参加气象人士座谈会讨论新中国的气象工作。

8月15日—9月13日 六次列席中央研究院沪区院务委员会会议。

9月下旬 气象所由沪迁回南京。

9月28日 主持气象研究所"复员返宁"后第一次所务会议，并作报告，按照军事代表徐平羽对本院的指示，本所须于10月1日开始工作。

10月7日 南京军管会高教处通知成立中央研究院院务委员会。陶孟和为主任委员，赵九章等14人为院务委员会委员。

10月10日 参加中央研究院院务委员会1949年第1次会议，为欢迎苏联文化代表团，各所出版物应酌为搜集，以备赠送。

10月13日 丁瓒拟订中国科学院科学工作委员会名单报送陆定一。赵九章为地球物理方面委员之一。

10月29日 上午召开中国科学院小组会议，决定科学工作委员会各组人选。

11月1日 中国科学院成立。

11月4日 至历史〔语言〕研究所开气象所所务会议，并作报告。

11月9日 至鸡鸣寺历史语言研究所开气象学会理事会。

年底　绘制出我国第一幅北半球天气图。

与陶诗言一起完成《中纬度大气环流之统计的研究》。

1950 年 43 岁

1月26日　参加由中科院副院长竺可桢主持召开的气象所调整委员会。

4月29日　主持中国科学院地球物理研究所临时所务会议第1次会议，并报告华东军区派员前来接洽本所与气象处合作事宜的情况。

5月3日　在地球物理所第1次全体会议上报告有关中国科学院接收情况，以气象研究所为基础扩展为地球物理研究所的决定，以及与有关单位合作问题。

5月　周恩来总理正式下文任命赵九章为地球物理研究所所长。

6月7日　与陈宗器赴北京出席中国科学院院务扩大会议。

6月24日　在中国科学院第1次扩大院务会议上代表地学组作小组讨论总结报告。

6月25日　参加中国人民革命军事委员会气象局与地球物理所成立联合天气分析预报中心及联合气候资料中心的协议签字会议。与涂长望分别在协议上签字。

8月18日　赴京出席全国自然科学工作者代表大会。

10月10日　与陈宗器副所长赴京向院请示地球物理研究所气象组迁京办公事宜。

10月18日　参加中国科学院行政工作会议，报告地球物理研究所气象组迁京事宜。

12月　经批准地球物理所北京工作站在北魏胡同成立。

12月　接管上海徐家汇和佘山观象台的地震和地磁部分。

是年　在南京带领地球物理所和军委气象局的科研人员，着手水银气压表研制工作。成功后把整套技术和设备交由军委气象局的仪器修造室试制和生产。当选中国气象学会副理事长。发表论文《纬向环流的稳定性》。

是年，参与南京科学界致电美国总统杜鲁门抗议美帝国主义无理扣留我国科学家活动。

1951 年 44 岁

3 月　由潘菽介绍加入九三学社，以后任九三学社南京分社理事。

4 月　任中国气象学会第一届理事会常务理事，编辑委员会主任委员。

5 月　中国科学院决定刊行《中国近代科学论著专刊》，即分学科聘请编审人员，成立各专门学科小组委员会。气象论文选刊小组委员会由中科院聘请涂长望、卢鋈、赵九章、张宝堃、顾震潮、竺可桢等十五人。

6 月 19 日　中国科学院紫金山天文台、地球物理研究所上海联合工作站成立，对两观象台进行联合管理。

9 月 16 日　出席九三学社邀请中国科学院第 2 次扩大院务会议的科学界人士举行的"科学与政治"座谈会。

12 月 17 日　去汉口集中参加中央组织的土改工作团。学习土改政策，随后去广西柳州沙塘参加土改工作，约 4 个月。

1952 年 45 岁

组建海浪研究组。

按照竺可桢的意见，商议并安排吕炯负责中科院地球物理所的农业气象工作。

与紫金山天文台联合成立佘山工作站。

8月　被中国科学院评定为一级研究员，共12名。

1953 年 46 岁

与华北农业科学研究所合作建立农业气象组。

任中国地球物理学会筹备委员会主任委员。

2月24日　参加中国科学院访苏代表团赴莫斯科，进行为期三个月的访问。重点参观访问莫斯科、列宁格勒、基辅和塔什干四个城市的有关地球物理研究机构。

7月3日　应邀出席中国科学院召开的气象学座谈会，发言提倡重视中短期预报和西方环流研究。

8月　中国科学院地震工作委员会成立，李四光、竺可桢分任主任委员和副主任委员，赵九章任委员兼秘书，主持日常业务工作。

1954 年 47 岁

5月　当选全国政协委员。

8月17日至25日　参加中国气象学会在北京召开的第二次全国会员代表大会，当选理事。

年底　北京中关村的实验楼建成，组织迁京。

组织研制成海浪观测仪、波谱分析仪。研究海浪预报台风。

12月21日至25日　参加在北京举行的中国人民政治协商会议第二届全国委员会第一次全体会。

1955 年 48 岁

6月1日至10日　参加中科院学部成立大会。赵九章为中国科学院生物地学部学部委员。

6月11日　中国科学院生物学地学部召开本年度第1次常务委员

会扩大会议。会议讨论决定由黄汲清、赵九章、张文佑负责筹划组织地震研究工作。

6月30日　中国科学院本年度第29次院务常务会议讨论通过"中国科学院国际地球物理年委员会"委员名单。其中竺可桢为主任委员，赵九章为副主任委员。

10月25日　被聘请为中国科学院海洋生物研究室学术委员会委员。

安排顾震潮开展数值天气预报工作。

1956年49岁

2月17日　参加生物地学小组讨论"十二年科学技术发展远景规划"编制工作，后被聘为国务院科学规划委员会气象组组长。主持制定全国气象领域和地球物理部分的规划。

7月24日　被聘请为国务院科学规划委员会海洋组组长。

10月23日　致函中国科学院生物地学部，提出筹建中国科学院武汉地球物理研究室方案。

是年　招收刘振兴为中科院地球物理所在职研究生。

1957年50岁

2月5日至9日　出席中国地球物理学会第一次代表大会及中国科学院地球物理研究所学术委员会成立大会。

2月25日至3月2日　以国际地球物理年中国委员会副主任委员身份出席在东京召开的国际地球物理年西太平洋区域会议。会议协商调整西太平洋地区各国际地球物理年参加国的科学计划。

4月　指导我国首批副博士（硕士）研究生刘振兴对"近地层大气湍流结构特性"等研究。

5月14日　在《人民日报》发表文章《为全面发展中国科学而努力》。

7—8月　涂长望、赵九章赴日本参加日本地球物理学年会。赵九章作《西藏高原对偏西风的影响》的报告。

10月13日　苏联发射第一颗人造卫星后，在中科院召开的座谈会上，建议中国要开展人造地球卫星工作。

11月　担任中华人民共和国访苏科学技术代表团顾问

是年　任九三学社中科院委员会主席，直至去世。

1958 年 51 岁

3月5日至12日　参加在北京举行的国务院科学规划委员会第五次会议并发言。

5月7日　致信苏联应用地球物理研究所高里达林副所长。提出，为给三峡工程提供地震资料，中科院地球物理所将在该地区进行系列与地震相关的观测研究，希望苏联应用地球物理所给予帮助。

5月17日　毛泽东在党的八大二次会议上指出："我们也要搞人造卫星。"

6月21日　致信麦德维捷夫（苏联），对培养研究生表示感谢；并对麦德维捷夫今年第四季度来华指导工作表示欢迎。

7月25日　中科院领导王诤、裴丽生在地球物理所召集会议，讨论利用高空火箭进行探测的项目及分工，赵九章、卫一清、周炜参加会议。

8月5-12日　中国气象学会在青岛召开第二、三届理事会扩大会。赵九章传达中国科学技术访苏代表团气象部分工作报告。会上当选第三届理事长。

8月　赵九章在地球物理所内提出要以"数理化、工程化、新技术化"为指导，建立和加强研究技术力量。

与涂长望赴黄山考察云雾观测,并支持顾震潮、周秀骥等人开展云雾物理研究和人工影响天气研究,创建我国云雾物理研究。

9月23日 致函苏联科学院院士、苏联科学院应用地球物理研究所所长费得洛夫。告知:原定10月中旬召开的学术讨论会,建议改为明年在华召开两年度联合学术讨论会。

9月 中国科技大学成立。兼任应用地球物理系主任。

10月 中国科学院成立"581"组,负责组织和协调卫星、运载火箭业务,钱学森任组长,赵九章任副组长。

10月15日至12月28日 率中国科学院高空大气物理代表团访苏,同行的有卫一清、钱骥、杨家墀、杨树智、何大智。

1959年 52岁

1月 当选第二届全国人民代表大会代表。

2月21日 经国务院科学规划委员会批准,在气象组下成立云雾物理专业组,赵九章任组长。

3月 与蒋南翔联合向国务院提出恢复研究生培养制度的建议,要求研究生公开招生,反对分配研究生的办法。

4月16日 参加由毛泽东主席召集的第16次最高国务会议。

5月4日 钱学森主持了"和平一号"火箭协作分工会议,中国科学院的谷羽、赵九章,以及国防部五院刘秉彦、梁守槃等到会参加。

5月3日 钱学森、赵九章召集会议,在国防部五院开会研究了"和平一号"空间物理探空火箭方案。

10月 组织研制气象火箭探测系统,开展大气温度、气压、辐射等探空仪器、遥测仪器和跟踪定位系统的研制。

12月 开始组建磁暴理论研究组,亲自主持研究。"581"组研究实体改组为地球物理所二部。

12月7日至11日 在北京召开大气环流学术会议，赵九章做了大量组织工作。

1960 年 53 岁

3月22日 在中科院院部召开《自然科学理论研究的三年规划纲要和八年设想》（草稿）讨论会，赵九章应邀出席。

4月 在上海召开学部委员大会，主持气象卫星对大气科学发展影响方面的基础研究和星载探测仪器的预研工作。

下半年 退出地球物理所二部，自学磁流体力学、磁扰电流体系等问题，组织开展磁暴理论研究。

6月10日 以中科院地球物理所所长的名义给日本气象学会数值预告国际会议组委会主席正野重方博士去信，辞谢关于1960年11月7日至13日在东京召开的"数值天气预报国际会议"的参会邀请。理由是岸信介政府依附美帝国主义，违反中日两国人民共同安全利益的政策，阻碍了中日科学家之间的接触。

12月下旬 前往安徽广德603基地考察，探空火箭发射场地的规划建设。

12月28日 T–7火箭发射试验成功。

1961 年 54 岁

3月16日 随中国代表团赴印度新德里出席世界和平理事会会议。

4月 参加中华人民共和国科学技术协会1961年全国工作会议。

7月7日 在中国科学院举办的星际航行第二次座谈会上，就"地球高层大气及外空空间的几个问题"发言。

11月7日 参加国家科委专业组组长会议，讨论1963—1969年技术科学发展规划。

12月4日 中国科学院地球物理所二部正式成立中层大气研究室，兼主任。

1962年55岁

1月29日 参会讨论科学规划委员会地学小组的发言稿。赵九章在前一日讨论的结果上拟好了地球物理和大地测量的要点，内容扼要简明。

3月 参加在广州召开的全国科技工作者会议，又称"广州会议"。他提出，培养科学干部的关键在于公开招收研究生。

4月1日 参加中国地球物理学会会议。会上获悉，为了避免"两个中国"，中方决定拒绝参加国际地球委员会1964—1965年的观测活动。

4月12日—5月2日 率钱骥、史长捷参加意大利米兰召开的原子能与星级航行科学讨论会，参加其中的高空探空会议。会后到瑞士参观，并到苏联参观"五一"节红场阅兵式，参观苏联宇宙航行馆展出的宇宙火箭、星际航空站及探测仪器等。

6月9日 中央气象局局长涂长望去世，生前曾推荐赵九章接任局长。赵九章对中科院党组表示不愿去任。

6月16日 赵九章和竺可桢等人前去五塔寺参加中央气象局涂长望的公祭。到会者有习仲勋副总理、李维汉部长、中科院院长郭沫若等。

6月28日 在地球物理所举办了《远景十年（1963—1972）科技规划》中关于专业规划中的气象规划讨论会。赵九章任主席，讨论集中在五个中心问题。

7月3日 参加中国气象学会第三届第13次常务理事会，赵九章任会议主席。

8月2—8日 出席中国气象学会1962年年会暨代表大会，再次当选该学会理事长并致闭幕词。

8 月 28 日至 31 日　在北京召开第二次日地关系讨论会上致开幕词并担任会议执行主席。

9 月 10 日　参加 1963—1972 年十年远景科技规划小组对于《总论》三稿的讨论。

10 月 12 日　致函中科院副院长张劲夫、副秘书长郁文，建议中国科学技术大学开办研究生院。

是年　与徐荣栏一起署名发表论文《地磁扰动期间史笃默捕获区的变化》。发表《悼念涂长望》。

1963 年 56 岁

2 月　中国科学院成立星际航行委员会，由竺可桢、裴丽生、钱学森、赵九章、谷羽等组成，负责组织制定星际航行发展规划。

5 月 31 日　致信科大武汝扬副校长建议在地球物理系内试办研究生班。

6 月 3—10 日　受波兰科学院的邀请和蔡翘、钱骥、杨南生、李一氓等作为观察员赴华沙参加国际空间研究委员会第四次学术讨论会。拜访他在德国留学时的老师。

9 月　瑞典皇家科学院院士阿尔文应邀到我国访问讲学，在中科院地球物理所作报告，由赵九章担任翻译，并同磁暴组成员进行学术交流。

11 月　在《科学通报》上发表论文《太阳风、外空磁场及低能带电粒子探测之进展》《带电粒子在偶极磁场中的运动区域及其模型实验》。

是年　主持导弹飞行现象学的研究，至 1965 年。

12 月　地球物理所新增空间磁场研究室，由赵九章兼任室主任。

是年　赵九章邀请日本东京大学生产研究所夕川英夫教授来地球物理所，介绍日本发射小型火箭的经验。

1964 年 57 岁

5 月　在赵九章的推动下，中科院地球物理所开始招收空间物理专业研究生。

8 月 21 日至 31 日　作为 61 人组成的中国科学家代表团成员，参加"1964 年北京科学讨论会"。

10 月 16 日　组织人员（孙超等）参加我国第一颗原子弹爆炸试验。

10 月下旬　应邀到 20 基地参观"东风二号"导弹第二次发射试验，并座谈运载工具发展前景及发射卫星的可能性。

11 月　当选为中华人民共和国第三届全国人民代表大会代表。

12 月 18 日　参加最高国务会议，听取了毛泽东、刘少奇、周恩来等国家领导人和共产党的讲话，并作发言。

12 月 21 日　参加第三届全国人民代表大会第一次会议，会期至 1965 年 1 月 4 日。

12 月 27 日　当面书呈周恩来总理，建议将我国人造卫星研制列入国家计划，争取在建国 20 周年前发射我国第一颗人造卫星。

是年　与都亨一起署名发表论文《带电粒子穿入地磁场的一种机制（一）》。

1965 年 58 岁

1 月 3 日　第三届全国人大第一次会议上，被选入第三届全国人民代表大会常务委员会，任期 1965 年 1 月—1975 年 1 月。

1 月 6 日　与自动化所所长吕强联合向中国科学院党组提交书面报告，联名建议中国加快人造卫星研制工作。

3月11日　参加中科院副秘书长秦力生主持召开的卫星座谈会，赵九章谈了我国人造卫星的方案设想。

4月10日　参加国防科委副主任罗舜初召开的人造卫星规划方案讨论会。参加人员有张劲夫、张震寰、钱学森、赵九章、钱骥等。

4月22日　找数学家关肇直商量卫星轨道问题，随后组织数学所、计算所、紫金山天文台等开展对卫星轨道研究和计算。

5月4日　致信中科院副院长张劲夫并党组，为进一步讨论人造卫星工作中的计划及有关技术问题，拟成立一个人造卫星技术小组。

5月12日　起程去瑞典，应瑞典皇家科学院阿尔文教授邀请访问讲学。

5月　科学出版社出版由赵九章主编的《高空大气物理学》(上册)，系国内第一本该领域教材。

6月8日　应法国地球物理学会邀请，赵九章、周炜参观位于巴黎的法国空间中心、法国科研中心及法国气象部门等机构及实验设备。6月16日到瑞士，6月下旬返京。

7月6日　持中科院党组书记张劲夫致上海市委的信赴上海，请求增援能从事卫星研制的技术工人。

8月6日　参加第三届全国人民代表大会常务委员会第14次扩大会议。

10月20日至11月30日　参加卫星方案论证会。在会上作"关于卫星总体方案"的报告。

10月25日　经中国人民政治协商会议全国委员会常务委员会第三次会议决定，赵九章担任孙中山诞辰百年纪念筹备委员会委员。

是年　以磁暴组的署名在"中国科学"英文版，发表了题为"辐射带结构的理论研究和实验模拟以及在磁暴时的变化"的论文。

1966 年 59 岁

1 月 6 日　出差西安，考察了解"112"工程的基建情况。

1 月 25 日　中国科学院组建卫星设计院，代号为"651 工程设计院"，公开名称为"中国科学院科学仪器设计院"，赵九章任院长。

3 月 9 日　参加太阳活动峰值年电离层及太阳物理研究工作会议。

4 月 8 日　中国科学院致函赵九章，对王淦昌、赵九章在全国人大三届一次会议上关于充分利用太阳能的提案予以答复。告知该方案已由国务院交中国科学院办理。

5 月 11 日至 25 日　参加中国人造卫星系列规划会，主持制定中国卫星系列规划设想。

1968 年 61 岁

3 月 9 日　参加太阳活动峰值年电离层及太阳物理研究工作会议。

10 月 26 日　被迫害。

1978 年

3 月 16 日　中国科学院在北京八宝山革命公墓，为被林彪、"四人帮"一伙迫害致死的著名地球物理学家赵九章和著名数学家熊庆来分别举行了隆重的骨灰安放仪式，并为他们平反昭雪恢复荣誉。

1985 年

12 月 25 日　中国地震局地球物理研究所召开建所 35 周年纪念大会时，隆重表彰了赵九章先生一生对我国科学技术事业发展的卓越贡献。

1988 年

本年度　中科院将"'东方红一号'人造卫星事业的开创工作"上报国家科技进步奖，后"尖兵一号"可返回卫星和"东方红一号"卫星获得国家科技进步特等奖。

1 月 3 日　赵九章及其研究集体获中华人民共和国国家科学技术委员会主任宋健签发的"国家自然科学奖"三等奖。

12 月 7 日　为纪念赵九章先生逝世 20 周年，中国科学院大气物理所、空间科学与应用研究中心、地球物理所和国家地震局地球物理研究所联合举行"缅怀卓越科学家赵九章教授报告会"。会上还决定，四个研究所联合建立赵九章中青年科学基金会，设立"赵九章优秀中青年科学工作奖"。

1989 年

中国科学院空间科学与应用研究中心的吴智诚和卢毓明与中国科学院大气物理所、中科院地球物理所和国家地震局地球物理所协商成立"赵九章优秀中青年科学工作奖"。

1997 年

12 月 17 日　在北京国谊宾馆举行了"赵九章铜像揭幕式暨赵九章诞辰 90 周年纪念会"。

2002 年

9 月　经国家科学技术奖励办公室重新获准登记，"赵九章优秀中青年科学工作奖"更名为"赵九章优秀中青年科学奖"，重新制定了奖励条例和评奖办法。

2006 年

由中国科学院和 COSPAR（空间研究委员会）执行局联合设立了 CAS/COSPAR 赵九章奖（Jeoujang Jaw Award），作为 COSPAR 的 8 个奖项之一，每两年颁发一次。

2007 年

4 月　美国马里兰大学荣誉教授吴京生支持该校设立"赵九章奖学金"，并向该奖学金一次性捐款 10 万元人民币。

9 月 22 日　九三学社北京市委员会、中国地震学会、中国地理学会等联合举办了"纪念赵九章先生百年诞辰座谈会"。

9 月 25 日　中国地球物理学会在北京举办"中国地球物理学会成立 60 周年暨纪念赵九章先生诞辰 100 周年"纪念活动。

9 月 26 日　纪念赵九章先生百年诞辰——赵九章教育思想座谈会在清华大学举行。

10 月 29 日　中国科学院举行大会隆重纪念赵九章先生的百年诞辰。全国人大常委会副委员长、中国科学院院长路甬祥出席大会并发表讲话，500 多人出席了会议。

11 月 14 日　国务委员刘延东给九三学社中央发来贺信，祝贺"赵九章科学奖"设立与"赵九章星"正式命名。

2008 年

家人为赵九章和夫人吴岫霞在昌平陵园建合葬墓，骨灰盒中放的是赵先生用过的砚台等物。

清明节　中科院九三学社十二支社和空间中心的老同志们一起去给赵九章先生扫墓。

2010 年 7 月 1 日　值中国共产党建党 89 周年之际，中国科学院地质与地球物理研究所举行赵九章、侯德封先生铜像落成揭幕仪式。

2020 年

10 月 15 日　赵九章先生"两弹一星"功勋奖章捐赠仪式在中国科学院国家空间科学中心举行，赵九章先生家人将赵九章先生"两弹一星"功勋奖章赠予空间中心。

附录三　赵九章先生主要论著目录

一、学术著作

1. 赵九章主编.高空大气物理学（上册）.北京：科学出版社，1965.

2. 赵九章.地球物理学中的几个科学问题.北京：科学普及出版社，1956.

二、英文学术论文

1. Jaw Jeou-jang. A prelimary analysis of the air masses over Eastern China, Memoir of Inst. of Meteor., Academia Sinica, 1935, 6, 1-24.

2. Jaw J.J. Zur Thermodynamik der Passat-grundstrmung. Verffentlichungen des meteorologischen Instituts, Borlin, Band Ⅱ, Heft. 1937, 6, 5-24.

3. Jaw J.J. Ber die Bestimmung der Parameter in verteilungsgesetz turbulenter windschwankungen. M Z, 1938, 205-207.

4. Jaw J.J. Zur Integration der Rosebuschen Differentialgeichung der

Antizyklogenesis. M Z，1939，127–128.

5. Jaw J.J. Die Entartung der Warm und Kaltluftmasse durch die wirkung des Austausches . Science Record ，1942，2，No.1，140–145.

6. Jaw J.J. Layers of frictional influence and the theory of diurnal wind variation with height，Memoir of Inst. of Meteor .，Academia Sinica，1943，13，No.4.

7. Jaw J.J.and C.C.koo，A notes on the equation for evoporation. Memoirs of the Institute of Meteorology. Academia Sinica. Vol XV. No.2（国立中央研究院气象研究所集刊．第十五卷，第二号）. Chongqing. April，1946.

8. Jaw J.J. The formation of semipermanent centers of action in relation to the horizontal solenoidal field. The Journal of Meteorlogy，1946，Vol.3，No.4，103–114.

9. Jaw J. J. Theory of unstationary wind–current. Science Reports of National Tsing Hua University：Guo Li Qing Hua Da Xue Ke Xue Bao Gao. Di 1 Zhong，Suan Xue，Wu Li，Hua Xue，Gong Cheng. Mathematical and Physical Sciences，1947，4（4–6）：363–378.

10. Jaw，Jeou–jang；Fu，Cheng–yi. Adbancement of Geophysical Sciences in China 1949–1959. Scientia Sinica，1959，8.9：910–920.

11. Jeou–jang Shu Y–lan，The Variation of the Stormers trapped region during the nagnetic disturbance. Chinese Journal of Sinica，1962，1.

12. Heng Du. Jeou–jang Jaw. The Mechanism of Penetration of Solar Plasma into the Geomagnetic Field（Part I）. Chinese Journal of Sinica，1964（3）：1.

13. Xu R.–L. Chou G.C. and JawJ.J. The allowed regions of charged

particle moving in a magnetic field. Scientia Sinica，1964（13）：1835–1842.

14. Jaw Jeou - Jang.Statistical theory of precipitation process. Tellus，1966，Vol.18，No.4，722–730.

三、中文学术论文

1. 赵九章 . 理论气象学之研究与天气预报 . 气象学报 . 1937（10）：605–621.

2. 赵九章，非恒态吹流之理论 . 气象学报，1944（18）：171–176.

3. 赵九章 . 活动中心之形成与力管场之关系 . 气象学报，1947，19（1–4）：1–13.

4. 赵九章 . 区域性的扰动所产生的波散现象 . 科学，1948.

5. 赵九章 . 中维度带状环流之稳定度 . 气象学报，1949，20（1–4）：1–4.

6. 赵九章，陶诗言，高由禧，刘匡南 . 中纬度大气环流之统计的研究 . 气象学报，1949，20（1–4）：5–13.

7. 徐荣栏，赵九章 . 地磁扰动期间史笃默捕获区的变化 . 地球物理学报，1962（01）：12–21.

8. 赵九章 . 中国气象学研究工作的回顾与前瞻 . 气象学报，1951，22（01）：11–14.

9. 赵九章 . 总路线与地球物理研究所的工作 . 科学通报，1954（08）：37–39.

10. 赵九章 . 中国地球物理学会第一次会员代表大会开幕词 . 地球物理学报，1957（01）：1–8.

11. 赵九章. 国际地球物理年东京西太平洋区域会议. 科学通报，1957（10）：312–313.

12. 赵九章. 国际地球物理学的动态及其展望. 科学通报，1960（08）：242–246.

13. 赵九章. 苏联的人造卫星是在宇宙空间升起的一颗福星. 科学通报，1957（21）：657–659.

14. 赵九章. 十年来中国气象学研究的进展. 气象学报，1959（03）：206–211.

15. 赵九章. 悼念涂长望同志. 气象学报，1962（03）：195–198.

16. 赵九章. 太阳风、外空磁场及低能带电粒子探测之进展. 科学通报，1963（11）：9–19.

17. 赵九章，徐荣栏，周国成. 带电粒子在偶极磁场中的运动区域及其模型实验. 科学通报，1963（11）：56–57.

18. 都亨，赵九章. 带电粒子穿入地磁场的一种机制（一）. 地球物理学报，1964（03）：201–210.

19. 赵九章. 关于发射人造卫星致周恩来总理的一封信. 物理教学，2009，31（06）：6–7.

四、报纸文章

1. 赵九章. 我所看到的苏联地球物理科学研究工作. 九三中央社讯，1953（08）.

2. 赵九章. 新年三愿. 九三中央社讯，1958（01）：3.

3. 赵九章. 努力建设，突破科学技术的第一关. 九三社讯，1958（06）：20.

4. 赵九章. 学习长望同志献身科学事业的精神. 红专杂志，1962

（07）：14.

5. 赵九章. 祝贺苏联宇宙火箭的发射. 光明日报，1959-01-05（2）.

6. 赵九章. 空间物理学的发展及其展望. 光明日报，1962-08-28（2）.

7. 赵九章. 科学工作者上第一线去. 光明日报，1964-10-04（4）.

8. 赵九章. 我所看到的苏联地球物理科学研究工作. 人民日报，1953-07-11（3）.

9. 赵九章. 国际地球物理年西太平洋区域联络会议. 人民日报，1957-04-06（7）.

10. 赵九章. 为全面发展中国科学而努力. 人民日报，1957-05-14（7）.

11. 赵九章. 对地球物理学将产生深远影响. 人民日报，1959-01-08（7）.

12. 赵九章. 阔步迈进的新中国气象学. 人民日报，1959-09-14（11）.

后记

　　著名现代诗人臧克家在纪念鲁迅先生逝世十三周年时，曾写过这样耳熟能详的诗句"有的人活着，他已经死了；有的人死了，他还活着"。有的人死了，却永远地活在了人们心中。赵九章先生就是这样一位无私地为祖国的科学事业奉献终生的科学家。尽管他已经离开我们许久，却似乎从未离开过我们。

　　本书共分为六篇，分别是少年求学经历、擘划地球物理学蓝图、响应国家需求开辟新领域、人造卫星研制与空间科学、国际交流与学术传承、科学精神永存。内容着重挖掘赵九章先生作为当代中国杰出的战略科学家之一和地球物理学家，他一生学术轨迹的选择和转变，以此为基础探究科学家的学术研究领域选择与国家需求之间的关系，科学家的社会身份与自我认同之间的张力，以及赵九章本人对我国科技事业，特别是地球物理学和人造卫星事业发展的深远影响，还历史以本来面貌。

　　2010 年至 2014 年，我参与中国科学院自然科学史所王扬宗研究员主持的"中国科学院与'两弹一星'"课题研究时，了解到英年早逝的赵九章先生是一位对新中国科技事业的发展作出重要贡献的战略科学家，并在人造卫星研制中发挥了突出作用。不过当时对于赵先生的人生经历和他亲手开创中国空间物理学、海洋学等研究领域的故事，却不甚了解。我调查了市面上已出版的关于赵先生的传记，发现只有一本贵州人民出版社 2005 年出版的《赵九章》，这是一部优秀的作品，全书内含大量珍贵材料，整体风格更似老科学家们对故友和恩师的回忆录。从那时起我就萌生了撰写"赵九章传"的想法。

怀着对赵先生的无限崇敬，我诚惶诚恐地开始了写作。写作过程中遭遇到了很多没有预料到的困难。例如，为了弥补本人在地球物理学、人造卫星的研制等领域的知识储备的不足，我不得不付出巨大的努力。本书在写作时主要查阅了中央第二历史档案馆、清华大学档案馆、中国科学院档案馆、中国科学院国家空间科学中心档案处，以及大量文献资料。我的朋友黄超还帮我从柏林大学档案馆查阅了赵先生的德文博士论文。

我曾主持中国科协"俞鸿儒院士学术成长资料采集"项目，这一经历为我开展中国近现代科技史研究积累了经验。本书写作之初，我曾征求过中国科技史领域资深前辈的建议，前辈曾坦诚指出本书写作在史料搜集和内容新颖性方面存在很大困难。本人倔强的性格推动我依然选择了迎接挑战。在任务执行过程中，中国科学院大学王扬宗教授、中国科学院自然科学史研究所张九辰研究员对我提供了大量无私的指点与帮助。书稿的写作也推动我更为深入地了解赵九章先生作为我国杰出的战略科学家和人造卫星事业的开拓者非凡的一生，也从学科发展和政策演进的角度深入梳理了我国地球物理学和空间科学事业的发展。

尽管本书力求根据第一手资料和比较可信的史料进行编写，但由于赵九章过早逝世，赵九章先生 1968 年即不幸离世，距今已经五十年有余。他的同辈大多已作古，加之一些问题的敏感性较强，许多史料已难以收集齐全。赵先生生前留下的影像、照片资料极少，所看到的文字资料大多为老先生曾培养过的学生、同事的回忆材料，这无疑为传记的写作增添了不少障碍。后来一度因科研业务繁忙，书稿写作一度被拖延下来。不过，值得欣慰的是，终于等到本书即将付梓之日。

本书的完稿得到了很多人无私的帮助。搜集材料的过程中，我有幸认识了赵九章先生生前的同事吴智诚、徐荣栏、杨俊文、罗福山几位离退休老师，以及赵九章先生的二女儿赵理曾老师，赵老师为人和蔼真诚、大度，热心推荐我去请教几位老先生。罗福山和杨俊文先生尽可能地为我提供了写作素材，并对文稿的内容提出了修改建议。对张玉涵老师的几次访谈对于我理解中国空间科学事业的发展大有裨益。罗福山老师在我写作中遇到波折、几次想要放弃的时候，在精神上给予了我雪中送炭般的帮助，我内心深存感激。本书的写作曾得到过中国科学院学部工作局的经费资助，中国科学院国家空间科学中心对书稿的写作提供了大力支持。本传记查阅过清华大学、中国科学院档案馆、中科院空间中心档案处所藏的赵九章先生的档案资料，以及中科院空间中心组织编写的《赵九章》一书。

中国科技大学校史馆丁兆君老师为本书的写作分享了一些珍贵的文献资料。我的研究生王瑞对书稿进行了字词校对。对所有在本书编写过程中给予指导和帮助的同事，我表示衷心的感谢。本书的写作，还要感谢团结出版社的慧眼识珠以及编辑同仁的无私付出。作为一介书生，由于个人阅历、知识储备和能力有限，书中难免存在遗漏和不当之处，恳请专家学者们不吝赐教和指正。

在写作过程中，赵九章先生的音容笑貌犹在眼前。我在内心感慨：赵先生，您开创的事业已见成效，地球物理科学研究工作已从空间到地球内部、从陆地到海洋；各类学科从理论发展到应用，在国家各行各业的建设中发挥了应有的作用。您所关心培养的后续人才已成功地接续了您未竟的事业，我国地球物理学和人造卫星事业薪火相传。您的贡献，祖国人民永远不会忘记，我国地球物理学、空间科学已经枝繁叶茂，人造卫星事业蓬勃发展，对我国国民经济和社会发展发挥了不可估量的重要作用。

在我忙于写作时，女儿几次追问我这位赵爷爷是谁，我随即给她科普了赵九章先生与我国第一颗人造地球卫星研制的故事，小家伙听得一脸痴迷。希望这本传记，能够帮读者更深入地了解赵九章先生不平凡的一生，了解他对中国科技事业发展的重要意义。相信赵先生的科学精神会持续影响一代代青少年，鼓舞他们投身祖国的科学事业。

张志会

2021 年 2 月